绍兴文理学院越文化传承与创新研究中心课题成果
（项目编号：2022YWHTD01）

绍兴文理学院越文化传承与创新研究中心资助出版

越文化研究丛书

九姓渔户风俗研究

谢一彪 著

ZHEJIANG UNIVERSITY PRESS
浙江大学出版社
·杭州·

图书在版编目（CIP）数据

九姓渔户风俗研究 / 谢一彪著. —杭州 ：浙江大学出版社，2023.5
ISBN 978-7-308-23665-2

Ⅰ.①九… Ⅱ.①谢… Ⅲ.①渔民—风俗习惯—史料—浙江—古代 Ⅳ.①K892.455

中国国家版本馆 CIP 数据核字(2023)第 067553 号

九姓渔户风俗研究

谢一彪 著

责任编辑 吴 超
责任校对 吕倩岚
封面设计 周 灵
出版发行 浙江大学出版社
(杭州市天目山路 148 号 邮政编码 310007)
(网址：http://www.zjupress.com)
排 版 浙江时代出版服务有限公司
印 刷 浙江新华数码印务有限公司
开 本 710mm×1000mm 1/16
印 张 21.5
字 数 398 千
版 印 次 2023 年 5 月第 1 版 2023 年 5 月第 1 次印刷
书 号 ISBN 978-7-308-23665-2
定 价 88.00 元

前　言

九姓渔户乃明以来漂荡在钱塘江上浮家泛宅的陈、钱、林、袁、孙、叶、许、李、何九姓水上贱民。渔户最初被朱元璋贬至钱塘江舟居，以捕鱼为生，渔业乃其本业，后来才兼营别业。因业妓有利可图，渔户纷纷从事妓业。渔妓遍及整个钱塘江流域，清末民初达到鼎盛时期，以“兰溪花舫”和“钱江画舫”艳名远播。南京国民政府成立后，开展了持续的废娼运动，中华人民共和国成立后九姓渔妓被彻底取缔。渔户以船为家，有的以载货为生，大都生活在钱塘江上游的衢江、新安江以及富春江，帆船装载竹木柴炭和茶叶等农副土特产顺流而下，遇上急流险滩，稍有不慎，就会撞礁船破，造成货散人亡的灭顶之灾。渔户在如此恶劣的环境下从事水上运输，所获微乎其微。有的渔户也客货混装，或专以载客为生。近代公路和铁路发展以前，浙皖赣闽四省的客货运输，均通过横贯浙西的钱塘江航线，由渔户的木帆船承运。渔户终年辛劳，却食不果腹。特别是国民党统治后期，物价飞涨，渔户微薄的收入难以养家糊口。排运乃江水丰沛时期渔户的季节性职业，各地木材均依赖渔户从钱塘江顺流而下，汇集杭州江干沙面开阔的“十里江塘”木材中心出售，销往杭嘉湖、淞沪地区以及苏常锡等地。拉纤也是渔户重要的谋生职业，特别是无力购买船只的渔户，只能依靠出卖苦力，为过往的船只拉纤为生。渔户载客拉货溯流而上时，都要拉纤上行。渔户改贱为良后，有些渔户陆续弃船登岸，改换他种营生，有的务农，有的经商，也有的抬轿。

渔户自明代被贬入钱塘江水居数百年，形成别具一格的人生习俗。渔户生育子女较多，均在船上出生，孩子往往以地名、动物、辈分、五行、期望、承继取名，喜以“樟”字命名。孩子也喜欢打棒儿、跳房子、劈双角、飞花子、盯铜板、打弹子以及劈甘蔗等，更有喜闻乐见的虾趣。渔户被禁止与平民通婚，只得实行内婚制。戴槩改贱为良后，极少平民愿意与渔户缔结婚姻。孙中山宣布解放贱民，渔户虽享有平等的公民权，也包括平等的婚姻权，但平民不习波涛生活，不愿与渔户通婚。中华人民共和国成立后，渔户才真正享有婚姻自由权，特别是渔户弃水岸居后，渔户与平民通婚已无任何禁忌。渔户因属贱民，同属低贱的陆上轿夫也不愿意抬送九姓新娘。渔户因长期水居，进而形成较为独特的水上婚嫁仪式。渔户因水上生活受到场地和作业的限制，其丧礼从简。渔户在外作业，亲人亡故，将船航行至亲人聚集的地方抛锚停泊，自家的船与至亲的船并排停在一起，在两船的甲板上搁上一块板，上面遮起船篷，举行简易的水上葬礼。因落水而死且不见尸体的亲人，则举行独特"草人招魂"仪式。和尚道士不愿为低贱的渔户做法事，谚语云："冷冷清清，拘鱼佬葬坟。"唯有极少数富裕的渔户，才举行与岸上平民一样"奢侈"的葬礼。

渔户的时令习俗，已接近岸上平民。农历十二月二十四日，渔户相信灶王爷兼管水族，据传灶王爷于腊月二十四日都要为渔户开放一次鱼库，让渔户捕到更多的鱼，故渔户虔诚祭祀。旧有"军三民四龟五"之俗，杭州渔妓则于腊月二十五日送灶神。渔户过年回到坐埠地，虽远必至，将船撑离码头，与岸上平民隔离，家家张贴周宣灵王像，挂上用红纸剪成的"长生纸"以及元宝，各处贴上红纸，以示吉利，欢度春节。负债累累的渔户，则将船撑至僻静之处，以躲避债务。渔户于元宵节在船头高扎彩灯，张灯结彩，并上岸赏玩龙灯。富春江的南部地区赏灯最好的地方就是石阜村东南约一千米的骆村庙，也是渔户必去赏灯拜神之地。桐庐渔户于"落灯"之时，举行"放草船"以送"邋遢"，祈求平安吉祥。渔户清明也吃"清明馃"，敬宗祭祖，祭祀周宣灵王。立夏时节，渔户尝新笋，吃"囫囵蛋"，预防疰疖，也举行"称人"仪式。端午为恶月，疫疠横行，渔户船上遍插菖蒲、艾叶与桃枝以驱凶避邪，钱塘江不举行龙舟竞赛，但屯溪渔户则举行惊险刺激的龙船舟赛。渔姑于七夕拜月穿针乞巧，露坐深宵，祈求改贱为良。每逢农历七月十五或三十，从衢江、新安江、富春江至钱塘江，从衢州、梅城至闻堰，沿江各县都要举行"放水灯"的"水上盂兰盆会"，以普度孤魂野鬼。渔户终年在水上讨生活，祈求一生平安无事。

渔户信仰多神。渔户常年在钱塘江上漂泊，备受狂风暴雨、电击雷鸣侵扰，故对雷神极为敬畏，每年农历六月二十四日雷神诞辰均举行祭祀仪式，忌荤茹素，以免触犯喜怒无常的雷神。渔户信奉金元七总管，传为元代一位清正廉明的郡守，因"阴翊海运"，死后被祀为"水神"，每当船只途经七郎庙，渔户均要插香点烛，虔诚跪拜。伍子胥传为钱塘江掀波翻浪的潮神，相传农历八月十八日乃潮神生日，依赖钱塘江谋生的渔户，对潮神伍子胥敬畏有加。杭州渔妓在船上从事淫业，对潮神多有亵渎，唯恐因此触怒潮神，祸及自身，故对潮神格外敬畏。渔户信仰佛教，尤为敬仰地藏王菩萨。衢江渔户有上衢州九华山、江西三清山烧香拜佛的习俗。富春江渔户均有烧"八寺香"和"十庙香"的习俗，为了表示对菩萨的虔诚，有的还要前往天竺寺和南海普陀烧香。因关羽谐音"管渔"被所有渔户所崇拜，渔妓则将"关王爷"改造为白眉神，成为渔妓乃至整个妓界的保护神。周雄誉为“江神”周宣灵王，被塑造成钱塘江本地神灵，技艺高强，颇具呼风唤雨的神奇本领，“周雄生在严州，死在衢州，显圣在徽州”。清政府正式承认周雄为钱塘江航运保护神，漂泊于钱塘江的渔户遂将周雄列为自己的保护神。渔户年老体衰，无以谋生，晚年托庇于周王庙，依赖庙里的施舍度过余生，曰“倒庙角”，成了其最后的避难所。

渔户还有诸多禁忌，对于漂浮江面的死鱼，严禁随意取食，赶条鱼乃棺材杠，鳗鱼为棺材索，已死的鲥鱼、白鱼犹如“尸体”，忌讳煮食。鱼从岸边跳舱，应予放生；若鱼从江心跳舱，才可食用。还有几种死鱼也不能打捞，如汪刺鱼会叫，渔户认为乃道士所变；鲇鱼头大，乃和尚所变；白花鱼似棺材板；浪君鱼乃江里死人所变。如果欲捞，也得丢下几枚铜钱，以示已花钱购买，以免晦气。如果捕到鱼头有斑点的鱼，则预兆最近几天有运气；若捕到身上有斑点的鱼，预兆最近这个月有好生意；如果捕到尾巴上有斑点的鱼，则预兆好生意在月底；若正月捕到身上有斑点的鱼，则预兆六月捕鱼生意会好。渔户有鲥贡的传统，停止鲥贡以后，第一尾捕获的鲥鱼，也要贡献给地方官享用。渔户乃“吃水上饭的人”，决不能说晦气话，否则招来不幸。渔户对“翻”字极为忌讳，乃“翻船”之意，故平时对使用“翻”字慎之又慎。碰到非用“翻”字不可时，也以其他的词替代。“翻身”则曰“转身”。与“翻”同音的“帆”，称为“风篷”。渔户建造新船欲挑选黄道吉日，每年都要修船一次，每三年必须大修。渔妓未婚者曰“同年妹”，已婚者曰“同年嫂”，形成“只迷不骗，太平铜钿”的行业规范，有一整套接客的“江山船”切口。纵观渔户的众多习俗，特别是渔户的禁忌，大都属于费雷泽所言的“交感巫术”体系中的消极规则。

目　录

第一章　九姓渔户的渔业

据传陈友谅所部最初被贬为钱塘江上的九姓渔户时，以捕鱼为生，渔业乃其本业，后来才兼营别业。渔户创造了许多渔具渔法，主要有网渔具和钓渔具，略微富裕的渔户则以鸬鹚捕鱼。渔户捕鱼船主要分成两类：一为二端俱尖，适合于行驶钱塘江上游的浅狭河流；二为投网小舢板。渔户的渔获物经常受到渔行，特别是鱼霸的盘剥，所获难以养家糊口，不得不兼营他业，过着悲惨的生活。谚语曰："人生三大苦，捕鱼、打铁、磨豆腐。"

第一节　衢江九姓渔户的渔业

衢江乃钱塘江的上游，所流经的江山、开化、龙游、常山、衢县，均为九姓渔户漂泊之地。"昔时，衢江、常山港、江山港以及乌溪江、灵山江，已有'以船为家，以水为命'漂泊的水上渔民，依靠捕捞为生。清末，龙游有渔民三四十户，民国时期增到100多户，渔船100艘。民国三十二年，常山有兼业渔民165人，渔船20艘。开化有来自严州陈、孙、许、钱四姓渔民。衢县渔民主要分布在高家、盈川和航埠一带。"①1928年4月16日，衢县县长胡维鹏呈报九姓渔户有29户，有12户捕鱼，生计属于中下。1928年4月27日，开化县县长叶绍衡呈报，有捕鱼的九姓渔户男34人，女26人，生计能够自给。②20世纪40年代至50年代，"当时有渔民360余户，1000余人，渔船80多艘"③。1935年10月，林书颜统计江山有渔船14艘，其中使网船10艘，使钓船2艘，住家船2艘，总计14艘，渔民42人，年渔获量100担。衢县有渔船122艘，使网船61艘，鸬鹚船20艘，住家船41艘，总计122艘，渔民366人，年渔获量730担。

① 衢州市志编纂委员会编：《衢州市志》，浙江人民出版社1994年版，第507页。
② 童振藻：《钱江九姓渔户考》，《岭南学报》1931年第2卷第2期，第17页。
③ 钱塘江志编纂委员会编：《钱塘江志》，方志出版社1998年版，第251页。

龙游有渔船 53 艘，使网船 32 艘，使钓船 3 艘，鸬鹚船 4 艘，住家 14 艘，渔民 153 人，年渔获量 350 担。常山有渔船 65 艘，其中使网船 42 艘，鸬鹚船 3 艘，住家船 20 艘，总计 65 艘，渔民 195 人，年渔获量 400 担(表 1.1)。① 另据《常山县志》记载，1943 年有渔船 20 艘，兼业渔民 165 人。1945 年，有渔船 50 艘，兼业渔民 206 人，大都在文图湾、璞石潭、湖澄潭、朱家潭、象湖潭、招贤潭等地从事捕捞。②

表 1.1　1935 年衢江的渔船和渔民

县别	使网船(艘)	使钓船(艘)	鸬鹚船(艘)	住家船(艘)	合计(艘)	渔民(人)	渔获量(担)
龙游	32	3	4	14	53	153	350
衢县	61		20	41	122	366	730
常山	42		3	20	65	195	400
江山	10	2		2	14	42	100

资料来源：林书颜《钱塘江渔业志》。

衢州渔户所用的捕捞渔具，主要有撒网、拉网、延绳网、大拉网、定置张网、吊网、拦网、罩网、三角抄网、夹网、鱼帘、手钓、滚钓、脚桶钓、黄鳝笼、泥鳅钳、鱼叉等多种，鸬鹚捕鱼乃九姓渔户主要捕捞方法。“常邑山谷之间，绝少湖荡，故无养殖水产场所。捕鱼多在常山港之文图湾、璞石潭、湖澄潭、朱家潭、象湖潭、招贤潭等处，全仗天然鱼利，并无所谓先养殖后捕获之也。”③清代衢州诗人袁士灏的《招贤晚眺》云：“澄澈空江万里天，渔翁打桨入秋烟。捕鱼初罢腥风散，几个鸬鹚上钓船。”④这是常山渔户劳作一天开始休息的情况。江、天、船、烟、鸬鹚、渔翁和谐地融为一体，悠闲自得，令人神往。

钱塘江自兰溪以下，江面宽广，深潭密布，七里泷长 70 里，乃钱塘江最长的深潭，其他长 10 里以上的深潭，以兰溪和建德境内最多。鱼类自秋季以后，逐渐由上游移动，避居兰溪至桐庐、富阳之间的深潭中，故每当秋冬之季，渔户均视此为主要渔场。江山、常山、衢县、龙游、金华等地的渔户，也大都移居此地捕鱼，或者被迫经营他业。春夏酷暑，天气变暖，雷雨交加，江水骤涨，甚至成潦。钱塘江下游的鱼群皆乘新潦之水，或为觅食，或为生殖，狂欢跳跃，溯流而上，行至江山、常山、衢县、龙游、金华等港。钱塘江下游江水既深，捕鱼不易，且鱼群

① 林书颜：《钱塘江渔业志》，《浙江省水产试验场水产汇报》，1936 年第 2 卷第 3 册。

② 常山县志编纂委员会编：《常山县志》，浙江人民出版社 1990 年版，第 197 页。

③ 魏颂唐：《浙江经济纪略》，1929 年铅印本，第 383 页。

④ (清)李瑞钟撰：《常山县志》卷六十八《诗赋》，光绪十二年刊本。

四处散游，或集中于上游浅狭小河，故每年七至十月间，江山、常山、衢县、龙游、金华等港，江面狭窄，水浅流急，底多石砾，多为溪间性鱼类，成为钱塘江上游最主要的渔场。鳜鱼栖息于水清流急的小河，口大齿锐，专以小鱼以及虾类为食。兰溪以上的金华港、衢港及常山港等处所产最盛，成为最优良的鳜鱼渔场。

开化位于钱塘江的源头，华埠乃九姓渔户的集居地。开化县属于"九山半水半分田"的纯山区，由于交通不便，信息不灵，是个颇为闭塞的山区。山民十分憨厚，特别是华埠的居民，大都是外省外县外地人，对九姓渔户并不歧视。渔户四海为家，驾船沿河捕捞漂泊到华埠安身，视其如世外桃源。华埠渔户以捕鱼为生者甚众，捕鱼乃是技术很强而又极为复杂的作业。劳力的强弱与技术的高低，都影响渔户的捕鱼量。渔户捕捞的生产方式是以个体分散经营，所获甚少，根本原因在于工具落后。渔户传统的渔具有渔船、竹排（鸬鹚排）。华埠造船厂建造的渔船状如汤匙，船头扁，船尾圆翘。网具类有撒网（打网）、围网、罩网、跳网、笼网（抬网）、基功网和虾网（有两种，一种是拖虾网，另一种是铲虾网）。渔钓具有铁钓钩，分为大中小三种，还有滚钩、歪头钓；竹制钓也分为大中小（弹钓），还有鸬鹚（即水鸟捕鱼）。鸬鹚捕鱼乃是古老的捕鱼方法，这种比鸭狭长、体羽呈金属黑色的鸬鹚，只要渔户一声号令，即可潜入水中，或直线飞行水上，瞬间嘴上就叼一尾鱼上来。一只上好的鸬鹚每天可捕鱼 4 公斤，一般的鸬鹚也能日捕 2 公斤。由于鸬鹚在水面上飞行，所以也称为"飞网捕鱼"。陈文炳回忆儿时观看鸬鹚捕鱼情景时说："因为我最爱看鸬鹚（俗名鱼鹰）捕鱼，鸬鹚性情骄悍，潜水深达数丈，能捕捉起比它身体重十多倍的大鱼，我曾看见渔夫撑着小船或竹筏，嘴叨吆着指挥鸬鹚齐心合力追捕庞大猎物。那黑的鱼鹰，白的鱼在再深的水底也能看得一清二楚。我看见过一只鱼鹰单枪匹马用嘴捕捉十多斤重的甲鱼，几十斤重的鲇鱼，那时河水清澈见底，站在满胸的水中，也能看清自己的脚趾。"①旧时水清鱼众，鸬鹚捕鱼切实可行。

> 华埠船上人常年分散在各溪港捕捞，亦有数船结伴到常山以下大港围网作业的，常年捕获鱼鲜颇丰，都供应当地城乡市场。境内溪流中大小鱼类达 60 余种，其习性有别于大江湖海。有的昼伏夜出觅食，有的夜伏昼出洄游，有的喜在岩缝间穿梭，有的乐于急流飞瀑嬉戏，时而成群，时而分散。渔民们则分春夏秋冬不同季节，阴晴雨雪不同天气，晨午夜间不同时间，浅滩深潭不同水势，用渔船、竹排、横桶，或网，或钓，或叉捕鱼。网有不同网眼的打网、围网、龙网、跳网、基公网、虾网、淌网、罾网、夹网、丝网，钓有规格各异的铁制直钩、弯钩、滚钩、蛮钩。竹制的有小

① 华埠镇志编纂小组编：《华埠镇志》，浙江人民出版社 2003 年版，第 2000 页。

麦钓、大麦钓、豆钓、绑弓钓，渔梁有篾梁、竹梁、白梁（观音带）、倒须笼，鱼叉分三指、四指、五指。打网捕鱼较常见，单船或数船群捕，可日夜作业。男人立船头撒网，女子凭男人站立姿势和扬网方向，或撑船或划桨，前进后退，忽左忽右，配合默契。往往数小时可捕数十斤，有的一网竟达一二百斤。围网捕"飞鱼"。盛夏午后，围网快速横拦，直立于滩头、滩尾水中，上平架一网成"网兜"，用数枚卵石抛向鱼群，觅食正酣的乌尾、黄尾等鱼群，受惊夺路而逃，纷纷飞出水面，力大者尚能侥幸越网，大多落于水面网兜，短短数分钟便白花花一大片；隆冬季节也是捕围网的好时机，数船用围网从两侧迂回包抄鱼群，迅速成合围之势，再用打网或叉，十余分钟即可打一"歼灭战"。叉手好者，一网内用叉即可叉鱼数十、上百斤。放钓抓鱼。钓以盘计，长度在一二百米以上，钓线每隔一米左右处拉一根15厘米的分线系钓钩。铁钓一般以蚯蚓、螺肉、小蚌、小鱼虾为饵，黄昏放入水中，拂晓前收回，所钓鳗、鳖、黄颡丁、鳜、鲶、鳢为多。洪水尚未退尽前，白天也放"日钓"，上钩的多为石斑、黄颡丁等中小鱼。竹制以大小麦、豆类为饵，绑弓钓则插上活蚱蜢，所钓之鱼，小到石斑，大到鲤、赤眼鳟、鲳鱼等。渔梁捕鱼，拦河扎坝安放固定篾梁较多见。一种称"张湾基"的捕法，现已绝迹。在平坦的滩头滩尾，以卵石沿岸堆一大弧形水坝，每隔一段留一口子，似"空城计"洞门大开，至夜阑人静时，悄悄将各口子用竹梁堵死，另在下游平安一细篾梁。觅食、嬉戏至"城内"的大小鱼类发现上当争相撤退时，纷纷落入渔梁中，捕鱼者用鱼篓轻松捡回即可。有经验的老渔翁，看季节下钓、观地形撒网，从晚霞的变化中，都能分辨出在何处有何种渔汛，候之，绝无空手。会看"鳖凼""鳗路"者，沿河一走，脚一掂、手一撮，如"瓮中捉鳖"，在漫漫水下碎石滩，用叉一点，鳗会引颈受缚，堪称一绝。善使鱼叉者，立于船头，不论水浅水深，船慢划快行，从斤把至数十斤的青鱼、草鱼、鲳鱼等，凡入其视线者，叉出手，绝少溜掉。①

华埠渔户所捕之鱼，以就地就近销售为主。捕鱼的河面均远离城镇，依据就近销售原则，90%以上都销往农村。农村销售的鱼货，由于农村经济困顿，农民现金也少，均采取以货易货的交易形式，以鱼调换大米、玉米、大小麦、各种豆类，以及各种瓜果杂粮等农产品，其价格由双方面议定价成交。由于渔户个体分散经营，对鱼的销量无法作出精确的统计，只能大体估计。

---

① 华埠镇志编纂小组编：《华埠镇志》，浙江人民出版社2003年版，第78页。

> 渔民每户每天捕鱼，少则 3—5 斤，多则 20—30 斤。渔民全年除去放排时间，以实际 150 天的捕鱼天数，按平均日产量 7 斤计算，根据 1950 年 4 月 17 日，华埠渔民户籍造册统计，163 户，大小人口 658 人，大小渔船 169 条(包括全县各条内河全部渔民渔船)，据此推算，全县一年捕鱼量 11.4 万市斤。而大部分销售在农村(每户年产 1050 市斤)，也有在城镇附近的捕捞渔民自然把水产拿到城镇市场上销售，渔货价格也比农村略高一些。尤其是有些名贵的鲜鱼，如潭鱼(鳖)、鳗鱼、鲑鱼、君鱼、鲫鱼等，都是营养价值高鲜味好的花色品种鱼类，一定要到市场上卖好价钱，城市上那些有钱的老板们，他们很讲究吃高档名贵鱼类，价格高一点也不在乎。①

严家圩村乃是衢州一个九姓渔户的集居地，位于常山江与江山江汇合的三角地带，在衢江大桥以南，乃是四面环水的岛村，分为外圩和里圩两个自然村。明清时期尚是一片淤积沙滩。“最初是九姓渔民陈姓住到此地，他们白天在江上捕鱼、捉虾，晚上就在沙淤上栖息，晾晒鱼虾。”②起初，渔户从事单一的渔业生产，后来，也发展运输货物以及农业生产，以农业为主，兼营手工艺以及商业等各行业生产，特别是柑橘生产，成为橘子洲。

衢县九姓渔户的渔船泊于西门外沿河以及近廓一带，樟树潭的村落以及河沿河内，有的居于高家、盈川和航埠。渔具也是“罾网、网罟之类”。然而，由于“衢县滩高水浅，向无大宗水产，除私有池塘养鱼以供本地食用以外，无何种制造物。捕鱼以网，产额甚稀，年约一万斤”③。民国时期，樟树潭停泊的渔户渔船就有 50 至 60 艘。④ 钱云财虽是“衢江艄公”，10 岁就开始随父母学撑船运货跑码头，但自己的舅舅以及表兄弟都以捕鱼为生，自幼就喜欢刨根究底地探听捕鱼技巧，熟知不同鱼习性也不同，捕鱼的方法也不相同。据渔户自述：“捕鱼的方法加起来有 99 种，而鱼逃跑的方法却有 100 种。”衢江渔户捕鱼的工具分为三大类，即网类、钓类及其他。网类有大网、丝网、跳网、撒网、夹网、拢网和推网等 7 种；钓类有滚钓、弯头钓、大麦钓、小麦钓、石洞钓、活鱼钓、竿抛钓、轮盘钓、淌水钓、常规钓等 10 种；其他类则有张梁、竹片网、鱼鹰和守撒子(卵)鱼等 4 种。(表 1.2)

---

① 钱自荣：《华埠船上人》，《通衢》，中国戏剧出版社 2000 年版，第 251 页。

② 中共衢州市委宣传部、衢州市文化馆编：《衢州风俗简志》，1984 年，第 132 页。

③ 魏颂唐：《浙江经济纪略》，1929 年铅印本，第 361 页。

④ 张水绿：《樟潭镇经济发展史略》，《衢县文史资料》第 4 辑，1991 年，第 116 页。

表 1.2　衢县九姓渔户的渔民

姓氏	户数(户)	渔民(人)	泊地	生计	渔业
钱	5	1	西门外沿河及近廓	中平	捕鱼
孙	4	1	西门外沿河及近廓	中下	捕鱼
许	6	2	西门外沿河及近廓	中下	捕鱼
李	2	1	西门外沿河及近廓	中下	捕鱼
钱	2	2	樟树潭	下下	捕鱼
袁	1	1	樟树潭	下下	捕鱼
孙	4	1	樟树潭	下下	捕鱼
何	3	1	樟树潭	下下	捕鱼
李	2	2	樟树潭	下下	捕鱼

资料来源：童振藻《钱江九姓渔户考》。

“远树寒烟古渡头，一竿深处碧潭秋。此中乐意君知否，点点苍波起白鸥。”章典的《垂钓图》描绘了一幅颇具诗情画意的衢江渔民生活，但渔户的真实生活并非如诗人所描述，而是充满艰辛。漂泊于衢江谋生的“水上三民”，即排民、船工和渔民，都是三面朝水的劳苦渔户。渔民顾名思义，乃打鱼为生。城关渔户主要在水亭门、小西门、双港口、浮石潭一带捕鱼。衢县渔户主要在高家、盈川和航埠打鱼。已届 75 岁的陈龙标乃是祖祖辈辈的渔户，10 岁就开始打鱼，帮家人收网、抓鱼、清理石块、编织渔网。陈龙标的妻子也是渔户的女儿，婚后添置了一条渔船，他们撑着夫妻船，以打鱼为生，直到 70 岁才退休。73 岁才在双港口买房定居。据估计，衢江有 700 多条渔船。渔户上半年丰水季节放排，下半年枯水季节打鱼。有着“衢江艄公”之称的钱云财如是说：“货船弄得不好可以去抓鱼了，机动灵活，但是专门捕鱼的就不能装货，船太小了。”因为鱼价太低，渔户生活贫困。“以前穷，生意难做，8 个铜板一斤鱼，刚好糊糊口。”渔户所获难以养家糊口，有时打不上鱼，只能饿肚子。谈到渔户生活的贫困，水亭街骨科医生的儿子王德成回忆：“那时候他有个同学家是捕鱼的。爸爸每天出去打鱼，孩子们在家里等呀等。如果今天爸爸捕上了鱼，孩子们就会高兴，因为鱼可以换米，这样他们就有饭吃了；如果今天爸爸捕上来的是虾，孩子们就哭，因为虾换不了米，这一天他们就得吃虾充饥了，长大后他们一看到虾就想吐。看看今天的衢江，不是身处那个时代的人，恐怕是很难想象。”①渔户常常是吃了上顿没有下顿，其生活朝不保夕。（图 1.1）

① 吴宗杰：《水亭门历史文化街区(坊巷遗韵)》(上)，商务印书馆 2017 年版，第 144 页。

图 1.1　《衢江艄公》作者钱云财的曾祖父就是衢江捕鱼的渔户（钱云财供图）

图 1.2　樟树潭九姓渔户在捕鱼（徐晓琴供图）

衢江渔户捕鱼作业，一般都是晚上划船出去，船上点着汽油灯或煤油灯，直到晚上 12 点才能收工休息。凌晨 4 点就得早早起床，将所捕之鱼依照个头大小用水草或柳条串起，整理有序。5 点就挑到水亭街或小西门出售，放鱼的篮子形状就像元宝一样，如果卖不掉就晒成鱼干。“一般情况下鱼就直接卖给贩子了。卖完鱼后，就顺便在水亭街买点菜、米回去，在船上吃午饭，之后午睡。”①（图 1.2）打鱼的渔户不上茶馆喝茶，唯有运货的渔户才去喝茶，以招揽生意。如此日复一日，无论春秋寒暑。渔户练就了娴熟的捕鱼技能，尤其是最为擅长“抛甩钓”。

> 抛甩钓，顾名思义是一种一抛一甩的钓法。即钓手站立池塘边，举竿由背后向前将线钩抛入前方水面，迅急又向上向后一甩起水，诱鱼儿抢食时糊里糊涂上钩的钓法，其对象是池塘里抢饵争食的餐鲦鱼。餐鲦鱼属小型鱼类，最大体重不超过 60 克，一般在 30 克大小，修长鱼身，侧扁白鳞，背呈暗青色，与塘边垂柳树叶及池塘水色相似可以隐形，以达到不易被发现的目的。餐鲦鱼游速飞快，反应敏捷，故当地钓手给它一个绰号——“青鲦鬼”。再说渔具，因餐鲦体重轻巧，所以只要配 3 米长短，质轻的手竿，置 0.06—0.10 毫米细线，配 1—2 号小钩即可。鱼饵只用蜘蛛网丝。方法是将蜘蛛网丝缠绕在鱼钩上（似一只苍蝇大小），露出钩锋，抛甩鱼钩，其鱼饵——蜘蛛丝不脱落，称得上一劳永逸。钓法：在入夏晴朗的清晨，选有餐鲦鱼出没的池塘，塘边无人洗衣担水，也无鸭群游动，钓手站在静悄悄的池塘边，将以蜘蛛丝为饵的鱼钩抛入池塘，反应敏捷的餐鲦鱼误以为是只白色昆虫落水便一哄而上，抢咬落水“昆虫”，手竿则迅速向上向后一甩，有的鱼上钩被钓上岸来，有的鱼仅咬住蜘蛛丝而被甩上岸来。这种钓法在于快，抛钩有如蜻蜓点水似的立即起水，别让“青鲦鬼”识破鱼饵的真相。一抛一甩，钓得好的话，一袋烟的工夫就能钓上几十条餐鲦鱼，假若多钓几个池塘，准能让你提着鱼桶满载而归。②

衢江有一种专门的鱼帘，以麻制作，颇为结实，拦在江上，将鱼阻住。“鱼帘很大，先在水流急处放一根毛竹，再在前面拦一面网，兜住；鱼游过来时只能往上跳过毛竹，这样就跳到网上。除了鱼帘，还有跳网，鱼遇到水浅的地方会跳起来，这样就跳进了事先放好的渔网里了。”渔户还以撒网捕鱼，夏天要把网撒到活水上，冬天则撒到死水上。钓鱼则以蚯蚓为饵。“当时有一种网是绍兴做的，

① 吴宗杰：《水亭门历史文化街区（坊巷遗韵）》（上），商务印书馆 2017 年版，第 144 页。

② 钱云财：《手竿抛甩钓》，《体育时报》2002 年 5 月 20 日。

叫丝网，尼龙做的，硬硬的，白白的，质量特别好。网孔的大小，决定了捕上来的鱼的大小；捕鱼的时候，把网撒到鱼群上，罩住，然后再收网。夏天，要把网撒在活水（就是流动的水）上；冬天，要把网撒在死水上，因为那时鱼在深水。以前打鱼有一种鱼钩，挂在绳子上。一根绳子上大概挂 250 个鱼钩，每隔 1.5 米挂一个，一共 2000 多个鱼钩。钩子上串蚯蚓。蚯蚓是早上在田里抓的，以前田里有很多蚯蚓，大概两三个小时可以抓五六百根。蚯蚓抓上来后，放在缸里，缸里放点泥，以免蚯蚓死掉。下午两点把蚯蚓都串在钩子上，晚上放钩抓鱼。”①若鱼白天吃了蚯蚓的饵料，晚上则不上钩。

衢江渔户也以鱼鹰捕鱼。鱼鹰约 2 公斤，羽毛黑色，嘴扁而长，上嘴尖端有钩，喉下的皮肤呈囊状。渔户下河捕鱼时，将稻草绳缚其囊下方的脖子上，鱼鹰捕获小鱼入口后不能下肚，暂时存放囊内，待鱼多囊满之后，渔户再用篙梢钓拉鱼鹰脚系之绳，将其拉上船，挤出其囊中之鱼后再放回河里继续捕鱼。立冬时节的清朗早晨，一只无篷的小巧渔船左右舷上，对称地站立 20 只鱼鹰，它们的喉囊均在扇动，还不时发出低沉的“哇哇”声，仿佛忍饥挨饿，互相叹惜自己的苦命。渔户将小渔船轻轻地划到衢江的湖柘潭，20 只鱼鹰全部放飞捕鱼。瞬时，鱼鹰欢快地展开双翅，掌踩水面扑翅而行，水花飞溅。渔户放开喉咙不停地吆喝“噢——嗨——快捕鱼啰！”并用竹篙稍扑水面助势，原本宁静的湖柘潭顿时沸腾起来。机灵的鱼鹰听见主人的吆喝，犹如士兵听见冲锋号音，立即收双翅，翘鱼尾，一个猛子扎下去，犹如一支支离弦的黑羽毛箭射入深潭，敏捷的鹰眼搜索猎物的踪迹。鱼鹰乃渔户的衣食父母，为渔户养家糊口，劳苦功高，故鱼鹰老死也不食用，深埋土葬以示尊敬。

前方不远处，有几尾大鲤鱼在河底绿色水藻丛中觅食。忽然听到江面上有嘈杂声，尤其是渔夫那可怕的吆喝声，意识到大难临头，它们的天敌——鱼鹰到来了。于是，鱼群惊恐地扭头摆尾朝远处岩洞游去，逃为上策。可叹的是，鱼群这一快速游动，泛起了河床上的淤泥，恰好给正在搜索目标的鱼鹰报信。这不，鱼鹰立即沿着淤泥泛起路线追上去，一个接一个地扎猛子，穷追不放。不一会，一条近 10 公斤重的大鲤鱼被追上了。鱼鹰们见是个大家伙，马上兴奋起来，便习惯地分工合作，前堵后截，由几个鱼鹰拦住鱼头，用它们带钩的长嘴轮番啄着鱼眼，霎时间大鲤鱼双目流血，面前漆黑一团。另外几只鱼鹰在同一时间里去撕咬鱼尾。大鱼惊恐万状，赶忙奋力朝前游动，欲挣脱逃命。而鱼鹰却咬住不放，它那带钩的长嘴像一把手术刀，正好借鱼向前游动之力，顺势撕开鱼尾。几经折腾，一副完整的

① 吴宗杰：《水亭门历史文化街区（坊巷遗韵）》（上），商务印书馆 2017 年版，第 144 页。

鱼尾被撕得七零八落，失去摆动功能，鱼身也自然失去了平衡，眼啄瞎了，尾破碎了，大鲤鱼只好无奈地白肚朝天，任凭摆布。鱼鹰们齐心协力，由一只骑鱼背，嘴衔鱼鳃掌握方向，其余的嘴衔鱼身各个部位，把大鱼抬上水面。渔夫一边“噢—嗨—用力撸”吆喝着，一边手持大网兜将大鲤鱼拖捞上船舱。鱼鹰们又在那“噢—嗨”声中扎猛子去追捕猎物。[①]（图 1.3）

图 1.3　衢江湖柘潭（钱云财供图）

衢江鱼类资源丰富，最受欢迎的无疑是鲥鱼，有时渔户能钓上五六斤重的鲥鱼，味道颇为鲜美。鲥鱼属于洄游性鱼类，一般七八月份较多。渔户还能捕获大的鳡鱼，也有河豚。“有一次，陈龙标老人捕到了 85 斤、长约 1.5 米的鳡鱼，又称为‘虎鱼’，这种鱼会吃很多小鱼，后来被卖掉了。有一种鱼叫河豚，形似蝌蚪，有毒，把皮和肺去掉以后才能吃，‘一斤鱼，半斤肺’。当时有一种说法，叫‘拼死吃河豚’，意思就是河豚毒性很大。每年梅雨季节过后的六七月，江里的鱼比较多。”衢江涨水时，鱼还会跑到街上来。“以前衢江里有很多鱼，衢州涨水涨到马路，石板路的下水沟里也有鱼、虾、鳗鱼。”[②]20 世纪 70 年代，衢江两岸建起了化工厂，也建了养猪场，污染了江水，从此江里的鱼大为减少。

衢州许多捕鱼的渔户据传来自建德。“衢州古城浮桥头的东岸德坪坝周边曾经住着许多渔民，他们祖籍大多在严州（今建德），以捕鱼为生。”[③]鱼汛季节，渔户则出船捕鱼，捕到小鱼以木槿穿成一串，上岸卖掉；捕到大鱼则送到饭店，

① 钱云财：《我平凡的一生——衢江艄公回忆录》，2014 年（未刊稿），第 160 页。

② 吴宗杰：《水亭门历史文化街区（坊巷遗韵）》（上），商务印书馆 2017 年版，第 145 页。

③ 孙金奎：《衢江渔民的故事》，《今日柯城》2018 年 12 月 4 日。

或卖给鱼贩。衢江乃钱塘江上游，鱼类资源并不丰富，以捕鱼为生的渔户难以为继。衢江渔户中流传一则“鱼多儿多”的故事，据说渔户风雨无阻，为人行善，却食不果腹，感动了神仙。神仙询问渔户有何要求，渔户直言不讳“我要鱼多鱼多”，因为渔户所言乃衢州方言，神仙听成了“儿多儿多”。从此以后，渔户适应环境，身体健壮，生殖旺盛，儿女成群。钱云财如是说：“有史以来，浙西衢江上的渔民世代以船为家，捕鱼为生，风里来雨里去，盼富无门，可人丁却十分兴旺。就说我的外祖母，她生了13胎，除1胎夭折外，其余7男5女都带大成人。这12个兄弟姐妹中，数我七母舅年龄最小，晓得他的大名许竹儿的人不多，可一提起他的小名‘黑鱼老七’，几乎人人皆知。”①渔户虽然难以养家糊口，但孩子却很多。

渔户“黑鱼老七”的捕鱼技巧，众口皆碑。“黑鱼”又称乌鲤，体圆身长，无论在水中还是在淤泥中，其生命力极强。许竹儿取名“黑鱼老七”，乃因其水性极佳。据说“黑鱼老七”小时颇为顽劣，7岁那年患了麻疹，仍偷偷下河戏水，以至高烧不退，昏迷了三天三夜，后来竟奇迹般地活了下来，但却落下一脸麻子。“黑鱼老七”16岁时，到河东浪塘撒网捕鱼，忽见塘中央冒出一连串大水泡，他心中一喜，必是大鱼无疑，遂一个猛子扎入塘底。谁知塘底还有一口古井，井深莫测，依据水泡判断，“老刁鳖”就藏于井底。“黑鱼老七”不假思索，继续潜入井底，3米，5米，……井圈越来越小，危险越来越大。但他还是一个劲地往下扎，终于在近6米的井底，将一只约4斤重的老鳖擒获。②“黑鱼老七”也擅长夜守浅滩“捕撒子(卵)鱼”。30岁的单身汉“黑鱼老七”将渔船划到汪村潭头万川滩底停泊，自酌自饮，静候前来浅滩撒子的母鱼。约两更时分，浅滩传来“沙沙”声，“黑鱼老七”放下酒碗，拎起渔网，一网撒下，拎到岸上，将鱼抖在沙滩。原来母鱼来到有鹅卵石的浅滩撒子，雄鱼形影不离地追随，当母鱼游到不足10厘米深的浅滩时，就撒出金黄色的圆形的卵子，雄鱼则在母鱼身边射出白色精液包裹鱼卵，受精的鱼卵随水漂去，成为小鱼苗。③“黑鱼老七”撒了两网有20多斤鱼，就是在母鱼呆呆地播撒鱼卵的几分钟，被网捕获。

徐映璞提及，抗战时期，衢县有孙钱陈许四姓以捕鱼为生的渔户。“家各一滩，植簖张罗，视同世业。城东北地黄滩，则陈姓有之，分支轮管，其裔有名根士者，微矣，必十余年乃得一当值，故生涯颇窘。根士貌不扬，短小

① 钱云财：《我平凡的一生——衢江艄公回忆录》，2014年(未刊稿)，第161页。

② 钱云财：《我平凡的一生——衢江艄公回忆录》，2014年(未刊稿)，第161页。

③ 钱云财：《我平凡的一生——衢江艄公回忆录》，2014年(未刊稿)，第186页。

瘦黑，绰号‘乌烟筒’，人以是呼，彼以此应，忘其为根士者。以水为家，一舟如叶，无长物，亦无长技，好酒使气，自谓擅歌舞，解拳棒，而人皆笑之；妻尤蠢拙，子女虽幼，亦顽劣如其父母，而质直精悍之色可掬也。”陈姓渔户陈根士，绰号“乌烟筒”，既打鱼也摆渡，难于养家糊口，食不果腹。“去冬，乌烟筒无衣无食偶提鱼入市，小饮而还，至北郊三里礁，值大风雪，饥寒交迫，卧古冢前，病莫能兴。次日停午，始有人见之，则僵毙久矣。其族人为市桐棺瘗丛冢间，妻子皆他适。”①“乌烟筒”捕鱼入市，返回时途经三里礁，时值风雪弥漫，饥寒交迫，贫病交加，竟冻毙荒冢。

第二节　兰江九姓渔户的渔业

汤溪渔户多在溪塘捕鱼，为数甚少，汤溪县城数月不见鲜鱼，也司空见惯。1928年3月30日，据汤溪县县长薛达呈报，汤溪县有业渔的陈、钱、许九姓渔户3户，以网鱼为生，泊于衢江之湾；另有许姓1户，以捕鱼为生，泊于五家墟。②（表1.3）据1935年10月林书颜调查，汤溪（罗埠）渔船20艘，其中使网船14艘，住家船4艘，渔民60人，年渔获量126担。“渔具有四，百袋网罾鱼套是也。”③金华有渔船176艘，其中，使网船136艘，鸬鹚船10艘，住家船30艘，渔民528人，年渔获量1300担。④ 金华县的捕捞渔具主要有捞海、刺网（丝令）、手撒网、百袋网、鸬鹚、弹钓、木船和竹筏等。

表1.3　汤溪九姓渔户的渔民

姓氏	户数(户)	渔业	泊地
陈	1	网鱼	衢江之湾
钱	1	网鱼	衢江之湾
许	1	网鱼	衢江之湾
许	1	捕鱼	五家墟

资料来源：童振藻《钱江九姓渔户考》。

① 徐映璞：《渔民杀敌记》，《衢县文史资料》第3辑，1991年，第27页。
② 童振藻：《钱江九姓渔户考》，《岭南学报》1931年第2卷第2期。
③ 魏颂唐：《浙江经济纪略》，1929年铅印本，第354页。
④ 林书颜：《钱塘江渔业志》，《浙江省水产试验场水产汇报》1936年第2卷第3册。

兰溪地处婺江、衢江和兰江三江交汇处，水产资源丰富，不少人以捕鱼为生，其中不少就是九姓渔户。据传，明代九姓渔户就在兰江以捕鱼为生。“明初，陈友谅之师为朱元璋所败，其部曲九姓流窜各地，其中一部分在钱塘江中游的严州、兰溪一带以捕鱼为生，避居在富春江上，并发誓永不上岸定居，后日渐衰落，沦为贱民。同时，朝廷与民间社会对他们也极为歧视，不准他们上岸，禁止这族人群与陆岸通婚。九姓渔民以陈、钱、林、李、袁、孙、叶、许、何等九姓而得名。”①另传兰溪九姓渔户捕鱼始于清代后期。“太平天国后，淳安茶园（现并入建德）、桐庐窄溪对面下江嘴头村一带，有陈姓、许姓渔民沿新安江、富春江、兰江捕鱼。以后，又来了钱姓渔民。他们居无定所，日捕夜宿，有时就停泊在兰江各码头。由于兰江鱼类较多，渔民收入尚可。后来有部分渔民定居下来，自此本镇有了专业渔民。本镇渔民主要以捕捞为业，偶尔也经营客运。但一般渔民船小，生活没有保障。”②据民国十七年（1928）4 月 19 日兰溪县长余名铨呈报，兰溪捕鱼的九姓渔户有 9 户，其中陈姓 3 户，许姓 4 户，共 37 人。③ 据林书颜统计，民国二十四年（1935）兰溪有渔船 406 艘，其中使网船 241 艘，使钓船 5 艘，鸬鹚船 24 艘，住家船 136 艘，渔民 1218 人，年渔获量 2400 担。④（表 1.4）根据民国三十五年（1946）浙江省社会处资料，兰溪有“渔业会”，会员 2500 人，其中江山籍为 340 人，建德、桐庐籍为 100 人，其余则为兰溪籍。（表 1.5）中华人民共和国成立后，城关镇居民进行户籍登记，有渔民 92 户，453 人，其中完全依靠打鱼为生者仅 36 户。⑤

表 1.4 1935 年兰江渔船和渔户

县名	使网船（艘）	使钓船（艘）	鸬鹚船（艘）	捕蟹虾船（艘）	住家船（艘）	总计（艘）	渔民（人）	渔获量（担）
金华	136		10		30	176	528	1300
兰溪	241	5	24		136	406	1218	2400
汤溪	14				6	20	60	126

资料来源：童振藻《钱江九姓渔户考》。

① 兰溪农业和农村工作办公室编：《兰溪农村工作简志》，2009 年，第 129 页。

② 兰溪城关镇志编纂领导小组：《兰溪城关镇志》，浙江人民出版社 1987 年版，第 194 页。

③ 童振藻：《钱江九姓渔户考》，《岭南学报》1931 年第 2 卷第 2 期，第 16 页。

④ 林书颜：《钱塘江渔业志》，《浙江省水产试验场水产汇报》1936 年第 2 卷第 3 册。

⑤ 兰溪市水务局编：《兰溪水利志》，2003 年，第 258 页。

表 1.5　兰溪九姓渔户的渔民

名字	男(人)	女(人)	泊地	渔业
陈秋兰	1	1	中洲	捕鱼
陈海根	3	5	中洲	捕鱼
陈长根	2	3	中洲	捕鱼
陈长寿	1	2	中洲	捕鱼
陈根财	2	2	中洲	捕鱼
许荣根	3	1	中洲	捕鱼
许秀根	1	2	中洲	捕鱼
许连根	4	1	中洲	捕鱼
许小根	1	2	中洲	捕鱼

资料来源：童振藻《钱江九姓渔户考》。

兰溪九姓渔户捕捞水域主要有“三江五溪”，三江者乃兰江、衢江、婺江，五溪指梅溪、马达溪、赤溪、游埠溪、甘溪。还有应家滩、毕家滩两个鱼类产卵场，兰溪潭(西门潭)、毕家潭、下埠头三个鱼类主要索饵场，三港殿、上横山、横山潭、铁路桥下和毕家潭五个鱼类越冬场所。鱼类按生活习性，大致分为两个生态群，一为溪间性鱼类，生活在水浅流急、卵石底质、水质清澈、水生昆虫多的上游及大小溪流中，如鮈、鮠、鲴、逆鱼等鱼类；二是钱塘江中游栖息的河川性鱼类。兰溪以下水域，地势较低，沿江多宏宽而深奥之潭，冬季干涸时节，上游鱼类均集中深潭。隆冬寒气袭来，江水降至冰点，鱼群喜结队缓游，不如往时的活泼散漫，渔户利用鱼类的这种习性，以大网捕捞。每次下网，所获常有千余斤。

兰溪自古以来就是天然鱼类的栖息场所，水产丰饶，自古号称“鱼米之乡”。兰溪水产丰富，万历《兰溪县志》记载：“鳞类白鱼、松鱼、车鱼、乌鱼、金鲫、鳜青鱼、鲤鱼、鳝鱼、鳗鱼、鲫、鲇鳅。甲类龟、鳖、螺、鰕鳖、蚌、蚬。”①兰溪现有鱼类如鲤、鳢、鲇、鳅、鳗、鳊等 20 科 80 余种。三江捕捞主要有鲥、鲚、鲈等洄游性鱼类，也有鲤、鲫、鳊、青、草、鲴鱼。其中鳗被称为“水底人参”，营养丰富。鲇可作煲。鳜鱼味鲜，唐张志和有“桃花流水鳜鱼肥”的名句。其中最有名要数兰溪鲤鱼，唐代诗人戴叔伦有《兰溪棹歌》：“凉月如眉挂柳湾，越中山色镜中看。兰溪三日桃花雨，半夜鲤鱼来上滩。”此乃兰溪渔户的船歌。明代何景明诗曰：“邻家思妇清晨起，买得兰江一双鲤。”兰溪鲤鱼名闻遐迩，鲤鱼鳞片较大，尾鳍等处呈

① (明)徐用检修：《兰溪县志》卷之一，万历三十四年刊，康熙闲补刊本。

金红色，常呼为“金色鲤鱼”。由于江水清纯，无腥土味，以一尺左右大小最为鲜嫩，故清代朱彝尊咏兰江鲤鱼诗曰“银丝细绘兰江鲤”，明大学士赵志皋诗曰“尺鲤上滩头，洋洋九寸十分”。

兰江盛产鲥鱼、鲈鱼、鲚鱼。鲈鱼巨口细嫩，诗曰：“江上往来人，但爱鲈鱼美。君看一叶舟，出没风波里。”鲥鱼肉细脂厚，银鳍巨鳞，其味更是难于言表，属于洄游性鱼类，惜已不存。冬季也常有大雁、野鹅、天鹅等大批候鸟来到中洲、雁屿洲、女儿滩等处越冬，栖息于同仁塔、辅仁塔上的鹰隼也以江中鱼类为食。渔户捕捞以野生的鲤鱼、鲫鱼、编鱼、鲷鱼等为主，其中一种被称为朱红白花的鱼，也为兰溪人所钟爱。三江支流如马达溪、游埠溪、赤溪、梅溪等溪，由于断面小，水量不均，则以野杂鱼为主。赤溪蟹也很有名，诗曰“蟹舍灯光彻赤溪”。

九姓渔户在生产实践中，创造了多种渔具渔法，主要有网渔具和钓渔具。“本城（兰溪）捕捞工具初时以手网为主，有撒网、丝网、畚箕网等，后发展到滚钓、竹莲接、鹭鸶捕鱼，1964年淘汰鹭鸶捕鱼，并逐步采用聚乙烯、尼龙等材料制成大拖网、三层挂网、流刺网、打网等，钩具有麦钩、泥鳅钩等。”[①]钓渔具广泛应用于江河捕捞，有饵钓、滚钓、划钓、鳖枪、卡钓等，成本低廉，作业轻便。箔筌渔具以竹木或尼龙网片制成迂回曲折的形状，以捕捞鱼、虾、蟹等水产品。另有虾笼、鳝笼等。其他渔具渔法还有抄网，以一片竹竿作为骨架，装成畚箕形状，专门抄捕水浅处水草下的鱼、虾、蟹等。不少渔户驯养鸬鹚捕鱼。“兰溪居民中有不少是渔民，世代以捕鱼养殖为生。据传说，明太祖灭北汉后，将北汉主陈友谅的家属子孙及其部属陈、许、钱、于等九姓贬为富春江渔户，不得上岸，因为兰溪鱼类丰富，‘九姓渔船’逐渐泊居兰溪，以捕鱼为生。不少渔船以驯养鸬鹚捕鱼为业，其婚丧礼仪风俗也与岸上人家有许多不同，成为一道独特的水上风景线。”[②]1912年，英国女作家罗安逸来到兰溪，对渔户以鸬鹚捕鱼，颇为稀奇。“水流湍急的地方往往有渔船在捕鱼，船上的鸬鹚既听话又机敏，只要主人做一个手势，它们便会听命效劳。据说这些鸬鹚都训练有素，尽管有上百只鸬鹚在同一个地方捕鱼，却没有一只会认错自己的船。”[③]《中洲渔火》诗云：“捕鱼换酒笑呀呀，入市无鱼酒不赊。明日江头期一醉，先同老妇卜灯花。”诗人描绘了颇为生动传神的渔家乐图。兰江渔户放夜吊捕鱼的大木桶和湖上采莲的莲蓬桶，

---

① 兰溪城关镇志编纂领导小组：《兰溪城关镇志》，浙江人民出版社1987年版，第194页。

② 陈星：《兰溪的鱼》，《古婺文化拾遗》，浙江工商大学出版社2013年版，第380页。

③ [英]罗安逸：《中国：机遇与变革》，1920年，转引自沈弘《辛亥革命前后的浙江社会思潮和变革——英国女作家罗安逸眼中的杭州和兰溪》，《文化艺术研究》2010年第5期。

后来演变为兰溪喜庆舞蹈形式中的“跑旱船”。船以竹扎成，外蒙上布，套于女舞者腰中，男子手执木桨，两者合舞。①

然而，位于钱塘江上游的衢江和兰江的九姓渔户，仅仅依靠捕鱼难以为生，平时还必须兼营他业。兰溪、汤溪、龙游、金华、衢县、常山、江山等县之渔民均因环境关系，不能周年捕鱼，故须于暇时兼营放杉筏、运货载客，兼营浮桥义渡以维持生活，秋冬至春初时节，雨量减少，钱塘江上源河狭水浅，鱼类之大者皆不能栖息其中，必退集于下游之深潭。在衢港、江山港及金华港等处渔民，辄不能专赖捞鱼获利矣。夏间雨水充足，上源水位骤高，鱼类皆乘新潦上游，故七、八、九、十月间（五个月）为兰溪以上之旺盛渔期。在此旺渔期中，每一小船二人可驾驶者，一日获鱼三四斤至二三十斤之谱，平均计算一日可得五斤。五个月为七担半，再加其余时间可获之量约一担半，则一年一般所有渔获量为九担。上述诸县之渔船各有不同，其产量亦有差异。②

第三节　新安江九姓渔户的渔业

严州府所属的首县建德，乃九姓渔户的大本营，渔户互以“同年”相称，“年”者，严州也。“陈、钱、林、袁、孙、叶、许、李、何九姓世居建德江，以捕鱼为生。”③根据林书颜民国二十四年（1935）调查，建德有使网船 124 艘，使钓船 4 艘，鸬鹚船 24 艘，住家船 76 艘，总计 228 艘，渔民 584 人，年渔获量 1300 余担，82.3 吨。民国三十六年（1947），捕捞 83.9 吨。④“梅城渔业向分外江捕捞与内湖养殖两个部分。外江渔业历来有专业渔民从事捕捞，旧称‘九姓渔家’。解放前夕有渔民 40 户左右。”⑤内湖养殖则由农民兼营，清末光绪年间，东湖由县署租给吴瑞庭、陈海清、钟茂生、严玉旗、王苟儿等 10 户经营，西湖也租给农民经营。抗战胜利后，东西湖改由金驼背、戴不魁、陈教夏、许金火等 10 人承租。从姓名来看，有些渔民可能就是先前的九姓渔户。

淳安也是九姓渔户集居之地。千岛湖形成之前，新安江渔户流传九姓渔户的传说。“相传元代末年，陈友谅和朱元璋争夺天下，兵败江西鄱阳湖，溃散官

① 胡汝明：《兰溪船文化》，《兰溪纵横》，《兰溪日报》编辑部 1999 年版，第 205 页。
② 林书颜：《钱塘江渔业志》，《浙江省水产试验场水产汇报》1936 年第 2 卷第 3 册。
③ 建德县志编纂办公室编：《建德县志》，浙江人民出版社 1986 年版，第 906 页。
④ 杭州水产志编纂委员会编：《杭州市水产志》，中华书局 1996 年版，第 63 页。
⑤ 浙江省建德县梅城镇人民政府编：《梅城镇志》，1985 年，第 131 页。

兵，多数散落在鄱阳湖区定居。其中部分将士携带家眷东逃，翻山越岭，沿赣东北的茶叶之路，即九江、景德镇、浮梁县、祁县之古驿道，往北经黟县、休宁至屯溪，从安徽省歙县进入浙江省淳安县，来到新安江边。他们见到这儿江水清澈，两岸土地肥沃，属鱼米之乡，便在新安江畔定居下来。后来官府查明了他们的来历，上报朝廷，朱元璋恐其反明，即下令将他们赶入江中，以船为家，捕鱼为生，贬为贱民，不准上岸居住，不准与岸上居民通婚，不准读书应试，不准穿鞋上岸，还要应召服役。"①九姓渔户在淳安的威坪、贺城、白沙捕鱼。②据说贺城就有不少以打鱼为生的渔户。"一种是专门捕鱼的。自己有一只小木船，全家三四口吃住小船上，专门在新安江中捕鱼为业，大约有 20 多只。"③民国二十四年(1935)，淳安有使网船 102 艘，鸬鹚船 10 艘，住家船 50 艘，共有 162 艘，渔户 496 人，年渔获量 700 担。④ 1949 年有渔民 119 户，终年在新安江以捕鱼为生。⑤(表 1.6)

表 1.6　1935 年新安江的渔船和渔民

县别	使网船(艘)	使钓船(艘)	鸬鹚船(艘)	住家船(艘)	总计(艘)	渔民(人)	渔获量(担)
建德	124	4	24	76	228	584	1300
淳安	102		10	50	162	496	700

资料来源：林书颜《钱塘江渔业志》。

徽州也属钱塘江上游的新安江流域，渔民主要是九姓渔户和新安江、横江与率水两岸农民。新安江"水库形成前，渔民在沿江的屯溪、渔梁、威坪、贺城、白沙等城镇附近用简易工具捕鱼，就近销售，但产量不高，年均约 5 万千克，最高年份为 10.5 万千克"⑥。屯溪和渔梁，多有九姓渔户足迹。屯溪位于新安江上游，率水和横江汇合处，600 多年前就是一个小小的渔村，1700 多年前还是一片汪洋的水域，孙权派威武中郎将贺齐进剿山越，屯兵于溪水之上而得名。屯溪有两个著名的帆船停靠码头，其中的渔埠头，顾名思义，应与九姓渔户捕鱼有关。"1954 年，有渔民 84 户(其中船民 28 户)，渔船 14 艘，鱼钩 3.8 万把，渔网 3

---

① 孙燕生：《新安渔歌》，浙江人民出版社 2009 年版，第 3 页。

② 新安江水电站志编辑委员会编：《新安江水电站志》，浙江人民出版社 1993 年版，第 264 页。

③ 王召里：《贺城的船民》，《古城忆旧》，中国文史出版社 2017 年版，第 88 页。

④ 林书颜：《钱塘江渔业志》，《浙江省水产试验场水产汇报》1936 年第 2 卷第 3 册。

⑤ 淳安县志编纂委员会编：《淳安县志》，汉语大词典出版社 1990 年版，第 279 页。

⑥ 新安江水电站志编辑委员会编：《新安江水电站志》，浙江人民出版社 1993 年版，第 264 页。

万顷，当年，渔产品产量 36.62 吨，其中捕捞 24.12 吨。”①渔船有平头木船，属制网类的作业渔船，载重一吨半，船面较宽，堆放三层挂网或围网，作业时 1 人划桨，2 至 4 人下网或收网，专门捕捞深水鱼类。赤板船载重一吨，乃露仓小船，桨篙并用，行动方便，操作刺网、拖网作业，适于深浅水域。鸬鹚船船身狭长且浅，结构简单，用材较少，操作灵活轻便，一人立于船尾划桨，一人在船首撑篙挑赶鸬鹚。另一种为两平行狭长木盆，中间以两根木料连接，盆重 25 至 35 公斤，竹篙撑行和赶挑鸬鹚。渔户驯养鱼鹰，给鱼鹰的脖子套上绳套，绳套既不能大，也不能小，必须控制尺寸。鱼鹰叼到大鱼，吞不下去，便会飞到船上吐出来。如果叼到小鱼，便会吞下去，以填饱肚子。竹筏长 4 至 6 米，可载 2 至 3 人，一人撑筏，一人操作渔网，轻便快捷，适于浅水区作业。鱼盆载重 200 公斤，以手钩、钓、卡、丝网等小型作业为主，备有鱼篓一个，划板两块，小凳一个，坐于盆内操作。渔户外出捕鱼时，一头挑鱼篓，一头挑鱼盆，适于浅水区作业。

建德九姓渔户传统渔具有打网、流刺网、鱼叉、钓等，还用鸬鹚捕鱼。清代“亦有操小舟养鸬鹚结网打鱼为业者”②。民国时期，渔户仍驯养鸬鹚捕鱼。“鹚喙锐而长颈，能伸缩，喜啄鱼。胥口江一带渔户视同家畜，见鱼纵使没水少顷，以杵击砧，口中若歌若唱，山我夹应，幽韵横生，曼声既歇，衔鱼而上。渔人勒颈取鱼。百不失一。”③渔户习惯以鸬鹚和滚钓作为两种捕鱼工具，尤以鸬鹚为甚。每只日捕鱼量达数十斤，梅城有鸬鹚的渔户占 50%。鸬鹚的作业方式为日暮而出，日出而归，浊水布网，清水叉鱼。鸬鹚之价视其体质强弱以及捕鱼能力而定。体质强且捕鱼能力大者最贵，每只值四五十元，普通仅值十余元，亦有值四五元以及六七元者。鸬鹚每年正月至八月产卵 3 至 8 枚，而留以供孵化者仅正月所产。二月初置卵以雌鸡孵化，鹚鸟约月余出壳。刚孵化不能自由行走，置于以棉花制成的巢中，喂以豆腐和鳗肉，若鳗肉难得，则易于鳢肉。二月后渐次出羽，可售于市，仅值一二元。鸬鹚长大后，即训练其捕鱼，到四五月其捕鱼的技巧才能成熟。渔户以渔网和放钓功效不高，多为困难户采用。渔户捕鱼时随江水涨落而追逐鱼群，大水时上梅城的南门滩，枯水时则到七里泷，冬季则在乌石滩。东西湖也用木排大网捕捞，但捕获量并不理想。渔户在长期的实践中，掌握了较为娴熟的捕鱼技术。

渔民在长期的生产实践中，积累了不少宝贵的经验，他们对三江的水

---

① 黄山市屯溪地方志编纂委员会编：《黄山市屯溪区志》，方志出版社 2012 年版，第 372 页。

② (清)王宾修，应德广纂：《建德县志》卷之一，乾隆十九年刻本。

③ 夏日璈等修，王韧等纂：《建德县志》卷二《地理》，民国八年铅印本。

域情况、鱼类资源、鱼群习性等等，了如指掌，什么时候捕什么鱼，用什么工具，以及对鹭鸶（捕鱼的鸟）的孵化、饲养、管理、训练都有一套技术。有的身怀绝技，如80多岁的老渔民钱敬儿，昔日能在水下捉鳖，只要让他发现，就逃脱不了他的手掌。还有的船民探索出一套水獭、螃蟹活动的规律和范围，如看到水獭的粪便，就知道其出没的时间，准确地捕捉起来。①

建德的外江即新安江，其鱼类众多，有鲴鱼（俗称黄尾槽、青尾槽）、青鱼、草鱼、鲤鱼、编鱼、鳙鱼、鲢鱼、鳜鱼等。建德“以三江口为中心，南至大洋埠，西至马目埠，东至七里泷的鱼、虾、蟹、鳖、珍贵鲥鱼等水产资源十分丰富。他们运用这四通八达的航运路线，以及捕捞的优越条件，即带眷属避世而来，主要以经营货物运输和捕鱼为生”②。每年五至六月，都有鲥鱼溯流而上。据说鲥鱼洄游有着固定的路线，从不走错方向。“鲥鱼性爱洁，七里泷清波碧浪，是产卵及孵化最好的自然水域。往年，乌石滩是梅城捕鲥鱼的渔场。鲥鱼洄游而上，有时也到东关。”③相传富春江鲥鱼游到兰江与新安江的汇合处，总是进入兰江，而不入新安江。提起鲥鱼之所以入兰江而不进新安江，渔户中流传着颇为有趣的故事。鲥鱼最初由富春江向新安江方向游去，游到七里泷时，遇上了编鱼。鲥鱼询问新安江是否好玩。编鱼表示新安江山色秀丽，只是江面太窄，所以编鱼去过之后，身子都被扎扁。鲥鱼看到编鱼被挤扁的身体，再也不敢往上游去。因此，七里泷以上的新安江水面，再也见不到鲥鱼。

新安江、兰江和富春江三江汇合处，有七华里，水流湍急，曰“七里泷”，北岸就是东汉名士严子陵的钓台，南岸有晚唐江南著名诗人方干的故里白云源村。七里泷盛产编鱼和鲥鱼。“七里泷产鱼，编鱼鲥鱼，最为著名，有渔户常川采捕，泷辖于桐庐者六，辖于建德者四，所产之鱼，亦售于桐庐者为多，因下水甚捷，便于入市，若溯流而至建德，总须半日，天热时，已不甚新鲜，此天然之利，无待蓄养者也。近城所产者，东西湖为多，间有来自四乡池塘者，为数不多。渔具用网罟，随捕随销，绝无贩运出境，亦无淹渍出售。”④七里泷还盛产子陵鱼，味道鲜美，享有盛誉。钱塘江水系各江河支流均有分布，腹鳍合并成吸盘，借以吸附岩石或卵石，乃底层小型鱼，体长不过6厘米。七至八月，子陵鱼由海洋溯流而上，渔户常在建德乌石滩等处以布网和鱼帘捕捞，有传为鲥鱼之卵所孵化。

（子陵鱼）其形状，甚为纤细，长度不到一寸，约略和银鱼相似，是鲥鱼

① 潘文达主编：《建德市交通志》，海洋出版社1996年版，第279页。

② 《严郡九姓船民新考》，《建德市交通志》，海洋出版社1996年版，第277页。

③ 浙江省建德县梅城镇人民政府编：《梅城镇志》，1985年，第210页。

④ 魏颂唐：《浙江经济纪略》，1929年铅印本，第395页。

子所孵化的。当四五月的天气,鲥鱼多上游至严江,将它可爱的小宝宝,产生在荡漾着的碧绿的水藻上面。可是就在这时,来了一批残忍的可怕的渔父,划了小船,拿着麻布渔网,像黑夜中的小偷似的,慢慢地探入水中,再快快地举了起来,于是那些洁白得如银丝般的小生命,全被捞捕了。把它们烤干后,装进湖绿色玻璃瓶内,卖给人们烧汤下饭。子陵鱼的最大者如雀舌,细的却仅如娥眉,肉色银白,眼若点漆,最好是在它鱼眼未开的时候,那么肉质更嫩而味尤佳,不论你怎么吃式,都是很可口的。分水臧益卿,曾把它吟入诗句:"江城五月子陵鱼,细白如银味有余。细若娥眉大雀舌,最佳双目未开初。"①

相传严子陵助刘秀建立东汉王朝,不愿为官,穿着刘秀赠送的银狐皮袍,不辞而别,独自来到七里泷垂钓。刘秀遂诏告天下寻找,有人报告有穿着银狐皮袍的人在七里泷垂钓,严子陵遂被请回京城。严子陵表示誓不为官,刘秀也不好勉强。严子陵回到七里泷之后,百思不得其解,自己行踪诡秘,刘秀何以知晓?有人提醒严子陵,乃其所穿的皮袍过于惹人注目。严子陵盛怒之下,遂将皮袍投入江中,刹那间,皮袍上一根一根的银狐毛顿时化成一条条银白色的小鱼。这种小鱼每年立夏前后,都会游到七里泷的钓台下拜谒严子陵,非得磕破鼻子才罢。这种银针一样的小鱼故被称为"子陵鱼"。"逢捕鱼季节,七里泷的渔船多达几百只,捕得的子陵鱼全卖给严州二三家老店,由店里加工成鱼干,装瓶远销。"②"子陵鱼"喜欢七里泷,因其位于富春江上游,水质明净,乃其理想的生长环境。每年五六月间,大批"子陵鱼"溯江而上,前来繁殖后代。为了避免被江水冲走,不得不紧紧地吸附在石头上,一边缓缓地逆流前行,一边吞吃水中丰富的饵料,一眼望去,密密匝匝,全是其细小的身影。"子陵鱼也是一种洄游鱼类,以其产于七里泷、钓台一带,故名。梅季末来,夏秋之交去。体长寸许,早年渔民在乌石滩附近设簖,每晚可捕二三担,大都晒干后出售。"③渔户以纱布制成的推网捕捞,收获颇丰。

新安江位于钱塘江上游,水浅滩多,渔户的渔获量有限,平均年产鱼约50吨,最高年份也不过105吨。④"建德境内渔船约152艘,专以捕鱼为主者约居一半,其余则兼营放杉筏、运货、载客之业。按捞鱼作业辛苦而利微,终日勤劳,

---

① 陈渔:《严州》,《浙江青年》1936年第2卷第7期。

② 方向:《富春江上的九姓渔户》,《中国民间文化》第14集,学林出版社1994年版,第159页。

③ 浙江省建德县梅城镇人民政府编:《梅城镇志》,1985年,第210页。

④ 钱塘江志编纂委员会编:《钱塘江志》,方志出版社1998年版,第223页。

所获仅供一饱，毫无盈余以供其他活动费用，惟一般略有资本之渔民，备有比较美丽之船，可兼营放杉筏、运货、载客等作业，则有利可图也。现按渔船出江捕鱼时间为6个月，每船1日可获鱼5斤，一年为9担，以150只渔船计，渔获总量为1300余担矣。”①民国二十五年(1936)，建德捕捞产量82.3吨，民国三十五年(1946)为83.9吨，约占全县渔产量的83%。②

图1.4　淳安新安江渔户的鸬鹚捕鱼(王召里供图)

淳安渔业分为两种：家蓄与野捕。“野捕以小艇为家，随时网罟捕获。”③淳安渔户以打网、抬网、麦钓、钓钩等10多种渔具捕鱼，以鸬鹚捕鱼为主。入水捕鱼前，先将鸬鹚颈部缚上长约30厘米的细稻草绳，不让鸬鹚吞食较大鱼类。白天捕鱼时，事先以麻绳将捕鱼的江段拦住，不让鱼类外逃，再让鸬鹚入水捕鱼。夜间捕鱼时，船头挂一只铁丝制作的网兜，点燃松脂较多的小块松柴，放入铁丝网兜内照明，渔户称其为“松明灯”，再让鸬鹚入水捕鱼。冬季天冷，鸬鹚单独捕不到鱼，遂联合多家渔户集中作业捕捉大鱼，只要一只鸬鹚发现深水潭中的大鱼，众鸬鹚就一拥而上，将其抬浮水面(图1.4)。另有撒网捕鱼，一人划船进入黄尾密鲴等鱼类栖息场所，将网衣尽力撒开，船往后划动，待网口并拢后，再收上网，取出捕获物。卡具捕鲤鱼，傍晚放卡时，沿放卡的方向投放少量煮熟的大麦，能捕获草鱼和倒刺鲃。卡渔具捕草鱼，草鱼吃卡时咬断卡箍，也能捕获倒刺鲃。以小麦卡捕鲫鱼，鲫鱼吃饵料时卡头弹开，卡住口腔。还有以樟树籽诱钓

① 林书颜:《钱塘江渔业志》,《浙江省水产试验场水产汇报》1936年第2卷第3册。

② 杭州水产志编纂委员会编:《杭州水产志》,中华书局1996年版,第62页。

③ 魏颂唐:《浙江经济纪略》,1929年铅印本,第401页。

倒刺鲃，也有以黄豆卡捕获倒刺鲃。倒刺鲃体重 2 至 4 公斤，大的有 5 公斤以上，肉多刺少，肉味鲜美。钓钩诱钩鳗鲡，以小虾作诱饵，鳗鲡蛋白质和脂肪含量高，营养丰富，肉质细嫩。

渔民们捕鱼有两种捕法。一种是鸬鹚捕鱼。每户渔民有一条小船，养七八只鸬鹚（当地叫鱼鹰），出捕时，一人撑（摇）船，一人持长竹竿指挥鸬鹚。先用篾箍将鸬鹚的颈部箍牢，以免鸬鹚将鱼吞入肚内。鸬鹚经过训练后听持竿人指挥，持竿人用“呼哨”指挥鸬鹚出捕吐鱼。比如一只鸬鹚在水下捕到三四条鱼后，就会浮出水面，持竿人就用竿将鸬鹚撩到船上吐鱼，吐鱼后又将它丢入水中令其再捕。有时鸬鹚遇三四斤的大鱼吞不下的时候，就会浮出水面叫几声，持竿人就用竿赶其他鸬鹚去帮忙。它们先用嘴把鱼翅剪掉，使大鱼游不走，然后几只鸬鹚用嘴将大鱼抬出水面，渔人见了就得用手网将鱼撩到船上。贺城用鸬鹚捕鱼小船 10 多只，有的是兄弟，有的是夫妻，有的是父女。有时七八条渔船在南山潭、雉山潭捕鱼时，几十只鸬鹚在潭里游来飞去，男女船家喊“呼哨”之声彼起此伏，确是贺城的一条风景线，别有一番风味。一种是用圆桶下钓。贺城也有七八个人，就是用木头箍一只椭圆形的木桶，人坐在木桶里，用一根很长的麻绳，每隔一尺左右系一鱼钩，钩上穿上蚯蚓或泡胀的小麦，黄昏或晚上时坐桶到新安江中放钓，第二天一早去收钓。用这种方法放钓，只能钓到小鱼。有的圆桶晚上放钓，桶中置一灯笼，来回游弋江中，渔火点点，忽明忽暗，也别有一番风味。①

贺城人喜欢吃新安江的鱼，因其江水清澈，鱼肉细嫩。贺城的鱼市场就设在南门头，每天都有 10 多个鱼摊卖鱼，均为渔户从新安江捕获，有鳜鱼、白花、竹鱼、红珠、黄尾巴、青条丝等。渔户边捕边卖，颇为新鲜，价廉物美。

淳安九姓渔户也难以捕鱼为生，必须兼营他业。“淳安专以捕鱼为业者较建德为少，盖上游水浅，鱼类不多，渔民势不能专赖渔业为生，必须兼营他业，是乃地理环境使然也。渔获量为 700 担。”②九姓渔户欲赖以捕鱼为生者困难。

新中国成立前，新安江上的渔民是劳动人民中受压迫、受剥削最甚，苦难最为深重的人群。他们上无片瓦，下无寸土，鱼多的地段还被地痞恶霸霸占。一家几代人以船为家，上至安徽街口的米汤垅，下至桐庐的七里泷，在江上漂泊，艰难度日。下雨时，船破篷破，上下都漏水，一天多次舀水，担心水多沉船，即使是三更半夜也要舀水，每天都提心吊胆过日子。他们使用的是蚕丝

① 王召里：《鸬鹚捕鱼和圆桶下钓》，《古城忆旧》，中国文史出版社 2017 年版，第 98 页。
② 林书颜：《钱塘江渔业志》，《浙江省水产试验场水产汇报》1936 年第 2 卷第 3 册。

网、卡渔具、钓钩、滚钓、撒网等小型的比较原始落后的捕鱼工具。经济条件稍好的渔民购买驯化的鸬鹚捕鱼，22户渔民有鸬鹚180只。主要捕捞鳘鲦、大眼华鳊、鲴、鲶、蒙古红鲌、石斑鱼，捕到好鱼舍不得吃，拿到附近的农村换玉米、大米和蔬菜，一斤黄尾鲴鱼换一斤大米。有时在茶园、威坪、港口或贺城附近江段捕鱼，把鱼拿到城镇卖钱，买回粮食和蔬菜。①

第四节　富春江九姓渔户的渔业

九姓渔户互以"同年"相称，"同"乃特指"桐庐"，也是渔户聚居的大本营。民国《浙江新志》记述："渔户依水为生，故沿钱塘江上下游，为杭县、绍兴、桐庐、建德、兰溪、衢县、江山，各县皆有其踪迹，尤以桐庐、建德为最多。"②《桐庐镇志》云："明清以降，有九姓渔户在富春江以捕鱼为业。民国时，镇区水域约有渔船60只，渔民240人，其中以钱、许、陈姓为多。"③民国十七年(1928)九月十七日，桐庐县县长卢保芳呈报，桐庐有75户渔民，其中叶姓渔户不详。④（表1.7）民国二十四年(1935)林书颜统计，桐庐有渔民879人，渔船293艘，其中使网船187艘，使钓船4艘，鸬鹚船15艘，住家船87艘，年渔获量2000担。民国二十五年(1936)渔获量为1841担。民国三十五年(1946)渔获量为1507担。1949年渔获量为1796担，渔民锐减到517人，渔船135艘，均为连家渔船，设备简陋，收入低微。⑤

表1.7　1928年桐庐九姓渔户的渔民

姓氏	户数(户)	渔业
陈	4	渔船
钱	2	渔船
林	1	渔船
孙	50	渔船
叶	不详	渔船

① 孙燕生：《新安渔歌》，浙江人民出版社2009年版，第3页。
② 姜卿云：《浙江新志(特殊民族)》，杭州正中书局民国二十五年版，第10页。
③ 桐庐镇志编辑委员会编：《桐庐镇志》，1994年，第120页。
④ 童振藻：《钱江九姓渔户考》，《岭南学报》1931年第2卷第2期。
⑤ 桐庐县志编辑委员会编：《桐庐县志》，浙江人民出版社1991年版，第158页。

续表

姓氏	户数(户)	渔业
何	1	渔船
许	17	渔船

资料来源:童振藻《钱江九姓渔户考》。

桐庐渔民主要有拖网、打网、流刺网、滚钓、鱼叉等捕捞渔具,鸬鹚捕鱼也曾遍及富春江,最多时达数百只。“渔具有柔丝网、旋网、大网、畚箕网、神仙钩、撩灰兜等。”①得益于富春江之利。“渔业生活甚夥,但均系天然产物,实无人工养殖,鱼类鲤鲫鲭鲌鳜鲈鲥以及虾蟹鳖等。至制造,惟鲥鱼多用糟,储之坛内,固封出售,所出不多。”②渔户捕鱼大都于夜间摇船出发,船尾悬一油灯,似星星点点散布江面,成为富春江的江景之一。因操作过于原始,渔具太过简陋,捕鱼作业艰辛,售鱼也很困难,渔户的年捕获量长期徘徊在1500担左右。

桐庐镇渔户的渔船属于木制划桨小舟,上覆箬篷,以避风雨,多为渔户家居和捕鱼所用,称为“连家船”。民国时期,桐庐镇有渔船60多艘,分油丝船、滚钓船、打网船、鸬鹚船和钓鱼船五种。渔户采用的古老渔具有潮鱼叉、大鱼叉和鱼鹰(鸬鹚)等。在实践中,他们所使用的渔具日益增多,主要分为三大类,即钓具、网具和鱼鹰。钓具有大弹弓钓,以大麦、蚕豆、花生米为饵,捕钓鲤、鳊为主。粉钓,以麦粉加香油作饵,捕钓鲫鱼、小鳊鱼为主。啄麦钓,以麦粒为饵,捕钓虹鳟鱼、白鲦。滚钓,线上系300至500竹筒作浮标,系1080至1800只鱼钩,捕钓大鲤鱼、鲭鱼等。长钓鱼钩以绳系住,有球形浮标,一次可放3华里水域,以虾、小泥鳅为饵,钩有倒刺,于五至九月捕获汪刺、鳗、白鱼;以蚯蚓为饵,于三至四月间捕获船汀鱼。网具类有游丝网,土丝织成;鲥鱼网,网有3层;低浮网,捕获小鱼;旋网,依据不同的鱼类,织成大小不同的网眼;大网,由商界店家置办,租与渔户,捕捞时以两艘渔船将网放入深水;还有一些小网斗,用于河沟浅滩捕捞小鱼小虾以及泥鳅。各类网具均为棉麻制品,笨重落后,操作费力。鱼鹰俗称“鸬鹚”,渔户驯养以捕鱼,每日晚间以小鱼喂食一次,白天则不喂。渔户捕鱼时呼唱号子,指挥鱼鹰潜水捕鱼。渔户总结鱼游动的“七上八下”规律,七月天气转热,鱼往上游,就在上游捕鱼;八月后天气转凉,鱼往下游,就去下游捕鱼。围捕潮鱼时,采用稳水网,浮子小,沉子轻(图1.5—图1.6)。

① 魏颂唐:《浙江经济纪略》,1929年铅印本,第408页。

② 魏颂唐:《浙江经济纪略》,1929年铅印本,第409页。

图 1.5　桐庐九姓渔户的渔舟和鸬鹚(资料来源《桐庐镇志》)

图 1.6　桐庐渔户捕鱼归来(资料来源:《桐庐镇志》)

富阳渔户使用传统的渔具,钓类有滚钓、弹钓、食钓;网类则有打网、丝网、扦网;罾类则有蟹罾,还有鸬鹚捕鱼。民国二十年(1931),《富阳县势调查》记载,有渔船 500 艘,从业渔民 1500 人,年产鱼约 45 吨。[①] 民国二十四年(1935)

① 钱塘江志编纂委员会编:《钱塘江志》,方志出版社 1998 年版,第 281 页。

十月，据林书颜统计，使网船 61 艘，使钓船 5 艘，捕蟹虾船 6 艘，合计 105 艘。[①] 富阳镇渔户使用“大网、小网、滚钓、罾蟹口、鱼枪等，皆系旧式”[②]。1949 年，富阳镇有捕鱼小船 75 艘，丝网、打网、板网等 91 副，滚钓 6 万余个，食钓、弹钓各 1.34 万只，鸬鹚 17 只。[③] 不少富春江渔户以蓄养鸬鹚作为捕鱼工具，鹳山脚下常见其出没的身影。鸬鹚船也称“放鸟船”，男女渔户同驾轻舟，荡漾江面，女的摇桨把舵，前后回旋。男的手挥竹竿，唱着渔歌，以渔歌指挥鸬鹚上下、左右、前进、后退、追击、停顿。渔歌旋律起伏较大，节奏变化也多，颇具规律性，与摇船的动作颇为协调。富阳县文化馆采录有鸬鹚调《吐蛋》《春秋捕鱼》《夏季拘甲鱼》《冬季拘鱼》等 5 首。渔户脚下放上一块木板不断发出声音，以惊动鱼类。鸬鹚颈上结一绳圈，松紧度以小鱼能吞下、大鱼无法下咽为宜。桐庐芦茨埠昔日应为鸬鹚捕鱼船的停泊处，“芦茨”乃“鸬鹚”雅化而来。

富阳渔户以分散捕捞，自捕自卖为主。据《浙江经济纪略》统计：“各船户皆撑驾小船，是谓‘九姓渔船’，自严东关而下，各埠皆有停泊，在县（富阳）界内者，约 90 余户，船以百数十计，有 1 户 2 船至 3 船者，谓之‘子母船’，捕得之鱼，随地出卖，近年价额渐高，或系捕获减少所致，然亦时多时少，未可预言，但一船日用所需，以银洋 3 角为度，则每年所得，必有 1 万数千金，此推测各渔户生计上言之也。”[④]渔户常年漂泊富春江，以捕鱼为生，互相结亲，自成眷属。民国二十四年（1935）十月，据林书颜统计，富阳有渔民 315 人，年渔获量 900 担。[⑤]（表 1.8）1949 年，年产鱼仅 19 吨。[⑥]（表 1.9）

表 1.8　1935 年富春江的渔船和渔民

县别	使网船（艘）	使钓船（艘）	鸬鹚船（艘）	捕蟹虾船（艘）	住家船（艘）	总计（艘）	渔民（人）	渔获量（担）
富阳	61	5		6	30	102	315	900
桐庐	187	4	15		87	293	879	2000

资料来源：林书颜《钱塘江渔业志》。

① 林书颜：《钱塘江渔业志》，《浙江省水产试验场水产汇报》1936 年第 2 卷第 3 期。

② 魏颂唐：《浙江经济纪略》，1929 年铅印本，第 20 页。

③ 富阳镇志编辑室编：《富阳镇志》，汉语大词典出版社 1994 年版，第 108 页。

④ 魏颂唐：《浙江经济纪略》，1929 年铅印本，第 46 页。

⑤ 林书颜：《钱塘江渔业志》，《浙江省水产试验场水产汇报》1936 年第 2 卷第 3 期。

⑥ 钱塘江志编纂委员会编：《钱塘江志》，方志出版社 1998 年版，第 281 页。

表 1.9 富阳镇历年渔获量

年份	年渔获量(万公斤)	鲥鱼(公斤)
1931	4.05	500
1947	5.25	250
1949	4.50	不详

资料来源:《富阳镇志》。

富春江最有名的鲥鱼,属溯河性鱼类,乃中国名贵鱼种,盛产于长江、西江和富春江流域,以富春江所产最负盛名。每年立夏前后,鲥鱼从海洋进入富春江,上溯至桐庐县排山门、子陵滩一带产卵,产后再回归大海。鲥鱼之名则取"来去有定时"之意。鲥鱼鳞似箭,色白如银,头小体扁,鳞下富含脂肪,肉质鲜嫩。"鲥鱼一名箭鱼,腹下细骨如箭镞,出富阳者尤美。《武林遗事》云:每五月富春江上鲥鱼最盛,渔人捕得,移时百里达于城市;或云此鱼自江汉来,非富春产也。故富春非夏无此。"富春江均产鲥鱼,唯有严子陵钓台下的鲥鱼最佳。"按鲥鱼在四五月间由鳖子门而来,至钓台即止。其由钓台回下者,则目红而肉老矣。士人相传是鱼之来,因供严先生之钓也。"①鲥鱼唇有红点,传系严子陵以朱笔点过,为鱼中珍品。据渔户讲述:"农历四月半南洋鲥来,五月中旬北洋鲥鱼来,继之黄嘴鲥鱼来。鲥鱼肉细嫩,鳞下富于脂肪,滋味特美,向为鱼中珍品,尤以唇有红晕者为上品。鲥鱼离水即死,初时烧制不必去鳞,可加入火腿等配料清蒸;夏末鱼老,则去鳞红烧。如远途销售或馈赠亲友,则须用酒糟制鲊,以小坛装之,旧时'合顺源南货号'独家制售。"②民国十九年(1930),桐庐鲥鱼年产 47 担。民国二十三年(1934)大旱,年产 20 担,除当地销售外,还外售 10 担。"往年鲥鱼上市 1.6—2 元,(今年)跌到 0.6 元,乡下只卖 0.4 元,还无人过问。市场不景气,鲞鱼都触霉头。"③民国二十五年(1936)产鲥鱼 118 担。民国三十五年(1946)产 101 担。1949 年产 96 担。民国三十四年(1945)鲥鱼每斤售价 3000 元,偶有送往杭州销售。(表 1.10)

表 1.10 桐庐主要年份捕捞渔获量

年份	渔获量(担)	鲥鱼(担)
1936	1841	118

① (清)汪文炳撰,何镕等纂:《富阳县志》卷十五《风土》,光绪三十二年刊本。

② 桐庐镇志编辑委员会编:《桐庐镇志》,1994 年,第 184 页。

③ 《桐庐民报》1934 年 6 月 6 日。

续表

年份	渔获量(担)	鲥鱼(担)
1946	1507	101
1949	1796	96

资料来源:《桐庐县志》。

富春江自萧山闻家堰至桐庐七里泷的祁门山止,长约130余里,成为捕捞鲥鱼最多的地区,乃著名的鲥鱼渔场。“鲥鱼以生殖为目的,游迹达金华江;俗有金华桥下观鲥,目为风雅之举。富春江鲥鱼自古著名。鲥鱼之名即取其来去有定时之意。”①鲥鱼在四五月间由鳖子门而来,至钓台而止。鲥鱼因洄游产卵,不顾一切地溯流而上,所怀之卵和精也因此成熟,抵达相当地点后,徘徊其间,乘潦产卵。渔户张设刺网于狭小的江面捕获。石滩之下,水流湍急,氧气供应丰富,成为鲥鱼产卵的最佳场所,也是理想的捕鲥之地。桐庐最佳的渔场为七里泷。七里泷闻名于世,不仅因产鲂以及鲌腴美异常,更因沿泷风景秀丽,加上有高士严子陵钓台居于其间,为游客必到之处。泷中河面狭窄而水深,为鱼类最佳栖息之地。“鲂鱼产于泷中者普通重四五斤,最大者7斤余,体腴肥而肉滑爽,腹中富油脂,风味美妙异常,为我国河鱼之冠。鲥鱼由海溯流入河,亦达此间,尤以泷外排山门附近产量最盛。故泷中为鲂鲌渔场,泷外由排山门至富春江中为鲥鱼渔场。据老渔夫云:排门山下十里间年产鲥鱼约200担。若以桐庐全境计当有600担之多。鲂鲌等鱼,年中约产400担;鲤、鲫、鳗及其他小鱼亦有1000余担,总数有2000担左右。”②自距桐庐县城西南三十里的排山门至七里泷口止,每年产鲥鱼约2万斤,除运销本地城市以及邻村外,若一时产量甚巨,本地难于销售,则运往杭州和上海。

富阳产鲥也颇为著名,数量也多。富阳江的鲥鱼,乃古之贡品,天下闻名。“前富阳县明万历年旧志载,昔富阳县鲥与茶共贡,百姓苦之,佥事韩邦奇为之谣,因奏罢之。”每年一艘渔船平均可捕获12担。渔户出江作业的船有70艘,渔获总量为900担,其他鱼类,只有鲥鱼的半数,富阳全县年渔获量可达1300余担。③《杭州市水产志》另有一份桐庐历年鲥鱼统计表,与《桐庐县志》记载有所出入,不知双方所依据的资料,或是统计的计量单位不同(表1.11)。

① 林书颜:《钱塘江渔业志》,《浙江省水产试验场水产汇报》1936年第2卷第3期。

② 林书颜:《钱塘江渔业志》,《浙江省水产试验场水产汇报》1936年第2卷第3期。

③ 林书颜:《钱塘江渔业志》,《浙江省水产试验场水产汇报》1936年第2卷第3期。

表 1.11　桐庐历年鲥鱼统计

年份	1936 年	1946 年	1948 年	1949 年
鲥鱼（公斤）	5900	5050	4900	4800

资料来源：《杭州市水产志》。

鲥鱼洄游出海后，继有子陵鱼溯江而上。“严子陵不仕，隐居钓台，古风可佳，名扬万里。来朝者除文人学士还有大批水族。其中有一小似眼针的水族心尤虔诚，每月五月来朝，频频拜谒，非要嗑破鼻子方休。年年如此。后人感其诚，称鼻有红点的银针鱼为子陵鱼。”①每年七至九月，子陵鱼沿富春江成群上溯至子陵滩聚集，因此得名。“子陵鱼出严陵濑，五六月间渔者布网于江湾大滩两岸，日中群浮出水面，就而捕之，形细如针，风味不减莺脰湖银鱼。”②子陵鱼与平望莺脰湖银鱼均为佐酒的上等佳肴。桐庐渔户常于漤江滩等浅滩急流中设笼布网，易于捕获，1 日可得数 10 斤，但须趁日曝干，方可耐久。20 世纪四五十年代，桐庐子陵鱼能产二三百担。

> 子陵鱼，为七里泷特产。孟夏间梅青初涨，鲥鱼多迎沫而上，至七里滩石间生子。子经化育即为子陵鱼，渺小如越中鳗线，而形却异。以细同针颖者味较胜，若稍粗则微腥。捕者于浅湍急流中，铺以布网，频频施展，穷 1 日之力可得数 10 斤。但须趁日曝干，方能耐久致远。所异者鱼之簇聚，总在钓台左右间，若濒大江则屏迹矣。是盖名称其实者欤！其风味不减莺脰湖银鱼。清吴锡麒诗云：“更比银鱼小，来逢五月时。上滩争一雨，触网罥千丝。匕箸情何急，烟波未可知。高名肯相借，钓竹莫轻垂。”徐庚有《簇水》一阕，咏子陵鱼云：“半寸银花，桐江上番春风起。高台坐钓，不信是为伊投饵。还似羊裘残毳卷共杨花坠。迎浪花千头针细。真好事，千载下鳞鳞白小，谁为注先生字。冰衔弹铗，喜乍见香羹至。想像梅家仙耦，举案耽风味。更不用戏赌金盘鲤。”俞樾诗云：“我思严夫子，变化如神龙。见首不见尾，归卧青山中。至今山色青如皴，山中无复羊裘人。上有千尺百尺之高台，下有一寸二寸之游鳞。老饕一见笑不止，咄咄子陵竟在此。素书不报侯司徒，白水未忘汉天子。桃花浪扑渔人蓑，其中戢戢千头多。秋来已作干鱼薨，不知风味还如何。我爱此鱼名字好，客星化作鱼星小。幸无搀入五侯鲭，尊前尚恐狂奴恼。”③

① 杭州市水产志编纂委员会编：《杭州市水产志》，中华书局 1996 年版，第 323 页。

② （清）金嘉琰撰：《桐庐县志》卷之七《食货志》，清钞本。

③ 周天度、叶浅予：《子陵鱼》，《杭州乡土语文》，浙江大学出版社 2004 年版，第 25 页。

渔户终年漂泊水上，生活艰难。“旧时，渔民世代漂泊水上，多是一条破船一张网，全家老小挤一船，收入微薄，生活困难，却受尽官绅、渔霸欺压敲诈，除渔产要由渔霸‘四六’分成外，还常被军政当局派船、抓纤夫等，许多渔民贫病交加，饥寒而死。”①渔户以捕鱼所获换取生活资料，但所获有限。“睏睏活动床，喝喝薄稀汤”“烂泥补船底，麻袋当裤衣，吃的杂米饭，三代同床合条被”。渔户遭遇渔行如强盗般盘剥，雪上加霜。“前面有风暴，后面有强盗”；“一网一船，鱼行赚钱；网网落空，渔民吃风”。（图 1.7）

图 1.7　富春江上九姓渔户的渔船（方仁英供图）

第五节　钱塘江九姓渔户的渔业

钱塘江下游自诸暨闻家堰始直至海宁入海，乃狭义上的钱塘江。钱塘江的渔民有两种，一为以船为家，捕鱼为业的世袭渔户，即“九姓渔户”；另一种为沿江兼职农民。“钱塘江渔民可分为二种，即世居船上专以捕鱼为业之九姓渔户（陈、钱、林、李、袁、孙、叶、许及何九姓）及兼做捕鱼生活之沿江农民也。传说明太祖灭陈友谅，俘其子孙九族，贬入舟居，不与齐民齿。九姓渔民中有一部专以捕鱼为业；另一部分，俗称‘江山船’，类皆游惰之徒，不务正业，专心丝弦，以侑觞娱客，流为娼妓，虽与渔民同族，惟不以渔为业。九姓渔户皆建德籍，来往于钱江之上游，散居于衢县、龙游、兰溪、建德、桐庐及富阳间，富阳以下则少有其

① 桐庐镇志编纂委员会编：《桐庐镇志》，1994 年 3 月，第 121 页。

踪迹。"①钱塘江下游鲜有九姓渔户足迹，但缺乏有关统计数字。(图 1.8)

图 1.8　钱塘江的捕鱼船(资料来源：沈泓《费佩德杭州西湖老照片》)

民国二十四年(1935)十月，林书颜统计诸暨有使网船 95 艘，使钓船 30 艘，鸬鹚船 2 艘，住家船 20 艘，总计 147 艘，渔民 441 人，年渔获量 1200 担。"诸暨渔民专以捕鱼为业。若每船一年至低限度可捕鱼 3 担，除住家船无生产能力之外，其余渔船 120 余只，可获鱼 1200 余担矣。" ②如果以林书颜专业渔民统计，这部分渔民应属九姓渔户。

民国二十四年(1935)十月，林书颜统计萧山有使网船 49 艘，使钓船 24 艘，捕蟹虾船 18 艘，总计 91 艘，渔民 273 人，年渔获量 1270 担。萧山主要渔场为闻家堰、临浦和义桥。"渔民分为二种，即专以捕鱼为业之渔民及兼作捕鱼业之农民是也。"萧山县有渔船 90 余艘，其中 40 艘属于兼职农民，捕鱼时作时辍，其捕鱼量有限。农民出江捕鱼多在冬天，每月工作时间约 10 天，以大网捕鱼。大网需要长约 3 丈的船，20 位渔民共同协作，每日可捕获六七十斤，每年约作业 20 天，可捕二三十担。若以 40 艘船计算，年捕鱼约为 520 担。"专赖捕鱼以维持生活之渔民，共约有船 50 艘，每艘捕鱼能力，若按每日 5 斤计算，一年出江捕鱼时日约 300 天，即为 15 担。今以 50 艘船计，为 750 担。如此计算，可得全县之

① 林书颜：《钱塘江渔业志》，《浙江省水产试验场水产汇报》1936 年第 2 卷第 3 期。

② 林书颜：《钱塘江渔业志》，《浙江省水产试验场水产汇报》1936 年第 2 卷第 3 期。

总渔获量为1200余担。”①这部分专业渔民，也应属于九姓渔户。另据《萧山概览》载，民国二十八年(1939)萧山有渔民3000户，小渔船400只。抗战爆发后，专业渔民减少为380户，捕捞量急剧下降。② 有多少属于九姓渔户，难于统计。

民国二十四年(1935)十月，林书颜统计杭县使网船16艘，使钓船3艘，捕蟹虾船5艘，总计24艘，渔民有48人，年渔获量800担。③ “关于渔具者，有网罾钓钩鱼枪鳖弹虾笼”，然而，“率依旧式，土人运用甚熟，无有轻易改者，一则限于资力，二则囿于籍贯也”。杭县主要渔获物以鲤、鲫、鳊、鲈、鲻、鲥、鳙、鲢为大宗。“官河均不养鱼，民荡间或养殖鱼类，为数不多，不足以供本邑之用。”④杭县捕鲤多用投网，每一捕鱼小船，渔民2人，每日可捕10至15斤，最多时达40至50斤，但极为少见。如以平均12斤计算，一年12个月有三百日可出江捕鱼，每只船能捕36担。杭县的捕鱼小舟有24只，杭县据此推算年渔获量可达860担。鲥鱼产量因丰歉年景不同，无从统计。杭县渔民应为专业渔民，似为九姓渔户。

海宁使网船18艘，渔民90人，年渔获量800担。⑤ “渔业甚微，有海鱼河鱼之别。捕鱼之法，外海用网，内河兼用簖，农民于池沼，虽有养殖，然规模极小。”⑥海宁位于钱塘江口，水质属于半咸性，所产鱼类以鲈、鲥、鲻及鲚或凤尾鱼最为著名。4月至6月，鲥鱼溯江而上，路过杭州湾，渔民设网罟捕捞，每日可捕鲥鱼6担，1月以12日计算为70担，3个月共210担。鲈鱼渔期每年8月至11月，共4个月。每月于低潮时，即阴历初六至12日至29日或30日，渔民成群结队出江捕鱼，故每月仅有12日左右为鲈鱼渔期。鲈鱼渔期，海宁城外春富镇王恒和鱼行每日收购鲈鱼5担，每月可收60担。一年4个月，就可收240担。再加上每日其他地方可零星收购1担，48天即可收48担。依此计算，海宁一年鲈鱼产量约为288担。11月为鲻鱼渔期，低潮期日产2担，以12日计为24担。年底天寒地冻，除夕将至，从12月至次年3月，渔民均回家改作他业。海宁渔民多属于对面的萧山籍，往返方便，朝发夕至。渔宁海民的所有渔获物均售于海宁渔行，转售上海或杭州。海宁渔民乃至萧山籍往海宁捕捞的渔民，是否属于九姓渔户，似难定论。

钱塘江流域以鲤鱼类居首位，产量也最大，依次为鲥、鲈、鳗、鲻等鱼类。鲥鱼

---

① 林书颜：《钱塘江渔业志》，《浙江省水产试验场水产汇报》1936年第2卷第3期。

② 萧山县志编纂委员会编：《萧山县志》，浙江人民出版社1987年版，第293页。

③ 林书颜：《钱塘江渔业志》，《浙江省水产试验场水产汇报》1936年第2卷第3期。

④ 魏颂唐：《浙江经济纪略》，1929年铅印本，第5页。

⑤ 林书颜：《钱塘江渔业志》，《浙江省水产试验场水产汇报》1936年第2卷第3期。

⑥ 魏颂唐：《浙江经济纪略》，1929年铅印本，第13页。

产量虽然也大，但仅限于夏季五六月间，秋冬时节几乎完全绝迹。春夏之交，习惯于海洋生活的鲥鱼以及鲚鱼，溯流入江，钱塘江下游成为鲥鱼等必经之地，渔户利用其习性，以网罟捕捞，然而因水面过阔，难于捕获，鲥鱼以及鲚鱼产量很少。钱塘江下游，特别是钱塘江口的杭州湾乃鲻鱼以及鲈鱼渔场。渔户深知鲻鱼以及鲈鱼的特性，故常于低潮时设网罟捕捞。但鲻鲈行迹飘忽不定，杭县以上乃至建德和兰溪之间也有其踪迹。仅就海宁而言，鲻鱼产量也不高，年产仅五六十担；鲈鱼产量较大，年产 300 余担。以 1935 年鱼价计算，鲻鱼每担值 10 元，60 担即 600 元；鲈鱼每担 12 元，300 担即 3600 元。捕鲻多用滚钓以及大曳网。捕鲈多以网具。杭州湾所产的鲈鱼极少超过 3 斤，一般为 1 至 2 斤，以滚钓捕之，效果极微。鲻鱼则重达四五斤，以滚钓捕之，效果极佳。钱塘江出口乃外海港湾，受到海潮影响至巨，加以水面广阔，流急浪大，渔户在此捕鱼作业，所用渔具以及渔法势必与钱塘江内江不同。仅以渔船而言，杭州湾的渔船均构造坚固，船身深大，能抵御风浪，且需多人操纵。杭县以上江面狭小，风浪不大，渔船皆单薄轻便，小者仅 1 人即可作业，故钱塘江下游鲜有九姓渔户足迹。（表 1.12）

表 1.12　1935 年钱塘江的渔船与渔民

县别	使网船（艘）	使钓船（艘）	鸬鹚船（艘）	捕蟹虾船（艘）	住家船（艘）	总计（艘）	渔民（人）	渔获量（担）
海宁	18					18	90	800
杭县	16	3		5		24	48	860
萧山	49	24		18		91	273	1270
诸暨	95	30	2		20	147	441	1200

资料来源：林书颜《钱塘江渔业志》。

余杭钱塘江沿岸九堡和下沙等地，有少数渔户在钱塘江捕鱼。① 良渚镇东片有个渔户自然村曰“打网村”，距离良渚镇 0.5 千米。世代以捕鱼为生，村民均擅长打绳结网。民国二十七年（1938）六月，施昕更在《良渚——杭县第二区黑陶文化遗址初步报告》中的第二章《遗址附近地理与风土》中提及，良渚“镇之南有一特殊村落，名打网村，皆何姓，为九姓渔户之后，民情风俗迥异，共 100 余家，皆捕鱼为业，兼营农业”。② 打网村的渔户“其风俗确有特殊，如子女命名，男的都以生肖兔儿、马儿、狗儿或出生地的江河名为定，女的以出生时所见的花名而定，如莲花、桃花等。他们过去一贯生活在水上，两桨一舟自成眷属，故而习

① 余杭县志编纂委员会编：《余杭县志》，浙江人民出版社 1990 年版，第 227 页。

② 施昕更：《良渚——杭县第二区黑陶文化遗址初步报告》，浙江省教育厅 1938 年版，第 8 页。

俗与众不同。及至清代中叶才予以平反，取消限令，但因居久成俗就难变了”。[1]据说其祖先原是元朝末年陈友谅的部下，因为被朱元璋打败，被俘后贬为贱民。明朝建立后，并没有分给其土地，不准其陆上居住，罚他们居于江河湖泊中漂泊。九姓渔户被迫以打鱼为生，世代相传，直到中华人民共和国成立。打网村前的小河畔柳荫下，停泊数以百计的小渔船。渔户有捕鱼出征习俗，渔季到来时，打鱼船整装待发，河岸站列家人，列队欢送。“旧时农历六（正）月十五日和九月十六日，渔村奏乐祈神聚餐，举行‘夺大头’（即争选捕鱼的最佳河面）。分班推出一船，1 人把舵，2 人划桨，在河面宽处集合。一声号令，众船竞划，快者选择，不得再争，每年 1 次。”[2]每年农历正月十五日和九月十六日，渔村都要举行“夺埭头”比赛，于河面开阔的“圣地洋”举行，胜者优先挑选捕鱼水域。

打网村渔户从事渔业生产的方法很多，诸如油丝网、大板网、小插网、抛网等网具和弹弓钓、大钓、小钓、滚钓等钓具，还有鸬鹚捕鱼。渔民家家户户都驯养有五六只鸬鹚，全村养有 500 多只。鸬鹚也称墨鸭、木鸭、摸鸭，水陆两栖，全身乌黑，钩嘴利爪，颇为凶猛，专以鱼类为食，擅长潜水捉鱼。雌鸬鹚会生蛋，但每年只多下 10 个，且自己不孵蛋，要以母鸭代孵。由于鸬鹚十分难得，需要专门予以培养小鸬鹚。首先必须选择健壮的两只公鸬鹚和母鸬鹚作为种鸬鹚，不让他们出门捕鱼，在家精心哺育，还必须选择精饲料，以便所下种蛋饱满，所孵小鸬鹚更加健壮。孵出的小鸬鹚也要精心喂养，以切碎的黄鳝肉作为饲料，四五个月后才能喂食鱼类，七八月以后，除了喂食鱼类外，还要适当搭配一些老豆腐。小鸬鹚饲养十二月，就会下水捕鱼。成年鸬鹚一只仅有 4—5 斤，雌鸬鹚仅有 3—3.5 斤。鸬鹚卖价甚高，一只可售 7 石米。（图 1.9）

图 1.9　打网村九姓渔户的鸬鹚捕鱼（陈志林供图）

---

① 张长工：《良渚文化遗址发祥地史迹漫笔》，《余杭文史资料》第 3 辑，1987 年，第 140 页。

② 杭州水产志编纂委员会编：《杭州市水产志》，中华书局 1996 年版，第 322 页。

每家渔户都有两只两头尖的脚划小木船，以便轮换作业，称为“打鱼船”。“打鱼船长约6米，宽约1.5米，两头高翘，放在水里十分灵活，划起来飞速如箭，稍不留神就会覆舟江河，因此，非专业人员不敢下船坐立，更不敢使桨划船，只有打网村渔民会用这种小船到江河湖泊中捕鱼。”①渔户使用鸬鹚捕鱼时，一人划只小船，让鸬鹚站立船舷，每人一只手划桨，一只手拿一根竹竿，竹竿一头装有一只叉钩，每只鸬鹚的脚上均吊有一根50厘米长的细棕绳，棕绳尽头打有一结。鸬鹚喉咙部位以野茭白草的芯子做软带捆住，防止其自由吞食。每次外出捕鱼，以5条渔船为一组，划到江宽水深的水面，每条均散开，将鸬鹚放入江中，5人一齐使劲将船踩得剧烈摇晃，江面激起大浪，并对着江水大声吆喝：“黄白！黄白！鲤花！鲤花！甲鱼！甲鱼！”以船桨敲击船舷，发出撞击声，以造成紧张气氛。数十只鸬鹚犹如猛将出击，发出嗷嗷叫声，朝水底窜去。鸬鹚相继将一条条大大小小的鱼叼出水面，渔户遂飞船过去，将手中的竹竿叉钩伸向鸬鹚脚下，钩住鸬鹚脚上的棕绳，迅速提起竹竿，将鸬鹚拎到船上，把叼在鸬鹚嘴上的鱼取出，放入船舱，再把鸬鹚放入水中。如此周而往复，一天下来，可捕获不少鱼，少则几十斤，多则几百斤。

鸬鹚在江河中不仅能捕小鱼，也能捕大鱼。“有一次，在仁和王家庄捕鱼，一只鸬鹚遇到一条大白鱼，一直追了三里路，后来把鱼的尾巴都撕碎了，才把鱼叼住，拿回家一称，有足足9斤重。鸬鹚不仅能单兵作战，也懂得团结协作。如果遇到特大的鱼，一只鸬鹚叼不动时，旁边的鸬鹚会冲过去帮忙。1956年在斤线潭捕鱼，几只鸬鹚协力叼起一条大鳙鱼（包头鱼），重达41斤，创造了鸬鹚捕鱼史上的奇迹。”②鸬鹚捕鱼也有优劣之分，差别很大，优秀的鸬鹚专钻深水，而劣质的则在浅水游荡，一般而言，雄的比雌的更为勇猛有力。优质鸬鹚不仅能在深水捕鱼，还能从泥层里叼起黄鳝、黑鲤头和甲鱼。甲鱼颇为凶猛，会奋力咬住鸬鹚的羽毛，而聪明的鸬鹚会专叼甲鱼屁股，使之无法反抗，将其制服。清代文人温丰在钱塘江上观看鸬鹚捕鱼，颇具诗情画意，乃作《观鸬鹚》：“数十小舟破浪摇，数百鸬鹚浪中淘。渔人踊跃张声势，鸣榔鼓枻呼口号。竹竿击水浪花溅，水沸人哗鱼龙跳。”

打网村渔户捕鱼的范围很广，东到仁和，南到勾庄，西到仓前，北到安溪和上纤埠。渔户一年四季不畏雨淋日晒，不惧风吹浪打，以干粮充饥，以河水解渴，而鸬鹚捕鱼则更辛苦，有首谜语专门描写鸬鹚捕鱼曰：“身穿乌里乌，脚踏棕绳走江河，人家都说我吃饱饭，实在是饿着肚皮做生活。”从早上出门到太阳下

① 陈志林：《打网村渔业习俗》，《西溪民俗》，杭州出版社2012年版，第35页。

② 陈志林：《打网村渔业习俗》，《西溪民俗》，杭州出版社2012年版，第36页。

山收工回家，鸬鹚整天饿着肚子干活，直到回家以后，渔户才将系在鸬鹚喉咙部位的带子解开，喂上一些小鱼和老豆腐仅作一天口粮，晚上则关在棚子里，放上木凳仅作鸬鹚栖息。鸬鹚虽然辛苦劳作，但身体健康，寿命也长，一般能够存活10年，3至6年为最佳的捕鱼期。

第六节　九姓渔户的悲惨生活

1935年，钱塘江上的渔船1924艘，九姓渔户所用的渔船从船型而言，主要有两种，一为二端俱尖，适合于行驶钱塘江上游的浅狭河流；二为投网小舢板。第二种又可分为三种类型，式样虽然相同，但长短大小以及应用方面有别。一为长三四丈，专供渔民住家之用，常泊于固定的地方，非因重大事故，经久不迁他地，俗称“住家船”，类似于“江山船”，约需100元至120元制造；二为船身较短小，长2丈余，上盖竹篷，就可以住人，因船身不大，航驶称便；也可出江捕鱼，每只仅值七八十元；三为小船，长仅1丈至2丈，属于舢板式，也无篷盖，附属于住家船，捕鱼时即驾驶出江，以鸬鹚捕鱼的渔户，多为此种小船，制造费仅四五十元。

杭县、萧山、海宁所用的钝头船，因江面宽阔，风浪较大，船身较高，船的二端平钝，以防浪高激荡时注水入船，非渔户所用。由兼营渔业的农民操纵，非捕鱼时间则居于陆地，船上无须居住的设施，船身也以轻便为原则，长仅1丈8尺，阔3尺深，深1尺余，捕鱼时一人可摇驶自如，另一人则立于船头专事投网捕鱼作业，每只仅需25元。

钱塘江渔场主要分布于闻堰、桐庐、兰溪、金华等地，渔获物为鲢、鳙、鲂、鲌、赤眼鳟、鲴、鳘等。渔户主要采用大围网、大网、大连网、小连网等捕捞工具，属地曳网类。鸡斗网以捕捉小型鲤鱼科为主。流刺网多应用于杭州和桐庐，有麻制和丝制两种，用于捕捉鲥等。丝引网应用于兰溪、桐庐、金华。此外，还有投网(撒网)、推网、叉手网、板罾、簖罾网、蟹抄网、滚钓、弹弓钓和鸬鹚等多种渔具渔法。(图1.10)据民国二十五年(1936)统计，钱塘江年产鱼72.18万斤，其中兰溪和桐庐最高，分别为12万公斤和10万公斤，其次为建德、金华、诸暨、萧山各产鱼6.5万公斤，其他各县均在0.5至4.5万公斤之间。以江山最低，仅为0.5万公斤。海宁以产鲈、鲥、鲻、鲚、凤尾鱼为主，估计鲈鱼年产量1.44万公斤。杭县以鲤、鲫、鲂、鲈、鲻、鲥、鳙为主，估计年产鲤鱼4.3万公斤。萧山渔获物与杭县相似，估计全年产鱼8.6万公斤。诸暨、富阳、建德估计年产鱼6至6.5万公斤。桐庐境内以七里泷渔场最为著名，年产鱼10万公斤。淳安为3.5

图1.10　九姓渔户的敷网及鸬鹚捕鱼(资料来源:林书颜《钱塘江渔业志》)

万公斤。[①] 兰溪以上各县,河狭水浅,缺少大型鱼类,鱼产量远不如中下游。

据东亚同文会于民国六年(1917)出版的《支那省别全志(浙江省卷)》统计,钱塘江有渔钓船 900 艘,网船 2000 艘,总计 2900 艘。[②] 民国二十四年(1935),林书颜统计钱塘江渔船 1924 艘,渔民 5783 人,渔户习惯于水上生活,每一家必设一较大的船,以供家眷使用。除了住家船之外,根据家中人口多寡,以及作业的需求,另设捕鱼小船,长 1 丈余者二三只至四五只不等,以供出江捕鱼或放筏载货,或搭运旅客之用。生活颇为简单,即便家境小康,但也无法像陆居者那样奢华。"就普通渔民言,每人日需二三角便足。但如一家男女老幼共 10 口,平均一日仅一元二角,而一家八口者约需一元。其生活程度之窘苦,由此可见一斑。渔民居船上无五谷及其他日需品之出产,专持以换米粮、蔬菜、衣服之财宝,仅有渔获物耳。目下鱼价低落,河中鱼介类之产量年见减少,终日劳苦,结果所获,终不能使全家一饱者,时有所闻。惟有一部分渔民,比较精干有为,能兼营放杉筏运货者,则有利可图,家境略见充裕,而船及网具之设备均得整然。"[③]渔户捕鱼所得,全家难得果腹。唯有极少数渔户,除捕鱼外,还能兼营载货搭客等业,尚能维持生活。

富阳、桐庐、金华、衢县等地,有专门的鱼贩——鱼柗。"系一颇有信用且与渔民熟识之人,设一固定柗摊于街市之某处,专事代渔民售卖渔获物。亦取抽

① 陈马康、童合一、俞泰济等:《钱塘江鱼类资源》,上海科学技术文献出版社 1990 年版,第 246 页。

② 东亚同文会编:《支那省别全志(浙江省卷)》,民国元年。转引自《兰溪编志补遗》下册,1992 年,第 641 页。

③ 林书颜:《钱塘江渔业志》,《浙江省水产试验场水产汇报》1936 年第 2 卷第 3 期。

佣制，即每百元抽3元至5元为佣金。渔民为利便起见，颇喜与鱼桁交易。”①如果当日鱼价行情看涨，渔户也可以随街自由出售。稍有资本的鱼桁，为求厚利，有时备价向渔户大批购入，然后零星出售，或运往邻近市镇销售。富阳以及桐庐渔户所捕鲥鱼以及鲂鱼，数量颇巨，本地难于销售，就售往杭州鱼行。如闸口的朱永兴、江干（南星桥）的升泰，公益等号也派人到渔场现场收购，以碎冰贮藏，装于桶内，运往杭州乃至上海出售。“此种鲜鲥鲂之运搬推销事业，时有盈亏，常视上海鱼市行情而定价格之高低，且由杭州运冰块往富阳、桐庐收鲜，倘冰运达目的地后，二三日间无涨潦，因无鲥可捕，则冰受热融鲜，靡费至巨；偶又遇捕获大量鲥鱼而无冰可藏，亦不能运往远地，俾珍贵时鲥变为贱品，乃交通不便、工商业不发达所致也。”②渔谚曰：“鱼金鱼土。”渔户捕不到鱼时贵如金，捕鱼过多则贱如土。故渔户谚语云：“渔民苦，鱼多贱过土。”杭州有鱼行数家，专门收购钱塘江淡水鱼类。凡是富阳、桐庐以及闻家堰的鲜鱼运来杭州，均由闸口的朱永兴经销。杭州其他鱼行均在江干，主要以舶来的鲑鱼、鲫鱼、带鱼以及鳗鱼等为主，钱塘江来的江鲜较为屑碎，鲜有问津。

鱼市场操纵在鱼行、鱼霸手里，渔户运销到杭州的鱼货，必须先投行，再由鱼行批发给小贩。武林门至湖墅，乃杭州淡水鱼的主要集散地。“据民国二十一年（1932）社会经济统计，市区有鱼行23家，职工204人，资本额4.3万元，年销售鲜鱼2.9万担，销售总额39.52万元。”③鱼行仅凭一杆秤，一把算盘，转手之劳，即掠取8—15的佣金，有的鱼行还采取“劈大刀”（压级压价）、“塞秤钮”（多秤少算），榨取渔户的血汗。渔户出鱼时缺乏资本，全赖鱼行、鱼栈贷款，不仅利息高，且限定渔户必须将所有渔获物，交与贷款的鱼行，欺压剥削渔户。渔户以“燥地毛蟹”形容鱼霸的凶狠。“燥地毛蟹实在凶，两只蟹钳毛茸茸。眼睛长在头顶上，横行霸道在路中。”

捕鱼渔户的生活也有“神仙、老虎、狗”之说，外出捕鱼，收获颇丰，心情愉快，满载而归，且顺风顺水，点上一支烟，唱上一支小曲，其快活赛过神仙。钱塘江的渔户，其胆量均经过钱塘江的潮头而历练，平时出船总是几条船一起外出，以便相互照应。但碰到具体情况，还得各自临机处理，诸如潮水一来，大浪当头，自然不能指望同行帮忙，天皇老子也无法救助。只得强作镇静，抓住时机，出手要快，咬紧牙关，迅速避开潮头。否则，船翻人亡，送掉性命者也大有人在。渔户必须当机立断，此乃“老虎”。渔户长期与涌潮打交道，深谙水性，身手非

① 林书颜：《钱塘江渔业志》，《浙江省水产试验场水产汇报》1936年第2卷第3期。

② 林书颜：《钱塘江渔业志》，《浙江省水产试验场水产汇报》1936年第2卷第3期。

③ 杭州市水产志编纂委员会编：《杭州市水产志》，中华书局1996年版，第152页。

凡，仅穿一条裤衩，腰系一只鱼篓，肩扛一竿鱼兜，抢在潮水涌来之前，奔驰在潮水尚未冲击的那片滩涂，眼疾手快，步履矫健，以鱼兜将潮头上被卷晕的鱼敏捷地兜过来，放进篓中，练就了“抢潮头鱼”的绝技。渔户“抢潮头鱼”时，时有意外发生，一旦被潮水淹没，就无法生还。捕鱼的渔户地位低下，属于被人歧视的贱民，就像一条狗；刮风下雨，需要避雨求人，也像狗；渔船靠码头，需要搭跳板求人，也像狗。

渔户捕鱼风吹雨打，备受侮辱，收入微薄，吃糠咽菜，难于养家糊口。富春江渔歌曰：“脚踏破船头，手摆竹梢头。头顶猛日头，全身雨淋头。寒风刺骨头，大雪蒙被头。吃的糠菜头，睡在水上头。一个大浪头，打湿破船头。渔船露钉头，渔民露骨头。黄昏打到五更头，搁到野鱼一篮头。上街喊到下街头，换来麦皮半篮头。碰到地痞吃拳头，一年搁鱼搁到头，剩下十根手指头。”

第二章　九姓渔户的货运

九姓渔户以船为家，载货为生，全家人都漂泊在钱塘江上。渔户大都生活在钱塘江上游的衢江、新安江以及富春江，帆船装载竹木柴炭和茶叶等农副土特产品漂流而下，遇上急流险滩，稍有不慎，就会撞礁船破，造成货散人亡的灭顶之灾。上行运载布匹、食盐、百货依靠撑篙拉纤逆流而上，特别是涸水季节，寸步难行。渔户在如此恶劣的环境下从事水上运输，所获微乎其微。特别是抗战期间，日军封锁钱塘江，致使渔户赖以为生的航线中断，渔户生活濒临绝境。

第一节　衢江九姓渔户的货运

衢江渔户的水运工具分竹筏和木帆船两种。竹筏也称竹排，由 40 根毛竹断根去梢，削去青皮，以横木穿扎而成。竹筏适于水溪港汊，盈尺之水即可通行。下水可顺流而下，转弯稍有不慎撞岩，筏破货沉，甚至造成人员伤亡。逆水则依赖筏工下水推着筏杆或拉纤而行。木帆船主要有三种船型。划船是 3 舱以下小船的通称，3 舱左右俗称"汤溪划"，2 舱左右俗称"华埠鸟""麻雀船"。两头小，中间宽，形似梭子，吃水不深，备有竹篙、橹桨、尾舵，船身较轻，适于多滩坝的山溪航行。长船有 5 至 8 舱，载重 5 至 10 吨，首尾平翘，用托浪板以固定船身，配有固定大船篷或活动推篷，桅杆长 8 米左右，备有布质风帆。还有帆船，8 至 14 舱，载重 10 至 30 吨，船型与长船类似而略大。无风时全凭人力摇橹划桨。逆水则需船工背纤。

衢州的水运历史悠久，号称"川陆所会，四通五达，江浙闽广之所辐辏"①。明清实行食盐商销商运政策，浙盐行销四省，其中赣省广信府的食盐，即溯钱塘江、衢江、常山港水运常山起岸，转陆运往玉山分销。"（衢县）本县有码头三：曰

① （明）林应翔修，叶秉敬撰：《衢州府志》卷之一《舆地》，天启二年刊本。

朝家(京)码头,曰水门码头,曰西门码头,均属公有,可舶民船,在此装运出口货物,以布匹、绸缎、洋广货、南北货、盐、糖、药材、煤油、柴炭等为大宗,起卸货物,以杂粮、油、皮箱(油)等为大宗。"①民国时期,货运仍然依赖水运,衢城沿衢江有青龙码头、浮石埠、德平埠、朝京埠、中码头、盐码头、常山码头、杀狗埠头、柴埠头。埠头乃渔户船只停靠以及装卸货物的场所,有的甚至成为专用码头。柴埠头顾名思义,主要停泊运输竹木柴炭的船只;中埠头则停靠运送农副产品以及日用杂货的船只;盐埠头则停靠运送食盐、广杂百货、副食品等物资的船只;杀狗埠头为江山、开化船只停靠的码头。这些码头上承常山、江山两港汇合处的水流,下启衢州下行的源头,水运上通常山、江山、开化,下达龙游、兰溪、建德、富阳、杭州等地,乃衢江航运的枢纽。上行货船分别在常山埠头、杀狗埠头和柴埠头停泊,下行货船则在盐埠头、中埠头停泊。"衢州水亭门外,沿江一带,桅杆林立,大小船筏穿行如织;码头附近店馆鳞次栉比,白天熙熙攘攘,夜间灯火通明。"②水亭门外各船码头,篙桅林立,百帆招展,秩序井然,每只船的头和艄都插有竹篙,船上竖着粗长的杉木桅杆,刚到埠的船正在落帆,启程出发的船又要张帆,码头挑夫、脚夫肩挑背负往来如梭,加上进城出售土产品的农民以及购买商品的民众,车水马龙,热闹异常。据《衢州市工运史》记载,1927 年工会调查,船工、挑运夫有 343 人;1939 年人口统计,船工、挑运夫有 1336 人。(图 2.1)

图 2.1　衢州水亭门(钱云财供图)

---

① 南京铁道部财务司调查科编:《京粤线浙江段经济调查总报告书》,1930 年,第 52 页。

② 衢州市交通局史志办公室编:《衢州市交通志》,海洋出版社 1992 年版,第 267 页。

商业的繁兴，水运的发展，也带动了运输行的兴隆。除了王豫和设于下营街之外，其余均集中于通广路，计有汪胜余、正大、大源、公顺、万来泰、天鹤成、同大、吴集成、大顺等。运输行运出的货物主要是土纸、油类以及竹、木、柴、炭、石灰、茶叶、香菇、笋干等土特产品，大都运入京广百货、盐、南北货和布匹，其中大顺行以承运江山县清湖和福建省浦城来往货物为主；汪顺余行主要承运衢县土纸；小西门街范巨源行以运销桐油为主。遂昌县湖山运来的竹木柴炭均由运输行中转。每年笋干旺季，均有一二十个笋客向运输行托运笋干，有时达5000件以上，运往江西、徽州和杭嘉湖地区。运输行中以王豫和、吴集成行资金最为雄厚，且都是百年老店，下行以承运烟叶、土纸为主，运回海宁布、常熟布、崇明布、京广百货为大宗。江西广丰烟叶由清湖运往衢州，经衢商转运苏州阊门外市场销售。每年承运烟叶达五六千担。松阳烟叶由龙游运往衢州转销常山、开化，每年有四五百担。王豫和行半年内约有18艘船的货运量，吴集成的货运量比王豫和行增加一倍。

渔户航运下行货物以土纸、油蜡、粮食、柴炭、石灰为大宗。土纸、油蜡以运往杭州为主，粮食则运往兰溪、桐庐、富阳和绍兴等地。石灰由常山县辉埠经衢州运往金华、义乌。返程则以京广百货、布匹、卷烟、煤油、盐、海货、糖、枣为主。渔户运销的货物除承担少数商户托运外，大都承接运输行托运。“运输商品物资的船只，其船主和船工以建德人（称建德帮）为最多，江山人次之，当地人则属极少数。”①衢江货运木船载重10吨的8舱船，有渔户祖父母、父母以及儿女辈“三代同船”，而4舱船一般就是“夫妻船”，如果顺风顺水，则由老人在船艄把舵撑篙，青壮年男女则在船只两侧撑篙。若船行逆水，流急滩险，青年男女就要到河滩拉纤。无论烈日寒风，赤脚踩在卵石上，低头倾身，缓步前行。（图2.2）

渔户撑船运货，漂泊各地。到杭州顺风顺水运2000斤的货物，需要四五天才能到达。回来逆水行船，只能运输1000斤的货物，还要拉纤。货船上一般有三四个人，船舱后面有把舵的，船头有撑篙的，中间则是撑花篙。花篙一头绑着布鞋鞋底，顶在腰际，另一头则包着铁，钻入水底，这样船就不能移动，起到稳定船底的作用。钱云财解释说：“那花篙是铁篙头，杉木圆篙杆（约3米长），杆顶端有一只腰子型樟木篙帽，撑篙人在桅舱将花篙头插入河床，篙帽放在腰肚皮，双脚掌顶在前熬梁上，双手攀老鼠跳沿边。”②行船遇到水流湍急时，船无法前行，岸上拉纤的人和撑花篙的人必须配合默契。撑花篙得稳定船体后，扳动一

---

① 周明熙等口述，汪扬时整理：《水亭码头今昔》，《衢州文史资料》第4辑，1988年，第153页。

② 吴宗杰：《水亭门历史文化街区（坊巷遗韵）》（上），商务印书馆2017年版，第134页。

图 2.2　祖孙三代从事货运的衢州渔户钱云财(钱云财供图)

下船,拉纤的人就往前一拉,船头浮起来后,整个船继续往前行驶。遇到水碓处,水流湍急,船通常先往后退,退到水流缓和的地方,再攒足力气向前,这种情况下,通常需要三四人一起配合。有时遇上险滩,连饭也顾不上吃,非得撑过急滩不可。衢江险象环生,渔户齐心协力,穿越急滩险阻。

民国二十三年(1934)杭江铁路通车后,衢江水路航运业虽有影响,但并未走下坡路。全面抗战爆发后,由于土纸、油蜡等货物的产销受到影响,航运业务逐年下降。民国三十一年(1942)六月,日军侵入衢州,毁坏木船 200 余艘,货运中断。九月,日军退往兰溪,战局相持,衢州处于抗战前沿,由于铁路和公路被破坏,水运畸形发展。抗战胜利后,百废待兴,水路航运也因收费低廉,手续简便,业务复苏。1949 年衢州解放时,衢州市辖区有木帆船 2690 只,其中衢州城关 1119 只;衢县乌溪江 961 只,常山县 350 只,开化县 80 只,龙游县 180 只。共有竹筏 409 对,其中开化 76 对,常山 120 对,衢县乌溪江 213 对。① 水运在输送粮食、木材、柑橘、煤炭、毛竹、柴炭、麦秆等大宗土特产方面,继续发挥重要作用。(表 2.1)

① 衢州市交通局史志办公室编:《衢州市交通志》,海洋出版社 1992 年版,第 268 页。

表 2.1　1949 年开化水运工具

木帆船	年运量(吨)	工具	年运量(吨)
80	320	76	114

资料来源:《开化交通志》。

开化境内有马金溪、池淮溪、龙山溪、马尪溪四条主要溪流,与常山港、婺江、新安江、钱塘江、萧绍运河、京杭大运河相连。华埠位于浙皖赣三省接壤的交通线上,水路交通便利,向有"三江通三省,三桥连八县"之说。民国二十一年(1932)以前,开化全赖水运,即便是浙江省公路运输公司于民国二十四年(1935)开设衢淳办事处之后,华埠仍是三省物资交流的集散地,而城关镇还在其次。开化有 2 个造船厂,建德的运货船头尖尾翘,载重 3 至 4 吨,曰"开化麻雀船"。开化船筏的水运,分为"大港"与"山港"。华埠至文图经常山港外运,称为"大港";开化县内各溪以及各支流,称为"山港"。内河运货仅能航行竹筏或小船,马金港的密赛至马金有 100 余只小船,池淮港的华埠至油溪口有 90 余只,龙山港的炉庄至严村和杨林有 60 余只,马尪溪的杨林至店口弄有 20 余只。附近的华西、华阳、华丰、永丰、下界首共有 60 余只。山港滩高坝多,民国三十年(1941)开化就有水碓坝 409 条,仅能通航 2 吨小船和竹筏,有些支线仅能通行竹筏,载重量仅为 1—1.5 吨,枯水季节还需要分段垒坝蓄水,并随带钉耙边疏通边航行。每月航行 4—7 个航次。如马金至城关每月航行 4 次,杨林至华埠每月航行 7 次。龙山、池淮溪内的船筏将货物运到华埠,马尪溪货物运到文图河边,再由较大的华埠木帆船(5 吨以上)转运出"大港"。马金溪内的小船将货物运到城关,再由城关小木帆船驳运到华埠或者直接出"大港"。"山港"主要运出木材、柴炭、粮食、茶油、茶叶、靛青等土特产,返程主要由"大港"运回食盐、布匹、日用百货等。"大港"货物主要运往衢州、金华、兰溪,少数运往杭州。(表 2.2)

表 2.2　1949 年开化县水运运入表

来源地	品种	年运入量
杭州　兰溪	盐	13000 担
杭州	糖类	800 担
杭州	海味	3 担
杭州	南货	400 担
杭州	锡箔	600 斤
兰溪	国药	100 担
杭州	棉织	800 担

续表

来源地	品种	年运入量
杭州	烟类	600 担
衢州	黄酒	400 担
杭州	化妆品	50 担
杭州	五金	800 担
杭州	文书 书	100 担
杭州	煤油	2000 担

资料来源：《开化交通志》。

开化船筏运输历史悠久。“船筏工人祖籍多为建德、江山，少数为玉山籍，本地人从事航运业者仅 30—40 人。”①华埠航运业发达，有油榨、盐埠、联珠、仁彩、长庆、八仙、官埠、邋遢、纸埠和关王庙 10 个码头，载重 5—10 吨的 4—8 舱，常年通行无阻，每年运出量达 2—3 万吨。每天停泊大小船只 150 艘以上，竹筏 60 对左右。“船筏主要分严州和江山二帮。”②20 世纪 40 年代，渔户孙顺和、钱小牛等人，还自建麻雀船数艘，进行内河短途运输。“江山帮”的朱筱松拥有一艘载重 25 吨 12 舱大船，乃开化历史上最大的木帆船，由于船大吃水较深，一年也仅能航行 3—5 次，但落脚点均在华埠。池淮溪、龙山溪、马尪港、马金溪船只及其支流中的村溪、张湾溪、严村溪运输的小麻雀船，有 300 余艘。金华、义乌、武义、佛堂、兰溪、龙游、衢县、黄坛口、常山等地也有货船到华埠。每当元宵节或年尾大集，沿镇停泊的船只多达千余艘。

华埠水运发达，商业繁荣。木材和茶叶乃开化的主要特产，专营收购、加工、外销业务的茶号就有万康源、刘新宝、恒大、桂芳、生记等五家之多，每年通过水运运往上海等地的茶叶就有四五千箱。桐村戴天顺茶号每年外运上海的红茶就有 1200 余担。香菇也有 600 担左右。其他土特产如桐油、茶油、松香、毛棕、木炭、靛青，每年外运均在千担左右。回运以食盐、食糖、棉百杂货以及副食品居多，大部分转运县内各地。华埠过塘行就有 4 家，以运输工人为主要消费对象的茶馆有 12 家，同乡会馆以及庙会达 12 处之多。“周王庙为严州、江山两个船帮的会馆，每年四月初八演戏三天。有专门承包物资，雇工剥削的大小霸头，如朱筱松、朱筱友等大霸头。”③霸头依靠关系囤积物质，垄断货源，抽取高

① 开化交通志编纂室编：《开化交通志》，浙江人民出版社 1990 年版，第 187 页。
② 开化交通志编纂室编：《开化交通志》，浙江人民出版社 1990 年版，第 187 页。
③ 开化交通志编纂室编：《开化交通志》，浙江人民出版社 1990 年版，第 188 页。

额的手续费，坐收渔利，盘剥渔户。（图 2.3）

图 2.3　华埠百舸竞发（资料来源：《华埠镇志》）

抗日战争全面爆发后，衢县、常山、龙游、兰溪、金华、佛堂、黄坛口等共有 134 只货船云集华埠，从事货物运输。此外，建德、白沙、梅城、桐庐、昌化等地船只，也来华埠从事临时货运。民国三十年（1941）六月九日，日军攻陷华埠，肆意烧杀掳掠，河中船舶被付之一炬。损失交通船和货运船 65 只，时值 650000 元，船业人员被害 17 人。经过此次浩劫，船只锐减，民国三十二年（1943）货运船仅存 20 只。民国三十三年（1944），有货运船 10 只。民国三十四年（1945），仅剩存货运船 8 只，且载重量仅 1.5—2 吨的小船。抗战胜利后，外出逃亡的人陆续返回故里，重操旧业。商贾市街也随之发展，船筏运输与日俱增。民国三十七年（1948），货运船发展到 50 只左右，航运从业人员已达 210 人。1949 年 5 月，华埠货运船 57 只，竹筏 76 对，船筏业人口 300 人左右。城关镇仅有小船 31 只。（表 2.3）

表 2.3　1949 年开化县水运运出

运达地点	货物品种	年运量
杭州	杉木	1400 两
杭州	绿茶	1000 担
兰溪	茶油	800 担
兰溪	菜油	1000 担
兰溪	桐油	800 担
兰溪	柏油	500 担
兰溪	青油	300 担
杭州	香菇	250 担

资料来源:《开化交通志》。

渔户的运价波动较大,民国三十年(1941)之前运价较为稳定,由开化县政府或驿运站制定水运运价。民国三十年(1941)上水增加 30%,下水增加 15%。民国三十一年(1942)年六月,日军攻陷华埠至中华人民共和国成立,由于物价飞涨,运价也随之上升。民国三十二年(1943)七月至民国三十三年(1944)五月,水运运价调整了 3 次,每次都增加 1 倍。市场上的粮盐等生活必需品,价格上涨最快,数日一变。调价行文略有耽搁,渔户损失惨重。后来,改由渔业公会提出调价方案,报县政府核准后施行。民国三十五年(1946)改以大米计算。开化至衢县,下水每百斤运费 15 市斤大米,上水 24 斤大米。① 运价由货主与渔户商定,以后由工会与货主自行议价。由于物价飞涨,渔户生存艰难。(表 2.4)

表 2.4　开化历年普通货物埠际筏运价变化(单位:百斤/元)

时间	衢县—常山		常山—华埠		华埠—开化		开化—马金		常山—杭州	
	上水	下水	上水	下水	上水	下水	上水	下水	上水	下水
1941 年以前	1.27	1.27								
1941 年 12 月 30	1.66	1.47	1.43	1.27	1.84	1.62				
1943 年 7 月 1 日	19.80	14.96	11.93	9.01						
1944 年 4 月 11 日	39.60	29.192	23.85	18.02	18.00	13.50	30	2.50		
1944 年 10 月 11 日	88.00	61.50	54.00	37.80	30.00	21.00	50.00	35.00		
1945 年 5 月 1 日	176	123	108	75.6	60.00	42.00	100.	70.00	30000	
1946 年 11 月 15 日	1240									

资料来源:《开化交通志》。

① 开化交通志编纂室编:《开化交通志》,浙江人民出版社 1990 年版,第 208 页。

江山县境内的河流均属山区性河流，航道较为狭窄，落差也大，水流湍急，主要水运工具乃竹筏和木船。竹筏也称“竹排”，明末清初，江山有竹筏百余只，抗日战争期间，达225只。后来因陆路交通发展，水运渐衰，逐年减少。九姓渔户的“江山船”因艳名四播而被传为妓船，而衢属“江山船”乃是货运船。江山县渔户使用最多的载重船自然是“江山船”。“江山船”船身狭长，船内多舱，首尾呈尖形，上翘圆底，故称“尖头舱船”，分为单桅和双桅，载重量因船只大小不同，以舱的数目多少而增减，自4舱至12舱不等，可载重100—600担（5—30吨），适用于山区河道行驶，也可在大江下游宽水面航道航行。“明末清初，有木船300余只。货船以6舱至12舱为主，亦有4—5舱及小划船，大部分停泊在清湖码头。”①江山有五个水运码头，即清湖、硖石、游岭、凤林、清龙。“每年起卸货物，以盐、南货、布、纸、蛋、油、竹、木、小猪、烟、茶、煤等为大宗。”②民国二十年(1931)以后受到公路和铁路交通发展的影响，水运逐渐衰落。民国二十五年(1936)，江山有木船145只。抗日战争爆发后，因陆路遭到破坏，水运畸形发展。民国二十九年(1940)有木船225只，民国三十四年(1945)达305只。抗日战争胜利后，水运再度衰落，解放前夕，仅有木船136只。（图2.4）

图2.4　清湖小江郎的帆船（资料来源：康熙《江山县志》）

① 江山交通志编纂委员会编：《江山交通志》，浙江人民出版社1993年版，第148页。

② 南京铁道部财务司调查科编：《京粤线浙江段经济调查总报告书》，1930年，第52页。

清湖乃闽浙重要商埠，自唐宋以来，水陆运输繁忙，而明清尤甚。从清湖至衢州、龙游、严州、越州、杭州全靠渔户水运。江山“民船的种类和形状与常山的民船没有大的差异，运送的货物主要是米、纸、豆类等”①。明代清湖码头就有 6 个，清代达到鼎盛时期，清湖码头初期有周家巷码头、小江郎埠头、半爿月亮码头、童家山底、路陈淤竹木筏码头，共有船筏埠头 17 个。每年上半年盛水季节，沿溪桅杆林立，帆樯如织，水中仅留有一线通道，供上千艘船只航行其间，两岸河滩凉棚亭、酒肆小吃，比比皆是。运输的船只，大的有 14 舱、10 舱；中等的有 8 舱、6 舱和 4 舱；小的仅有 2 舱，乃至小划船。大船可载万斤、几千斤不等，小的仅载几百斤。渔户运输的货物品种繁多。“凡福之绸丝，漳之纱绢，泉之蓝，福延之铁，福泉之橘，福兴之荔枝，泉漳之糖，顺昌之纸，无日不走分水岭及浦城小关。下吴越如流水。”②尤其是雨季来临，东南山区的竹筏和木筏蜂拥而至。闽北笋干、冬笋、香菇、米仁、泽泻；江西广丰烟叶、茶叶，玉山茶叶、砂糖；廿七都、广渡的方稿纸、花笺、木炭、柏油、柏蜡、茶油、桐油；清湖的酱油、煤炭、茶灰，以及猪、禽、蛋、米、豆等农副产品，均集中清湖转驳，由渔户运销外埠。渔户航运回程携带沪杭宁绍食盐、布匹、南货、海味、京货、广货、日用杂品等，均运至清湖货栈批售，再转运闽北和赣东。清湖的钱庄、布店、南货店、米行、油蜡行、过儎行，各种货栈、店铺总数超过 150 家。

清湖上段埠头有上头毛潭埠头、上头毛埠头、落虎埂上埠头和下埠头，专门转运农副产品为主，有米、麦、豆、菜籽油、桐油、青油、油蜡、禽、蛋、生猪，另有从外地运入的大宗煤油，也由此上下船。有米行 17 家，年输出大米量甚大，有较大的油蜡行 4 家，桐油每桶 370 市斤，以翘头竹排运输，输往杭沪，出口国外。中段埠头有土地堂埠头、周家巷埠头、打铁埠头、盐埠头、杨柳宙爿埠头、仕阳弄埠头、凤仙桥埠头、小江郎埠头等 8 个埠头，除了盐埠头为 3 个盐仓专用埠头外，其余则转驳京广百货、海货、布匹、绸缎、南货糕点食品、药材、糖、烟、酒以及清湖地方特产，闽省山货。另有布店 23 家，染坊 11 家，布匹多为布坯，需经染坊印染后再输出。下段埠头有浮桥东埠头、西埠头和半爿月亮埠头，以运输杉木、毛竹、煤、茶、陶瓷器皿为主，多以竹筏和木排运输。码头航船有 1000 多艘，码头设有船舶制造厂和修理厂。

过儎行也称“过塘行”，或“栈房”，专门接受货主委托，办理转运业务，代为储存，代客雇佣车船。渔户将货物运到码头，要将行单分发到过塘行，行单写有

---

① 东亚同文会编：《支那省别全志(浙江省卷)》，民国元年。转引自《兰溪编志补遗》下，1992 年，第 652 页。

② (明)王世懋：《闽部疏》，《丛书集成初编》第 3167 册，中华书局 1985 年版，第 12 页。

到站站名、过塘行名号、行主姓名，以及货物名称和数量等细目，“塘师傅”上船点验起货、过磅验收，填好回单，交付渔户。有时遇上大宗货物，诸如上海来货，布匹以木箱装运，每件就重达五六百斤。遇上 14 舱船，货物重达上万斤，需要临时雇佣扛工。由于外地客商蜂拥而入，促进清湖商业和运输业的发展。

民国二十年(1931)衢江公路开通，支线延伸至清湖浮桥头。民国二十三年(1934)浙赣铁路开通，清湖水上运输急骤减少，有运输船 500 余只，竹筏 1000 余排。民国二十七年(1938)，清湖有船员 170 余人，民船工会会员 104 人，筏业工人 150 人，专业挑夫 115 人。民国三十一年(1942)夏，特大暴雨引起山洪暴发，清湖几成泽国。日军退出清湖时，古镇又被付之一炬，昔日水运的繁忙成了明日黄花。民国三十二年(1943)，因公路和铁路被毁，江山和闽赣货物依赖水上船筏运输，商业有所复苏，船只恢复到 300 余条，船员也有近千人。但民国三十六年(1947)衢江铁路恢复通车后，公路也迅速发展，渔户的船筏运输逐渐消失。

常山位于浙江省西部与江西省相连，以前主要依靠水路运货。常山港乃钱塘江上游通航末端，上溯马金溪可至华埠、开化与马金，下接衢江、兰江、富春江，可达衢州、兰溪、建德、富阳、杭州，右经兰溪溯婺江，可通金华、义乌转武义、永康，左经梅城溯新安江直抵安徽，通过萧山和杭州与萧绍内河以及京杭大运河连通。西经 80 里旱路至玉山，沿信江沟通鹰潭。常山港地理位置得天独厚，成为历史上沟通南北货物水陆中转的运输码头。“据原常山驿运站登记，本县流动船只就有九百几十号之多，最大的一艘船有 12 舱，载重量 7 万余斤；10 舱船有 30 多艘，每只载重五六万斤；8 舱船最多，载重三四万斤。”[①]20 世纪 30 年代以前，常山港水源充沛，航道丰盈，常年可通一二十吨的帆船，丰水期可通三四十吨的大船。枯水季节仅 8 舱船能够航行。5 和 6 舱的货船常年均可通航。南宋定都临安，明代建都南京，常山港成为京师通往南方的最重要的通道。据民国二十一年(1932)七月第三期换证登记表所载，经营常衢航线货运的交通船的船主有吴桂元、毛山河、钱明永和陈云财，各有 6—8 舱船 1 艘，准载 80—120 市担。经营常兰航线的货运船主有江东源、王裕福、陈荣根、钱有富、蔡金富、姜鸿发，各有 8 舱船 1 艘，准载 120 市担。年运量约 42 万担。常山出产的物产，由常山港从水路转运。鼎盛时期，常山港有流动船只上千艘，每天停泊船埠有五六百艘，占据港面 2 华里之长，从业人员数千人，从三里滩至大生坝底，直至浮桥头，茶摊酒肆，饮食摊点林立，都是码头和船工憩息之所。水中花舫以及岸上花厅成为富人寻欢作乐的场所，草棚和木屋连绵成为街厢。

---

① 陈文鑫主编:《常山县风俗志》，1989 年，第 37 页。

常山渔户的木船帆运输，自古即以货运为主。“这种船大小不同，但形状基本相同，即所谓的一种长船。这种长船的特征是船舵相当细长，它与小船体无关联，船舵大的长二间，宽一尺左右。运输的主要货物：上航（输入品）有盐、鱼、砂糖、杂货等，下航有纸张、茶叶、陶器（景德镇产）等。下航至杭州需 5—6 日，杭州上航至常山顺风时 8—9 日，无风时 12—13 日。”①通往江西以及两广间的货物运输，以及福建的部分物资，经常山中转。除了食盐等大宗运输外，还有销往内地的海味、杂货、布匹、石油、工业品等。“（常山）本县有码头七：曰小东门外大码头，曰小东门埠头，曰北门埠头，曰上浮桥埠头，曰下浮桥埠头，曰三里滩埠头，均属公有，每年起卸货物，以盐、纸、杂货为大宗。”②从广东、湖北、江西等地源源不断运往浙江各种纸类、夏布、瓷器、茶叶、烟叶、锡、蜡、水油、药材等杂货。

浙赣铁路未通车前，常山是南北物资水陆转运吞吐量的咽喉要道。江西盛产的大米、杂粮、花生，广丰的烟叶，景德镇的瓷器，万载的鞭炮和上饶地区的土纸，鄱阳湖的淡水鱼、银鱼丝，广东的香蕉、菠萝、荔枝，福建的桂元、蛏子、海带，湖南的湘莲、石膏，皖南的土漆、雪梨等，均在常山通过水道运往下游沿途和杭州、绍兴、上海、南京以及北方各地。③

民国二十二年（1933），浙赣铁路通车，常山水运开始衰落。民国二十六年（1937），钱塘江大桥建成通车，常山水运一落千丈。民国二十七年（1938）十月，常山尚有流动船舶 852 艘。民国二十八年（1939）出现定期货运航班，经营常衢的货运交通船 6—8 舱 4 艘，常兰线 8 舱 6 艘。民国三十一年（1942）二月，编队登记，船只减少到 32 艘。五月，日军占领常山一个多月，船只散失 250 多艘，另有破旧船只 10 艘未予登记。九月，日军退守金华和兰溪，常山地处抗日前沿，加上衢常公路不通，常山货运一度复苏。民国三十二年（1943），恢复货运交通船，常兰线仍为 6 艘，常衢间为 3 艘。民国三十五年（1946）流动船舶恢复到 150 艘。民国三十五年二月九日，因联益开龙公司奉令撤销，开龙船只也遣回自理，以严州籍船主陈荣寿为首，申请“恢复创办常兰公司”。三月一日获准开船，有船 15 艘，每日 1 班，船主有陈荣寿、陈荣富、周新宝、姜鸿发、王裕福、邓长清、陈小水、钱智根、江东源、周宝发，共有 11 只船均为 8 舱船，蔡金富、季交禄、许张有、严麦塔各有 6 舱船 1 只。七月三日，又增加钱明永 2 只，“常兰公司”增至 17

① 东亚同文会编：《支那省别全志（浙江省卷）》，民国元年。转引自《兰溪编志补遗》下，1992 年，第 652 页。

② 南京铁道部财务司调查科编：《京粤线浙江段经济调查总报告书》，1930 年，第 52 页。

③ 周光耀：《常山历史上的过儎行》，《衢州文史资料》第 4 辑，1988 年，第 52 页。

艘船。八月一日，陈荣寿又向县政府备案："最近以来，本应继续航运，以期货畅其流，无奈公司人力缺乏，时有遭受其他方面之窒碍，致影响业务，直到无从开展，为此拟将常兰航线缩为衢兰线，除另向衢县呈请备案外，理合备文呈报，仰祈准予停业为祷。"①由于常山县国民兵团团附姜子鹤插足航运，陈荣寿等受到排挤，"常兰货运公司"经理改由陈少龙担任，一直延续到常山解放。1949 年，常山解放时，恢复到 350 艘。常山县城有专门为水运转陆运的过儎行 18 家，专营食盐的盐栈 9 家。

龙游也是九姓渔户涉足之地。"龙游商帮"乃中国古代十大商帮之一，主要经营珠宝业、贩书业和纸张业，得益于衢江水运交通的便利。"(龙游)本县有茶圩及驿前二码头，均属公有，每年起卸货物，以米、木、南货、布匹、纸等为大宗。"②衢江为龙游境内江溪干流，昔日以水运为主时，江上帆樯如织，沿江的马叶、茶圩、驿前、张家埠等集镇，商业繁荣。灵山港也名灵溪、灵源溪，舟筏可通至坑口，据民国三十三年(1944)统计，灵山港有木船 34 艘，竹筏 50 对。遂昌境北以及溪口各地的竹木均编成竹木长筏顺水而下，柴、炭、山货、屏纸以小船或竹筏运出，有的运往龙游县城南门、东门码头出售，有的运至驿前转衢江外运。沿江森林密集，万山丛绿，泉水潺潺，沿河众多水碓围坝以及圳坝，给竹木流放舟楫航行带来便利。1951 年，龙游仍有木帆船 180 余只。

龙游渔户的水上交通工具主要是木帆船，8 舱和 6 舱吃水较深，大都停泊衢江的驿前码头或茶圩码头，4 舱小船多停泊于靠近灵山港的南门或东门码头，仅来往于龙游县城与溪口之间。夜晚灯火通明，犹如水上闹市，最盛时船只达百余艘。龙游县城货物外运，须由东门码头驳运至驿前，由大船转运衢江出境。衢江和灵山港航运颇为繁盛，"百舸相连"。位于衢江与灵山江汇合的驿前码头，距离龙游县城东北 1.5 千米，河床宽阔，港深流缓，乃龙游土特产、竹木柴炭、桐油输出的主要码头，长途货运船、短途替港船以及游览的花船近百艘，还有百余亩的筏坞，供木筏停泊。通过水运输出的柴炭屏纸和竹木，大都从杭州南星桥起岸。商业店家有木行、车行、篾缆厂、箬篷厂、茶馆、酒肆以及过塘行等五六十家。居民有三百余家，夹道而住，商贾往来频繁，货栈吞吐流畅。龙游城南深山中的溪口镇，位于庙下港与灵山港的交汇处，为温州和处州必经的陆上交通要道，也是大街、庙下、灵山等地物资集散地，陆上"松阳担"络绎不绝，水上舟筏密布，桅杆林立，装卸颇繁，库场相连。据民国二十八年(1939)统计："水路衢江由盈川入境，流经湖镇入兰溪，长 27 公里，通行载重 5 吨以上船只，日约百

① 常山县交通志编纂办公室编:《常山交通志》，2002 年，第 116 页。

② 南京铁道部财务司调查科编:《京粤线浙江段经济调查总报告书》，1930 年，第 52 页。

只，运输稻米、桐油等物质；灵山江自县南至驿前，长 37 公里，通行 4 吨以下船只，日约 40 只，装运柴、炭、屏纸为主。"①由此可见龙游水上运输鼎盛之一斑。

衢州运往建德、桐庐、杭州方向的农副产品，大都依靠水运，每年下半年乃水运旺盛季节，从事货运的渔户钱云财每月都要往返杭州 2 次，来回一趟需要半个月时间。衢江渔户水上艰难谋生的情景，钱云财有过栩栩如生的描绘。

> 衢江木船有"江山帮"和"建德帮"之说，这是船员的祖籍问题，我单说"九姓渔船"(九姓是姓陈、钱、许、孙、何、叶、李、袁和林)，即"建德帮"船民。解放前，九姓渔船在建德七里垅至开化县华埠镇这段江面上从事捕鱼、撑船和流放木排谋生，这水上三民(即渔民、船民、排民)十有八九陆地上无根基，可谓是上无片瓦、下无寸土的水上漂人员。拿船民来说，他们全家老少同在一只船，以船为家，又以船去装运货物，收取运费谋生。其生产航线，自开化华埠到钱塘江杭州这 300 多公里的航道上营运，也去金华、义乌、佛堂及新安江(未建电站前)的白沙和安徽屯溪等钱江支流航道上装运。②

第二节　兰江九姓渔户的货运

兰江九姓渔户的货运工具主要是张帆携纤，使用篙橹行驶的木帆船，其种类繁多。义乌港船前平后尖，主要行驶于金华江及其支流义乌港和永康港，载重 5—10 吨。"江山船"两头尖，船身较轻，吃水较浅，操作灵活，但忌水深江宽浪大，适航衢江、常山港、江山港，载重 6—10 吨。大麦船因船体形似大麦而得名，俗称"汤溪船"，两头尖，船舱宽，船舷高，载重 6—10 吨，大都行驶于兰溪到杭州、萧山、临浦之间。徽港船两头平，船体长，后艄高，适于纤路高、航道低、弯道多的山涧水道，载重 10—30 吨，主要行驶于兰溪—屯溪之间。驳运船也称"划船"，两头尖，载重 5—7 吨，适于短途航行及货物替驳。灵山港船，也称"灵山港划船"，两头尖，载重 4—6 吨，适于山间小溪航行，主要行驶在衢江支流龙游灵山港至兰溪。海宁船俗称"炭船"，头尾平而翘，船舱深，载重 30—60 吨，依赖风帆和潮水涨落，丰水季节航行于兰江。

兰溪地处衢江、婺江、兰江之滨，乃七省通衢之商埠，商业繁荣，水运交通发达。"兰溪踞杭严之上游，职衢婺之门钥。南蔽瓯括，北捍徽歙。秉传之骑，漕

① 龙游县交通局编：《龙游交通志》，1990 年，第 93 页。

② 钱云财：《撑篙滴珠》，《通衢》，中国戏剧出版社 2000 年版，第 241 页。

输之楫，往往蹄相摩而舳相衔。”①兰溪水运盛极一时，明代诗人就有“凭栏万户依城阙，绕坐千樯下海潮”的诗句赞美。明清时期，兰溪乃浙中水陆交通枢纽，货物集散中心，商贾南来北往，居金华、衢州、严州、温州、台州、处州六府之首，沿江一带，帆樯林立。兰江水运四通八达，20世纪初，英国女作家罗安逸来到兰溪，对于兰溪水运的繁华有过栩栩如生的描绘。“城前的兰江江面有三分之一英里宽，河上的货船从早到晚川流不息。墙上刷了石灰浆的房屋在泛白的城墙后探出头来，城墙下就是泥泞的河岸，岸边停靠着一排排乌篷船，很多家庭常年就住在船上。这些船来来往往，你方唱罢我登场，所以没有见不着船的时候。此外，还随处可见木排商的木排，一捆捆长长的圆木一直伸展到岸上。”②渔户从金华运送的大宗货物为大米，金华大米是制作绍兴酒的原料。金华火腿也是运输的大宗货物，主要运往上海出售。“（兰溪）本县有码头八：曰黄家码头，曰张家码头，曰朱家码头，曰柳家码头，曰西门码头，曰水门码头，曰南门码头，曰新码头，各码头均属公有，每年起卸货物，以粮食、火腿、杂货等为大宗。”③兰溪盛产乌桕，质量上乘，被誉为“乌桕之乡”，桕油为大宗商品；其次为梓油、桐油、菜油、茶油、豆油、麻油。桐油丰产时达三四千担，歉收时也产2000担，遇上荒年也有百担左右。这些油类产品，均由渔户运往杭州、绍兴，或者徽州。特别是由上游常山、江西玉山输入的油类更多。兰江往来的帆船，丰水季节可运载三四百担，涸水季节因航行困难，装载量仅及丰水季节的一半。运往杭州的费用每担0.13—0.14至0.17—0.18不等。20世纪一二十年代，兰溪的油行有十三四家，抗战期间有230余家油坊。

20世纪30年代，航行兰江的货船从4舱至14舱不等，共有2000余艘，分属兰溪、义乌、汤溪、永康、江山、金华各帮。“各船均专载货，以粮食、火腿、南枣、南货以及洋杂广货为大宗，往来江山、汤溪、金华、义乌、兰溪、杭州间，载重随船而异，4舱者载重50担，6舱者载重150担，8舱者600担，14舱者1200担。”④民国二十四年（1935）《浙江粮食之调查》曰：“杭江铁路未通前，沿线各地的运输，专赖水运。金衢虽为府治之地，而其商业繁盛，实远逊兰溪。以其上接衢江，下凭兰江至建德后，与徽江合流钱塘江，不独附近各县之货物，荟萃于此，即闽赣货物之北运，及浙皖之南下者，也莫不由之，是以蔚成巨镇。”⑤故有“大大

① （清）秦簧修，唐壬森纂：《兰溪县志》卷一《疆域》，光绪十四年刊本。

② ［英］罗安逸：《中国：机遇和变革》，民国九年。转引自沈泓：《辛亥革命前后的浙江社会思潮与变革》，《文化艺术研究》2010年第3卷第5期。

③ 南京铁道部财务司调查科编：《京粤线浙江段经济调查总报告书》，1930年，第52页。

④ 南京铁道部财务司调查科编：《京粤线浙江段经济调查总报告书》，1930年，第48页。

⑤ 兰溪交通志编审委员会编：《兰溪交通志》，浙江大学出版社1990年版，第30页。

兰溪县，小小金华府"之说，其"摩登"程度堪比上海，有"小小兰溪比苏州之语"，而其原因在于兰江这一黄金水道。"货运系单家独户，个体经营，由兰溪船舶所管辖，船舶所备有'卡司船'，泊于马公滩—下卡间水域。民船业务受'过塘行'（运输行）或'船并头'（托运货物之中间人）支配。"①兰溪水运由四帮垄断，"兰溪帮"停靠柳家码头，"龙游帮"停靠西门码头，"衢州帮"停靠新码头，"义乌帮"则停靠南门码头。兰溪渔户总结撑船的经验："把舵不稳出危险，撑篙不准白费劲，拉纤不力难过滩。"

民国三十一年（1942）五月二十八日，日军占领兰溪，截断兰溪水陆交通，以十几只小汽船封锁兰江，将民船全部集中西门码头停靠，兰溪城关渔户为逃避日军抓丁服役，纷纷将船只移往游埠、三河一带水域，或藏或毁，致使水运停航。原兰溪县城的商店、商行也迁往游埠经营，离游埠 2.5 千米的桥头江设有衢州至游埠线客货码头。衢州有 6 家公司航船在此停泊，龙游至游埠每日有 2 艘船在此装货搭客，水运畸形发展，游埠成了抗战期间兰溪货物集散的主要码头。游埠云集的货运船称为"下港船"。"抗战前后停泊在裘家埠的船只，多时上百只，少则六七十只，每只载重量 3—10 吨。游埠各商行所收购的大宗白米（龙游白禾米）、大豆、小麦和仔猪、毛猪、皮油、青油、酱油之类，以及甘蔗、花生等农副产品等，都通过船只运往兰溪、金华、建德、富阳、临浦、绍兴、杭州以及安徽等地销售。各船只又从上述各地运回棉布、棉花、食盐、白糖以及其他日常生活用品等。抗战胜利后，裘家埠日运货物量为 100 吨左右。货主对货运船甚为信任，有时运往各地的货物无人押运，船主与货主事先商定出售价格，由船主代卖。"②抗战胜利后，日军投降，航运恢复，桥头江船埠逐渐衰落，船只停泊移往裘家埠。民国三十六年（1947）四月，兰溪登记注册的航船公司有 24 家，拥有木帆船 394 只。随着陆路交通的发展，铁路的复兴，机械化逐渐取代以人力水运的木帆船，加上森林的过度采伐，水土流失严重，兰江河床抬高，航道淤塞，给渔户的木帆船运输带来生存危机。

金华虽是金华府治所在地，但在以人力水运为主的时代，却落后于兰溪。婺江也称金华江，航运历史颇为悠久。清雍正《浙江通志》记载，金华年经水路运销食盐 11310 引，汤溪 1939 引。乾隆年间，金华已成为钱塘江上游较发达的港埠。"金华附近平野开阔，土地富饶，县城位于中心地带，商业充满活力。从南港注入的河流渐渐扩大，差不多环绕县城半周。民船码头位于南门街，停泊大

① 兰溪交通志编审委员会编：《兰溪交通志》，浙江大学出版社 1990 年版，第 33 页。

② 游埠镇志编委会编：《兰溪游埠镇志》，浙江人民出版社 1989 年版，第 154 页。

大小小的民船。”[①]金华物产丰富，基本上由渔户通过水路运往各地。(表 2.5)

表 2.5 金华发往各地运价

名称	重量	发送地	数量	丰水季	枯水季
米粮	每袋 2 石	绍兴	3 袋	1 元	3 元
柏油	90 斤	上海	1 石	2 角	
本山烟茶	20 斤	上海	1 袋	6 角	
香附		上海		6—7 角	

资料来源：东亚同文会编《支那省别全志(浙江省卷)》。

民国十六年(1927)，“时衢江沿岸的罗埠、洋埠有木船 110 只，经营客货运输，把粮食、甘蔗、青椒、萝卜以及竹、木、柴、炭、茶叶、箬壳、桐油、白蜡等运出”[②]。20 世纪 30 年代，金华的货船分为 4 舱、6 舱、10 舱三种，共约 785 只，分属金华、义乌、武义、永康等帮，专门载货，以米粮、火腿、南货以及洋广杂货为大宗，往来于金华、兰溪、永康之间，吃水 1 尺至 4 尺，载重 50 担至 80 担。[③] 抗战全面爆发后，浙江省政府颁布战时十大政纲，成立浙江省船舶总队部，归浙江省交通处领导，各港埠均设派出所、分站联营处，办理船舶登记和编队，以船 3 至 15 艘编为 1 班，若干班为 1 小队，若干小队为 1 中队，若干中队为 1 大队。中队长均由各县县长担任，第 4 大队设于金华，下属 8 个大队，第 1 中队在金华，第 2 中队在兰溪，第 3 中队在浦江，第 4 中队在义乌，第 5 中队在永康，第 6 中队在汤溪，办理水陆联运业务，以金华、兰溪、义乌等地为水陆交接点，船舶配备金衢线 60 艘，金淳线 120 艘，金义线 20 艘。船舶根据运输情况随时调整，水陆联运做到起点受理，中转站移装，到达站交付，一票托运，分段计程，全程负责的“一条龙”运输，缓解了战时土特产出口和军需物资内运的紧张状况。

民国二十六年(1937)八月，广州沦陷，浙江成为湘赣皖鄂省客货出海的唯一通道。民国二十六年底，杭州沦陷，浙江省政府迁往方岩，钱塘江以及浙赣铁路均被封锁，货物中转由辖境办理。一路经兰溪—金华—永康—丽水—青田—温州—出海；一路经兰溪—金华—永康—东阳—长乐—嵊县—新昌—溪口—鄞县—宁波出海。皖南及浙西诸县客货分别经新安江、富春江、兰江集中兰溪，再由金华从以上两路出海。战时金华成为沟通赣闽皖鄂湘云桂蜀诸省前往温州、

① 东亚同文会编：《支那省别全志(浙江省卷)》，民国元年。转引自《兰溪编志补遗》下，1992 年，第 653 页。

② 金华市交通志编审委员会编：《金华市交通志》，海洋出版社 1997 年，第 368 页。

③ 南京铁道部财务司调查科编：《京粤线浙江段经济调查总报告书》，1930 年，第 49 页。

宁波出海的水陆枢纽，商业畸形繁荣。境内转运业务迅速发展，金华开设过塘行42家，永康30多家。出入富春江、兰江、衢江、婺江船舶急增，仅浙江省船舶总队部登记注册的金华木船就有857艘，义乌405艘，永康376艘。金华成立“联运调度所”，办理兰溪—丽水—温州；兰溪—金华—永康—东阳—嵊县—宁波的水陆联运。民国二十八年(1939)五月，浙江省船舶管理局在兰溪设立“富春江办事处”，金华、兰溪、永康设船舶站，统管全省船舶运输，仅五月至十二月到达和离开各站的船舶就有30816艘和32033艘。20世纪30年代中后期，桐油、茶叶、蚕丝畅销国际市场，国民政府为了争取外汇以及战略物资，以打破日军封锁，不断组织福建、安徽以及浙江金衢严的茶叶、桐油、蚕丝、猪鬃等产品及江西的钨矿石，先运至兰溪和金华，再转运温州和宁波出海，以换取或购进机器、油料以及日用工业品。民国二十七年(1938)九月十六日至民国二十八年(1939)二月十五日，经兰溪、金华水路运出的茶叶就达11834箱。民国二十九年(1940)，浙江省粮食局在金华采购大米2100包，由水运到义乌，再转运宁波，以接济粮荒。民国三十一年(1942)，日军入侵金华，民船锐减，筱溪等埠的船只仅剩12艘。抗战胜利后，各地船舶陆续返回经营运输。民国三十四年(1945)九月二十日，成立“兰溪船舶调度所”，以协调金华江、兰江、衢江水域的水上运输。中华人民共和国成立后，水运业得到恢复和发展。

第三节　徽江九姓渔户的货运

钱塘江上游新安江，自安徽歙县浦口至浙江建德梅城，也称“徽港”“徽江”。船民大都为九姓渔户。“他们都说自己的祖先来自浙江严州的三江口。并知道他们的‘水上话’与严州一带的‘水上话’相似；他们中的陈姓认为自己来自建德的东舟(州)，叶姓来自桐庐。屯溪船民以陈、叶、钱、汪四姓居多。”①徽江上驶的都是木帆船，因多为九姓渔户驾驶，徽人称其为“严州船”。“明代弘治末年(1505)，歙县渔梁首次建造木帆船。船体首尾尖翘，底宽舱大，浅杓型横剖面，一般长10米，底长8米，宽1.6米，深0.6米，吃水0.2米，船底扁平、无舵，载重4——15吨。适用于浅水多滩的小河航行。因该船型始于浙江衢县，故名‘衢型船’。”②每只船的载重量多的有10余吨，最大可达50吨，少的仅有二三吨。船民多为九姓渔户。“明嘉靖前后，船民由浙江严州(今建德市)迁来，以船为家，

---

① 邵弹声：《屯溪船民》，《黄山市文史资料》第4辑，2012年，第96页。

② 徽州地区交通志编纂委员会编：《徽州地区交通志》，黄山书社1986年版，第180页。

承担屯溪水上运输。入清后，常有数百艘船，长年停泊于镇海桥下渔埠头至盐埠头一带，帆樯林立，被誉为‘屯浦归帆’，蔚为壮观。”①屯溪“从西门沿新安江至严州，可行 200 石舟，然后顺浙江直达杭州”②。盛水季节下水船满载，从屯溪到杭州，最快 3 天可达。枯水季节上水船，因吃水过浅，仅能半载，溯水而上，行船 10 天半月也司空见惯。年货运量达 2 万吨，客运量 2 万人次。（图 2.5）

图 2.5　新安江木帆船运输（资料来源：《徽州地区交通志》）

屯溪位于安徽省南部，新安江上游，属于皖南重镇。西南面的率水和西北横江汇集屯溪，“东浮新安江入浙”。以屯溪和鱼梁两港为中心，渔户以木帆船运输作为主体，承担了新安江客货运输业务。20 世纪 30 年代初，屯溪港就拥有大小木帆船 560 艘。徽州的商业，以盐茶木质铺四者为大宗，徽州诸县的木材、茶叶、香菇、箬皮等土特产品，均汇聚于屯溪，由渔户水运销往外地。屯溪木帆船航线分为四条支线。屯渔保线，由屯溪至休宁、渔亭，有帆船 120 余艘，每船载重 3 吨。从渔亭装运瓷器、茶叶、农副产品下行屯溪，再从屯溪装运食盐、百货上行渔亭，年运量达 1.5 万吨。屯上保线，由屯溪至休宁上溪口，有船 110 艘，每船载重 8 吨。从上溪口运茶箱板、柴炭、土特产下行到屯溪，从屯溪装运食盐，百货上行到上溪口，年运量达 1 万吨。屯龙保线，由屯溪至休宁龙湾，有船 50 余艘，每船载重 8 吨。自龙湾装运茶叶、柴炭等下行到屯溪，再自屯溪装运食盐、石灰、百货等上行到龙湾，年运量 6000 吨。屯杭保线，由屯溪至杭州，有船 300 余艘（包括兰溪船），每船载重 12 至 15 吨。从屯溪装运茶叶、寸板、农

① 黄山市屯溪地方志编纂委员会编：《黄山市屯溪区志》，方志出版社 2012 年版，第 235 页。

② （宋）赵不悔修，罗愿纂：《新安志》第一卷《州郡》，嘉庆十七年刻本。

副产品下行到杭州，从杭州装运食盐、日用百货上行到屯溪，下水需时 3 至 5 天，上水需时 15 至 20 天。20 世纪 30 年代中期，屯杭公路通车，水路客运转为陆运，水路货运也相应减少。（图 2.6—图 2.7）

图 2.6　20 世纪 30 年代徽江的木船（资料来源：《江干往事》）

20 世纪 20 年代，渔梁港有大小木帆船 260 艘，其中有 200 艘分布在杨之、富资、丰乐三水航道，每船载重 3 至 4 吨。渔梁坝下有 60 艘客船和货船，货船分 12 舱，载重 25 吨；6 舱，载重 12 吨。20 世纪 30 至 40 年代，绩溪县和歙县的进出口货物，均依赖渔梁坝的木帆船运输，年运量 1.5 万吨。

屯溪最大的水运交通线，无疑就是屯杭保线。渔户上水运输以食盐、面粉、布匹、煤油、南北货为大宗。屯溪的盐埠头，乃是渔户所撑盐船于此装卸。盐码头约建于清代，位于屯溪老街中段凤邻巷口江边，因该地地势较高，涨水不会淹没，盐商遂选择此处为起岸堆栈的场所。屯溪地区民户食盐，历来从浙江采购由渔户以木船运输，盐务行政直属于两浙盐务局管辖，盐业属专利事业，由国家招商承办，商人向财政部领取专利执照，名称为“纲照”，纳税营业，无照不得经营。明代成化年间，徽商因经营盐业而骤然升腾于中国商界，休宁“商贾之最大者举鹾”，出现了专门经营盐业致富的徽商。如明末休宁的陈祖相，“历游江皖淮阳，操鹾策，卒成大业”。另有汪福光，“贾盐于江淮间，艘至千只，率子弟贸易往来”。屯溪乃食盐转运的枢纽，上游乃至赣东北的食盐，均由屯溪中转，渔户承担盐运占有重要地位。“屯溪食盐运销，早年因杭徽公路未通车，全赖船运，由于船运缓慢，各埠盐栈又不得不设盐仓，储盐备用，以防脱销。按食盐为人民生活上必需之品，与粮食一样重要，不可一日缺盐，如果脱销，无盐供应，影响民

图 2.7　20 世纪 80 年代的屯溪木船(资料来源:《黄山市屯溪区志》)

食,盐商应负责任受到惩处。盐之运输,既以船只为唯一运输工具,因此,由浙江运到屯溪集中分运各县。各县民盐供销,亦以河流为主,不通河流地区,附销于通河流地区,盐务术语上叫做'附销'。例如黟县河流渔亭以上水浅不能通航,只能在渔亭开设盐栈供应。又如休宁河流西通至上溪口,南通至龙湾,溪口龙湾以上都是小河,只能在溪口龙湾两地设店供应。婺源因河流关系,由溪口龙湾两地供应。"①清末民初,屯溪老街设有万隆、广源、永和、协春、志成、裕康、豫康、鼎新、德源 9 家盐栈。此外,还在休宁、黟县、歙县、绩溪等县经营 36 家盐栈,盐船运输极为繁忙。抗战期间,浙江成为沦陷区,日军驻扎富春,富阳以上榨溪等地仍为国民党军队驻守,浙徽水路运盐线路中断。浙江盐民遂肩挑食盐绕道运往榨溪出售,屯溪商人纷纷成立食盐公司,奔赴榨溪抢购。

屯溪渔户下水运输以茶叶、松板、土特产为大宗。屯溪另一著名的码头就

① 汪行之:《解放前屯溪盐业》,《屯溪文史》第 2 辑,1989 年,第 99 页。

是渔埠头，位于老街西端的江边，与八家栈相连，即是河街的起点，与大桥也近在咫尺，加上两河交汇的缓冲作用，水面平稳，货船大都在渔埠头停泊卸货。早在嘉庆五年(1800)之前，渔埠头就已是重要的水运码头。康熙乾隆年间，屯溪已是人烟集中之地。徽州6县、浙西、赣北出产的炒青绿茶，集中屯溪精制，通过新安江水运外销，称为“屯溪绿茶”，简称“屯绿”。嘉庆至道光年间，“屯绿”的销路被打开，屯溪成为徽州茶叶外销的转运口岸。咸丰年间，茶商集结屯溪收购毛茶进行精制，由渔户水运浙江，再转上海外销。同治年间，徽茶总量增至10万担。清末，屯溪茶叶尤盛，“徽杭大贾视为利之渊薮”，而纷至沓来。光绪十一年(1885)，皖南茶厘总局驻于屯溪，茶商水运途中，“照纳税项，又复逐卡散收厘金”。20世纪20年代，徽茶生产迅速恢复。“运送大宗的徽州茶，因受水量增减和船只多少的影响，运费有一定的差异。但一般情况下，从屯溪运至江干，茶叶2箱付1元(一箱重约50斤)。顺风时，需要十五六的日程；逆风时，则需1个月以上。”①咸丰年间，就有婺源商人开设的俞德昌、俞德和、金隆泰、胡源馨等著名茶号，歙县朱(塔山)、许(许村)、罗(溶溪)、谢(黄山)四家族也来屯溪设立茶号。屯溪的胡采瑞、李亦馨分别开设钟聚和李祥记，另有歙县、婺源、青阳等县财力雄厚者也相继开设茶号，创号三四十家。光绪二十二年(1896)就达136户。民国九年(1920)，屯溪茶号109家。民国二十七年(1938)，精制“屯绿”茶号达287家。(图2.8)

“屯绿”有两条运输路线，北线经鄱阳湖至九江顺长江东下上海；南线顺钱塘江到杭州转上海，南线水运“屯绿”明显高于北线。“安徽省徽州这产茶区有山分隔南北两处。山之北地区计年产约6万担，是经由鄱阳湖至九江转上海，而山之南地区年产茶约12万担，是顺钱塘江而下运出来的。”②南线乃最为便捷的航道。“民国初年，运输路线改由屯溪装船运达杭州，从杭装车转上海口岸或远轮外运。抗日战争时期，沪杭沦陷，则由新安江水运至兰溪，换汽车经丽水运抵温州装轮由海道运往香港口岸。抗日战争胜利后仍回转到上海出口。”③每年从屯溪码头转运外销的茶叶达12万担，有“屯溪船上客，前渡去装茶”之说。“清末民初，屯溪茶叶为屯溪至杭州水道主要运输货物，最高年份运出达1万余

---

① 东亚同文会编:《支那省别全志(浙江省卷)》，民国元年。转引自《兰溪编志补遗》下册，1992年，第644页。

② 《光绪元年(1875)浙海关贸易报告》，《近代浙江通商口岸经济社会概况——浙海关、瓯海关、杭州关贸易报告集成》，浙江人民出版社2002年版，第165页。

③ 屯溪市地方志编纂委员会编:《屯溪市志》，安徽教育出版社1990年版，第143页。

图 2.8　大英博物馆藏《钱塘江上购茶船》(资料来源:《江干往事》)

船次。”[①]上海取代广州成为茶叶的第一大外销口岸后,徽州茶商运输茶叶大多借助新安江水运,渔户满载茶叶的“严州船”由屯溪起航,穿行于水浅多滩的河道到达杭州,再从杭州转上海口岸外运,贩茶的路程和费用大为减少,促进了徽商外销茶叶的发展。

> 收集来的安徽茶在屯溪待运,命名为“屯溪茶”,用“义乌船”和“常山船”装运,抵达桐庐前沿途要经过72个大大小小的急滩。每箱装运费为2—5角,运输量与船浸入河水的深度成比例。如果河水较浅,较危险,船通常会出事故,货物也会受损,但是人命事故较少。茶船沿钱塘江到闻家堰——离杭州城约50里,通常从那里空船回来,由纤夫们拉上河滩,然后又把茶叶装入其他船,运上堤坝,又装入驳船,沿运河经过市区到达北门外的一个地方。在大运河的低水段又转装入一种更小的船,运到公共租界,最后用“无锡快”由“拖船”运到上海。茶商说,尽管经过多次运输,但比取道宁波损失少。[②]

“船行”乃屯溪渔户联系客货运输业务的中介。“一家一户的木帆船客货运

---

① 黄山市屯溪地方志编纂委员会编:《黄山市屯溪区志》,方志出版社2012年版,第235页。

② 《海关十年报告》(杭州,1896——1901),《近代浙江对外贸易及社会变迁——宁波、温州、杭州海关贸易报告译编》,宁波出版社2003年版,第235页。

输，均由所在地‘船行’垄断包办，船民备受中间盘剥。30 年代，全区有船行 23 家，半数以上在屯溪和深渡。‘船行’从船民运输收入中提取 20%—30%的高额的手续费，因此船民收入甚微，生活贫苦。”①民国二十八年(1939)，屯溪有船行 20 余家，仅河街就有德泰、万通、仁泰、永和、汝良、广泰、义源等 7 家船行。河街因此成为渔户、船行老板、商人、篾工(修船篷)、卖柴炭农民的聚合之处。街上有酒肆、茶馆、烟酒、粮食、豆腐店和储货仓库。屯溪至杭州线，运费依据水情以及货物价格而定，20 世纪 30 年代，下行每吨 8 至 10 元，上行则加价五成。民国三十二年(1943)，威坪至上溪口 145 千米 50 公斤法币 37.73 元，至龙湾 130 千米法币 24.75 元，至屯溪 90 千米法币 20.68 元，至歙县 80 千米法币 13.2 元；上溪口至龙湾法币 11 元，至屯溪法币 14.52 元，至歙县法币 11.88 元。民国三十四年(1945)，木船客运每人每千米上行 4 元，下行 4 元。木船货运 60 公斤每千米上行 3 元，下行 3 元。(图 2.9)

图 2.9　20 世纪 30 年代屯溪郊外的徽江货船(资料来源：《江干往事》)

民国二十二年(1933)徽杭公路通车后，屯溪水运受到一定影响。但抗战全面爆发后，江浙沦陷，富春江以下均不通航，钱江水运中断，下行木船仅能通航建德、威坪等地。屯溪水运因此畸形繁荣。屯溪成为皖南政治、经济、文化中心，人口骤增，贸易繁荣，虽然公路中断，航运却兴旺发达。“屯溪港有千余艘从事客货运输，并设有商办健飞、飞快两家航运公司，备有快船 45 艘，开辟屯溪至

① 徽州地区交通志编纂委员会编：《徽州地区交通志》，黄山书社 1996 年版，第 181 页。

淳安等地定期客班。”[①]屯溪木船大都用以载货，少数快船专营客运。仅存的新安江线，从休宁上溪口迄浙江威坪通航木船和排筏 145 千米。屯溪作为皖南抗日大后方联结江浙沦陷区与重庆后方的纽带，其水路交通得益于新安江的航运便利。抗战胜利后，钱塘江全线复航，屯溪大后方人员纷纷东下，外购的布匹、食盐、百货等陆续溯江而上，屯溪水运再度繁荣。1949 年，屯溪仍有木帆船 606 艘。

第四节　新安江九姓渔户的货运

建德九姓渔户俗称“桅浪人”，桅乃舟船标志，江上行船，需借助自然风力驱动，通常每船竖一杆桅，“顺风鼓帆走三江，千帆夜宿傍严州”。秦朝建德就已有木船问世。隋唐时期，新安江就有航运工具。光绪《严州府志》就有唐代钱相公驾舟如神的传说。“钱相公者，分水人也。不治生产，驾舟为业，值无人货，即虚舟而行。捕役疑而踪迹之，但见棹动如飞，众桨莫及，始讶其异。有余姚馆师登其舟，见其不饮不食，月夜歌曰：小小乾坤似一航，夫妻父子兄弟到岸便分张。我也不住城，城内闹嚷嚷。我也不住乡，乡内苦帮帮。不如笑傲清风与明月，斜带箬帽过钱塘。歌已别馆师，忽不见其形，今土人皆祀之。”[②]明代《漕船志》记载浙江都司浅船 2046 只，严州 92 只。明洪武在梅城东关设有严州富春驿，在南门设有建德县新定驿。康熙六年(1667)，两驿共有水驿船 13 艘，驿皂 2 名，舆夫 16 名，纤夫 170 名，水夫 8 名，水手 19 名。民国初期废驿，改为卡子船，稽查经过航船行商并收税。

图 2.10　九姓渔户的载货长船(图片来源：《钱塘江的航运》)

① 徽州地区交通志编纂委员会编：《徽州地区交通志》，黄山书社 1996 年版，第 181 页。

② (清)吴世进修，吴世荣增修：《严州府志》卷之二十二《佚事》，光绪九年增修重刊本。

建德九姓渔户的水运，跨越钱塘江、富春江、新安江和兰江四个航区，各航区的水域特点有所不同，木帆船的船型也不尽一致。富春江航区以次深水船为主，主要航行大型长船、中型开艄船、驳子船、客船、码头趸船等。新安江航区以适应浅水过滩的船型为主，有客货两用的长船、两头尖、小平头、大平头、阴阳头（也称鸳鸯头）、客船、柴船、炭船、交白船等。兰江航区则航行衢型船、义乌船、龙游船、永康船、兰溪船，具有吃水浅、上滩易、速度快的优点。建德九姓渔户经常驾驶的船型主要有长船，特点为头尖、腰大和船体修长，故名“长船”。其阻力较小，航速较快，操纵灵活，适于浅滩急流行驶。（图 2.10）“梅城一带九姓渔民较多，不准上岸定居，长船易于安排舱位、带泊、推进，可挂风帆，停泊安全，便于船民住家生活和伙计住宿等众多优点。”①该船造价比其他船要高，载重量为 10 吨至 50 吨。两头尖的船首、船尾两舷杉板（也称墙板）结合于斗颈（一根圆柱形杉木），斗颈之下端与船底结合部作 120°左右的仰角形成尖头，以便劈波斩浪过滩。船舶载重量不大，多在 10 吨以下，也称“划船”或“小划船”。小平头和大平头，船底较平，船底两端自桩洞梁和烧窠梁起挑与托浪板连接。首尾左右两舷杉板结合于前后托浪板（板如朝笏以樟木制作），以船首尾扁平故名“平头船”。因船头宽窄不一，托浪板宽仅 0.30 米，故称“小平头”，而 0.30 米以上者称为“大平头”。小平头准载 10—20 吨，大平头准载 20—30 吨，少数魁星斗柴船，准载 50—60 吨。这类大船常年在七里泷装运松柴、木炭前往杭州和海宁。阴阳头船首平头，船尾尖头，因首尾造型各异，故名“阴阳”，谐音“鸳鸯”，准载 10—20 吨。交通船为客货两用船，亦名“客船”，准载量 20 吨，以船长、底宽、船舷低为特征。船舷两侧以木板制成舱壁，顶盖有竹制软篷。徽型船，也称徽州船，适于浅水多滩的溪流，首尾尖削，操纵灵活，成本较低，最大载重 10 吨。木质杭驳船，以运货为主，始造于清代，稳定性好，吨位较大，结构简单，装卸方便，航速较慢。海宁船适于远航和深水，航行稳定，操纵灵活，粘缝考究，但阻力较大，建造费工。建德的货运航船，以其装载货物多少不等，可分为满篷船和半篷船两种。前者因防雨设备较为完善而装运粮、油、盐、糖、茶叶、百货为主，后者则以装载竹、木、柴、炭为主。大船载重近 50 吨，小者仅有 3—5 吨。据民国十九年（1930）的《京粤线浙江段经济调查总报告书》记载，建德的船只有 8 种，其中前 2 种乃客船，第 3 种小六舱民船，客货兼载。后 5 种为专门装货的货船。

丁、义乌船，属义乌帮，专装货，以盐、粮食、布匹为大宗，往来江山严州杭州间，载重 160 担至 80 担。

戊、江山船，属江山帮，专装货，往来江山严州杭州间，载重 100 担至

---

① 朱忠森：《建德造船业今昔》，《建德文史资料选辑》第 9 辑，1992 年，第 227 页。

600 担。

己、衢州船，属衢州帮，专装货，往来衢州严州杭州间，载重 100 担至 60 担。

庚、兰溪船，属兰溪帮，专装货，往来兰溪严州杭州间，载重 100 担至 800 担。

辛、金华船，属金华帮，专装货，往来金华严州杭州间，载重 100 担至 600 担。①

建德乃浙西历史名城，也是新安江、富春江和兰江三江交汇之地，水路四通八达，为五州十县客货航船所必经之地，九姓渔户的水上货运历来发达。建德东起东关，西至七郎庙，五华里长的江岸，船埠码头林立，有小南门码头、交通码头、南门渡口、朝江码头、广顺码头、金法码头、大有码头、奶奶码头、朱家码头、上樟口码头等，沿三江口有二十八个码头。"（建德）本县有码头三，曰大南门渡船码头，曰大南门码头，曰小南门码头，均属公有，每年起卸货物，以盐、布匹、什货为大宗。"②抗战时期，建德的水运达到鼎盛。抗战时期，梅城还有三艘官盐船，船长分别为钱观林、孙观宏、孙义桥，三家领有"官方执照"，他人不得经营，运去山货，运回食盐，长年不断，获利颇丰。抗战胜利后，货运业务越加繁忙，停泊于建德各埠的船只达千余艘之多。（图 2.11）

图 2.11　梅城严东关的新安江、兰江、富春江三江口航道（资料来源：《建德市交通志》）

① 南京铁道部财务司调查科编：《京粤线浙江段经济调查总报告书》，民国十九年，第 48 页。

② 南京铁道部财务司调查科编：《京粤线浙江段经济调查总报告书》，民国十九年，第 51 页。

渔户从建德以船运送柴炭，极为繁忙。建德山多地少，山农靠山吃山，柴炭生产乃其重要经济来源。还有新安江、兰江贯通全境，沿江众多山溪与山区相连，带来便利的水运，从上游淳安、兰溪入境至桐庐，沿途有罗桐埠、洋溪埠、下涯埠、马目埠、三河埠、麻车埠、大洋埠、洋尾埠、小里埠、胥口、江南、长淇、坌柏、冷水等10多个埠口，均有柴炭出运。许多沿江的村落，也有柴炭装船出运。民国《建德县志》记载，建德年产松柴2万担，炭10.5万担。建德的柴炭生产，首推七里泷。上起江南村下讫冷水村，全长20华里，沿江石壁削立，仅供拉纤山石小道，向内则是山岭相连，纵横七八里乃至十余里的山坞，山区除少量松树林之外，遍布野生杂木林，柴炭资源极为丰富。七里泷柴炭的年产量为白炭五六万担，杂柴100多万担，松柴10万担，饭柴（包括塘柴）50万担。“运输工具以木船为主，因为运输量大，梅城的船户驾长钱贵森、钱贵法、钱竹根、叶明楼等有30多只船常驻七里泷，以备随时装运，每艘载重量为25吨至40吨，每月装二汛，还运不完。”①运费是白炭3斤米，柴炭五六斤米。柴炭的售价和运价时有起落，最高时柴售价每担20斤米，运价每担七八斤米。七里泷还出产塘柴，以保护钱塘江海塘的专用柴，仅民国三十六年（1947）浙江省修理海塘工程处，就收购建德塘柴100万斤，全由渔户运输。

罗桐埠乃寿昌出口处，寿昌县的大米、土纸、茶、桐柏、麻等农副产品，由竹筏运往罗桐埠，再装船运往萧山、临浦、杭州销售。从杭州运回工业品以及盐、糖、百货、锡箔等商品，再由竹筏运往更楼、寿昌、大同等各商店销售。罗桐埠常年停泊运输船约45艘。“知名船长有孙樟根，有船4艘；陈海福，有大船3艘，雇有船工20人。陈海福又是该埠的承运‘包头’，独揽绝大部分寿昌进出口的货运业务。”江村埠在白沙渡下游约1千米处，抗战时因罗桐埠船只过于拥挤而兴起，常年泊船20艘，大多为国民党官兵的商船，有的在船上收购来自邓家、林村、更楼等地的山货、木材，又在船上销售各种商品，熙熙攘攘，颇为热闹。洋溪码头有运输船约29艘，主要运输郭村源及码头对面的山河、深坑等地的松什柴。1至5月运输较忙，春耕开始，各溪筑起堰坝，木筏放不出来，航运进入淡季。新谷登场，农民挑柴到洋溪埠托运，渔户称之为“干溪货”。此外，还有洋溪镇上各商店和刘元利油车的短途货运。著名船长有钱台头、钱金宝、许建来等，业务颇为兴隆。“下涯埠有运输船10余艘，以运松杉木柴为主，船长有钱尧儿、陈观根。”②大洲有水客“汤瓶老板”，专门经营松柴，一年达10—20万担。该埠有两艘木炭船，长年专运白炭到海宁，以供应丝厂。船长有郑云寿、钱根有。马

① 汪端初：《建德的柴炭业》，《建德文史资料》第9辑，1985年，第243页。

② 浙江省建德市交通局编：《建德市交通志》，海洋出版社1996年版，第47页。

目埠有货船 10 艘，主要装运坎坑、潭钟岭的松柴和条子板。知名船长有孙金福。十里埠有运输船 10 艘，长宁源和绪塘的柴先以竹筏运抵埠头，再换船运往杭州。主要船长有陈根生、陈春高。小里埠有 10 艘货船，其中木炭船 2 艘。著名船长有钱长寿、郑云棋、钱双林、钱宝华、林观喜。胥口埠有船 10 艘，其中 10 艘专运塘柴，6 艘专运松杂柴。船长有叶明松、叶水生等。洋尾埠有运输船 5 艘，大洋埠有运输船 30 余艘，主要运输松柴以及其他农副产品和工业品，仅大洋镇上下两源年产松柴达 30 万担；船长有陈龙才、陈长弟、余东海、许银根、黄樟柏。另有一条炭船，专门运送西湾坑的木炭到杭州，船长何银根。麻车埠有运输船 4 艘，船长孙长松等。三河埠没有运输船，货物由停靠本埠的客货两用船携带，出产的松柴均由大洋、麻车的运输船运送。

建德渔户的货运业务，除了境内的短途驳运以外，还有三条境外长途的水上运输航线。一为屯溪、歙县运往杭州的茶叶、柴炭、木材、油脂，以及淳安威坪和尚岭运往兰溪、金华各县的煤灰。二为建德各港埠运往杭州的竹、木、柴、炭、茶叶等土物产。“从严州依赖民船运至杭州的货物有蓝纸、木材、茶、蜜蜡、漆、桐油。”①三为大洋、麻车等地运往兰溪灰窑、砖瓦厂的松毛、木柴等燃料。而回程货源则以食盐、百货、五金等商品为主。渔户钱吉昌晚年曾忆起辛酸的撑乌篷船往事。

有一年，都快过年了，大洲一位老板雇我的船运送松柴到杭州，本来是一笔好生意，挣点钱过个年。万万没有想到，“屋漏偏遭连夜雨，行船更遇打头风”，到晚上突然下了一场鹅毛大雪，铺天盖地压下来，加上松柴装满货舱，大雪一压，船吃不了重，往下沉。在这紧要关头，我老爸想把船上的松柴卸下一些，没想绳子一松，松柴就发疯似的骨碌碌滚到江里去了，江水很大，松柴就被江水冲走了，我老爸拼命划小船打捞，哪里捞得回来？只好照价赔偿。没有钱，老板就记一笔账，在以后的运费中扣除。难怪老古话这样讲：“天下有三苦：撑船、打铁、磨豆腐。”这些行当里，还是我们撑船的苦。②

民国时期，水运货物的运价，除在抗战时期为了支援前线，保障军公运输曾由国民政府管制以外，均由货主与渔户商定。战前以银币计算，从洋溪运 100 担(5 吨)松柴到杭州，每吨价 10 至 14 元。战时货币贬值，物价暴涨，以大米作为计价标准，每吨价约大米 200 斤。建德至杭州每百斤粮食运价为大米 3 斤，竹、木、柴、炭等低值商品以及五金百货等贵重商品的运价，则以粮食为准上下

① 东亚同文会编：《支那省别全志(浙江省卷)》，民国元年。转引自《兰溪编志补遗》下册，1992 年，第 647 页。

② 胡永明、钱吉昌口述，章大成整理：《古城旧事》，《建德往事》第 8 辑，文汇出版社 2017 年，第 107 页。

浮动。（表 2.6）

表 2.6　1944 年 4 月执行的运价(单位:元)

起讫点	里程(公里)	每吨上行运费	每吨下行运费
场口—窄溪	16.50	16	12
窄溪—桐庐	10.80	16	12
桐庐—建德	40.60	16	12
罗桐埠—茶园	15.50	16	12
茶园—港口	23	16	12
港口—淳安	9.50	16	12
淳安—威坪	27	18	14
威坪—街口	11.40	18	14
建德—大洋	11.40	16	12
大洋—三河	10.20	16	12
罗桐埠—寿昌	18	20	15

资料来源:《建德市交通志》。

三江水域辽阔,航运物资丰富,但滩多水急,航运艰难,船夫劳动强度极大,上水撑篙,背纤;下水摇橹拉纤,急流处须避过明礁险石,过浅水滩,须涉水推舟,不管刮风下雨,酷暑严寒,都无喘息之机。如遇过江水降位,航船者只能结伴而行(当地称"打帮")。遇上行水急滩浅时,必须"替滩"。就是一船货,分成数船,撑运过滩。为过一个滩头,要撑半天,甚至整天。为抢运深水滩头,还常常和外地船民打架,曾多次发生打伤人事件,过去有句俗话:"天下有三苦,撑船打铁磨豆腐。"老百姓描绘船民的生活是:"船破半舱水,篷破似凉亭,风帆当被盖,螺蛳作饭菜。"因船夫的工资极低,船长的收入则要高出数十倍。有的船长又是包头,那剥削是十分惊人的。如罗桐埠的陈海福,他自己拥有三艘大船,又是该埠整个寿昌县物资运输的包头,运输业务由他承包后再转发给其他船只,从中赚取 50%的运费。船工的工资分配形式有两种,一种由老板(即船长)供膳食,1 日 4 餐饭(其中 1 餐有酒)。所收运费由老板提取 50%后,再交船工分成。账房得二成,头篙、舵工各得 1.5%,剩下五成由船夫、纤夫、勤杂夫 5 至 10 人(按船大小而定)平均分配。另一种固定工资,按月结算。船工技术好,体力强的,由老板订好口头协议,一般做 1 至 6 个月,月工资 2 至 14 块银元,天数多少不计。有时按趟计算工资的,如到杭州来回一趟 5 块银元,天数多少不计。

有时遇大水或对头风，就要10天或半月。背纤工都是临时雇佣的，从梅城上水到罗桐埠200个铜钱（约0.7元），伙食由船上供给。①

抗日战争前，建德和寿昌两县没有汽车，两县的农副产品，以及工业品、盐、糖、布、百货等人民生活必需品，均依赖水上运输。战前有货船约160艘，年运输量达25万吨。民国三十一年（1942）五月，日军侵占梅城，停泊于沿江各埠的船只大都被破坏，航运业受到严重摧残，渔户无以为生，生活极其艰难。抗日战争胜利后，虽然公路恢复，但汽车极少，建德的航运业颇为兴盛，据1951年土改时统计，建德有木船263艘。"都说船上人'前纤后舱'，意思是说'前欠后拖'，过日子没有计划，到一个码头，吃一个码头，今朝有酒今朝醉，明日无米明日忧。事实上在旧社会，船上人今天有人雇你运货，今天就有钱买米买油盐，如果几天没人雇你，一家人只得饿肚皮。"②渔户生活艰难，朝不保夕。

淳安九姓渔户使用的水运工具，主要有小塘船、尖头船、平头船三种。据统计，全面抗战前，淳安有木帆船近200艘；抗战胜利时，有木帆船250艘。③ 这些木船最小的半吨，最大的25吨，一般均在5吨至15吨之间。木帆船行驶主要依靠人力和风力，有风时依靠风力航行，无风时全靠人力摇橹和撑篙。而逆水行船则需要人工拉纤。渔户的水上货运乃淳安物资流通的优势，长期起着主导作用。以新安江为主航线，连接境内东源港、遂安港等支流，以淳城、威坪、港口、茶园、狮城为主要埠口，上驶屯溪，下达杭州，横连金华、兰溪、衢州等地。其中九姓渔户的货运船只最为常见。

这类船只最多，有160—170只。这类船有大有小，大的可载4—5万斤，小的几千斤。小的都为夫妻船、父子船，这种船小灵活，货物装了就开，来回日子短，货物周转快，大都为贺城中小店家运货。大船有的是几个船民合作，有的是船老板个人经营的，有的拥有4—5只，有的7—8只，船工20—30人，专门为贺城大店装运货物，比如上半年装茶叶出去，运粮食盐进来；下半年运桐油、柏油、青油、柴炭出去，运布匹、京广货、南北货、五金、香烟、肥皂进来。船民们一般都比较讲信誉，商店老板也很相信他们。据说，有一次，贺城一商店从富阳场口运来100多箱肥皂，运到点数后少了3箱，船主二话没说，当场掏钱赔上。事后调查，原来船在歇夜时被小偷偷去。

---

① 朱忠森、程秉荣、祝诚：《航运水域通五州——建德的航运业》，《建德文史资料》第9辑，1992年，第212页。

② 胡永明、钱吉昌口述，章大成整理：《古城旧事》，《建德往事》第8辑，文汇出版社2017年版，第108页。

③ 淳安交通志编委会编：《淳安交通志》，杭州出版社1998年版，第159页。

这件事在贺城一传开，船民的信誉也提高了。①

抗日战争时期，杭州、富阳、桐庐、建德、金华、衢州相继沦陷，淳安乃是山区，地处浙皖边境，日军只到达铜官，龟缩建德县城。淳安贺城成了浙赣皖三省商贸活动的前沿阵地，被称为“小杭州”，屯溪则称为“小上海”。贺城南面雉山和南山两潭，新安江水流至此，被雉山脚下的危岩巨石所阻，水势回旋，形成两个约 5 里长的深潭，水深达三四丈，静如平镜，上下帆船过此，由于雉山、南山倒影的缘故，水面蓝黑，从贺城南门望去，白帆点点，幻影摇曳，颇具诗情画意。元方道叡有《题雉山图》诗曰：“一棹何人弄碧流，离离烟树是西洲。新安江水清无底，白雉山高万仞秋。”那时交通不发达，公路仅有两条，淳徽公路从贺城到歙县；另有淳衢公路，从贺城到开化华埠。一天仅有两班木炭车，大量的行旅以及货运，均依赖新安江木帆船运输，常年在新安江进行水运的木帆船就达 300 艘以上，船民近千人。渔户的水上货运，依赖过塘行作为中介，淳城有 4 家，港口有 4 家，茶园有 5 家，威坪有 1 家。过塘行承担了桐油、木材、毛竹、柴炭、山核桃、茶叶和石料等各类大宗土特产品的中转。解放前夕，淳安已发展到木帆船 429 艘。1949 年，全年水运量达 3.3 万吨，而汽车货运量仅 15 吨，船舶货运量等于汽车货运量的 2200 倍。（图 2.12）

图 2.12　停泊新安江边的货船（王召里供图）

水上货运的价格由货主与渔户商定。民国三十二年（1943）七月十日，淳安县政府对运价作了限价规定。抗战胜利后，物价暴涨，货币贬值，水运价格呈现无序状态，运价与船主自行商定，并以实物代替货币计算运价。如淳安到杭州运价，一般货物每百斤换算大米 5 斤，如茶叶、桐油等重要物资，每百斤运价折

① 王召里：《贺城的船民》，《古城忆旧》，中国文史出版社 2017 年版，第 89 页。

算大米 14 斤，后降至 7 斤，低时为 3 斤。渔户因物价上涨，运价低廉，难于养家糊口。新安江滩险流急，渔户一篙失手或纤板失力，货船就会撞上岩礁，带来灭顶之灾。渔户在极为恶劣的环境下从事水上运输，而收入却微乎其微。威坪线上，为 8 舱船主卖命的渔户，每月所得工资不到 100 斤大米。渔户的生活被形容为“逆水叫黄天，好比吃黄连”。（表 2.7）

表 2.7　1943 年淳安水运定价

起讫地点	上水(每百市斤/元)	下水(元)(每百市斤/元)
淳安—港口	3.8	2.85
港口—狮城	13.05	9.86
梅城—罗桐埠	13.6	10.2
罗桐埠—茶园	6.2	4.65
茶园—港口	9.2	6.90
港口—淳安	3.8	2.85
淳安—威坪	12.15	9.45
威坪—街口	6.13	5.88

资料来源：《淳安交通志》。

第五节　富春江九姓渔户的货运

桐庐和分水九姓渔户使用的主要水上运输工具有划船、长船和开艄船，以及航快船。划船载重 3—5 吨，也有 10 吨左右，分布各埠。民国十六年(1927)前后，桐庐和分水两县达 700 余只。长船两头略尖翘，中腹宽广且长，有 6—8 舱，载重 10—35 吨。分布于桐江各埠以及横村、旧县，分满篷和半篷两种，前者有固定船篷或活动推篷，货物不易受潮，后者则适于装运竹、木、柴、炭等货物。还有一种开艄船，船身较大，两端正方而开梢，腹宽 4—6 米，长 25 米左右，摇以巨橹，篷可揭盖，桅高 10 米以上，配置三道帆。渔户称其为“四不像”。许马尔如是说：

> “四不像”其实是一种“开艄船”的变异，这是民国期间桐庐港最主要的三种木帆船之一，也是一种古老的巨型船只。钱塘江流域的木帆船有“东江船”与“西江船”之分，一般东江嘴以下流域的船型称为“东江船”，东江嘴以上流域的船型称“西江船”，而最具代表性、也最有个性的“西江船”：便是桐江上的那种“四不像”了，因为桐庐以下的富阳其船型也是有区别的，而

桐庐芦茨埠以上江段就已经没有这种船型了。东江开艄船与西江开艄船虽然均开其船艄，但式样是有很大区别的。比如“东江船”的船底也较平坦，因为它要适应钱塘江退潮后，让其船停泊在自己家门口的滩涂上的，这种船潮落搁在滩涂上，潮涨时开航，故亦称“沙船”。而西江开艄船与东江开艄船的不同之处是：一是西江开艄船头为方头，排浪靠前倾的蹚浪板，而东江开艄船一般均是螃壳头，船头两边是排浪板，其水浪是朝两边排开的；二是船首祛邪保平安的图腾不一样，西江开艄船头上画的是太极图案，两侧挂有“龙须”，而东江开艄船头则画有一对“眼睛”；三是西江开艄船在舷外设有肋爿，该肋爿不仅可以前后走人，逆行时人们可以来回撑篙，而且船在载重时两边肋片能增加船的浮力；而东江开艄船的船体两侧却没有肋爿，因为它航行时主要靠风力，能借助三面风力使船前行，一般不会用撑篙来撑行的。四是西江开艄船的货舱为通舱，敞开式，上盖箬篷；而东江开艄船因抗沉性的因素需要，是用水密隔舱来保证船舶抗沉的。[①]（图 2.13）

图 2.13　晨舟泊桐江（资料来源：《桐庐县交通志》）

民国十六年(1927)，桐庐境内的开艄船有 18 艘，最有名的驾长有旧县埠孙老羊、钱早弟和城关的林天有三兄弟，以及横山埠许氏家族十兄弟。民国二十四年(1935)，芦茨陈金龙建造了 140 吨的大开艄船，从杭州湾出海，进入长江，行驶到江西九江。20 世纪五六十年代，城关、清渚、芦茨、窄溪等埠还有开艄船。“航快船”乃交通船，为客货两用船，载重 10—15 吨。1949 年，桐庐有木帆船 502 只。

桐庐和分水的货运历史悠久，分水县早在唐宋时期，就已通航百斛舟，上至於潜、昌化，下至桐庐等航线，运出以柴炭为主的山货，运入谷米以及百货等日用品。明清时期，九姓渔户成为航运的主体力量，发挥重要的作用。清末民初，

① 许马尔：《桐庐有种船叫“四不像”》，《今日桐庐》2017 年 9 月 17 日。

桐庐县城的江面上，据说停着上千艘民船，桅樯林立，其船只种类繁多。

甲、划子，约600艘，属处州温州江山帮，专载货，以柴炭、茶叶、桐油、杂货、山货为大宗，往来于分水、於潜、昌化、桐庐间，载重约6000斤。

乙、鸳鸯划子，属桐庐帮，专载货，以米各为大宗。往来地点，上水至横村，下水至宁波、义乌、义桥，载重约20000斤。

丙、开艄，约20艘，属桐庐及萧山帮，专载货，以柴炭为大宗，往来杭州、桐庐间，载重40000斤至90000斤。

丁、西江，多本地帮，专载货，以柴炭为大宗，往来杭州、桐庐间，载重40000至90000斤。①

其中最多的莫过于林氏兄弟和陈氏兄弟的船只，有"林半江"和"陈半江"之称。林氏兄弟4艘大的开艄船乘风扬帆并列驰行，大有遮蔽半条富春江之势。陈氏兄弟的船逢年过节都要泊于窄溪埠头，数船并立，直达江心。"陈半江性喜闯江湖，其船从桐庐装运柴炭至上海，再从上海装运洋松到江西九江，船程数千里，为桐庐航运业增添了光彩。"②民国分水县有4—6舱划船10余只，分驻砖山、河头、毕浦等船埠停泊。民国二十五年(1936)，以分水县武盛镇为中心，有商号91家，渔户的船舶运货均由商家控制。

桐庐得富春江和分水江两江交汇水运的便利，"以舟为车，以楫为马"，自古就是钱塘江上游的水运枢纽。唐高宗时，桐庐奉诏进炭，赖舟运输。南宋建都临安，水运尤为发达，漕运特别频繁。自宋迄清，桐庐造纸、酿酒、丝绵、石灰等享有盛名，由渔户运往杭州、绍兴、宁波等地。徐霞客舟过桐庐上滩时，见到"米舟百艘，皆泊而待剥"③。民国桐庐就有民船480只，分泊皇甫、旧县、方埠、横村、窄溪、横山、河湾、蒋家、芦茨、长坑等船埠及县城，运入南货、布匹、棉花、煤油、食盐、百杂货等为主，运出以茶、谷米、杂粮、柴炭等为主。民国二十五年(1936)，以桐庐县城为中心，有商号530家，商旅辐辏，水运繁忙，渔户航行的主要航线，上溯建德、兰溪，下至新登、富阳、杭州、临浦、绍兴以及上海、宁波、海宁等地。(图2.14)

桐庐县城乃两江交汇之地，江面宽阔，水深且稳。分水江上游以及富春江上游均为险流急滩，无法通行大船。外海来的船只到达桐庐后，再也无法上行。而上游下来的船大多船体较小，无法将货物运往杭州，更不用说到海宁和沿海地区。桐庐的船大都是一种"四不像"的大开艄船，有着丰富的远航海宁和沿海地区的经验，县城东门因此成为钱塘江上货运商旅的集散之地。"民国间，桐

① 南京铁道部财务司调查科编：《京粤线浙江段经济调查总报告书》，1930年，第46页。

② 桐庐县交通局编：《桐庐县交通志》，1990年，第228页。

③ (明)徐弘祖：《徐霞客游记》卷一《闽游日记》，广陵书社2009年版，第60页。

图 2.14　钱塘江的货运帆船(资料来源:沈泓《美国传教士费佩德清末民初拍摄的杭州西湖老照片》)

(庐)分(水)两县各埠船民以船为家,撑船为生,世代相传。各船埠由水上保长(霸头)把持,还有帮、派、包头管束,他们垄断货物运输,从中欺压剥削贫苦船民,桐(庐)分(水)两县船民生活极为困苦。"①从事货运的渔户其辛苦不言而喻。许马尔如是说:

> 桐庐人有句"打铁、撑船、磨豆腐"的老话,这是比喻三样营生的辛苦。我是船民出身,在我看来,打铁、磨豆腐虽然很辛苦,但他们毕竟都在房子内,一不经风雨,二不用担惊受怕。而撑船人就不同了,一年四季凌波踏浪,奔走在风雨中,其辛苦不是平常人所能体会的。而撑"四不象"开艄船的要比其他船型所担的风险会更大,无论什么大风大浪,他们都不会有什么停船的机会。②

无论是分水江上游,还是富春江上游,凡运往海宁等地的货物,都要到桐庐盘驳,再往外运。桐庐东门横街的生意繁忙,民国时期桐庐航海大船不断面世,钱塘江上最有名的莫过于桐庐的"西江船"。"桐庐船民中林家兄弟 4 艘大开艄船及陈氏家族的条条大船,曾在富春江上称为'林半天、陈半江'。林家兄弟每船三道硬风帆,在富春江上往桐庐方向行驶,大有遮掉半边天之势;而陈氏家族的船,逢年

① 桐庐县交通局编:《桐庐县交通志》,1990 年,第 63 页。

② 许马尔:《桐庐有种船叫"四不像"》,《今日桐庐》2017 年 10 月 22 日。

过节时，在富春江则会拦去半条江，其中一条船运载桐庐的白炭经杭州湾直达上海，再沿长江行走直到江西九江为止。”①全面抗战前桐庐的航运业盛极一时。

桐庐渔户运出最多的货物乃柴炭，塘柴乃杭州、海宁等地填筑海塘的主要材料，自古以来，运往海宁的塘柴不计其数。海宁乃产蚕地，每年烘蚕季节，都要从桐庐运出大批白炭。从分水江上游昌化、於潜、分水以划船运下来的塘柴，以及芦茨溪上游用竹排运下来的塘柴，需要由渔户三四十吨的大开稍船或龙娘船才能运往海宁等地，每当塘柴从划船或竹排盘驳至大船时，渔户就会情不自禁地唱起盘点塘柴数量的号子，该号子声腔舒畅优雅，抑扬顿挫。东门横江常有 100 多只昌化、於潜划船将塘柴盘驳，此起彼伏的号子声，犹如异常热闹的“音乐会”。渔户用手中的柴叉叉起塘柴往大船抛去，同时口中唱起数字，“一个哩个一来、二个哩个二来、三个哩个三来……”满十数以后再转换“一杲枚个一来”“一杲枚个二来”，或“二杲枚个一来”，等等，直唱到六七万斤塘柴装好。货船装货时以“筹”(筹码)点数，以毛竹削成，长约 1 尺，上面有船主的名字和编号，一头削有一节节凹凸且钻有一孔，不用时可用铅丝一串挂在一起。付筹均为渔户的孩子所为，许马尔年幼时常负责付筹。许家船在埠头装柴炭时，许马尔就坐在跳板头付筹，凡挑柴炭上船，就付一支筹，以此计算船上装运柴炭的数量。但许马尔最希望的还是柴炭从小船或竹筏上盘驳到许家船上，这样不仅不用付筹，许马尔还能倾听许家伙计“白梨大伯”一边装柴炭，一边唱“一个里个一来、二个里个二来”像唱山歌一样唱数的号子声，可一直唱到四五万斤柴炭装完，且数量不出差错。许马尔忆起富春江渔户的“劳动号子”，恰似天籁之声，成为其晚年最美好的记忆。

渔户运货逆水撑上漏江滩，虽然岸上有纤绳曳着，湍急的滩流仍阻碍负重的木船前行。这时，就得靠船头撑华篙的船工出力。华篙由笔直细杉木制成，粗不过 10 厘米，篙头为铁尖，篙梢有木制略长方形小托柄，此托柄抵顶前胸肩胛或腰部。船工将华篙头落水，利索地将篙柄顶住腰间或肩胛，扑卧身子，双脚猛力一蹬，同时“噶——啦——啦”“噶——啦——啦”地大吼，上滩的木船顶着急流挺进几尺，硬是以华篙将船顶上滩头。撑华篙的呐喊声，堪称富春江上最为悲壮的“船工号子”，不少文化人喻为“狮吼”。渔户许马尔在其著作中，专门介绍了许家货船上撑华篙的“揽头伙计”。“揽头伙计”乃富春江渔户货船上的一个船工，其待遇比一般船工略高一些，除了撑船技术高超以外，还有其他的绝活。这位“揽头伙计”外号曰“白梨”，许马尔因年幼称其为“白梨大伯”，真名乃钱小田，只是渔户不习惯称呼真名而称绰号，故其真名几被遗忘，只有发工钱时

① 许马尔：《东门过塘行》，《山水推富春》，中国文史出版社 2006 年版，第 256 页。

才能用上。“白梨大伯”颇为命苦，本该在父母身边撒娇的年龄时，就到“交白船”上做小伙计，在桐庐县城的船埠头专门在跳板上携扶那些上船喝花酒的富人，后来稍长即到城关船上做“揽头伙计”。许马尔提及渔户“白梨大伯”有两项“绝活”。“当年我最欣赏的是‘白梨大伯’那一招一式的华篙绝活和‘噶——啦——啦’号子声了。我家船上漏江滩时，虽说岸上有几把纤拉着，但湍急的滩流还是把船阻得一动也不动，这时‘白梨大伯’那支华篙就顶力了。只见他手中的华篙头一落水，利索地将篙柄先往腰后往肩上一顶，扑卧着身子，双脚猛力一顿，并‘噶——啦——啦’的一声大吼，我们的船就会顶着激流挺进几尺，硬是这样一篙篙地把船顶上滩头。如今回想起来，当年‘船上人’撑华篙可说是一种气功绝活，真可谓一篙顶千斤。”①渔户运货时，顺风可以挂帆依靠风力，而逆风或上溯则完全靠渔户拉纤或撑篙航行。

> 我记忆最深刻的一件事，是50年代末在杭州闸口码头一次挤泊位的事。这天码头待卸货的船舶已经挤得里一层外一层了，而被挤在外档的一只建德长船，还想从外面挤进去卸货，他们开始在船头上用盘车来绞盘，但是无济于事，船头仍然靠不拢岸，后改成船头上一边一人用华篙来撑，只听得“噶——啦——啦”一声大吼，他们那只船就轻松地挤到了岸边，其力量比绞盘车还大，真可谓一篙顶千斤。“船工号子”是富春江船民们在凌波踏浪、击风搏雨的航行中，逐渐创造出来的，它具有鲜明的行业特色。“船工号子”，不仅是船工增加力量的一种方式，其实也是船工生活的一种呐喊，他们风里来浪里去，劳动极为艰辛，号子也就成为船工们的一种发泄方式。②

民国二十六年(1937)十二月，日军南侵，浙赣铁路和杭淳公路相继被毁，杭州沦陷，富春江航线被封锁，桐江和分水江成为浙西南抗战支前、运送军需物资的重要航线。民国二十七年(1938)二月，浙江省建设厅训令，征集桐江上游建德、兰溪等县民船400艘于桐庐港统一调运军需物资。民国二十九年(1940)十月至民国三十四年(1945)八月，日军三次入侵桐庐，分水县也于民国三十四年(1945)八月沦陷，桐庐和分水两县渔户的船只有的被国民党军队征用后沉江，有的被烧毁于沿江南岸，民船散失160余只。抗战胜利后，航运业复苏，桐庐有民船270只，分水县有民船232只。

富阳渔户使用的木帆船主要有小舢板、尖头船(图2.15)、方头船、开艄船。开艄船也称“海塘船”，最大可载重60吨，最小只能乘坐2至3人，多数可载重5—10

---

① 许马尔:《父亲船上的揽头伙计》,《山水推富春》,中国文史出版社2006年版,第286页。

② 许马尔:《渐行渐远的船工号子》,《今日桐庐》2014年5月23日。

吨。富阳码头设施简陋,故称"埠头"。以富阳镇为中心,西自龙王滩,东至富阳中学门口,就有埠头15处之多。新登的渌渚,富阳的大源、场口等地,都是木帆船衔接竹排运输的中转集散地,另有东梓、商元、汤家埠、中埠、柏树下、灵桥、里山、渔山以及新登的南津埠等码头。由此形成以支流口为中心的小集镇。富阳渔户运输的货物,主要是将竹木、柴炭、土纸、茶叶、桐柏油籽等农副产品,运往杭州和临浦等地,运回食盐、肥料、百货、小五金等。富阳年运量从未超过10万吨。新登农民素有采石烧灰的传统,尚有大量石灰外运,但年运量也不超过5万吨。

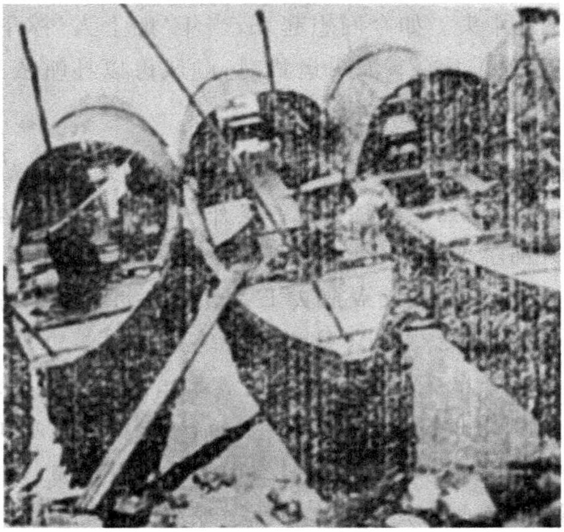

图2.15 富阳尖头船(资料来源:《浙江省富阳县交通志》)

清末民初,浙赣铁路和杭富公路未通以前,富阳得天独厚的富春江水运成为南来北往的主要航道。"本县(富阳)有上水门民船码头、下水门民船码头、钱江公司轮船码头、振兴公司轮船码头及大华公司轮船码头等五码头,前二的码头,每年起卸货,以纸、粮食及杂货为大宗。后三码头专为乘客上下轮船而设。"①沪杭的洋货由南星桥由渔户运往富春码头,上八府以及皖闽赣的土特产沿着婺江、瓯江、徽江而下汇于富春江码头。"据说当时船只鳞次栉比停泊在天妃宫至恩波桥一带,桅杆如林,蔚为壮观。"②富阳鲥鱼以及茶叶是明清贡品,富阳茶叶贸易发达。一批外地茶商到富阳各地收购茶叶,富阳也产生一批加工和出售茶叶的茶行,所收购茶叶除少数自销以外,大部分由渔户通过富春江优越

① 南京铁道部财务司调查科编:《京粤线浙江段经济调查总报告书》,1930年,第51页。

② 谢国瑞:《解放前后的富阳商业》,《富阳文史资料》第4辑,1991年,第142页。

的水运，远销上海、杭州、金华和兰溪，甚至通过宁波口岸外销出口。民国二十年(1931)富阳(不含新登)种茶面积为8.5万亩，总产毛茶42500市担，其中内销850市担，外销41650市担。民国二十六年(1937)，富阳茶叶因受东南亚茶叶市场的影响，茶叶产量有所下降，富阳和新登仍有茶园23600亩，年产干茶1854担，尽管茶园面积与茶叶产量与1931年有所下降，但茶叶仍是富阳土特产的大宗，均由水运出境。

抗战全面爆发后，由于铁路中断，公路破坏，富春江上游的木帆船畸形发展。富阳半壁江山沦陷，场口镇成为前线敌后的政治、经济中心和航运集散码头。抗战时由第三战区司令部统一管制，随时征用，对征用的船只规定航速，上行20千米，下行40千米，限时到达。战时桐油乃禁运物资，商人为了逃避检查，让渔户匿挂于船底水中拖带，以此通过封锁线，大发国难财。“其时来往场口船只之多是空前的。晚间，从马沙滩至青江口，停泊船只鳞次栉比，难于数计。除本埠外，大都来自兰溪、建德、分水、桐庐等地。”①战时来往的木帆船，有客载客，有货载货。抗战胜利后，随着铁路和公路的恢复通车，航运量急骤下降。外来船只锐减，但富阳各埠渔户的木帆船得于逐步复苏，唯有船只吨位少于战前。1948年至1949年，富阳各种运输船200多只，年货运量4万多吨；新登的渌渚江约恢复80只，渌渚不超过1万吨。

渌渚江历来就是新登和龙羊等地唯一的交通运输线，沿江民众祖祖辈辈依靠水上运输为业，很多船民都是九姓渔户。“强者为刀俎，弱者为鱼肉”，运输货源均被少数霸头所控制。渌渚埠有大川、陆元兴、国胜、聚源等五爿过塘行；新江还有所谓的“坐行船”和“承包船”等，渔户不过是其雇工而已。全面抗战以前，渌渚江有大小木帆船80多只，其中最大的60吨，能够航行外海，最小的只有4吨。木船均从外县购入，船型五花八门，均为人货混装，主要装运柴炭、石灰、桐柏油籽等山货，运往杭州和海宁等地，运入均为食盐、农肥、小百货。渌渚江年运量达7000吨左右。

九姓渔户生活艰辛，上岸均打赤脚，闲时坐茶馆，洽谈业务也在茶馆进行。“船民生涯有称‘神仙老虎狗’，若顺风顺水开船，驾长只要坐在船尾，拉绳调节风帆驶风，朝发夕至，快活如神仙；如遇滩江上水，无论冬夏，急水处要下水，将船只前拉后推，嘴里呼喝，如虎啸；上行大多要拉纤，有时重船吃水，纤夫要在纤路上四肢着地爬行如狗。”②渔户终年辛苦，仍备受歧视。“一根竹竿撑破船，既无地位又无权。随水漂泊无定居，妻离子散不团圆。”

---

① 富阳县交通局编：《浙江省富阳县交通志》，1986年，第23页。

② 胡泉森：《船民习俗》，《桐庐文史资料》第13辑，杭州出版社2013年版，第326页。

第三章　九姓渔户的客运

近代公路和铁路发展之前，由九姓渔户主导的钱塘江的水路客运极为繁忙，也是旅客几乎别无选择的运输工具。近代公路和铁路刚刚发展，却遇上日军侵华，国民政府为了防止日军西侵，主动破坏了公路和铁路，堵塞了钱塘江航道，浙江省政府也由杭州迁往永康方岩，大量的公务人员，特别是难民通过水路西迁，抗战时期水路客运曾一度畸形发展。抗战胜利后，尽管公路和铁路陆续恢复，但钱塘江渔户的水路客运也因其低廉方便而并未完全淘汰。

第一节　衢江九姓渔户的客运

衢州乃浙闽赣皖四省交通枢纽，衢江是一条黄金水道，木帆船是主要运输工具。“（衢州）因四通五达江浙闽广所辐辏，故曰衢。”①衢州为浙皖赣闽四省客货水运集散地。明清暨民国时期，衢州客货运输依赖水运，衢州设有“衢常快船公司”等商办航运企业。民国三十一年（1942）六月，日军入侵衢州，毁坏200余艘木船。九月，日军退出衢州，衢州地处抗日前沿，加上公路和铁路毁坏，陆路无法通车，水运畸形繁荣。衢江至常山港的航线上，有振兴、利安、三衢、联益、常衢、利记、常兰、大陆等多家快船公司船只航行，经营上至开化华埠，下至兰溪游埠的客运业务。三衢有资金4000元，振兴有资金3500元，其他数家也有资金两三千元。客运快船均备有8—10个上下铺位，提供旅客坐卧休息。无论风霜雨雪，也不管水位高低，每天都要定时开行，2天到达兰溪。民国三十二年（1943）五月，三衢、振兴、常衢、利记等公司合并成立“四联快船公司”，有快船8只，经营水上客运。抗战胜利后，衢州水亭门外有大陆和振兴等多家快船公司，“大陆快船公司”备有6吨客船6只，营运衢州至兰溪航线。虽然铁路和公路已经陆续恢复，但客运因其费用低廉，手续简便而备受旅客欢迎。

---

①　郑永禧纂修：《衢县志》卷首《衢县源流考》，民国十八年辑，二十六年铅印本。

衢州埠头自然形成客货船只分埠停泊，物资分类分码头集结装卸，有的成为专用码头。西安门外的浮桥头，也称“快船码头”，乃停靠运送旅客船舶的码头，上至开化、江山、徽州，下至杭州、遂昌、丽水等地的旅客，均在浮桥头上客下船。《滩行曲》曰：“天风蓬蓬吹上头，江水汩汩走下流。十里五里作一束，三老失色长年愁。”空旷的天空，汩汩的流水，嗖嗖的江风，满脸愁容的渔户蹒跚而行。衢州水运的发展，但漂泊衢江谋生的渔户却极为艰难。衢江撑船的渔户多为建德籍和江山籍。祖籍江山的船户周士良如是说：“江山宗族多姓‘陈’，此为大姓，以前都是撑船的，而周姓为少数。”然而，衢州建德籍渔户更多。“建德那边撑船的都很多。”①民国三十一年(1942)，日军入侵衢州后，樟树潭与衢州之间的交通运输只能依靠衢江航运，最小的运输船乃 4 舱的小划船，6 舱和 8 舱属于中等客运船，最大的乃是 10 舱的大客船。十舱大客船可载十吨货物，前后挂有帆布，有 4 名纤夫岸上拉纤，船上设有小房间供船工休息，已属豪华客船。客船早上 8 点从樟树潭出发，沿途停靠鸡鸣埠头、徐家坞等村上客，约 2 小时到达衢州水亭门，下午 3 时返回。旅客进城办事、购物乃至探亲访友，时间充裕。(表 3.1)

表 3.1　1928 年 4 月 16 日衢县县长胡维鹏呈报从事客运的渔户

姓氏	户数(户)	生活状况
李氏	1	均堪自给

资料来源：童振藻《钱江九姓渔户考》。

江山县自宋建都临安以来，就成为浙西重镇，闽浙赣三省水陆交通要冲。驿道通福建，大道通南昌，水路通杭州。江山港流经城关镇河曰“鹿溪”，河道较宽，水涨时深度可达 6.68 米，水落时也有 2.13 米。渔户的木帆船能够上至清湖，下至衢州和杭州，全年均可通航。从江山顺水而行到杭州，只要 3—4 天；逆水而归，需要 7—8 天。明代著名的地理学家、旅游家徐霞客屡次乘船前来浙江旅游。崇祯三年(1630)，徐霞客接受时任漳州司理的族叔盛情邀请，买舟途经钱塘江作“闽游”。“(七月)二十一日到武林。二十四日渡钱塘，波平不谷，如履平地。二十八日至龙游，觅得青湖舟，去衢尚二十里，泊于樟树潭。三十日过江山，抵青湖，乃舍舟登陆。循溪觅胜，得石崖于北渚。崖临回澜，澄潭漱其止，隙缀茂树，石色青碧，森森有芙蓉出水态。”②徐霞客途经浙江与福建交界的仙霞岭，作第二次入闽游历。“明末清初，有木帆船 300 余只，竹筏 100 余只来往于鹿溪中。镇区东门外建有青龙码头，可停靠 200 余只木帆船。民国二十年

① 吴宗杰：《水亭门历史文化街区(坊巷遗韵)》(上)，商务印书馆 2017 年版，第 130 页。

② 徐弘祖：《徐霞客游记》卷二《浙游日记》，上海古籍出版社 2010 年版，第 21 页。

(1931)以后,衢江公路与杭江铁路相继通车。水路运输逐渐衰落。据民国三十六年(1947)十月统计,青龙码头有各种木帆船 95 只。”①20 世纪 20 年代,东亚同文会所编的《支那省别全志(浙江省)》,对江山的民船客运有过简单的描绘。

> 江山也是至福建的交通要道,它至福建的浦城 225 支里,其间有枫岭、仙霞岭等险要地带,行路极其困难,人流往来少,市街如同常山一样不很繁华。钱塘江上游的江山港位于城的东郊,东门外的青龙码头,常常有上下航的民船停泊。从这里下航 80 支里到达衢州,上航 15 支里到达江山港,民船溯航的终点站是清湖。②

江山县水运重镇清湖,乃闽浙重镇,自唐宋以来水陆运输繁忙,明清尤甚。清代文人托浑布路过衢州,赋有《江山道中》,诗曰:“一舟四面浸澄空,月色波光上下同。怪底邻船筝笛静,怕他龙女出珠宫。”清代文人董良有《江山船》,将江山船描绘得透彻无遗。“初买江山船,一叶恐倾侧。居之始宽稳,锐头自漂撇。两桨安首尾,洪洋柁斯捩。放手中流时,一篙或轻载。舷短便滩浅,樯高得风烈。险外急下桩,篛蓬溅寒雪。”③《读史方舆纪要》曰:“闽行者自此舍舟而陆,浙行者自此舍陆而舟。”从清湖前往衢州、龙游、严州、越州、杭州全赖水路。过境闽赣的官吏和商旅,“水税舟,陆税车”,从清湖上岸,过仙霞关福建浦城。另有平坦大路直通江西广丰和玉山。“客船装饰华丽,香茗酒果一应俱全。商贾行旅,文人墨客游山玩水,停靠埠头极为方便。顺水驶至杭州 3—7 天;顺风上行仅 7—8 天,逆风拉纤每日仅行 30—50 里,耗时长些。”④民国后期,航运渐衰,清湖仍有船只 300 余艘。据民国二十七年(1938)清湖民船船员工会登记,在册船员 170 人,民国三十五年(1946)的清湖船员工会登记会员 211 人。

开化航运业较为发达,华埠乃著名的水运中心。华埠至常山客运有交通船,也称“埠头船”3 只,每船乘坐 15 人左右。(图 3.1)开化城关至华埠有交通船 4 只,每天 2 只对驶,每只乘坐 10 人左右,定时开航,吹螺为号。民国三十一年(1942)六月九日,河中船只被付之一炬,损毁交通船和运货船 65 只,时值 650000 元。华埠经此浩劫,民国三十二年(1943)交通船绝迹,民国三十三年(1944)恢复到 8 只,民国三十四年(1945)有交通船 6 只。抗战胜利后,渔户客运业务陆续恢复。(表 3.2)

---

① 江山城关镇志办公室编:《江山城关镇志》,浙江人民出版社 1991 年版,第 132 页。

② 东亚同文会编:《支那省别全志(浙江省卷)》,民国元年。转引自《兰溪编志补遗》下册,1992 年,第 652 页。

③ (清)董良:《江山船》,《船诗纪事》,昆仑出版社 2005 年版,第 319 页。

④ 清湖镇志编纂委员会编:《清湖镇志》,天马图书有限公司 2003 年版,第 213 页。

图 3.1　船泊古埠(1984 年摄,资料来源:《华埠镇志》)

表 3.2　1928 年 4 月 27 日开化县县长叶绍衡呈报客运渔户

男(人)	女(人)	生活状况
14	11	均堪自给

资料来源:童振藻《钱江九姓渔户考》。

常山乃水陆转运、物资集散之地,有"两浙首站,八省通衢"之称。光绪《常山县志》记载:"常山两浙上游,水陆之会,江闽楚粤滇黔川蜀之远,上达京师,舆夫自上而下者,无不道经于此。"①官宦客商,车马驮运,络绎不绝。常山港水源充沛,既宽且深,上至开化马金,下达衢州、兰溪、杭州。清末民初,从紫港浮桥至三里滩,每日停泊船只五六百艘,其盛况曰"日望金川千张帆,夜见沿岸万盏灯"。清代戏曲理论家李渔常乘船前来衢州,作有《自开化抵常山舟中即事》:"解缆开帆信急湍,浪花飞作雨声寒。金溪一滴篙头水,题到常山砚未干。昨从山路俯看舟,一叶微茫水上浮。今日仰观山上客,星星飞鸟树梢头。"②李渔对衢江航道颇为留恋,描绘了渔户驾舟航行快捷。

民国元年(1912),常山设有"衢常快船公司"。"客运一般是快船,所谓的'快'是无论逆水还是夜晚,也要做到当天到达目的地。"③民国二十(1931)衢常公路通车,快船停驶。民国二十年,"衢常快船公司"置 8 舱船 3 艘,常衢间每日对开 2 班,陈六月古、陈龙隆、徐娜你 3 船主各有 5—6 舱船一艘,航行于常山至华埠之间。民国二十二年(1933)杭江铁路通车,常山港失去水陆转运优势。民国三十一年(1942),日军入侵衢州,浙赣铁路和衢常公路不通,水运曾一度复

① (清)李瑞钟撰:《常山县志》卷七《古迹》,光绪十二年刊本。

② (清)李渔:《自开化抵常山舟中》,《衢州历代诗文选》,商务印书馆 2016 年版,第 64 页。

③ 陈文鑫主编:《常山县风俗志》,1989 年,第 37 页。

兴，快船增多。九月，“常衢利达快船公司”成立。十月，该公司与“衢常快船公司”并合，改名“常衢利记快船公司”。民国三十二年(1943)四月，三衢、振兴、利安(原名永安)三家快船公司，经营衢常客运。五月，衢常利记与三家公司合并联营，改称“常衢四联交通快船公司”，共有 8 舱船 8 艘，常山与衢州之间每日轮流对开 2 班，风雨无阻，当日到达。民国三十七年(1948)公路客运恢复运营，快船改以货运为主。①

常山撑船人以江山籍为多，建德籍的九姓渔户也不少，“东门外三里滩的‘室灵王庙’是保护建德、严州人”②。渔户以周雄作为自己的保护神，每次启航前都要祈求周雄的庇佑。“‘船上人’信奉周王爷(‘舟’与‘周’同音，指保护船户的神)和‘青面将军’(指青蛙，说是周王爷名下的大将军，常出现于人世)。为此，一般开船之时，要进行祭祀，船头上进行礼拜，以求出船大吉。此时不准讲话，意为静候神的指训，精心于行船。凡遇危急，也要请拜‘周王爷’灵象(红纸金粉印成)。如有青蛙跳上船来，那就是大喜临头了，要请邻船和亲友到船上跪拜。并放鞭炮，摆宴席，对‘青面将军’来此‘巡视和驱邪’表示感谢，有的还要请戏班去周王庙做大戏，认为从此以后有福气了。船过岸边佛殿时(如常山七里滩边山上的姜太公庙等)要在船头躬身以拜，并以清水泼船，称为‘解邪’。另外，在过年和重要节日，不但在船上祭祀‘周王爷’；上岸时，在岸边也要存放黄表纸帖(内装三枝香和纸钱)，表示对当地‘土地爷’和‘社公爷’的尊重。”③每年农历四月八日，江山籍的船户和建德籍的渔户，都要在周王庙举行“拜请青面将军”的仪式。庙主一早就要到河边田沿抓一只青蛙，请到庙里，香案上备有栽种万年青的花钵，将青蛙放在万年青上面，并燃放鞭炮，鸣锣奏乐，上香点蜡，摆酒上菜，隆重祭祀朝拜，上摆八仙，演唱大戏，请来亲朋好友，共同庆贺，以示“周王”和“青面将军”已认识撑船人，定会保佑。江山籍的船户和建德籍的渔户，均以船为家，以航运和籍贯而拉帮结派，同乡、同族和同行颇讲团结和义气。大都是一船一户，子女长大以后，置船另寝。先是买条旧船，修理一下，暂时使用，逐步单独起灶开业。

龙游水陆交通便利，灵山江和衢江沟通钱塘江航道。衢江自西而东，流经城北，再北流至兰溪和杭州，龙游境内统称“谷水”。灵山江自南而至，经城东南流至驿前与衢江会合。唐代文学家罗隐离开龙游乘舟东下，作《龙丘东下却寄孙员外》诗云：“瀫江东下几多程，每泊孤舟即有情。山色已随游子远，水纹犹认

① 常山县志编纂委员会编：《常山县志》，浙江人民出版社 1990 年版，第 275 页。

② 陈文鑫主编：《常山县风俗志》，1989 年，第 80 页。

③ 陈文鑫主编：《常山县风俗志》，1989 年，第 38 页。

主人清。恩如海岳何时报，恨似烟花触处生。百尺风帆两行泪，不堪回首望峥嵘。”①明代戏曲家汤显祖从广东徐闻典史离任后，归途买舟途经龙游，作有《凤凰山》：“系舟犹在凤凰山，千里西江此日还。今日魂消在何处，玉岭东下一重湾。”“至于商人旅客外出至兰溪、建德、杭州等地，可坐‘公司船’（由私人公司经营的木帆船），至桐庐换乘小火轮（机器小轮船），直达杭州。自龙游至杭州，下水须经 2 天 3 夜，上水则须 3 夜 4 天。”②民国二十一年（1932），钱江水上飞行公司经营客运，以马达牵引机帆船，可载客 30 余人，行驶快捷，朝发三廊庙，中午抵兰溪，顺风午夜即可抵龙游，颇有“千里江陵一日还”之势，然而好景不长，仅“飞”了半年，却因途中遇盗、机毁人伤而一蹶不振。20 世纪 30 年代，龙游快船约有 4 艘，专门从事客运，往来于常山、江山、桐庐之间，载客自 20 至 40 人不等。③

第二节　新安江九姓渔户的客运

建德九姓渔户的木帆船大都是客货混装，客船大都是交通船，以船长、底宽、船舷低为特征。20 世纪 30 年代，建德的客船有三种：“甲、大八舱快船，属严州帮，专载客，往来严州兰溪间，可容 50 余人。乙、小八舱快船，属严州帮，专载客，往来严州淳安间，载重 25 人。丙、小六舱民船，属严州帮，客货兼载，货物以南货、布匹为大宗，往来徽州严州杭州间，载重 160 担。”④

梅城乃建德县第一大港和客运中心。清末民初，由梅城东关始发，有建桐、建兰、建淳等三条县际航线。“船行周期，桐庐、兰溪一天可达，上水要前一晚启航，到淳安要 4 至 8 天。船身长六七丈，中舱宽近二丈，船舱深四、五尺，排水量三四万斤不等。此类船以重载吃水浅、舱位大、舷上系板壁、船顶覆盖软竹篷为其特征。在船舱入口处两侧，书以经营单位航线。货舱之上，船舷两侧设床位 12—20 张，中间白天为通道，入夜则给无床位旅客睡卧。每船有船工 8—12 人，其中头篙（又称驾长）、舵工、账房、炊事各 1 人，余为纤工。以客运为主，供饮食，兼营零担货运。”⑤建兰线始于建德梅城镇，止于兰溪城关镇，全程 45 千米，

---

① （唐）罗隐：《龙丘东下却寄孙员外》，《衢州历代诗文选》，商务印书馆 2016 年版，第 12 页。

② 浙江省龙游县文化馆编：《龙游风俗志》，1985 年，第 53 页。

③ 南京铁道部财务司调查科编：《京粤线浙江段经济调查总报告书》，1930 年，第 49 页。

④ 南京铁道部财务司调查科编：《京粤线浙江段经济调查总报告书》，1930 年，第 47 页。

⑤ 浙江省建德县梅城人民政府编：《梅城镇志》，1985 年，第 163 页。

中途停靠桐溪、洋尾、大洋、麻车、三河、施家滩、洲上、女埠。每日两地对开一班，梅城开船时间为夜间 10 时，次日午后到达兰溪城关镇；兰溪开船时间为上午 7 时，中午时分到达建德梅城镇。建淳线始于梅城镇，止于淳安城关镇，全程 80 千米，中途停靠下涯、洋溪、铜官、茶园、港口。建桐线始于梅城镇，止于桐庐城关镇，全程 45 千米，沿途停靠乌石滩、胥口、长淇、盆柏、芦茨。

在新安江上上下下的民船拴在严州府城的南门外，往来于兰港的民船在严州下游三支里的严东关停泊。在南门停泊的民船很多，这里有一大昌杂货店，主人名叫吴守久，他也是该地的船包头，除了供给一般船户的供给品外，他还为各民船业者提供介绍货物、旅客，收取如下的介绍费，旅客费每位大洋 1 角，船费每位 8 分。严州、淳安间 180 支里，普通需 3 天的里程，如雇佣 1 艘船，运费在 10 元左右，如乘便船，每人船费 4 角，膳费 7 角。取道陆路的话，需 2 天时间，挑夫的银费 1 天 1 元，因而到淳安的旅客，不必一定要利用陆路的方便。严东关有六七十户居民，它与严州城内的衰微相反，还渐地趋于繁盛。严东关位于新安江和兰港的会合处，在水运上是航船的必然停泊地，设有金衢严的洋油捐稽查局、统捐局、严州盐务局、钱江商轮分局等。①

抗日战争时期，杭州、富阳、萧山相继沦陷，浙赣铁路和杭淳公路也遭到破坏，钱塘江水系成为抗战支前、军需民食的重要通道，建德、淳安和屯溪成为抗日的小后方，交通船的业务得到畸形发展。梅城就有之江、集益、大中、兴利、新安建淳航船、同泰建兰定期客货船、福兴快船、建三定期客货船等公司行号。也有从港口、茶园、罗桐埠、建德、三河、兰溪到场口和由建德、三河至兰溪等航线。梅城和东关乃交通船的始发地和必经的主要港口。辟有 13 条航线，每天由梅城驶往各地的交通船有 20 多艘。民国二十八年(1939)《严州日报》刊登了梅城泊于大南门码头航船开行时间。

严兰快船晚 12 时开
严桐快船上午 5 时半开
至洋溪码头船上午 7 时开
至界口码头船上午 8 时开
至麻车埠码头船上午 7 时开②

① 东亚同文会编:《支那省别全志(浙江省卷)》,民国元年。转引自《兰溪编志补遗》下册,1992 年,第 646 页。

② 《严州日报》1939 年 7 月 23 日。

建德县城内短途的客货船，统称为“码头船”，有自小里、胥口、洋尾、大洋、麻车、三河、马目、下涯、洋溪、罗桐埠至梅城诸线，当天或隔天往返，不设床位，底层装货，舱上载客，每船有船工 4—6 人，也有夫妻船。渔户以梅城为中心的短途客运，分别通往小里、胥口、盆柏、洋尾、大洋、麻车、三河、下河梁、下涯、洋溪等地。全程距离 15 千米以内的小里、洋尾、大洋、下河梁码头船，每天上午开往梅城，下午由梅城返回各地。

新安江自西北而东南贯穿淳安，全长达 83 千米，淳安还有东源与武强两条较大支流，渔户水上客运历史悠久，只是客流量并不大。20 世纪 30 年代，淳安客运也颇为繁忙。“（淳安）本县有‘建深利行快船公司’一家，由股东 42 人所组成，推举总经理 1 人，设售票处 8 所，资本总额初开办时为 2400 元，航行船只有八舱快船 8 只，往来建德及安徽深渡间，每日开 1 班，船价分高铺及低铺二等，高铺上水每位 3.75 元，下水 2.4 元，低铺上水每人 2.27 元，下水 1.51 元，每船每日收入约 115 元，支出约 106 元。此外往来于本县河流内之船只，如 4 舱、6 舱、8 舱、10 舱、12 舱、14 舱以及 16 舱快船，共约 250 艘，船户以本县人为最多，义乌及安徽人次之，合计船夫 1000 余人，以本县人为最多。”①（图 3.2）

图 3.2　淳安平潭帆影（王召里供图）

抗日战争爆发后，外地内迁的机构增加，避难的民众大量涌入，淳安成了抗日的后方，水运有了畸形发展，屯溪称为“小上海”，淳安则称为“小杭州”。尽管专门的客运船只较少，大都是客货两用的木帆船，上舱载客，下舱装货，俗称“交通船”，也称“码头船”。抗战期间主要水上航线有淳安至威坪线，航程 30 千米，船 2 艘，每天两头对开。淳安至茶园线，航程 25 千米，船 2 艘，每天也是两头对开。淳安至港口，航程 10 千米，船 2 艘，每天两头对开，当日往返。淳安至兰溪线，航程 125 千米，船 4 艘，每天两头对开，5 至 6 天往返。港口至兰溪线，航程

① 南京铁道部财务司调查科编：《京粤线浙江段经济调查总报告书》，1930 年，第 48 页。

115 千米，船 4 艘，每天两头对开，5 至 6 日往返。[①]“一种是专门运送客旅的，人们称之为‘交通船’，共有 8 只。如贺城—威坪 2 只，每天一来一去；贺城—港口 4 只，每天二来二去；贺城—茶园 2 只，每天一来一去。旅客比较多，生意也比较好。”[②]时公路未通，旅客往来均坐木船，新安江中，大小船只往来不绝，白帆点点，咿咿之声，不绝于耳。

抗战胜利后，淳兰线和港兰线停开，唯有淳威线和淳港线的交通船，开到新安江水库建造之前，淳茶线开到 1953 年停航。淳安的九姓渔民被称为“船上人”，作为贱民颇被民众所歧视。

> 新中国成立前，由于封建思想的影响，贺城的一些居民看不起“船上人”，他们不肯与“船上人”通婚。这件事，据说是从明太祖朱元璋时遗传下来的，建德就有人说“九姓渔民”是贱民。相传元朝末年朱元璋起义时，曾一度占领了南京。后来张士诚、陈友谅联合起来反对朱元璋，当时陈友谅手下有九名将官，有陈、孙、钱、袁、蔡等九姓，作战勇敢，攻下南京。朱元璋逃到安徽太平县差点被活捉，他心中恨死了这九个人。后来做了皇帝，就将这九姓贬为贱民，不准他们在岸上住，只能住船上。所以后来就有“九姓船民”的说法。[③]

皖南重镇屯溪，有率水、横江和新安江的便捷水运之利，成为皖南的重要转运口岸。20 世纪 30 年代就有大小民船五六百艘，加上外来船只，总数达到千艘。宜于山区浅水多滩的河道航行的“严州船”，结构简单，首尾尖翘，底舱宽大，船体横剖面为浅勺型，篾制船篷，长一丈五尺至一丈八尺，宽六七尺，可以挂帆，船体轻巧，操纵灵活，装卸方便。木帆船分布新安江流域，主要以屯溪和渔梁两港为中心，承担新安江客货运输任务。屯溪的木帆船运输，20 世纪 30 年代，屯溪就有各种木帆船 560 艘，渔户以航线编保运输。主要有四条航线，有屯溪至休宁、渔亭的“屯渔保线”，有船 120 艘；屯溪至休宁上溪口的“屯上保线”，有船 110 艘；屯溪至休宁龙湾的“屯龙保线”，有船 50 艘；屯溪至杭州的“屯航保线”，有船 300 余艘，年客运量达 2 万人次。特别是“屯杭保线”，乃徽人外出的主要通途，“溪流一线，小舟如叶，鱼贯尾衔，昼夜不息”。抗战时期，杭州沦陷，钱塘江航线中断，屯溪成为抗战后方，航运畸形发展，有千余艘木帆船从事客货运输。

渔梁港的木帆船客货运输也极为繁忙，20 世纪 20 年代各类船只 260 艘，有

---

① 淳安交通志编委会编：《淳安交通志》，杭州出版社 1998 年版，第 173 页。

② 王召里：《贺城的船民》，《古城忆旧》，中国文史出版社 2017 年版，第 88 页。

③ 王召里：《贺城的船民》，《古城忆旧》，中国文史出版社 2017 年版，第 89 页。

200 艘分布杨之、富资、丰乐三水航道，渔梁坝下有 60 艘，分为客船和货船。客船从渔梁、深渡、街口、淳安至严州建德。上水 4 天到渔梁，下水 2 天到严州。另有深渡通屯溪水路，上水 2 天到屯溪，下水 1 天到深度。

屯溪航运鼎盛时期，屯溪镇海桥一带，连帆遮天，码头船筏成队。河道上“百舸重载，千帆货盈”，其“泛舟之役不绝”。从上街的渔埠头到下街的盐埠头，停靠的船只达百余艘。镇海桥一带古称“屯浦”，桥东的华山脚下乃屯溪老街的发祥地“八家栈”，也是由西向东入屯溪的入口。徽人居住的村落选址，村镇入口必选环境优雅的“水口”，希望可以聚集财气。而屯浦乃屯溪的水口所在。从高山峡谷之中奔流而来的率水，水流湍急，与几经迂洄而来的横江汇合，位于出口处的屯浦形成一个缓冲的回潭，四时风平浪静，碧波荡漾，成为宽阔的水上良港。休宁古称海阳，海阳八景依次为“寿山迎旭”“夹源春雨”“白岳飞云”“凤湖烟柳”“屯浦归帆”“练江秋月”“落石寒波”以及“松萝雪霁”，八景中七景均为感叹山水之美，唯有“屯浦归帆”标新立异，赞美街市之兴。（图 3.3）

图 3.3　海阳八景之一——屯浦归航（资料来源：光绪《休宁县志》）

清代道光年间的《休宁县志》，仍能看见精美的木刻组画“海阳八景”，其中的“屯浦归帆”尤为生动传神，夏天初秋的傍晚，太阳即将西沉，晚霞映照水面波光粼粼，一湾弦月悄悄地爬上华山，沿河街市亮起灯光，店铺顾客盈门，酒楼食客频频把盏，河边村落行人行色匆匆，桥头熙熙攘攘，驮着货物的骡马铃声叮当，最热闹的莫过于宽阔的河面，渔户驾驶木船挂起风帆，从上游和下游远航归来，停泊江边的船只早已落帆，落帆声与撑篙声以及渔户的吆喝声响成一片，茶馆酒肆的船行老板与商人货主洽谈生意，商定装卸货时间、开船日期，渔户抓紧时间购置粮食、油盐、柴炭等生活日用品，以便扬帆远航。密集的船桅与白墙青瓦的街市、长虹卧波的拱桥、茂林修竹的华山以及山间隐约可见的古刹，构成一幅和谐灵动的画面。古往今来，不少诗人留下颇多吟咏屯浦美景的诗词，以清代的查锡恒的《屯浦归帆》最具代表。

碧水潆洄最上游，垂杨夹岸舣归舟。
渔歌远近从风递，帆影高低带月收。
飞倦剧怜投树鸟，长闲终羡傍滩鸥。
村烟起处楼台好，一片波澄万顷秋。①

第三节　兰江九姓渔户的客运

兰江地处钱塘江中游，衢江和婺江汇合处，水运四通八达。万历《兰溪县志》曰："邑民为业，远而业商者，或广或闽，或川或沛，或苏杭，或两京，以舟载比比也。"②兰江东溯婺江，贯通金华、义乌、东阳；西通衢江上游龙游、衢州、开化、常山、江山清湖，沿三江北通建德、桐庐、富阳、杭州，沟通京杭大运河；另一路折转新安江至淳安、歙县、屯溪。20 世纪一二十年代，日本东亚同文会撰写的《支那省别全志(浙江卷)》，对兰溪的水运有过详细的描述。

兰溪是钱塘江流域中商业最发达的地带。上游是水运的中心，市街是衢溪和南港的会合点，停泊在河岸的大小民船有数百艘，沿岸的大商店铺并列，门面装饰极其华丽。婺江的主流环绕兰溪市街，形成大迂回。南港在其弯曲的地段，外水注入。兰溪背面靠山，地势很高，对岸相距遥远，地势低落，因而即使在增水季节，这一带也不会浸没水中。上游码头有南门码头、隆礼码头、西门码头、朱家码头、王家码头、张家码头、水面门码头等。至上游的民船以及从上游来的民船，主要停泊在西门码头的上游和对岸，停泊的船只数分别是 172 艘和 114 艘左右。停泊在西门码头下游的民船

① (清)查锡恒:《屯浦归帆》,《黄山市屯溪区志》(下),方志出版社 2012 年版,第 1087 页。
② (明)徐用检修:《兰溪县志》卷之一,万历三十四年刊,清康熙闲补刊本。

主要是兰溪下游航行的民船，停泊数为 148 艘，大多是载重量为 1000 担左右的大船。在南门码头的上游有一片广阔的砂地，停泊着大量木筏，这些木筏用木材制作，多用于南港减水季节。①

利记公司即“合记有限公司”，专门从事金华和兰溪之间木帆船航行的公司，总部设在兰溪，金华南门外小码头设有分部，创建于民国初年，金华分公司的负责人是丁阿顺和陈小康，也是帆船的“船包头”，经营的船只有 300 多艘。利记公司的船只提供客运服务，舱数有 6 舱和 8 舱之分。“如从金华租用一艘 8 舱船，租船费 5 元。然而在少水季节，大船航行艰难。使用小船航行，一人的水脚费即运费为 2 角。另外还须支付伙计的酒钱，一般大船伙计七八人，小船不超过二、三人。”②利记公司颇讲信用，其利益收成也年年增加。渔户的木帆船附属于快船公司，开展客运业务。渔户的木船方便旅客航行，并允许携带少量的行李，且随时准备出发，颇受欢迎。民船分为两种，白天航行者曰“快船”，夜晚航行者曰“夜航船”，快船有两名船夫摇橹，另有两名纤夫在岸上拉纤，速度每小时 10 至 12 华里，大多上午开船，50 华里以内当天往返。民国十年(1921)，每位旅客携带的行李 50 斤以内不收费，50 至 100 斤收取 10 钱至 20 钱的运费，均有固定的出发和到达的码头，乘客沿岸也可自由上下。乘坐快船者均为中等以下的小商人为多，中等以上的人士往往单独雇佣渔户的船只出行。③

民船被公司、同业组织或多个人共同拥有的非常少，大多是属于家庭所有，娶妻的时候一般会增加一条船，庆祝女儿成年时一般也会增加一条船。对于贫穷的人家，一般一家人都生活在一条船上，丈夫在船头撑竿，妻子在船尾摇橹操桨，弟妹和自己的孩子一起在岸上背纤。他们在船上出生，在船上老死，只有在举行婚丧祭祀时，才会在陆地上临时租借一处房屋，等活动结束后又会继续回到船上生活。④

“衢兰快船公司”也在兰溪开展客运业务，兰溪与衢州间客船途经航埠有什(伍)家圩、滩石汪、罗埠、孟川、游埠、高家、洋埠、安仁街、马家、章德埠、张家埠、樟

---

① 东亚同文会编:《支那省别全志(浙江省卷)》，民国元年。转引自《兰溪编志补遗》下册，1992 年，第 648 页。

② 东亚同文会编:《支那省别全志(浙江省卷)》，民国元年。转引自《兰溪编志补遗》下册，1992 年，第 650 页。

③ 丁贤勇、陈浩译编:《1921 年浙江社会经济调查》，北京图书馆出版社 2008 年版，第 226 页。

④ 丁贤勇、陈浩译编:《1921 年浙江社会经济调查》，北京图书馆出版社 2008 年版，第 218 页。

潭、龙游、衢州。兰溪至衢州,上航多为 2 日,下航仅 1 日。公司拥有 5 艘客船,船上配有副驾长 1 人,栏头伙计 7—8 人,厨师 1 人,伙计 6 人。运费以水的深浅以及航行的难易而不同,兰溪至龙游上等铺 6.5 角,下等铺 3.5 角,兰溪至衢州上铺 9 角,下铺 6 角。另外收取旅客每百斤不等的行李费。(表 3.3—表 3.4)

表 3.3　1915 年衢兰快船公司的船费

起讫地	开铺（上等）	统铺（下等）	起讫地	开铺（上等）	统铺（下等）
兰溪—龙游	6.5 角	3.5 角	兰溪—衢州	9 角	6 角

资料来源:《支那省别全志(浙江省卷)》。

表 3.4　1921 年衢兰快船公司的船费

起讫地	上等	普等
兰溪—龙游	65 钱	35 钱
兰溪—衢州	90 钱	60 钱
衢州—常山	30 钱	

资料来源:《1921 年浙江社会经济调查》。

"衢江快船公司"有航行于衢州至常山的船只,长 3 丈,宽 7 尺左右。"常山是浙江和江西两省的交通要道,是一个山间的县城,略显繁华。自古以来就作为钱塘江民船航行的终点站而闻名。这里民船业发达,'衢江快船公司'在民国元年在此设立了分公司,拥有快船 2 艘,每天早上 8 点出帆至衢州。"①乘客随身携带的行李限于 40 斤。乘客的船资于丰水季与枯水季不同。(表 3.5)

表 3.5　1915 年衢江快船公司兰溪至常山的民船水程以及船资

起讫地	支里	船费	起讫地	支里	船费
常山—溪口	15		常山—航埠	60	
常山—招贤	30		常山—衢州	90	3 角
常山—北游	40		常山—龙游	180	7 角
常山—沟溪	50		常山—兰溪	270	10 角

资料来源:《支那省别全志(浙江省卷)》。

兰溪的航运水道分为三类,婺江段(金华至兰溪)有金兰快船 4 艘,每日航行一次,并有民船百艘专供代客运货。兰江段(兰溪至桐庐)有快船 8 艘,每天

---

① 东亚同文会编:《支那省别全志(浙江省卷)》,民国元年。转引自《兰溪编志补遗》(下),1992 年,第 651 页。

航行一次。兰溪素为七省通衢，水陆交通颇为便利。“婺港、衢港、兰港均有航船及快船行驶，前极盛时，每日可停宿县城附近数千只。”①《浙江航政之概况》记载兰溪商业繁盛为钱塘江各商埠之冠，篷船停泊常有数千艘。民国十八年(1929)，兰溪有商办快船公司 11 家，停泊兰溪的民船常达 1000 艘，大都载重 10 万斤(50 吨)以上。快船从杭州至兰溪需时 3 天。另有至金华、义乌、佛堂、衢州、龙游、游埠之间的客航船，每日往返行驶。民国二十八年(1939)，兰溪仍有航运公司 25 家，船舶 394 艘，遍布兰溪至杭州、建德、桐庐、屯溪、义乌、龙游、衢州、常山等多条航线。(表 3.6)

表 3.6　1939 年兰溪航船公司

名称	经理姓名	船只(艘)	航线
中连航运公司	李正彬	39	兰杭线
		11	兰屯线
大运货运航船公司	孙长松	26	兰杭线
大新航船公司	孙彰曙	2	兰龙线
元发快船公司	朱崇武	8	兰杭线
同泰建兰航船公司	孙彰曙	3	兰建线
龙兰航船公司		6	兰龙线
中源航船交通公司	李巍	8	兰永线
太平货运航船公司	陈海根	10	兰杭线、兰义线
常兰货运交通公司	金云凌	15	兰常线
中央交通杭常公司	丁松林	8	兰桐线
振江货运交通公司	朱茂乾	26	兰杭线
钱江振兴公司	郑文龙	16	兰杭线
交通运输公司	孙彰曙	30	兰杭线、兰衢线、兰屯线
新新兰杭货运公司	叶鸿德	40	兰杭线
之江杭快公司	曾少泉	12	兰衢线、兰杭线
大通杭船公司	李亨有	12	兰杭线、兰义线、兰永线
短程交通联合办事处	丁裕禄	23	兰汤线

① 冯紫岗:《兰溪农村调查》，国立浙江大学民国二十四年版，第 4 页。

续表

名称	经理姓名	船只(艘)	航线
三友货运航船公司	钱宝通	13	兰杭线
友联航运公司	高云翔	28	兰杭线
龙兰交通联谊公司	吴明耀	5	兰龙线
三联快船公司	齐昌文	5	兰龙线
建新公司	郭竟成	17	兰杭线
浙东民生公司	宋杰	6	兰衢线
浙赣航运公司	李剑雄	26	兰杭线、兰义线
合计		395	

资料来源:《民国时期钱塘江航运研究》。

民国三十一年(1942)五月二十八日,为了躲避日军的抓丁服役,船民纷纷将船只开往游埠和三河或藏或毁,水运停航。兰溪商店多迁往游埠经营,离游埠镇 2.5 千米的桥头江设有衢州至游埠线客货两运码头,衢州有 6 家公司的船只在此停泊,龙游至游埠每日有 2 只航船搭客带货。“抗日期间,客船装运的货物运价,根据航道水位高低折实大米收取运费,下水每百斤货物运费为大米 1.25—1.50 市斤,上水每百市斤为 2—2.50 市斤。”①兰游公路未建成前,邮政传送极慢,游埠与兰溪之间两地各商号往来货款以及信件,均由交通船传递。日军投降以后,桥头江船埠衰落,船只改停裘家埠。民国三十六年(1947)四月,兰溪仅剩有 24 家航运公司的木帆船 394 只,航行于兰溪—杭州、兰溪—屯溪、兰溪—永康、兰溪—常山,兰溪—桐庐、兰溪—衢州—杭州、兰溪—义乌—杭州、兰溪—杭州—义乌—永康、兰溪—汤溪—金华、兰溪—建德、兰溪—龙游、兰溪—游埠、兰溪—衢州等 13 条航线。② 由于公路和铁路的发展,加上水土流失严重,渔户的木帆船客运日趋衰微,渔户生活艰难。

兰溪盛产兰花,“溪以兰名,邑以溪名”。“兰花十里照春水,山鸟无声香自幽。”兰花乃中国古代名花之一,其叶飘逸潇洒,其花幽香清远,其性高洁典雅,文人墨客对兰花情有独钟。兰溪钟灵毓秀,人杰地灵,有悠久而丰富的文化积淀,造就了众多的历史名流,如东晋隐士赤松子、“侨仙”黄初平、五代诗僧贯休、宋代名儒金履祥、诗人于石、元代文学家柳贯、大学者吴师道、明代大学士赵志

① 游埠镇志编委会编:《兰溪游埠镇志》,浙江人民出版社 1989 年版,第 154 页。

② 兰溪交通志编审委员会编:《兰溪交通志》,浙江大学出版社 1990 年版,第 33 页。

皋、文学家藏书家胡应麟、明末清初大戏剧家李渔。兰溪山清水秀，风光旖旎，景色优美，有六洞山、兰阴兰、白露山等名胜。文人雅士也陶醉于兰溪优美的风景。崇祯九年(1636)九月十九日，徐霞客西行浙游，途经兰溪，游览了六洞山。徐霞客自家乡“乘醉放舟”，途经无锡、苏州、青浦、王江泾、乌镇、新市、塘栖，到杭州均为舟行。自杭州至余杭、临安为陆行。十月初六，自桐庐乘木帆船溯流而上。十月初七，乘船进入兰溪。“初七日，漫雾不辨咫尺，舟人饭而后行，上午复霁。七十里至香头，已暮。月明风利，二十里，泊于兰溪。”十月初八，徐霞客“早登浮桥，桥内外诸舡鳞次，以勤王师自衢州将至，封桥聚舟，不听上下也。”悦济浮桥中间以木板搭架，方便船只出入。徐霞客前往金华，作了两天三洞游。十月初十，“日已将坠”时，复到兰溪，作了六洞山之游。六洞山的 6 个洞中，徐霞客仅游览了其中的白云洞、紫霞洞(紫云洞)、涌雪洞、漏斗洞(洞窗)。十月十一日晚，徐霞客返回兰溪南门旅肆，觅舟泊于兰溪横山头水面。十月十二日下午，行至兰溪游埠的裘家堰，并于此停泊住宿。十月十三日，坐船离开兰溪，经安仁、杨村、衢州，以至常山。① 徐霞客栩栩如生地描绘了兰溪六洞山的风景名胜，使六洞山名扬海内外。

文人雅士特别青睐渔户的花舫，约上三五知己，乘坐花舫清游，或促膝谈心，或煮茶品茗，或饮酒赋诗，谈古论今，或泛舟江上，游览沿江名胜，诸如兰荫寺、香溪塔、将军岩等。“民国时期，三伏炎夏，花舫备有小艇，晚上载游客荡漾兰江纳凉。从西门城下江边逆水上行，到兰阴山麓之横山潭，而后缓缓荡漾而回。艇内备有酒肴、水果，船娘陪客侑酒，弹丝弦、唱小曲，宛如秦淮河畔。”②途中用餐，事先由舫主向酒楼预订携带上船，其价格依照酒楼市价，犒赏也只需一二元，一般为上午登舫，傍晚离开，价格较为便宜。郁达夫乘船作了兰溪横山之行。民国二十二年(1933)十一月十三日，郁达夫“在兰溪吃过午饭，就出西门江边，雇了一只小船，划上隔江西南面的横山兰阴寺去”。横山并不高也不长，状似棱形，从东头灵源庙上船，绕过南面一条沿江的山道，来到兰阴寺前的小峰眺望，风景清幽潇洒，横山的地势，胜过富春高远深静的山水。

> 衢港远自南来，至兰溪而一折，这横山的石岩，就凭空突起，挡住了衢港的冲。东面呢，又是一条金华江水，迤逦西倾，到了兰溪南面，绕过县城，就和衢港接成了一个天然的直角。雨水合并，流向北去，就是兰溪江，建德江，再合徽港，东北流去成了富春钱塘大江。所以横山一朵，就矗立在三江

① 徐弘祖:《徐霞客游记》卷二《浙游日记》，上海古籍出版社 2010 年版，第 37 页。

② 兰溪城关镇志编纂领导小组编:《兰溪城关镇志》，浙江人民出版社 1987 年版，第 429 页。

合流的要冲，三面的远山，脚下的清溪，东南面隔江的红叶，与正东稍北兰溪市上的人家，无不一一收在眼底，像是挂在四面用玻璃造成的屋外的水彩画幅。①

横山东有灵源庙，南面山腰还有兰阴寺，据说明正德皇帝曾到此一游，还有正德御笔“兰阴深处”。兰阴寺上面乃观音阁，是个尼姑庵。山顶上的钟楼正在建造，尚未竣工。郁达夫对兰溪横山之游颇为感慨。

大抵的，游客总由杭江路而至兰溪，在兰溪一宿，看看花船，第二天就匆匆就道，去建德、桐庐，领略富春江的山水，对于这近在目前的横山，总只隔江一望，弃而不顾，实在是一件大可惋惜的事情。大约横山因外貌不佳，所以不能引人入胜，“蓬门未识绮罗香”，贫女之叹，在山水之中也是一样。

晚上有人请客，在三角洲边，江山船上吃晚饭。兰溪人应酬，大抵在船上，与在菜馆里比较起来，价并不贵，而菜味反好，所以江边花事，会历久不衰，从前在建德、桐庐、富阳、闻家堰一带，直至杭州，各埠均有花舫，现在只剩得兰溪、衢州的几处了，九姓渔船，将来大约要断绝生路。②

郁达夫以“江山船”题诗二首：“红叶清溪水急流，兰江风物最宜秋。月明洲畔琵琶响，绝似浔阳夜泊舟。”“阿奴生小爱梳妆，屋住兰舟梦亦香。望煞江郎三片石，九姑东去不还乡。”③江山江郎山有三片千丈大石，直立山顶，相传乃江郎兄弟三人入山成仙所化。而“花舫”统称“江山船”，世上传有“望夫石”，而绝无望妻者。郁达夫本是“江山船”的“花客”，曾到杭州的江干“花牌楼”召妓喝酒，他目睹“江山船”的没落，为渔妓的穷途末路哀叹不已。改革开放以后，兰溪重建了“水上仙船”——画舫游乐城，面对兰溪中洲花岛，背倚兰溪千年古城，由兰沁舫、大仙舫、黄大仙号、牧羊号、水晶宫画舫、水上大世界等船舶组成，集文化艺术、商贸旅游于一体。

金华水路东有三江（义乌江、武义江、金华江）一溪（梅溪），西有三溪（莘畈溪、厚大溪、白沙溪）一江（衢江），均为钱塘江上游，江河可行舟楫，溪流可撑排筏。金华境内义乌江丰水期水深1—3米，枯水期滩上仅0.5米，可通航木船和排筏。武义江天雨水涨，天晴水退，中水位水深1—3米，涸水仅0.2米，可通船筏。衢江中水位3—5米，枯水期滩上也有1米深，可通船筏。金华江也称“婺江”，中水位水深2—3米，枯水期滩上水深仅0.5米，可通木船。东亚同文会描

---

① 郁达夫：《履痕处处》，生活·读书·新知三联书店2012年版，第21—22页。

② 郁达夫：《履痕处处》，生活·读书·新知三联书店2012年版，第22—23页。

③ 郁达夫：《过兰江》，《郁达夫全集》第9卷，浙江文艺出版社1992年版，第132页。

述："金华至兰溪的水路，河宽三四十间，河底全是砂石，浅滩有16处，河岸有高一间半的堤防。本人下航的时候，曾数过上航的民船99艘，木筏22双，当时正遇减水季节，航行的船不算。因两地间的运输全依赖水运，增水季节航行的船只就更多了。"①唐代诗人孟浩然有感于婺江运输的繁忙，慨叹"舳舻争利涉"。溪流湾多流急滩陡，通航竹筏。

乾隆年间，金华已是钱塘江上游航运较为发达的港埠。民国十六年(1927)，罗埠有民船50只，洋埠有民船60只，经营客货运输。民国二十六年(1937)，义乌佛堂有快船14艘，定期航行于佛堂—金华—兰溪之间。民国三十一年(1942)，日军入侵金华，民船锐减，筱溪埠的民船仅剩12艘。金华的客货交通船，也称"码头船"，既运货，也载客，成为主要的水上交通工具。顺风顺水航速较快，逆水行船需要人工拉纤。1949年，金华尚有码头船20艘，其中，金华至佛堂4艘，停泊盐埠头，每天对开；金华至兰溪9艘，停泊小码头，每天对开；金华至临江1艘，停泊狮子码头，航期不定；罗埠至兰溪3艘，每天各有一只对开。兰溪至南星桥每天有一趟客运列车对开，如遇梅雨季节，浦阳江涨水，淹没白门，旅客均涌到水上乘坐码头船，致使金华至兰溪以及兰溪至金华的客船天天客满。②

第四节　富春江九姓渔户的客运

钱塘江流域横贯浙西，没有公路和铁路年代，旅客出行以及货物运输，均依赖水运。富阳渔户的木帆船，客货混装，分上下层，上层载客，下层装货。船上隔有住舱，乃渔户全家容身之处。木帆船全靠人力和风力驾驶，按船的大小，装有1至3桅杆，上挂布风帆，大部分运输船装有绳索和滑轮。由技术熟练的舵手操纵，随着风向和河流流向的变化而随时调节，称为"硬篷"。一般小的船只仅挂一块帆布或毯子被单之类，以竹竿撑开。无风时木帆船全靠人力摇橹，逆水行船，稍有懈怠，不进反退。而渔户必须上岸拉纤，人力不足时，也可就地雇用。渔户终年辛苦，却食不果腹。(图3.4)

---

① 东亚同文会编：《支那省别全志(浙江省卷)》，民国元年。转引自《兰溪编志补遗》下，1992年，第653页。

② 金华县交通局史志办公室编：《金华县交通志》，1990年，第218页。

图 3.4　富阳木帆船(资料来源:《浙江省富阳县交通志》)

由绿渚到杭州 90 公里航程,大船每月只能在初一、十五两次汛期行驶,顺风单程需 3 至 4 天,逆风则要 10 来天,逆水上溯需用人力拉纤。当时物资匮乏,且要自己找货源,最好是 1 个月杭州来回两趟,停航等货是常事。此时,船民大都上岸挖野菜,下水摸螺蛳,油、盐、米不断档是上等户了。遇到修船,就得借高利贷,一有天灾人祸,就倾家荡产。船民一家老小吃住在狭窄的船舱里,不幸翻船,即沉尸江底。船民常年过着漂泊生涯,子女无法入学,世代是文盲。灾难最为深重的是抗日战争时期。日军几次经过,所到之处,实行"三光"政策,原来 1000 多吨船皮,烧的烧、烂的烂,一无幸存。除个别船民将船体残骸改制成半吨或二三吨的小船,就地搞短驳外(当时只有从闲林埠陆运过来的迷信纸等),其他船民,有的到处打零工,1 元钱要做 5 天,还挨不到干,有的翻山越岭去挑私盐换米粮糊口。此外,如遇国民党军队顺路抓夫,抓去的夫子为官太太抬轿子、挑行李,腹饥步难行,慢了挨打骂,真是暗无天日。抗战胜利后,货源逐渐增多,改装的小船无法搞营运,于是,船民们又千方百计筹措资金,陆续置大船。时物价不稳,运价按大米折算。运杭州每百市斤运价 1 斤半,但俟货到杭州,1 担米钱只能买 3 斤青菜。民国三十六年,新登县政府也曾出面,组织绿渚船业公会,统一安排货源,轮流装运。公会设理事、监事,理事长蒋关标。当时规定,以 20 吨级为标准,运杭州 1 趟,运价 60 元(余以类推)上交公会费

1.5元。他们即利用合法权利，私吞公会费，有时因为内部分赃不匀而争吵不休。船民虽可免去自寻货源之苦，但在精神和物质上却多了一道关卡，生活上并未得到改善，总之，旧社会劳动人民苦，船民更苦。①

位于浙西的桐庐也得水运的便利，富春江横贯境内，昌（化）于（潜）两江经分水江在桐君山与富春江汇合。桐庐县城乃浙江内地的水运大埠，九姓渔户以木船提供定期的客运，称其为“快船”。“富春江和天目溪两条水上动脉，是桐庐县船户赖以生存的两条河流。其中为交通服务的定期航班叫做‘快船’或‘航船’。不定期而专为近程雇佣的叫‘划船’。”②桐庐、分水两县主要交通工具乃航快船，也称航船、交通船，大都盖有乌篷，两侧装木板，中间开窗，油漆光亮整洁，有驾长、拦头伙计、账房、炊事员各1人，纤夫4至6人，船舱两边设铺，提供茶餐，开船以海螺吹号，也有持灯笼前往旅馆接客，沿途停靠，风雨无阻，日夜航行，客货兼载，附带邮件。划船也称“木帆船”，首尾尖翘，圆篷椭底，无橹无碇，“行以桨，止以篙”，吃水较浅，便于上滩，有风使帆，无风上行则篙纤并用，乃至赤胫入水负扛而行。以4—6舱为多。清朝末年以及民国初期，由于商品经济的发展，九姓渔户的快船业务极为兴盛。一般路程当天到达，兰溪等略远的路程也只需1天半和2天时间。快船行驶桐庐境内的地方有芦茨、窄溪、横村、毕浦、分水、印渚等地，跨县业务上溯严州、衢州、昌化、於潜，下行富阳绿渚、场口和杭州、闻堰、临浦等港。民国十三年(1924)，杭州江干开往桐庐航快船有5只。民国十六年(1927)，航船增加，有桐庐开往杭州6只、临浦5只、义桥4只、富阳6只、窄溪2只，旧县至桐庐2只，横村至桐庐2只，皇甫至桐庐2只，航行横港6—8只划船，航行富春江多为开艄船和长船。民国二十六年(1937)因抗战致使陆路交通中断，军运和民运全赖水运，此时快船畸形发展。民国三十年(1941)前后，分水江和桐江各埠快船公司有三义等30余家，船70余只，其中属于九姓渔户开办的就有15家。航行于桐分线以及尚未沦陷的县际短途航线。民国三十一年(1942)五月，日军入侵桐庐，快船业务停业，船只失散。抗战胜利后，各埠快船公司争相复业。③（表3.7）

---

① 富阳县交通局编：《浙江省富阳县交通志》，1986年，第313页。

② 叶浅予：《叶浅予自叙》，团结出版社1997年版，第41页。

③ 桐庐县交通局编：《桐庐县交通志》，1990年，第50页。

表 3.7　1942 年桐庐航快船一览

公司	船主	长度(丈)	舱数(舱)	载客(人)	创办时间	航线
三义	孙章富 严光兴	6	10	30	1941	窄溪—兰溪 2 只
快利	江金渭 孙杭生	3	6	30	1941	桐庐—场口 2 只
胜利	付清泉 徐高元	3.5	6	15	1941	桐庐—中埠 桐庐—新登
桐场	杨金宝	3.5	6	28	1939	桐庐—窄溪 2 只
洽记	罗成昌 何樟根	4	4	25	1939	桐庐—窄溪 2 只
通利	邵炳根 邵早根	3.7	6	25	1939	桐庐—窄溪
桐芝	何关生 何老虎	4	6	30	1939	桐庐—芝夏 2 只
普利	孙金龙 汪金荣	3.5	6	20	1941	横村—场口
桐横	钱金宝 钱道金	3.7	6	8	1941	桐庐—横村
桐旧	孙关标	3.3	6	8	1941	桐庐—旧县
	许根财					
新新	周郎 范增金	4	6	12	1941	桐庐—於潜麻车埠
泰来	范增金 3 人	3	6	20	1941	桐庐—印渚
分桐	石文华 陶德慧	3.5	6	28	1941	分水—桐庐
胜利	周渭法 鲁根顺	3.8	6	25	1941	分水—桐庐
协记	姚大荣	3.5	6	20	1941	毕浦—桐庐
久裕	范颖昌 何松坡	4	6	20—25	1939	桐—分—印
久昌	范颖昌	3	4	20	1939	分水—印渚
咸济	毕济生	4	6	20	1939	毕浦—桐庐
联利湾富航局	王干	4—6	6	30	1943	桐庐—中埠 湾里—中埠

续表

公司	船主	长度(丈)	舱数(舱)	载客(人)	创办时间	航线
芦桐	胡书成	4	6	25	1941	芦茨—桐庐
通利	余玉川	5	6	32	1939	桐庐—渌渚
顺记	许培金 许金华等 3 人	4	6	20	1939	桐庐—建德 2 只
华兴	许章章等 3 人	4	6	30	1939	窄溪—建德 2 只
芝兰	何苟苟 钱老鼠	5	6	20	1939	芝厦—兰溪
普益	陈天养	4 5	4—8	25	1933 1939	桐庐—兰溪 桐庐—中埠 2 只
胜利	许培有 孙贤良	3.2 3.2	4 4	15	1939	桐庐—中埠 2 只
顺记	孙悟仙	3.5	3	15	1939	桐庐—富阳 2 只
利通	邵金谓 叶付学	6	4	30	1939	芦茨—中埠 2 只
快利	丁松龄	4.5	8	30	1939	桐庐—中埠 2 只
顺记	孔来木 孔方成	3.5	6	20	1939	桐庐—中埠 2 只
三友	汪子渔	4	6	16	1942	桐庐—新登 2 只
窄兰	袁兰亭	4	5	15	1941	窄溪—兰溪

资料来源:《桐庐县交通志》。

渔户所驾驶的木船大都是“龙娘船”和“划船”,大的有二十余吨,小的也有七八吨,适于江滩航行,其货舱以及住舱部位上顶装有乌篷,两侧装有木质板壁并开有窗户,油漆光亮整洁,前大门贴有红纸楹联“生意兴隆通四海,财源茂盛达三江”,横额为“顺风大吉”。船桅以两根杉树相连而成,高达 10 丈余。客货兼载,附带邮件。船工有 10 多人,有驾长、拦头伙计、账房、炊事各 1 人,仅纤夫就有 4 至 6 人。“快船”由船主与船工合股经营,船工一股,船主二至三股,按营业收入分成。船顺水下行,顺风则扬帆。逆风则以桨橹划摇,船艄两侧各有大橹一支,每橹 3 人,前两人面对面,脚踏横高跳板,摇大橹前进后退两步半,摇小橹前进后退一步,步伐配合协调。船首左右各有一人划桨,驾长则在后掌舵。船行快捷如飞。“快船”凡大码头均要靠泊,以便装卸客货。途经小埠时,则以海螺鸣号,以通知泊埠小舟。小舟靠近快船后以挠钩勾连,两船在江中边行边盘驳货物及乘客。沿江集镇小埠均有渔户以小舟为快船过驳客货业务。船泊埠时也吹响海螺,客栈主妇听到螺号声,也会手提灯笼到埠船招揽宿客。“快船”的乘客以及货物生意均由账房张罗，账房到各商行、作坊以及客栈兜揽生意，并负责办理结算。后来，因陆路汽车运输的发展，以及机动客轮的增多，渔户的快船生意逐年减少，以至完全消失。

桐庐著名的旅游点众多，主要有严子陵钓台、桐君山及瑶琳仙境。钓台离县城仅23里，东汉名士严光曾于此隐居。历代文人墨客、达官贵人均慕名而来，泛舟富春江上，观赏富春江风景。（图3.5）“旧时，游览钓台多走水路，在桐庐雇佣划船、纤夫，自备酒菜，饮食起居皆在船中。民国二十三年（1934）杭淳公路及钓台支线通车，省公路运输部门于民国二十四年（1935）四至六月，专设游览车驶钓台等风景区，并在严子陵钓台特置游艇。”①光绪年间，杭申铁路建成

图3.5　朝晖映两江（资料来源：《桐庐县交通志》）

和杭桐客轮相通，上海富商以及外国人也接踵而至。游客从杭州搭乘客轮到达桐庐，晚宿桐庐东门头的惠宾旅馆，晚上即有渔户前来兜揽游客翌日去钓台的生意。“当时东门埠有一种小船，每当春暖花开季节，就专为人雇用游富春江和严子陵钓台，当地人亦称‘钓台船’。此种船两头甚尖，中间舱面尚宽，短舷吃水浅，历险滩能上下自如：高樯桅，阔风帆，得风疾如驷马：首尾安两桨，撑划轻捷似箭。住舱及客舱部位装有箬篷，可随时盖揭。客舱中置有八仙桌和太师椅，游客可在船中品茗膳食，十分方便。”②撑船者大都是本地的渔户，熟悉地方掌故。渔户许马尔回忆：“记得最早一次到钓台已时隔50个春秋了，那时伯父的

① 桐庐县交通局编：《桐庐县交通志》，1990年，第61页。

② 许马尔：《旧时的桐江钓台船》，《桐庐文史资料》第13辑，杭州出版社2013年版，第374页。

船在县城的东门头揽到了一班‘钓台客人’（上海来游钓台的客人）生意，我父亲也要帮助去拉纤，再说是早出晚归，我也就跟着去了严子陵钓台。”[①]有些年长者攀登钓台颇为不便，渔户也能予以携扶，服务周到，故凡来桐庐旅游者必雇“钓台船”。游船一般能载10余人，溯江而上，因途中滩濑众多，水流湍急，仅凭风力远远不够，尚需纤夫拉行。渔户凡揽有游客生意者，尚须雇纤夫数名相助。自桐庐上溯钓台，早上一早出发，下午三四点钟即能返回。游客中餐在船中用膳。渔户为满足游客品尝富春江鱼鲜的愿望，有时还特地请桐庐厨师上船烹制颇具富春特色的鱼肴。钓台以及漏江滩附近的渔户将活鱼拴养在舟旁，一旦有游船过来，就以“两头舡”争相划到游船旁，将活鱼高价卖给游客。厨师将鱼剖开放入清水氽煮，加上姜、醋、糖等佐料，鲜美无比。桐庐名菜“桐江醋鱼”因此而声名远播。“倚舷凭眺，间遇锦峰绣岭，山中杜鹃盛放，红斑无数，如嫦娥揉碎胭脂乱掷；时傍沙渚或堤岸，竿竿绿竹杨柳青翠欲滴，和麦垄、桃花、豌豆点染，红绿争艳；忽达两山夹峙，江水黛碧，游鱼可数七里泷，东汉故人严先生垂钓处就在双峰屏立的严陵山上。”[②]游客一边饱赏富春山水风光，一边饮酒尝鲜，飘飘然如入仙境。钓台附近还有一种小的货郎舟楫，见游客过来，也划到游船旁边，向游客兜售严东关五加皮酒以及严州酥饼等桐庐山货特产。游罢钓台，渔户将游客送往芦茨溪乘竹排。芦茨溪水潺潺，两旁山崖陡壁，老树枯藤生长其间，颇具古朴幽深。遇若雨天，烟雨缭绕，其景尤为妩媚。常有游客头戴竹笠，身披蓑衣，足着草履，坐在竹排上顺流而下，穿行在这诗情画意之中，别有情趣。

许多文人墨客为严子陵的高风亮节所感动，为富春的山水所陶醉，买舟游览严子陵钓台。清代江西贵溪人郑日奎乃顺治进士，官礼部主事，因公沿富春江北上，由衢州抵严州途中，见到了神往已久的严子陵钓台。郑日奎曰：“舟发自常山，由衢抵严，凡三百余里，山水皆有可观。”郑日奎对严子陵钓台情有独钟，瞻仰了先贤留下的遗迹。“石铁色，陡起江干，数百仞不肯止。巉岩傲睨，如高士并立，风致岸然。崖际草木，亦作严冷状。树多松，疏疏罗植，偃仰离奇各有态；倒影水中，又有如游龙百余，水流波动，势欲飞起。峰之下，先生祠堂在焉。”然而，由于舟子不肯通融，郑日奎未能上岸游览钓台。但他并未感到遗憾，反而“足不及游而目游之”。“俯仰间，清风徐来，无名之香，四山飔至，则鼻游之。舟子谓滩水佳甚，试之良然，盖是即陆羽所品十九泉也，则舌游之。顷之，帆行峰转，瞻望弗及矣。返坐舟中，细绎其峰峦起止，径路出没之态。惝恍间，

① 许马尔：《严子陵钓台写真》，《山水推富春》，中国文史出版社2006年版，第33页。

② 许马尔：《旧时的桐江钓台船》，《桐庐文史资料》第13辑，杭州出版社2013年版，第374页。

如舍舟登陆，如披草寻磴，如振衣最高处。下瞰群山趋列，或秀静如文，或雄拔如武，大似云台诸将相。非不杰然卓立，觉视先生，悉在下风。盖神游之矣。思稍倦，隐几卧。而空蒙滴沥之状，竟与魂魄往来。于是乎并以梦游。觉而日之夕矣，舟泊前渚。人稍定，呼舟子劳以酒，细询之曰：若尝登钓台乎？山之中景何若？其上更有异否？四际云物，何如奇也？舟子具能答之。于是乎并以耳游。”①郑日奎舟行万山之中，对钓台作了全方位的“目游、鼻游、舌游、神游、梦游、耳游”，生动形象地描绘了钓台的景色，淋漓尽致地展现了严子陵的精神风貌。

近代文人叶至善曾乘坐“江山船”游览富春山水，凭吊严子陵钓台，撰有《重游富春江》。抗日战争开始的初冬，叶至善与父亲叶圣陶一家6口，乘坐“江山船”，路过桐庐。“‘江山船’模样很别致，船肚子八九尺宽，那是舱，盖着篾编的篷。船头船尾几乎没有差别，都一边收窄一边向上翘，翘到尖儿上成了根一尺来长的朝天的棍儿。”船顺着金华江，驶入开阔的富春江，“江山船”并未停留，仅在船上望见桐君山上的白塔和山下一小簇瓦屋，这座江边的小城静寂得像在世外桃源。再往前就进了七里泷，两岸层层峰密，水清而浅，浅滩泛着浪花，哗哗的滩声在群山回荡。“‘江山船’到了这儿不能使桨了，单靠伙计滢着水拉纤。老板用竹篙帮伙计使劲，一会儿向前撑，一会儿向后撑。船底擦着卵石轧轧作响，两个弄得满头大汗才过了一滩。有时候船搁浅，任怎么摆弄也不肯动弹。老板只好卷起裤腿也翻身下水，跟伙计俩一个在船头，一个在船尾，抱住那向上翘的棍儿，稍稍抬起一点儿，把船抬过滩去。我这才明白，‘江山船’的模样为什么要这样别致。”②船头往右一拐，绕过山脚，迎面即是严子陵钓台，只见一座陡峭的石壁，左右两个平台各有一个石亭，石壁脚下茅草丛中有几间破屋，这就是严先生祠堂。古台荒草，颇有些萧瑟。前面是个深潭，碧蓝碧蓝，还有一只小船打鱼。叶至善招呼渔船，渔夫打了个回旋，靠近“江山船”。渔翁当然未披羊裘，递过八九寸的白鱼。叶至善一家在船上顿顿酱菜乳腐，两条活鱼算是开了洋荤，其鱼鲜美味，终生难忘。

富春江的奇山异水，也吸引了沪上的外国游人乘坐渔户的游船游山玩水。费奇于民国十七年(1928)以《杭州——浙江游记》为题，编写的一本英语旅游指南，其中就有关于钱塘江上游河段富春江七里泷的介绍，告诉外国人从杭州城坐早班火车到达南星桥，可以预先向钱塘航运公司预订食宿，乘坐游艇下午5时左右即可到达桐庐。再雇一只渔户的游船前往峡谷，坐船80里可到严州镇。

---

① (清)郑日奎：《游钓台记》，《富春江今古散文选》，延边大学出版社1999年版，第252页。

② 叶至善：《重游富春江》，《宁波日报》1996年11月8日。

中国称这个峡谷为“七里泷”，看上去只有 7 里长，水流湍急，河流清澈而美丽。每时都有不同的山川、村庄和溪流景色在眼前变化，如果时间允许，还要加上在游艇上过的 2 天时间，总共需要 5 天时间。如果有可能的话，游客应该上岸，走完全程。船行缓慢，从高处往下看，景象更加美丽。费奇还专门介绍了严子陵钓台以及严子陵拒招的故事，差不多快到峡谷半路上，有两块大岩石，称为“钓鱼石”。传说公元 25 年至 50 年间，汉朝的严子陵隐士，曾在两块岩石上钓鱼。他流连这里的山水和田园生活，不愿意到朝廷做官。曾屡次拒绝朝廷的应召，有一次他虽然奉召，但不久又回到了其挚爱的家乡。① 有些外国人游钓台，有时还带有猎犬和双筒猎枪。渔户为让其开心，专门带到沿江山中狩猎。

近代公路和铁路发展以前，浙皖赣闽四省的客货运输，均通过横贯浙西的钱塘江航线，由九姓渔户的木帆船承运。渔户的船只往往客货混装，上层载客，下层运货，均依靠人力和风力。无风时全靠人力摇橹，逆水而上，依赖渔户拉纤前行。渔户终年辛劳，却食不果腹。特别是国民党统治后期，物价飞涨，渔户微薄的收入，难于养家糊口。

① 赖骞宇、周群芳：《外国人眼中的钱塘江》，杭州出版社 2014 年版，第 87 页。

第四章 九姓渔户的排运

钱塘江上游，南缘兰江、衢江，经金华、衢州、处州各属；西循新安江而上，远至安徽皖南地区；北自天目溪，出桐庐、分水、於潜、昌化等县，以及下游沿富春江的新登、富阳，支流浦阳江沿岸的诸暨、浦江一带。地区广大，溪流交错，山脉纵横，林木茂盛，资源丰富。但林产区域，大都交通阻塞，木材砍倒后，均需依赖人力肩运至就近溪流，扎叠成排。旧时铁路不通，公路欠发达，陆运成本较高，故各地木材均依赖九姓渔户从钱塘江顺流而下，汇集杭州江干沙面开阔的"十里江塘"木材中心出售，销往杭嘉湖、淞沪地区以及苏常锡等地。

第一节 衢县九姓渔户的排运

衢县位于浙江金衢盆地西部，有丰富的森林资源。"衢地多山，郁乎苍苍，参天蔽野，其初居民稀少，斧斤鲜及，得容数百年之蓄养乎。"①故木坚林茂，飞禽走兽出没于山野城郊。宋大中祥符年间(1008—1016)，丁谓为玉清昭应宫(道观)修宫使，所用建材就有衢县的梼木(刚木)。衢县山林私有，木材生产由少数山主经营，所产木材均由山主通过木商、掮客，由九姓渔户水运杭州。生产的木材以杉木为主，民国二十八年(1939)采杉 9852 立方米，松木 14833 立方米，杂木 2222 立方米。

衢县木材全赖渔户水运城关或杭州等地销售，外运有衢江，内运有以衢江为中心的南北羽状支流 18 条。依据放运条件，内河又分山沟、小溪、大溪三个级别。乌溪江由举埠、小湖南至下张的主河道 40 千米，可将 5—10 节木排串联成长排放运，称为"大溪"；沿溪支流如梅溪源、杨溪源、举村源、坑口源、黄坛源等，只能放运单节或 2—3 节木排，称为"小溪"；从小溪延伸的支流，仅能在雨天涨水时供木材单漂，称为"山沟"。在木材根部 20 厘米处，以尖嘴斧头挖砍一个长方洞，以串条横串成排，后改为以蚂蟥钉钉住木材根部的横串条，成为单节木

① 郑永禧纂修：《衢县志》卷六《食货志下》，民国十八年辑，二十六年铅印本。

排，曰“串排”；木排之间以苗藤连接成“条排”。衢江的洪山坝和樟树潭乃两个木材的汇聚点。木材从各“大溪”以“条排”（也称“溜排”）放至洪山坝或樟树潭汇集后，导入水面比较平静，涨水时不易冲走的江面——坞场。沿岸樟树均归各木行租用，用以吊住木排，特别是涨水季节，欲多加篾索（俗称“火把”）吊牢，以防木排被水冲走。再拼成“大排”，汛期欲将木排扎成老虎口，即将木排的头部（根部）扎高，若遇他排冲击时能吞下使之从排底漂流而去，避免冲散木排。放至龙游段称为“短箭”；龙游至七里泷段则称为“归垄”；七里泷至杭州或萧山闻家堰、瓜沥、绍兴称为“长行”。

渔户水运木排受到季节影响，以乌溪江为例，3—8 月为可运期，其中 4—8 月为旺季，月均可放运木材 1—1.5 万两（龙泉码）；6—8 月为禁运期，9 月至次年 2 月为涸水期，均不能放运。而可运期的 6—8 月，又要以农田灌溉为主，如从石室至樟树潭的三条堰，规定每年 6 月 1 日起封堰，至 8 月底开堰，其间一律禁止放运，但可改道从石室对面的堰坑拆排流放到县城南湖，在湖西以人工搬运过洪山坝汇集，再并排出运。

内河水运由山农自行放运，外河则由九姓渔户承运。“所有木排均重新加工，经过编制加固拼绑成大排，每次放 6—8 溜（约内河放来的 40—50 溜），每排有排工 15—17 人，其中驾长、料理各 1 人，途中伙食由驾长统一领取，包干供应，到杭州江干交货，每人每趟约工资 16—18 元，按件计酬，途中如有损失短少，要由放筏工照价赔偿。”[①]渔户放排过程中，除了意外事故，排筏撞礁破裂，木材被冲散，有时也会遭到地方豪强势力的拦阻与哄抢。清代西安知县黄大华曾颁布禁止沿河军民拦河截抢木排示谕。西安知县以白昼抢夺罪，严加惩治。

> 钦加同知衔准补德清县正堂署理衢州府西安县正堂加三级记录十二次黄，为出示谕禁事。案据福建浦邑武生李腾蛟呈称：伊受拚杉木做成板段，编排三溜，盖印李隆福、丰隆字号，于本年正月雇工排运至遂邑孟坑口，被濮久鼎、王小山等拦河截抢板段 1 溜，计 328 块，控经遂邑批准差提，余存板排 2 溜，运至西邑洋口村，复被截抢等情到县。当饬差提濮久鼎到案，讯追给领。除移遂邑县严提后三妹等究办外，合移出示谕禁。为此示仰诸色人等知悉，尔等须知，物各有主，沿河截抢板片，例禁棋（綦）严。自示之后，务各安守本分，另图正业，勉为良善。倘仍蹈前辙，复敢结伙拦河，抢夺木排，则是愍不畏法。一经访闻，或被告发，定即严拿到案，照白昼抢夺例，分别治罪，决不宽贷。各宜凛遵，毋贻后悔。切切，特示。光绪贰拾贰年柒月初三日告示。[②]

---

① 衢县林业志编写组编：《衢县林业志》，中国林业出版社 1994 年版，第 113 页。

② 衢州市博物馆编：《衢州墓志碑刻集录》，浙江人民美术出版社 2006 年版，第 135 页。

清代衢县木材购销已具相当规模，嘉庆《西安县志》记载："西安产值无多，土产纸木为大宗。"特别是"杉于衢地取利最饶，有一山鬻木数千金者"。早在光绪年间，衢县就有私商木行经营木材，分为"买卖行"和"放运行"。"买卖行"专门收售木材，由木行经纪人奔走于"山客"(上源木商)、"水客"(下源杭绍采购员)之间，洽谈生意，成交后行家向"山客"和"水客"双方收取佣金(行佣)各10%；"买卖行"直接收取"山客"木材，谓之"入行"，入行后再倒手转卖给"水客"。"放运行"负责木材的中转而不管买卖，货到后依据运单清点验收，如有损失，由承运的渔户赔偿。行家除为"山客"垫付承担放筏的渔户工资、钉筏工资以及上塘费外，有时还得给"山客"有息贷款，以增强"山客"的经营能力。再转运到杭州、萧山闻家堰、义桥等地交还"水客"或"山客"自售。衢州城西乃江山港和常山港汇合处，江山、常山、开化的木材在柴埠头集散。城南乌溪江及其上游遂昌、龙泉、庆元的木材于此汇集，故柴埠头，大南门、新城门、小南门等处，木行甚多。

衢县以柴埠头和樟树潭为两个木材的主要集散地和中转站。衢县县城有木行10多家，如柴全昌、广元、新昌、刘源和、刘德和、杨元兴、王日新、华安等。行主有江山、遂昌、乌溪江岭头及衢城人。民国二十二年(1933)，衢县有私营木行21家。民国二十五年(1936)，发展到20余家。民国十九年(1930)，樟树潭木行发展到10余家，有慎昌泰、大信、天福、程兴盛、黎元昌、振兴、盛源兴、昌济新、源泰合、三友、尹成源、同昌、瑞泰、益昌、协源、长源、裕通等。民国三十年(1941)一月，衢县县城与樟树潭行商分别组织"竹木商业同业公会"和"木板炭业运输商业同业公会"。木行的兴衰与时局密切相关，抗日战争前，木材畅销，木行兴旺。抗日战争爆发后，杭州沦陷，钱塘江航线中断，木行受损严重。金华和兰溪沦陷后，木行经营几乎停顿。抗战胜利后，百废待兴，木行盛极一时，樟树潭新兴的木行就有福源、源泰合、义成、大发、大中、裕生、裕大等，还有福兴、新泰昌、万泰山货行和同大保纸行、义隆柴炭行等，总数超过30家。

樟树潭常年木商云集，光绪年间最大的木行乃王慎昌、张同春两家，资金均在10万元以上，此外，源昌、王慎源、鄢春源、许大春等也颇具规模，属于过塘行性质。松段由渔户运往上海和杭州。杉木则售于"水客"，由渔户水运至杭州、嘉兴、湖州、绍兴和余姚等地。民国五年(1916)，樟树潭部分木行资金已发展到10余万银圆。民国三十一年(1942)和民国三十三年(1944)，日军两次入侵衢州，樟树潭沿街三分之二商铺被焚，樟树潭也成了一潭死水，依靠江河为生的渔户生活也陷入绝境。抗日战争胜利时，樟树潭木行旺季每天都有放排的渔户300余人，平时也有100余人，常住的"水客"和"山客"也有几百人，年成交木材额达数万立方米之多，山客组织"遂龙公所"，水客组织"杭绍木商公所"，衢州城区的10多家木行，半数均在樟树潭。

樟树潭因水运而兴的江边小镇，据说五行中有“水生木”之说，恰好位于乌溪江汇入衢江的汇合地，木材成了地方经济的支柱，也成为衢州木材转运中心。清代《西安县志》载：“潭深不可测，长可十里。”江面宽广深邃如洲，堤岸古樟蔽日，以水运为主的时代，乃最佳的深水良港，时人誉为“水上小上海”。明清时期，特别是鸦片战争以后，沿海地区民族经济兴起，木材、纸张等山货的需求量激增，位于钱塘江上游的衢江流域，南北两翼山高林密，源远流长，特别樟树潭不仅江面宽阔，沿岸古樟且可作为木排、竹筏以及来往船只的固定场所，尤其是水运交通的便利，上承江山港、常山港、乌溪江，下接罗樟、圣塘、新福三源，成为得天独厚的物资集散地。远在唐代樟树潭就成为货物集散的深港。宋高宗南渡临安四处采伐巨木修建宫殿，以衢州有水利之便，曾选材于遂昌和西安的山林之中，樟树潭形成屯积木材和毛竹的场地，且组建专业放运工，形成著名的商埠。樟树潭有 17 埠以及上、中、下三大码头，上埠码头为木行、纸行和山货集散地，中埠和下埠码头乃客货船只集散地。

> 树木砍伐后，先集中到主要出水口处编扎成“甲”(甲亦称夹，每甲约 26 根木头)，然后，将“甲”连成一排，10 排连成一条，放运即以此为单位。每当黄梅或秋汛时，这一条条木排便随暴涨的溪水奔腾而下。开化、江山以及由龙泉、遂昌经乌溪江下来的木排，均在樟树潭集中。在此成交后，再将原木排拼装成大排。大排一般长 20 丈，前梢阔 1 丈，后尾阔 3 丈，其状酷似半展开的折扇。放运时，以两大排为一条，顺兰江、富春江而钱塘江，最后抵达杭州江干。①

据说樟树潭的地形犹如停靠衢江的一条船，为了不让江水冲走，遂在江对岸上游塔山以及下游的黄甲山，分别建起了鸡鸣塔和黄甲山塔，两塔恰似两根竹篙，将该船固定下来，大风刮不动，大水也冲不走，成为渔户的谋生之地。从龙泉住溪及王村口到樟树潭的木头，以及从浦城至碧源镇经王村口到樟树潭的木头称为“大源木头”，均为上好木材；周公源、湖山源运出的称为“小源木头”。秋冬时节汇集樟树潭的木材整齐地汇聚江边整装待发，系岸的木材经过木行派工整合，丈量材积，按质估价，再由渔户运往杭州。塔底乃乌溪江、江山港和常山港的江聚之处，也称“三江口”，也是乌溪江急流直下之口，也称“出口滩”。阳春三月，春雨过后河水陡涨，水流湍急。雨后初霁，夕阳西下，落日的余晖映照天空，江面上万箭齐发，渔户个个身背肩包，自晨至暮穿过激流险滩，赶在天黑前将木排驶入河面开阔、水势平缓的樟树潭码头。

---

① 朱士俊、林震声：《民国时期杭州的航运业》，《杭州文史丛编》(经济卷)下，杭州出版社 2002 年版，第 362 页。

樟树潭是九姓渔户的聚居地，据徐晓琴 2009 年统计，原九姓渔民后裔有 2189 户，6788 人。[①] 樟树潭旺季专门从事水上放运木排的渔户多达数百人。渔户往返于乌溪江的称为“上源排手”，有 300 多人；为“山客”雇佣往返于衢江、钱塘江的称为“下源排手”，有二三百人。“乌溪江的木头放樟树潭后，因河道较宽，须把木排拼装成为大排一贴（一贴分为两大溜，一条木排称为一溜）。自樟树潭放运到龙游称‘短箭’，放运出发时须 4 人，到龙游后遣返 1 人。龙游至七里泷称为‘归泷’，又遣回 1 人。自七里泷到杭州或闻家堰、瓜沥至绍兴称为‘长行’，一贴排只须两人。”[②]到达樟树潭重新加固拼绑的大木排，每次放 6 至 8 溜，每排均有驾长和料理各 1 人负责，另临时雇佣渔户 13—15 人，每趟工资 16—18 元，到杭州江干交货后返回木材放运行结算。途中伙食由驾长统一领取，包干负责供应。每次起运时按照行内规矩，需要吃顿“烧福酒”，十大碗兼请神，途经兰溪、七里泷和杭州还要吃三次，均由木材放运行请客。木排中途若有损失，由负责放排的渔户赔偿。

水上航运业的发展，给樟树潭带来了活力。“樟潭的水上运输，除木排、竹排兼载运木炭外，如靛青、笋干、纸张进港后改由船只转运各处。船只的规格不一，根据载运量有 4 仓、6 仓、8 仓、10 仓等等之分。明清时，樟潭港这样的大船达 30 余，排船 40 余，划船 60 上下，渔船 50—60，各种客船 10 余。铁路通车后虽略有减少，但每天仍有百余艘停泊于樟潭（包括安仁街）。开往衢州的客船自南宋始，直到 1978 年 8 月才停运，历时 800 余载，船民职工近 300。”[③]后来，因乌溪江进行梯度开发，“上源木头”直接从水库起运上坝，由汽车转运各地。再加上铁路和公路等陆路交通的发展，樟树潭失去了其往日的功能，上游的木材无须在樟树潭集散，木行也一一闭息。

放排渔户被称为“放排工”，被贬为“吃空手饭”的人，形容其无田无地也无店，靠放排挣钱吃饭。排工都是穷苦渔户，木排放往杭州去时，一次就有 10 多人，渔户去时没有工资，由木材放运行安排吃饭，但吃的菜都是渔户从家里带去的干菜，如腌菜、萝卜条、豆腐乳、咸菜等，有的渔户为了装面子，手拿一只咸鸭蛋要吃一个来回，事实上根本不是什么咸鸭蛋，而是将盐放在咸鸭蛋的蛋壳，每次吃饭时就蛋壳蘸一点盐下饭。“木排到之后买家要验货，回来时凭验货单到

---

① 徐晓琴：《樟树潭——九姓渔户之福地》，《樟树潭》，现代出版社 2015 年版，第 119 页。

② 倪榍荪、全佐顺口述，汪扬时、方校文整理：《樟树潭木行业的兴衰》，《衢州文史资料》第 4 辑，1988 年，第 47 页。

③ 张水绿：《樟潭镇经济发展史略》，《衢县文史资料》第 4 辑，浙江人民出版社 1988 年版，第 116 页。

卖家领工资，如有损失或短少，损失部分则要在工资中扣除。去一次要一个多月才能回来，放排工的生活艰苦不说，一路上还常遇到急流险滩，这是一个高度危险的职业，老百姓称当年'放排工'是'死了未葬的人'。"[①]渔户放排虽说危险，尚有一口饭吃。遇上枯水季节，就要失业，连饭也吃不上。渔户不得不依靠编篾链和帮木行老板在衢江看管木头谋生。篾链用来吊木排，潭树潭因沿岸大樟树多而得名，篾链一头连着木排，一头绕在溪边的大樟树上，编篾链必须站在高台上，任凭风吹雨打，颇为辛苦，双手起了老茧，常常开裂，污泥和汗水渗入开裂的缝隙，无法清洗干净。渔户劳动辛苦，收入低微，生活困难，若遇上疾病，只能听天由命，无钱医治或以草药治疗。

第二节　开化九姓渔户的排运

开化位于浙西，峰峦重叠，山岭连绵，素称"九山半水半分田"的山区，森林资源丰富，属于浙江省 8 个林业县之一。开化的林业生产历史悠久，早在明代木材生产和生长山地的经济作物就成为地方主要收入。崇祯《开化县志》记载："开(化)田少土瘠，不足一邑之食，惟栽杉为生，姜漆次之，炭又次之。合姜漆炭当杉利五之一，而惟正之供与养生送死之需尽在其中，曾询故老，杉利盛时，岁近 10 万，以故户鲜逋科，莅开(化)者颇称易治。数十年来杉利大损。"[②]清顺治十六年(1659)，开化运往宁波杉材 20000 株，以制造战船。《西安县志》记载："杉木衢地取利最饶，而开化尤甚。有一山而鬻木数千金者。"[③]民国达到鼎盛时期，民国十五年(1926)至民国二十三年(1934)全年外销量平均达 22000 至 25000 余立方米。开化木材市场兴旺发达，民国三十四年(1945)仅华埠镇就有经营木材数百两以上的木材商人 177 名，成交额约 1 万立方米。"每年外运至杭州、上海的木材约有 5000 两龙泉码。三条河流，长年木排不断，一片接着一片，常常遮掉半条江面。镇上有专门加工吊排的篾厂 4 家。"[④]据民国二十九年(1940)统计，开化输出木材约 2 万立方米，木炭 15740 担，木柴 15000 担。抗日战争胜利后的民国三十五年(1946)上升到 2.5 万立方米，1949 年为 2.2 万立方米。中华人民共和国成立后，华埠有集体所有制木运站工人 340 人，1950 年至 1985

① 徐晓琴：《排坞放排工的苦难史》，《樟树潭》，现代出版社 2015 年版，第 250 页。

② (明)汪庆百撰：《开化县志》卷之三《赋役志》，崇祯刻本。

③ (清)陈鹏年修，徐之凯纂：《西安县志》卷之三《山川志》，康熙三十八年刻本。

④ 开化交通志编写组编：《开化交通志》，浙江人民出版社 1990 年，第 198 页。

年，开化木材外运总量为2633816立方米，1960年前基本依靠水运。20世纪60年代以后，随着公路运输木材的发展，经华埠水运的木材逐年减少。（图4.1）

图4.1　金溪春筏（资料来源：《开化林业志》）

开化木材全部依靠渔户水运杭州出售。据开化县县长叶绍衡呈报，民国开化有放排的渔户男30人，女23人，生活均堪自给。①（表4.1）“解放前，放运工人祖籍多为建德梅城镇的钱、陈、孙、许四姓。”②渔户水运木材有内河、外河之分，各乡、村通往华埠的河流称为“内河”，由华埠通往衢州、杭州则称为“外河”。“内河”有马尪溪、龙山溪、池淮溪、马金溪四条主要河流，全长485千米，均汇集华埠。其中马金溪长达204千米，马尪溪72.5千米，池淮溪113千米，龙山溪95.5千米。依据木材放运的条件，“内河”又分为“山沟”“小溪”以及“大溪”。木材单株漂运为“山沟”；单节木排放运为“小溪”；数节木排串成条排放运为“大溪”；扎成大排放运为“大河”。马尪溪从文图直至姜坞口的主河道41.5千米，能将5—10节木排串连成“条排”放运，因而被称为“大溪”。沿该大溪支流，如郑家至太史，上旺至俭口，溪口至溪滩，田后至琅川，夏川至姜坞口，仅能放运单节木排被称为“小溪”。从“小溪”延伸至小支流，仅能单漂称为“小沟”。

表4.1　开化县县长叶绍衡呈报九姓渔户的放排户

男（人）	女（人）	生活状况
30	23	生活均堪自给

资料来源：童振藻《钱江九姓渔户考》。

① 童振藻：《钱江九姓渔户考》，《岭南学报》1931年第2卷第2期，第18页。

② 开化交通志编写组编：《开化交通志》，浙江人民出版社1990年版，第197页。

渔户从事木材水运，需依据水量而定。林木砍伐后风干，剔枝剥皮，进行造材，顺陡坡滑至山脚，驮运到山沟，待山沟涨水，单株漂流溪边，再依据木材大小，每6—12根以铁骑、串柴横串成单节木排，每节木排约0.3—0.7立方米，待雨后涨水，放运至"大溪"。依据河水流量，再将单节木排串联成5—10节的大小不等的"条排"，节数多的木排每条有材积10余立方米，再运至华埠、界首、文图三地，将林区放运过来的木排再叠成长方形的"大排"，排长70—80余米，宽10余米，重叠4—6层，总材积约100立方米。排形前头小后尾大，排头设一面"木招"，形似偃月刀，用以把握航向。往后以横木、篾帘、苗藤扎紧，称为"三横"，两侧及后部设木橹数片。为了运行的方便，每三条"大排"为一组，每组9人进行放运。配备7吨左右木帆船1只，以供排工宿食之用。木排起运前，均要举行开排仪式，宴请放"大排"的渔户，还要杀鸡祭天，祈求莫降大雨。

华埠至建德曰"上港"，多急流险滩；建德以下为"平港"，水流虽然平缓，却易受潮汐冲击。排出华埠，迎面一爿高滩，水下礁石连绵，一浪高过一浪，曰"十八浪"。浪后又是一深潭，水深不可测，漩涡暗流交织，船易触礁，排易破滩，被卷入潭底者为数不少。接着又是"浪高一丈三"的白虎滩以及"不吃三担米休想下此滩"的"三担米洲滩"，旋又是擂鼓山滩，滩险途长，弯度几达90度，巨石兀立滩头，水流绕石急转直下。每当排到此处，木招、木橹无用武之地，排工花篙唯有一处可入水，有半篙力可使，若不眼疾手快，一篙恰到好处，否则前排撞上礁石，后排接踵而至，排破礁打散架，木头飘散水面，不可收拾。

进入富春江和钱塘江，江面渐宽，常遇顶头风和大潮冲击，也险象环生，木排需重新叠高扩大，潮来靠岸，潮退开排，顺风张帆，逆风使橹拉纤。从华埠放木排到杭州320千米水路，途经金溪、常山港、衢江、兰江、富春江、钱塘江。3人放一帖排，如果水势大，流速快，当天即可到达衢州，3至5天可到达杭州。"排至杭州，全程需闯'七大难关'，关关滩高弯急浪大，当头老大完全凭经验，察地形、观水流，随机应变。旧时每过一关为一'福'，包头要分别为排工发半斤肉、4两酒，名曰'烧福'，以示庆幸。"①浅水期需要3至5天到达衢州。每当干旱季节，木运只能在"内河"采取分段作坝引水，分段放运木排。"外河"则在浅水河滩，排沙疏港，以提高水运效率。

渔户的木排水运方式为在根部20余厘米处，以尖嘴斧头挖砍一个长方洞，以串柴（硬木）横串成排。不仅费时，且浪费根部的优质木料。后来，采取"铁骑钉排法"，以5厘米宽、8厘米长的"∩"形铁钉，钉住木材根部的横串条，成为单节木排，再在木排之间以苗藤连接成"条排"，这样既省工且方便。"华埠镇的放

---

① 华埠镇志编纂小组编：《华埠镇志》，浙江人民出版社2003年版，第77页。

运木材行业，相传已有200多年的历史。放运工人祖籍多为建德县梅城镇的钱、陈、孙、许四姓之船户。解放前，放排工人都在大小包头的控制之下。包头接到地主、木客交运的木材，转手交给排工放运至杭州，按龙泉码每两杉木运价70—75市斤大米。枯水期就捞鱼捞虾、做临时工等，自找出路。"①专门承包木排运输的包头华埠就有10余人，其中较有名的为陈元成、许炳元、陈高林、陈云林等人，放排渔户都要受大小包头控制，包头坐收渔利，其收入相当可观，不少包头因剥削渔户都成为地主或大老板。木材水运设备简陋，运费低廉，经济效益高于陆运。但也受季节性的限制和洪水的威胁，每年4至6月份乃洪汛期，易发生漂木事故。7月份以后，属于枯水季节，大量木材往往要积压到次年春汛才能放运，容易造成霉烂变质。而且有些地区，诸如苏庄乡，河道流向江西，无法水运。（图4.2）

图4.2　开化木排（开化文化馆供图）

① 开化林业志编写组：《开化林业志》，浙江人民出版社1988年版，第179页。

渔户将木排长途运往杭州出售，既是其特长，也是其重要的谋生职业。渔户从事排运收入较高，所以趋之若鹜，但排放乃季节性行当，难于以此谋生，淡季还要从事捕鱼捞虾，或从事其他临时职业，以养家糊口。渔户钱自荣如是说：

> 一个排工一次木材放运量在50—60左右，大水放排顺利一般在6—7天可到杭州，加回返华埠5—6天，一次来回时间约两星期，冬天枯水期需要一个来月。每个排工放杭一次，实得工资300—400元，根据木材运量，一个排工一年运杭5—7次，平均6次，全年可运木材300—350两，因放排工资收入高，每年放运旺季也吸引外地来华埠放排的临时工，2—3月，淡季回原处，人数约20—30人。木材流放，解放前，多由产地编排撑放，至华埠售于木客，外运则由木排包头独揽，包头从木客或地主手中承包交运的木材再雇用工人放运，故工人放排要受木运包头的剥削。包头从中得利高于放排工人的实得工资，少则8—10倍，多则几十倍。1948—1950年间，华埠镇有木材水运大小包头49人。每年春夏盛水是木材旺运期，要完成放运任务的80%—90%，到秋冬季枯水期木材需运量极少数，成为淡季阶段，他们就改以捕鱼捞虾为主和其他副业生产，克服淡季困难。①

渔户水运开化木材大都输入杭州。杭州江干南临钱塘江，背靠运河，上江的油茶、竹木、山货均由渔户运往江干作为集散地。江干茶楼酒肆林立，丝竹弹唱之声不绝于耳。江干从闸口至南星桥，沙地一望无际，据说有3800多亩，时称“十里南关”，乃理想的木材集散地。渔户所运木材均在此起水，或成交出售，或于沙地叠成“花仓”整放，待价而沽。抗战全面爆发前，江干木行有36家，其中由杭州人开设占三分之二。“开化所产之杉木，从明清到民国皆水运到杭州转销沪宁一带，为杭州木材市场的‘上港’木材主要产地（当时称浙西为‘上港’，瓯江为‘下港’）。民国元年（1912），开化籍人在杭州开设有同大和洽记两个木行，为‘山客’和‘水客’之间的经纪人，从中收取佣金10%—15%，年成交量各7000多两。以后陆续增设祥泰、香山、华阳、华东、浙东、万源、协昌、两江、正中、公平，累计12家，本县经商木客177人。华埠镇木材市场兴旺，（民国）三十五年（1946），销售量约2万两……（1949）为1.7万两。”②开化的木材经营呈“两盛一衰”趋势。民国十五（1926）年至民国二十三年（1934）乃旺盛时期，木材年外销量18000两至20000两之间，产值40万元以上，主要销售上海、杭州、嘉兴、湖州所属各地。开化木材商人在杭州有三大木行，尤以洽记、同大为最。洽记

---

① 钱自荣：《华埠船上人》，《通衢》，中国戏剧出版社2000年版，第252页。

② 开化县志编纂委员会编：《开化县志》，浙江人民出版社1988年版，第146页。

木行以经营开化木材为主，兼营江山、常山、淳安、遂安、建德、桐庐等县木材，年交易量达7000两左右，成交额15万元以上。同大木行货源主要来自开化西乡池淮溪，也有衢属等县木材，年交易量约7000两，其中开化木材达5000两以上，成交金额与洽记相当。抗战全面爆发后，洽记和同大倒闭。另有祥泰木行，年交易木材数量达2000两左右，也于抗战全面爆发后倒闭。（图4.3）

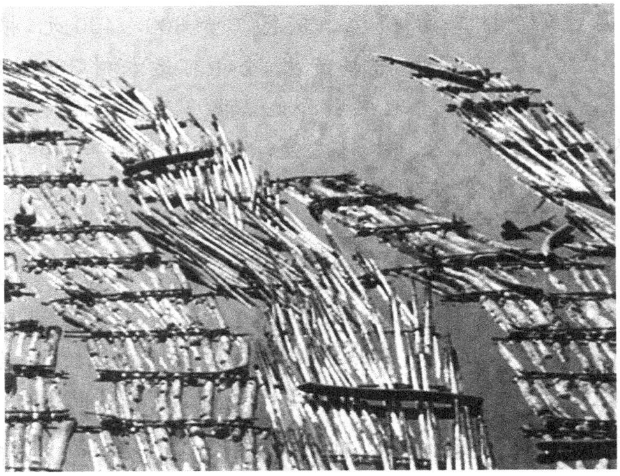

图4.3　华埠木材放运（资料来源：《钱塘江之源：开化》）

抗战全面爆发后，杭州沦陷。日军与国民党军队隔江对峙。日军将江干民房商店以及沙地贮存木材，付之一炬，大火燃烧了三昼夜不绝，损失极为惨重。抗战期间，木材无人问津，依靠运输木材收入的渔户无以为生。抗战胜利后，江干木行在废墟中重建，木行恢复到48家。解放前夕，已达二三百家，其中杭人开设百余家。开化木材市场再度兴旺发达，开化“山客”再度赴杭联系业务，渔户的水运生意再度复兴，将杉木原条源源不断输入杭州，仅开化籍人在江干开设的木行就有协昌、华阳、华东、正中和公平。开化木材还进入非开化籍人开设的同茂兴、一而、义记三家木行。

第三节　徽州九姓渔户的排运

徽州地区山多田少，乃安徽重点林区，林业蓄积量占全省的三分之二，山区农民向来以经营山林为主要生计。“休宁山中宜杉，土人稀作田，多以种杉为业。杉又易生之物，故取之无穷。出山时价极贱，抵郡城已抽解不赀，比及严及所征数十倍。严之官吏方曰：吾州无利孔，微歙杉不为州矣。”[①]松杉生长快速，20 年就能成材，轮番砍伐，不愁匮乏。休宁“山出美材，岁联为桴，下浙河，往者多取富”[②]。徽州木材外销浙江，南宋时已达相当规模。木材采伐均于秋冬季节进行，杉木均采取小面积块状皆伐，松及杂林多取择伐。杉木生产整根原条，有剥皮与不剥皮两种。松及杂木因过于笨重，集运不便，依市场要求就地锯成不同规格的原木。木材采伐造材后，沿山坡修建土滑道“放仓”，滑至山麓，再通过人抬肩扛至小河边扎筏，待汛期涨水，流送屯溪。（图 4.4）

图 4.4　徽州木排水运（资料来源：《徽州地区林业志》）

皖赣铁路通车前，除少量由汽车运输外，大部分以排运的形式，顺新安江、青弋江、阊江流放至浙江、江西境内和省内芜湖等地。秋冬季节，林区砍伐的木材（原木），由人工肩扛或顺小河流放至河面较宽处，然后在每根木材的根部打孔，穿入小木棍，串扎成排，等雨季水位上升时，将单张木排连成“长排”，顺水流放。“长排”一般长 80 米，由排工 1—2 人撑篙航行。至深水航道，将“长排”编组成长 100 米，宽 5 米左右的“大排”，排头、排尾设橹航行，排工食宿均在排上。新安江库区形成后，排运改拖轮拖运。每年雨季，新安江、阊江、青弋江河道上，木排云积，运输繁忙。皖赣铁路通车后，木材改由火车运输为主，水运极少。[③]

山区林农将集运至小河边的木竹扎成“蓑衣筏”（单层木筏），待春水上涨再沿溪河运往可常年水运的大河，再由专门负责水运的渔户改成较大的木排运输。“建国初，屯溪、歙县街口及浙江省威坪（淳安县）三地的木排工会成员达

① （宋）范成大：《骖鸾录》，《丛书集成初编 3114》，商务印书馆民国二十五年版，第 4 页。

② （宋）赵不悔修，罗愿纂：《新安志》卷一《风俗》，嘉庆十七年刻本。

③ 徽州地区交通志编纂委员会编：《徽州地区交通志》，黄山书社 1996 年版，第 180 页。

2000 多人。”①徽州外销木材按照河流流向，休宁、歙县全部木竹以及祁门、黟县部分木竹沿新安江运往杭州，后改为建德，数量约占外运木材的三分之二。其余各县则分别通过阊江—鄱阳湖，秋浦河以及青弋江，水阳江入长江运往芜湖、南京等地销售。屯溪乃新安江上游木材的集散地，距离屯溪五里的闵口“内通歙港，外接衢饶。故四达之孔道也”②。河面开阔，乃天然的水坞，渔户可将木排常年水运杭州。（图 4.5）

图 4.5　新安江木排运输（资料来源：《徽州地区交通志》）

“徽郡商业，盐、茶、木、质铺四者为大宗”，木业乃徽商主要行业之一。除木行外，均无固定铺面，少数占有山场，集地主、官绅、木商于一身，多数穿行于山林之间，买进卖出，通过渔户水运外地销售。木商采购木材有两种方式，一为收购拥有山场的山农自行砍伐的零星木材；二为购买青山，雇工砍伐。刳皮称为“白条”，不刳皮称为“红条”。数十根杉木树立一堆，使之容易透风，经过月余风干，再打眼扎排，将十余根木材联成一排，盖上物主斧印，俟春雨涨水之际，运往屯溪集结。木排到屯溪汇集后，渔户再用竹篾联结成大排，顺新安江下泛，委托木行出售。屯溪作为皖南的主要转运口岸，有三条运往杭州的水路，一为“屯上线”，溯率水西行至休宁上溪口；二为“屯渔线”，溯横江北上至黟县渔亭；三为“屯杭线”，沿新安江顺

① 徽州地区林业志编纂委员会编：《徽州地区林业志》，黄山书社 1991 年版，第 167 页。

② （清）何应松修，方崇鼎纂：《休宁县志》卷之二十二《艺文》，道光三年刊本。

流杭州，既可贩运木竹，也可航行木船。特别是“屯杭线”，特别繁忙，“溪流一线，小舟如叶，鱼贯尾衔，昼夜不息”①。木材主要销往杭、嘉、湖、沪、苏、常一带，买货者称为“水客”，徽州卖木者曰“山客”，“山客”与“水客”通过中间人木行联系洽谈生意，交易成交之后，木行从中提取3%—5%的行佣。木行对木商发放贷款，收取利息。徽帮在杭州开设的木行最盛时达百余家，抗日战争前后，仍有乾吉、永安、三三、永丰、中孚、益生、三怡、东南等数十家。

徽州木材主要通过渔户售于外地，其中新安江乃主要航道，清末民初年运木材达10余万两。屯溪位于横江、率水与新安江合流之处，上游小河小溪很多，有利于木材的搬运，且近郊闵口、湖边，河面开阔，依山弯转，乃木排的理想停泊之地。每年春夏之交，河面几为木排所覆盖。屯溪得此地利，故成为木材产区的集散地。杭州专门建有“徽州木业会所”，创建于乾隆年间，参加者有徽州六邑木商五六百人，在侯潮门外建造房舍，用以叙事。在江干置有沙地以堆放木材。徽商木排运抵杭州时，只要按章缴纳“沙经(保管费)”，即可堆放无虞。每年六月初一，杭州徽州木商都要举行聚会，自乾隆迄抗战爆发，从未中断。抗战曾一度中断，民国三十五年(1946)恢复，更名为“徽州旅杭木业福利社”，尚有会员380人。

第四节　淳安九姓渔户的排运

淳安和遂安于东汉建安十三年(208)建县，1958年因兴建新安江水库而合并为淳安县。淳安县属于浙西山区，以低山丘陵为主，森林资源极为丰富，林木蓄积居浙江省第二位，木材产量居浙江省第三位。淳安林业生产历史悠久，宋代即已栽植漆树，明代木材生产和山地经济作物成为淳安的主要收入。明嘉靖三年(1524)《淳安县志》记载：“山多地瘠民贫而啬谷食不足，仰给他州，勤于本业，更蒸茶割漆，栽培山木，以要懋迁之利。”②乾隆二十一年(1756)，淳安年产杉木10万根(7万立方米)，山区民众普遍插杉点桐。民国二十八年(1939)，遂安县外销杉木2万根，总值10万元；淳安年产7万根，总值35万元。民国三十(1941)，遂安杉木、松板运销沪杭总产值达10亿元(法币)。民国三十四年(1945)，淳安森林面积23.53万亩，出产木材3850立方米，木板2000立方米，柴10万担，炭1万担；遂安森林面积8.86万亩，出产杉木达10万株。

林木大都属于私人所有，极少数属于祠堂或庙会所有。砍伐时农民以雇工

① (清)廖腾煃修，汪晋征纂：《休宁县志》卷七《艺文》，康熙三十二年刊本。

② (明)姚鸣鸾纂：《淳安县志》卷之一《分野》，嘉靖刻本。

或换工的方式结伙进行采伐，地主、富农或木材商人以包工或点工的形式雇人采伐，或估价转售经销者，由经销者雇人砍伐。杉木皆伐，松及杂木择伐。民国时期，平均年采伐约100万株（折合6.7立方米），年产商品材7000立方米，为军工、机场、电讯等工程提供大量木材。民国三十一年(1942)，淳安和遂安为修建衢州飞机场运送木料18.7万株。伐木工先砍倒树木，砍掉大部分枝丫，留下少数顶枝，刮掉树皮，以加速水分蒸发，林农称为"抽干"或"抽胚"。"抽干"半个月或一个月后，再按照运输条件、肩背能力、结合木材收购价格的长度分档进行造材，杉木一般整根运售；松木、杂木造材的长度较粗大而笨重者，以2—3米为多，稍细而轻巧者，以4—5米为主。为了防止造材时因地形复杂而出现偏锯现象，致使造材长度不能达到预期要求而影响木材的使用价值和收购价格，下锯时按所需尺寸再放长10厘米。从采伐地肩背集中山溪，利用春季雨后涨水之时进行单根流送。汾口、临岐等方向由于河流较长，单根流送费工费时，且易丢失，遂先将单根流送到大溪边编排，杉木编成"蓑衣排"或"鱼鳞排"，松木编成"平排"。明清暨民国时期，木材经营均由山主或私商自由购售。民国二十一年(1932)，淳安县有一家木行，从事木材购售。淳安港口的小坑溪有一木材、木制品交易市场；港口镇上有一柴炭联运社，主要经营柴炭，运销杭州，也经营部分木材。淳安人在杭州开设的木行有10多家。（图4.6）

图4.6　淳安贮木场（资料来源：《淳安县林业志》）

淳安和遂安两县的木材依靠渔户通过水运杭州再转售各地。淳安和遂安最大的河流就是徽港（新安江），另有东源港和遂安港。新安江从歙县流入淳安，自交界处鸠坑至老县城的塔底90华里，暗礁乱石成堆；东源港从上游支流汇合地航头至塔底55华里，河床起落悬殊，村村有碣坝；遂安港从狮城至港口60华里，河床较高，水位过浅。木材放运条件均较差，都扎成"平排"或"蓑衣排"放运。徽港每人每次放运量5至7个立方米，东源港为2至3个立方米，遂安港为4至5个立方米。到港口后才拼成约20立方米的木排放运杭州。运往杭州的木排，前有校，中有橹，后有条，前能把握方向，后能刹车，20立方米的木排以2个人放运到桐庐七里泷，再重编为"大排"（约100立方米），以4个人放运杭州。每次从港口出运，多时达50条，少则20条，如果水势大，流速快，15天即可抵达杭州，浅水时约需20至30天。

木材水运除小沟、小溪由林农自行单根流送，或扎成小平排、蓑衣排放运以外，东源港自航头至塔底，遂安港自狮城至港口，徽港自鸠坑至塔底，再自港口至杭州，均由专门放运木排的九姓渔户承运。"淳（安）遂（安）至杭州的放运木排行业，相传已有百年历史，放运工人祖籍多为建德梅城、江山、义乌、安徽等地的船户，以陈、钱、孙、许四姓最为势大力众。解放前，放排工人在大小包头的控制下，由包头接到地主、木商交运的木材，转手交给排工放运到杭州，赚取差额报酬。排工在枯水期无木排放运时，靠捕鱼捞虾、做临时工、自找生活出路。"① 解放后，组织了塔底、茶园、港口、遂安木筏工会和威坪船排工会，属于集体性质的排运、船运组织，塔底还有一个农民组织的生产组，也承担部分木排运输。从此，九姓渔户摆脱了包头的控制，直接与塔底、茶园、港口、遂安（狮城）、威坪、桥西等木材收购点联系承担木材放运任务。

建德也是浙江省35个山区县之一，重要木材产地，有杉木、松木、柏木、樟木、青冈、苦储、黄檀木等木材，年产木材四五万立方米，主要产材乡有莲花、大洲、长宁、罗村、下包、钦堂、童家、石屏、李家、长林、大洋等地。"建德山居什八，田居什二，旧时所植以松杉为最。"②民国二十年（1931），建德出产松板12000块，总值60000元；杉木1000枝，总值5000元。寿昌县出产松木834300根，价值354300元；杉木137788根，价值206682元；柏木22400根，价值127933元；檀木59052根，价值70860元；枫树13613根，价值18890元；椿树25430根，价值35430元；栎树59049根，价值29524元；杨树177150根，价值70860元；榉树31492根，价值15756元；柳杉20575根，价值44287元；其他杂木141733根，价值70866元；毛竹493575支，价值98715元。建德没有经营木材的木行，山区富有的木材，均由私人经营，秋天砍伐，冬天出运，春季由渔户运往杭嘉湖地区。

① 淳安县林业志编纂委员会编：《淳安县林业志》，汉语大词典出版社1991年版，第232页。

② 夏日璈等修，王韧等纂：《建德县志》卷二《地理志》，民国八年铅印本。

建德下涯溪、冷水溪均有木排流放。山农先在溪边扎成“小排”，于小满前流放到下涯埠和洋溪埠，渔户再扎成“大排”流放杭州。有时货主催货甚急，小溪就蓄水放排，每遇堰坝则先蓄水，等水满后再流放木排，称为“干水排”。此举颇费时间，且要取得沿途村庄有关人员的同意，如未经允许，常引起纠纷。①

第五节　富阳九姓渔户的排运

富阳、新登两县属于“八山半水分半田”的低山区丘陵，盛产杉木、马尾松、青冈、苦槠、麻栎、香樟、枫香、香椿等木材。富阳林业生产悠久，民众素有插杉点桐习俗。明代万历府志记载，桐洲、中沙民众，大都以栽种乌桕为业。明隆庆元年(1567)，富阳县城南门关委官监税，检查过往竹木。民国《新登县志》记载境内常有行商山客经营柴、炭、板木业、青竹业，运输吴越，以博蝇头之利，有泰丰、竖源、大川等7个木行，均在渌渚。20世纪30年代，壶源山每年出产马尾松和杉木50万支，销往萧山临浦和杭县江干。民国三十七年(1948)，新登县输出木炭5万担，柴40万担。木材生产的季节规律为“秋冬伐木，冬春集材，春夏流送”，木材购销由私商木行承担。私商收购的木材，多运至溪边扎排，待涨水时放运。

渔户从富春江的支流，将木材运往富春江，顺江而下，运往杭州江干出售。富阳的水运条件优越，富春江自西南向东北流过富阳52千米，沿途主要支流有渌渚江、壶源溪、剡溪、青云浦、白洋溪、大源溪、小源溪、下里溪以及渔山溪等，诸溪总长200千米，以渌渚江及其支流葛溪、松溪、湘溪以及壶源溪为富阳主要木材水运线。松溪和葛溪于城阳乡双江口汇入渌渚江，渌渚埠成为木排、货船运木交接点。壶源溪中上游木材排运或单漂至场口龙潭埠，扎成“大排”或船运经青江入富春江。剡溪的排运暨船运木材交接点在柏树下。苋浦原有富高、富麻、富步三条航道，全长41.5千米。大源溪的排、船运木材交接点在大源埠，枯水季节无法通航。20世纪50年代，富阳、新登两县有78千米长的溪道可常年通行竹筏。后因滥伐森林以及毁林种粮，逐年减少。

富阳渔户水运木材历史悠久。光绪《富阳县志》记载：“凡木商自上江来者，至富春将涉大江，必将‘小排’拼作‘大排’，间有分卖各木以助资斧。”②民国《新登县志》也载：“县之西北境版图最广，山货也较多，其货由葛溪直下渌渚；县之东北山货均出松溪亦汇绿渚，以上两溪仅通竹筏，至渌渚通行上塘始用船载，由

---

① 浙江省建德市交通局编：《建德市交通志》，海洋出版社1996年版，第58页。

② (清)汪文炳撰，何镕等纂：《富阳县志》卷十二《赋役志》，光绪三十二年刊本。

鼍江而入钱江。入境之货或重载鼍江易排而至，或行经富邑肩挑而来，商贩道路不甚便利，交通行政亟待提倡焉。”①另外，“松葛两溪之堰，每于四月八日起禁放柴木，封堰蓄水，以灌田禾”②。至少从明代开始，富阳和新登的木排水运就已繁忙。

富阳、新登两县的木材水运，由经营木材的私商木行包给排包头完成。后来，则由船业工会和放排工会承担木排水运。以绿渚江的水运最为发达。木排水运的季节性较强，大都是春夏流送。春汛前作好水运的劳力和辅助材料的准备，落实包运合同，将需要运送的木材抢运到溪河边，等待汛期到来及时流送。木排水运方式因水路不同而相异，山间小溪采取“赶羊流送”，即木材单漂；大溪上则扎成小木排放运或单漂；入江河后拼成“大排”集运，或船载。采取“赶羊流送”木排的方式不多，渔户需要在溪道两岸随木而行，随时拨送被搁木头，至下游埠头拦截扎排。“赶羊流送”法有利有弊，时间短成本低，但必须注意水势和天气，还要防止漂木以及流经途中被盗。

大溪运木以“木排”放运居多，由于材质不同，有两种方式。一为杉木排运，依据木排大小，将10至40根(一般20根左右)杉木梢部以藤缚紧，扎成“V”字形单排，再将顶端压接另一节单排的尾部，共连7至8节，装运杉木15立方米左右，前后由1人押送。二为松什木排运，每张排可连4节单排，首节扎10根木头，再依次增多，末节装16至18根，每节扎成前后宽度相差不大的梯形，由于松什木质重，节与节之间要用藤条拉开一段距离，每张排可扎木排8至10立方米，也需2人押送。

木材流入江河，诸如渌渚江、青江和富春江时，渔户需将原先的“小排”拼成“大排”或重做“大排”，可提高放运量4至5倍。一张“大排”纵向有8节“单排”，长30至50米；横向有5至6节“单排”相连，宽20至30米。每节“单排”装扎4至5层木材，其中底层木材需用铁钉加固，木排以藤条横串扎紧，每张“大排”可运木材200至500立方米，需要5至6人押送。“大排”前面还需一小帆船牵头，以解决渔户饮食、休息、上岸等问题。“长期以来，排工们对江河放排有‘神仙老虎狗’之说，即顺风时，可扬帆速行，快活如神仙，场口镇至富阳镇一天可达；无风时，排工需摇橹带动，形如老虎；逆风时，则须上岸拉纤，弓背而行，场口镇至富阳镇需三五天。”③自从货轮拖带木排以后，排工就摆脱了拉纤摇橹的桎梏。(图4.7)

---

① 徐士瀛修，张子荣纂:《新登县志》卷之十二《经政篇二》，民国十一年铅印本。

② 徐士瀛修，张子荣纂:《新登县志》卷之二十《拾遗篇》，民国十一年铅印本。

③ 富阳县林业局编:《富阳县林业志》，方志出版社1992年版，第196页。

图 4.7 钱江木筏(图片来源:《江干往事》)

第六节 桐庐九姓渔户的排运

桐庐位于浙江省西北部,钱塘江中游,有众多的大小溪河,其中6条可放运木材,总航距137千米,大多赖此浮运出境。桐庐素称“八山一水一分田”的山区,森林蓄积量居浙江第8位,木材产量居浙江第11位。桐庐林业生产发展较早,民众向有种植杉松和砍柴留树的传统。明洪武八年(1375),圆通寺老僧植万松于路旁。光绪《分水县志》记载:“分水山多田少土地硗瘠,民以薪炭茶漆为生,无产营衣食于他郡。”①清时林业生产具有举足轻重的地位。民国二十五年(1936),桐庐生产木材20717立方米,毛竹16.5万株。桐庐木材采伐以手工作业,地主、富农以及木材商雇佣伐工,吃住在山上“砍树棚”,采取点工付钱,或由工头包采包运。采伐木材均在冬季进行,伐工上山,先要开路搭桥,清除树根柴草,将离地1.3米以下的树皮刮光。再从上山往下山依序砍伐,伐根要求不超过10厘米。伐倒后经过1至2个月的干枯,称为“抽丕”。再进行打枝、刮皮和造材。杉木刮皮后即完成整个作业,松杂木需锯成一定长度的原木,便于集材运输。(表4.2)

表4.2 桐庐县历年木材产量

年份	产量(立方米)
1936	20717
1946	15764
1948	21520
1949	22388

资料来源:《桐庐林业志》。

① (清)陈常铧修,臧承宜撰:《分水县志》卷一《风俗》,光绪三十二年刊本。

桐庐陆路交通极差，但水路交通颇佳，有富春江、分水江两条大江，还有前溪、清渚溪、下圹溪、芦茨溪、大源溪、湖源溪等小溪54条，四通八达，木材运输，均依靠九姓渔户的水运。（表4.3）木材水运分为“小溪放运”与“大江放运”两种。山上的木材肩运到小溪，编成小笼排，待涨水时放运；也可采取单株放运。东辉、罗山、百江等地木材，经前溪运往分水；岭源、合村、怡合等地的木材经后溪运往分水；歌舞、百岁等地木材经下圹溪运往洛口埠。经过并排加固再从分水江运往桐庐。该过程称为“小溪放运”。到桐庐后再将小排扎成大排，经富春江运往杭州、萧山、绍兴等地，此乃“大江放运”。“大江放运”均由渔户承担。

> 解放前，桐庐镇上约有200个水上工人担负着水运任务，其中有十几人负责向木行承包运输，称为“包头”，亦称“作头”。他们常年驻在木行，负责收数、保管、检量等工作。木行每月付给三四百斤米的工资。木材需要放运时，由包头安排人员扎排放运。从桐庐放运到杭州，顺风七八天到达，途中如遇洪水、风浪阻搁，就要延长放运时间，乃至半月一月不定。“大江放运”人均放运量约40—50两。所得运费，包头得10%，其余归排工分配，一般每人每次可赚运费四五百斤米。放运过程中，如木材失少，承运者要负责赔偿，如遇无力抗拒的灾害，经过抢救，仍出现漂木事故，由行方负责，但排工运费就敲了。放排工人常年在水上生活，风餐露宿，劳动强度很大，收入甚微，闲时尚需靠捕鱼收入弥补生活。①

表4.3　1927年9月17日桐庐县县长卢保芳呈报九姓放排的九姓渔户

姓氏	户数(户)	职业
陈姓	4	放排兼捕鱼
钱姓	2	放排兼捕鱼
林姓	1	放排兼捕鱼
孙姓	48	放排兼捕鱼
许姓	1	放排兼捕鱼
何姓	1	放排兼捕鱼

资料来源：童振藻《钱江九姓渔户考》。

① 桐庐县林业局林业志编写组：《桐庐林业志》，方志出版社1990年版，第129页。

桐庐位于富春江和分水江两江汇合处，两江上游所产的木、竹通过水运汇集于此，再经桐庐中转由渔户运往苏杭宁绍，成为竹木的集散地。木商分为“行商”和“木行”两种，“行商”从林区收购木材，通过木行销售，有的林主直接运往桐庐通过木行销售。“行商”并不自产木材，也没有固定经营场地，依靠收购贩卖木材，从中牟利。“木行”乃独资或合股经营的商行，有固定的地点，宽敞的房屋以及揽排工具，还有一定数量的流动资金。木行经营对象有“山客”和“水客”，贩销木材的行商或林主称为“山客”，木行为了招揽生意，砍伐前先预付“山客”一笔借款，以支付采伐运输工资。木材运到木行以后，行方对“山客”和放排渔户均免费招待膳宿。从销区来桐庐购买木材的商人称为“水客”。“山客”和“水客”都通过木行成交木材买卖业务，共同看货议定价格，木行负责检量结算，从中赚取佣金。“山客”交付木行的佣金称为“内佣”，为木材售价的2%至6%；“水客”交付木行的佣金称为“外佣”，为木材售价的10%至20%。木行起中介作用，故称“过塘行”。桐庐渔户每年都要放运8万两的木材，以松木和杉木为主。

木行放运木排之前，嘱咐包头寻找九姓渔户整编，俗呼“撬排”。小杉木四支撬成一块；大杉木二支撬成一块；松段杂木以二支撬成一块；左右前后块与块均以龙游产的篾链扎住，扎成3丈阔，5至8丈长，约300两的大笼排。等涨水时，由行方开出“大牌”（即运单），盖有“天灾人祸，各听天命，偷卖盗窃，行方负责”的印章。渔户接受任务后，领取部分工资，携带“大牌”放运，风雨兼程，摇橹划桨运输。排后跟随小舟，以备途中膳食。渔户将木排运往水客指定的目的地，诸如杭州闸口以及萧山闻家堰等地，将“大牌”交付，按运单验收后，取得“回单”向原发货行交验，并结算“水脚”，每两木材约8角（1935年以前），渔户收入极其微薄。国民党统治后期，货币朝夕贬值，“山客”“水客”和行方经济往来，均以大米或黄金的当日市场牌价折算。

桐庐还是浙西水路交通要冲，钱塘江中流桐庐境内称为富春江，富春江西北连接分水通往临安，南方连接兰江通往兰溪，再由兰溪分流通往衢州和金华。昌化、於潜、分水、建德、开化、新登等地，乃至浙赣边境、浙皖边境、浙闽边境的木材都必须通过钱塘江航运，桐庐自然成了钱塘江流域最为繁忙的木材集散地。特别是货轮尚未普及时代，将木材从浙西山区运往桐庐，再经桐庐运往各地，非由专业的排工渔户运输不可。渔户放排前必须先扎捆成排，以便放入水中，借助水的浮力，依靠渔户的撑力，顺流而下，送往目的地。浙西山区水流湍急，落差较大，若控制不当，木排容易被打散，从而引发事故。扎排颇显渔户的技术，捆扎坚固的木排，能大大降低放排的危险性。木排以毛竹皮捆扎，有的用木条、铁卡钉、篾绳或槁条固定。以渔户的行话而言，扎排包括了“花打、打筋、双筋、青心、拢排”等一系列复杂的程序，并非一个人所能完成。一个小木排由400两至500两的木材扎成，合并成大排达到2000两，小排之间互以铁丝相互勾连。

渔户必须了解天气和水位，选择最佳放排时机，并能根据具体情况采取不同的放排形式。渔户称每年阳历3月为“桃花水”，5月为“黄梅大水”，6月曰“海啸”，也就是台风，唯有这几个月的水位最高，水流最大，最适合放排，也最危险。一次放排少则五六人，多则四五十人，每人要负责五十两，一人一橹，以控制木排走向。放木排的渔户头人曰“出务包头”，又称“大招呼”，相当于驾长，在排的前头掌舵，渔户放排一切行动听其指挥，均服从“出务包头”的号令，不得有半点马虎。由于木排大，水流急，“出务包头”无法顾及所有渔户，排前和排后需要大声招呼以便协调，喊“靠拢”或“靠开”，以示向左或向右。木排必须行驶于江的“二流”，而“二流”的最深处也不过丈余，以便于矫正方向。“中流”乃船的航道，木排不得抢占，水深10米，无法掌控，一旦木排失去控制，犹如脱缰野马，几十立方米或上百立方米的原木顺流而下，不可收拾，不知所终。旧时，放排人有很大一部分是“小姓”。所谓“小姓”，与“九姓渔民”是一样的，包括陈、钱、林、李、袁、孙、叶、许、何。由于放排这项工作既艰苦又危险，只有像“九姓渔民”这样生活在底层的穷人家的孩子才愿意干。据孙效洪老人说，他在木行工作的时候，全桐庐大概有240个放排工人，他们大多十四五岁就开始放排，直到年纪大到体力不支了才退休不干。由于排工生活艰苦，也没能力将孩子送去读书，放排人中也不乏子承父业的。①

从浙西山区运往桐庐，河流大都较浅，渔户以竹竿撑行。如果行经水面狭窄，弯道很多，且落差较大，水流湍急的河段，大木排通不过，需要拆成小木排，渔户立于排上，不仅要保持自身平衡，还要努力使木排平稳前行。稍有不慎，木排容易触礁搁浅，严重时会被水流冲散，一旦无法拢住，木排散落顺流而下，别说讨要工钱，连身家性命都难保。从桐庐运往杭州和上海等地，就进入富春江。富春江水面开阔，水流平缓，渔户将小排拼成大排。因富春江水深，竹竿无法撑到江底，只能靠船只在前面牵引，渔户在木排上控制。渔户常年在水上漂泊，途经依靠竹竿撑行的小河段，就在木排上搭帐篷居住；在有船牵引的大江中，便居住在船上；唯有路过木排停靠口岸，才会停下来上岸歇息。放排渔户一日三餐均在水上，他们将米和蔬菜带上船，趁水流平缓时再打些鱼以改善生活。渔户放排严禁说晦气话，排工认为必招不幸。放排乃是“风吹浪打，吃了今天不知明天”。排工出发前，必带肉、蜡烛和香火到桐君山拜“栏头菩萨”，并在排头祭拜。

① 郀玮砾：《钱塘江上放排人》，《钱塘江风俗》，杭州出版社2013年版，第37页。

沿途所遇寺庙，排工如有条件也要进去朝拜。一旦顺利回到桐庐还得前去还愿，拜祭城隍菩萨。放排因意外死亡的渔户也不少，渔户家人无钱安葬，只得埋到有钱人捐赠的义冢地。渔户许马尔如是说。

> 每年汛期，是山客将木材送往桐庐的黄金季节，但见县城横江是一派木排蔽江的场面。岸上坐商与各路水客的讨价论价声；水面上木行伙计与山客量码及放排人的唱曰声；再加上放排人撬排、拼排的吆喝声交织在一起，其场面热闹异常。过去山客山上采伐的木材，皆要先集积在所在地的溪边，待山水一来扎成捆子排顺溪流放入两江再到桐庐汇集，经桐庐的木材过塘行后卖给外地的水客，并由放排人做好木排放运到杭州、萧山等地。过去放木排得有不少工具，仅吊排缚排的链就有龙排、青芯、青索、花带四种。这些链均为竹篾制成。其中龙排是一种又粗又长的链，平时用它需八人以上才能抬动，此链大都在洪水期吊排用。青芯、青索、花带链则为扎排、捆排时所用。各地山客放到桐庐的捆子排，经放排人做成一帖帖的木排，有量码、撬排、拼排、捆排这四道工序，量码即丈量木材体积数量；撬排又称叠排、拖排，即将木材按不同尺码、材类做成两头齐整，层层用藤篾扎牢的小排；拼排即将每横小排按种类，运送目的地等归类拼成一帖大排；捆排又称撬排，是用木头作横梁，用青芯链每横排捆紧，并在排的前后捆撬各两个链擂，链擂为停泊时吊缚排及竖桅杆扬帆或拉纤用。过去放排人的生活是很艰苦的，操此业者皆为当年的"九姓渔户"后裔，浮家荡宅在富春江上。虽说那时的桐庐木材经营较兴旺，但毕竟僧多粥少，数以百计的放排人要揽到一趟放木排的生意也是极不易的事。有的数月或半年还轮不到一趟放排的生活，无奈中只得去捕鱼或给货船主当伙计糊口。从前，放木排风里来浪里去，遇上涨潮或大风，弄不好排散人亡。因此，放排人不得不求助神灵的保佑，如木排启放前，作头将给每位放排人吃"串肉"，以示顺风，木排不会被打散。木排调头或出运到桐君山及富阳城坟山等有庙之处，都得朝庙方向炷香插烛拜菩萨，祈求神灵的保佑。①

桐庐木行始创于清末，最早有罗庆成、聚成福、德昌等几家于分水江畔的旧县埠开业，后因该地乃河道迂曲之地，河沙淤积，影响木排停靠，民国初年以后转到县城北面旷野处也称"木排头"的地方设行。该地江面较宽，水稳且深，交通方便。县城东门横街至"木排头"的弹丸之地，木行林立，"山客"和"水客"以

① 许马尔：《桐庐江上放排人》，《桐庐文史资料》第 13 辑，杭州出版社 2013 年版，第 378 页。

及坐商云集于此，木材生意极为兴旺，“木排头”也因此而得名。许马尔回忆：“原木排头一带是很冷清的。一片旷野泥冢地，早年徽绍等地生意人，在此作为厝葬之地。由于过塘行的兴盛，这里逐渐变得繁华，再加上过塘行还延伸出一种职业放排人，他们开始上岸定居，因此，在桐庐县城又多了个叫‘木排头’的地方。”①先期开设的木行有广聚、同和源、聚成、裕升和等几家，后来陆续发展。后因日军入侵，杭州和富阳相继沦陷，钱塘江航线中断，桐庐县城也遭日机轰炸，致使大多数木行被迫停业，仅有生泰等少数几家经营军需民用的木行勉强维持，以此为生的放排渔户生活也陷入绝境。抗战胜利后，木材销路激增，昌化、於潜、分水等地大批木材运往桐庐中转，木行如雨后春笋般崛起，民国三十七年(1948)桐庐镇上就有 34 家，从业人员 200 余人。每逢汛期，“山客”、“排户”(渔户)、“水客”云集桐庐，街头巷尾熙熙攘攘，热闹非凡。每年桐庐木材吞吐量约有 10 万两，如每两木材以 300 斤籼米计算，一年就达 3000 万斤籼米的交易额。

桐庐东门横街，“山客”“水客”、渔户云集，生意场上讨价还价以及过票结算之声，此起彼落。街头巷尾熙熙攘攘，挑着馄饨担、挑着剃头担、拎着芽蚕豆、拎着香烟瓜子桂花糖的篮子，叫卖吆喝声一声接一声。放排工周旋于“水客”“山客”之间，招揽生意。水弄口至“木排头”的那条横江江面，扎排捆排的吆喝声，“山客”和“水客”过码声，将东门头的江岸闹得热火朝天，许马尔形容其不亚于“清明上河图”汴京的场景。当年横江水面木排蔽江的场景，许马尔晚年仍记忆犹新。“山客”将木材出售后，脚穿一双山鞋袜，肩上背着撑排的小毛竹，竹上挂着蓑衣箬帽以及刚买的日用百货回家。许马尔的父亲曾看中了其肩上那支小毛竹，乃吩咐许马尔以一支短棍和二三角钱与之交换，大多数“山客”均乐意这种交易。

放排渔户被贬为“吃空手饭的人”，一无所有。放排乃季节性工作，收入虽高，但难得一次放排。渔户放排时，没有工资，由木排放运行安排吃饭，渔户自带腌菜、萝卜条、豆腐乳、咸菜等干菜。放排乃高度危险的工作，稍有不慎就可能排散人亡，排工被称为“死了未葬之人”。放排虽说危险，尚有一口饭吃。遇上枯水季节，无排可放，只得从事其他工作，甚至连饭也吃不上。渔户放木排乃是钱塘上水上运输的一种主要方式，随着陆上公路和铁路交通的发展，这一流传千年的行当，犹如钱塘江的东流之水，载着昔日渔户的酸楚早已一去不复返。(图 4.8)

① 许马尔：《东门过塘行》，《山水推富春》，中国文史出版社 2006 年版，第 255 页。

图 4.8　20 世纪 50 年代的钱江木筏(图片来源:《江干往事》)

第五章　九姓渔户的“妓业”

九姓渔户传为被朱元璋打败的陈友谅余部九姓，被贬入钱塘江舟居，不得岸居，不得参加科举考试，不得与岸上平民通婚，妻女被迫从事“妓业”。九姓渔妓遍及整个钱塘江流域，有新安江的茭白船、衢江的高牌船、兰江的花舫、富春江的高白船、钱塘江的画舫。清末民初达到鼎盛时期，以“兰溪花舫”和“钱江画舫”艳名远播。南京国民政府成立后，开展了持续的废娼运动，中华人民共和国成立后，九姓渔妓被政府彻底取缔。

第一节　衢江九姓渔户的高牌船

衢江流域的九姓妓船，乃是一座座漂浮的水上妓院，常年在江上游荡，接送过往高官富商。为了营业方便，妓船相对地泊于某一个地方，整个衢江流域都有她们忽隐忽现的踪影。“民国时期，衢县西安门外，龙游县官驿前等水上码头有‘江山船’‘高牌船’‘茭白船’‘花舫船’等 20 多艘，依陆地停泊，不常流动。船内 200 多个船女，大多授以丝竹弹唱及应酬艺术，其姣美者称‘招牌主’，以艺名挂船头。”[①]衢江的“高牌船”，也称“靠泊船”“茭白船”，船型平头，稍有斗斤翘起似雀尾，船底松板较阔，船墙杉板，舷低平稳，主要是载重量 10 余吨的大八舱，黄篾夹摊箬叶的硬船篷，船头前舱口木门架和四块门，可横闩门户，船后有门架相隔作为厨房，满堂平底舱，留有前后通道，船篷两舷中间开窗，沿舱口可摆一二桌酒席。前后舱有小房间，有房门可闩。

樟树潭乃衢东的一个重镇，水上航运发达，也是九姓渔户集结之地。公路和铁路未通之前，沿江码头林立，市场繁荣，徽州、福建、江西、宁绍等地商人不远千里纷至沓来，樟树潭古镇呈现一派生气勃勃的景象。南货店、酒坊、糕饼坊等有十几家，还有“高牌船”“堂班”等高档消费场所。“花茶店”有 15 爿，每店有

① 衢州公安志编纂委员会编：《衢州公安志》，中华书局 2002 年版，第 202 页。

茶娘2至3名，以香茗招待嫖客，兼营赌博。“清末民初，江边有‘高牌船’三四只，可摆酒席，是高层客商嫖赌所在。每船皆有歌女三四人，妓女三五人，她们能拉会唱，招蜂惹蝶，与‘花茶店’明里暗里搞竞争，故当时有‘衢州小西门’之称。”①20世纪30年代，还有“堂班”两三家，每家有妓女三五人，拉琴卖唱，也以香瓜子招待嫖客。

衢州城内的嫖妓之风极盛，九姓渔户的水上妓院曰“高牌船”，属于公娼。“因为地主、资本家、公务人员、自由职业者和驻地军警都集中于城内，尤其是公娼，除水上花船外，城内也有，总之昔时嫖的行为，在城内是公开的。”衢州西门外德坪坝下设有浮桥，横跨衢江，成为城乡重要交通要道。浮桥两旁，帆樯云集，大都是等待装卸货物，临时停泊的船只。“其中另有10来艘非货船，停泊在固定地点，不轻易移动的，这就是当时闻名遐迩的‘花船’，衢州人呼为‘高牌船’。每船上有花枝招展的妓女七八人不等。管事的有一鸨母(俗称‘老王婆’)，全船事务，由其管辖。白天妓女们散坐在船头船尾，挤眉弄眼招揽过路行人。晚间则入舱陪客。”②民国时期，衢州西安门外有15艘“高牌船”，150多名渔妓。“其艺名有绿牡丹、白玉霜、月香、玉仙、花想容等70多个。”③官绅富商喜欢在“高牌船”宴客，每人点一名渔妓作陪。

衢州“高牌船”装饰华丽，其主要功能乃宴饮，且雇有歌妓。“花舫”游玩分为三类，即宴游、博游和清游。宴游、博游均提供宴席，清游大都是文人雅士所为，约上三五知己，乘船游览，或谈心，或品茗，或饮酒吟诗，谈论古今，或泛舟江上，有舫女烹茶侍唱。

嫖客大致可分为三种，一是临时前来“过宿”或取乐者，其中有单身汉的农民，也有小店员、公务员、官兵以及游民无赖等，其住宿无定价，全凭“老王婆”和渔妓的手腕而定，少则三五元，多则一二十元不等。客人还要点戏、喝茶或玩笑一番，付两三元而去。民国时期，衢州许多公务员，公务之余，常以“高牌船”作为消遣娱乐的场所。

二为纨绔子弟，则挥霍无度。水亭街的老人们回忆：“船上有厨师，有说唱的、弹琴的、吹笛的，还有弹琵琶的，就是供享受的。”④“花舫”的主要活动为置办酒席，宴客作乐。一桌酒菜低则5元，多则10余元，席中有4菜或八大样，厨师

---

① 徐晓琴：《樟树潭》，现代出版社2015年版，第278页。

② 中共衢州市委宣传部、衢州市文化馆编：《衢州风俗简志》，1984年，第56页。

③ 衢州公安志编纂委员会编：《衢州公安志》，中华书局2002年版，第202页。

④ 吴宗杰：《衢州水亭街历史文化街区(坊巷遗韵)》(上)，商务印书馆2017年版，第125页。

经过专门挑选，精通煮、炸、烹、调，技艺高超，每样菜都精心制作，颇得客人欢心。尤其是其中的炖鸽蛋，其技艺更胜一筹。有的客人不待席终，可随意到有熟人、熟妓或别的花船入席，席上每个客人都有一个渔妓作陪侑酒。酒酣耳热之际，点戏听唱。本船渔妓不够时，可调派其他船上的妓女作陪。席终还要继续“打麻雀”（推骨牌）。妓船从吃喝、陪伴、唱戏以及打牌，每一项活动，都少不得要花钱，所费不赀，均由“老王婆”收去。直至夜深人静，才分别散走。客人离船时，“老王婆”和渔妓均施展手腕，将“值得”留住的客人留下“住宿”。

第三种是富商巨贾的“包月”。一年四季的某些重要“时节”前后，有些富商巨贾会来到“高牌船”，指名要某个熟悉的头牌妓女“包月”。“包月”特指“放门帐”，预定一个月，有时生意兴隆时，渔妓供不应求，无法接待过多嫖客，也可借用其他“高牌船”的妓女。一次包月最低定价 50 元，尚不是主要收入，嫖客包月期间，常常到“高牌船”宴请“良朋好友”，渔妓还能在枕上向嫖客索取衣服首饰钱，一月开支可达数百元或更多一些。“老王婆”因收入可观，故对包月的嫖客格外欢迎。水亭街的老人们如是说：“到船上去的人，都是些什么人呢？一般都是店老板、商人。他们想把这生意做好，就把老板带到船上去，开酒，吃喝玩乐。玩好了，生意也就谈成了。”①“花舫”成了富商巨贾洽谈生意的最佳场所。据水亭街小和尚茶馆老板的儿子谢培松回忆，年轻时经常看到一些“花舫”上的歌女，跟着老板去百货公司购买衣服首饰，她们自己也会上水亭街购物。（图 5.1）

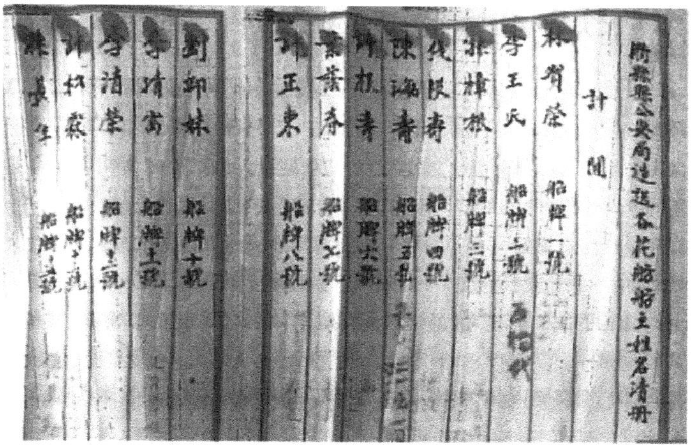

图 5.1　衢江区档案馆藏民国衢县 14 位花舫舫主姓名清册（陈艳、吴宗杰供图）

① 吴宗杰：《衢州水亭街历史文化街区（坊巷遗韵）》（上），商务印书馆 2017 年版，第 125 页。

朝京埠乃衢州九个著名的码头之一，旧称“新码头”，乃迎送皇亲贵胄之地，往来商船停舟之处，官宦及其随从上岸登船之隅，州县府吏和儒林士子舍舟负笈进城之径，附近设有上航驿的官方驿店，以接待过往官员。朝京埠位于衢江东岸，樯帆簇拥，波动船摇。“根据家住水亭街黄衙巷1号的郑怀棪老人回忆，水亭门外江上最多的时间有10多只‘花船’。”①嘉庆《西安县志》载有朝京门外的绘图，江上泊着大大小小的船只，右下角浮桥头边的木船，船尾盖有带顶的亭子，装潢华丽，明显比其他船只考究。“以前‘花船’要登记的，国民党的警察他要揩油啊，他们不要花钱的，去玩一玩就走了。”②(图5.2)衢江区民国档案藏有一份登记14只“花舫”船只以及“花舫舫主”姓名的清册。叶国治忆起20世纪20年代和30年代的衢州，“也有像夜总会式的，停靠在水亭外门衢港码头的‘高牌船’，每晚船上歌女弹唱，颇似秦淮河畔，是公子哥儿们寻欢作乐之处”③。但衢州的“花舫”比兰溪的“花舫”逊色，“花客”郁达夫也兴味索然。“衢州西安门外，新河沿下的浮桥边，原也有江干的‘花市’在的，但比到兰溪的‘江山船’要逊色得多，所以不纪。”④据说20世纪40年代还有“高牌船”17艘。衢江的桂棹兰桨，画船丽妓，江船渔火，彻夜不息。另据钱云财爷爷回忆，清末民初尚有茭白船，抗日战争后绝迹。⑤

浙西渔妓之多，犹如过江之鲫，且大都属严州籍。“船妓之多，莫过于浙之四隅。而犹以金衢严三处为最盛。妓均浙产，而严籍更多，举止动作，轻盈婀娜，要么本来面目，另有一番天然趣味也。”⑥“渔妓”均穿着时髦，浓妆艳抹。黄衙巷3号傅荣香老人回忆：“歌女穿着旗袍，嘴唇很红，很漂亮的。”“花舫”上的“渔妓”，并非都是来自九姓渔户。钱云财回忆：“这些船常年泊埠不载货不运输营业，而是以船为场所，船主将以低价先后收买贫苦人家的女儿作‘干女儿’，培养她们学会吹拉、弹唱、招客为妓。我爷爷曾对我说，在衢州朝京埠浮桥底有两只‘茭白船’，一般是财主子弟或商客谈生意成交后去‘茭白船’上摆酒、吃茶由

---

① 吴宗杰：《衢州水亭街历史文化街区(坊巷遗韵)》(上)，商务印书馆2017年版，第124页。

② 吴宗杰：《衢州水亭街历史文化街区(坊巷遗韵)》(上)，商务印书馆2017年版，第126页。

③ 叶国治：《回忆孩提时代的家乡——衢州》，《记忆与解读》，中国文史出版社2014年版，第330页。

④ 郁达夫：《浙东景物纪略》，《郁达夫游记集》，浙江人民出版社1982年版，第57页。

⑤ 钱云财：《我平凡的一生——衢江艄公回忆录》，2014年(未刊稿)，第159页。

⑥ 《浙西之船妓》，《奋报》1940年7月9日。

图 5.2　浮桥与花船(资料来源:嘉庆《西安县志》)

妓女弹唱陪宿逍遥作乐。"①郑怀棪老人回忆:"歌女年纪小的有十三四岁的,十七八岁的也有,一般情况下在二十左右。她们主要来自乡下,家里经济条件差,养不起,所以就被卖到花船上。由此可见,那时候的歌女主要来自贫苦人家。"②"渔妓"擅长乡间小调以及金华流行的昆腔,手抱琵琶,连弹带唱,娓娓动听,因属严州土腔,不如吴音之委婉。"'花船'上的老板娘要教她们认字、规矩和礼节,琴棋书画都教的,因为要跟客人聊天。'花船'里面的歌女一般会唱戏,唱昆腔、金华婺剧。客人来了,这些歌女就要和他们打牌,为他们倒水、倒酒、点

① 钱云财:《我平凡的一生——衢江艄公回忆录》,2014 年(未刊稿),第 159 页。

② 吴宗杰:《衢州水亭街历史文化街区(坊巷遗韵)》(上),商务印书馆 2017 年版,第 126 页。

烟。”①相传衢州滩簧乃“渔妓”传承的苏州滩簧，原是文人墨客等有闲阶层，聚结爱好者的自娱自乐，最初为7人的“坐唱班”演奏。“婺剧中的滩簧戏，源出于坐唱戏文的苏州滩簧，最初由‘船娘’（一种水上艺妓）溯浙江传至金华一带，城乡随之纷纷出现业余‘坐唱班’，清末民初由徽班艺人搬上舞台。”②至于能唱京戏的“渔妓”乃凤毛麟角，仅一二人而已，且只能唱《卖马》《朱砂志》等三四剐老调，胡琴乱扯，颇不合板。凡是初入船的幼妓，每天清晨都要学习戏曲，鬼哭狼嚎一样的“不入调”的声音，殊为刺耳。每船有渔妓六七人，或四五人不等。嫖客若以歌声好歹取人，“渔妓”必耻笑其为“老佛倪”。衢州话曰“寿头”，即上海“十三点”，喻义“痴头怪脑”或“愚昧无知”之意。

常山地处浙西边陲，钱塘江上游，东接衢州，南临江山，西与江西玉山为邻。常（山）玉（山）古道乃“八省通衢”要隘，明末清初常山即为南北贯通的驿站，宽畅的常山港，舟楫相通，可直达杭州。常山处于水陆交通的枢纽，“常山港还备有‘花舫船’，油漆精致，雕刻细腻，又谓之‘高泊船’，舫船上还有歌妓、酒妓，供有钱人腐化享乐”③。常山港停泊的九姓妓船曰“花舫船”或“高泊船”，“水中‘花舫’和岸边的‘花厅’则是阔人的乐园”。常山商业繁荣，白天留声机震耳欲聋，夜晚则汽灯明亮。“常山港除停泊众多的货船外，还停泊着9艘供有钱有势人享乐的‘花舫船’。‘花舫船’油漆精致，雕刻细腻，又称之为‘高泊船’。舫船上歌妓、酒妓盛装浓抹，妖气媚人，舫船上酒桌隔舱重帘摆设，酒菜杯盘狼藉，呼五吆六的豁拳、嬉笑醉声通宵不息。一派琴音笙歌，响彻江上。”④常山还设有河滨旅馆乃衢县富商所开，陈设标致，门口与内进宽敞且精雕如画，也蓄有妓女。

“高泊船”，即“画舫船”，形似现代装饰华丽的游船，多为十舱以上的大船，门面设计精致，雕刻细腻，油漆华美，真是“画舫携歌，晚花行乐”，是水上妓院。舫船上酒座隔舱垂帘摆设，有的中间是通道，两边用木板隔成雅致的小客室，有歌妓、琴师陪饮伴唱。约在民国二十年以前，从浮桥头到三里滩以上最多时停有九艘，多系兰溪、衢州等船埠撑到常山来的外埠船，随着航埠的衰落而绝迹。⑤

常山至杭州之间，山明水秀，旅客乘坐“茭白船”航行，江山丝竹，画舫笙歌，

① 吴宗杰：《衢州水亭街历史文化街区（坊巷遗韵）》（上），商务印书馆2017年版，第126页。

② 中国戏曲志编辑委员会编：《中国戏曲志（浙江卷）》，中华书局1984年版，第101页。

③ 陈文鑫主编：《常山县风俗志》，1989年，第37页。

④ 周光耀：《忆“两浙首站”“八省通衢”常山盛况》，《常山文史资料》第1辑，1984年，第39页。

⑤ 常山县交通志办公室编：《常山县交通志》，1988年，第114页。

作销魂之行。"茭白船"渔妓凭栏卖笑，却不知己身之贱。清人张际亮过常山三里滩作有《三里滩谣》："积水仅浮舟，画船高过屋。粉黛映江山，风雨杂丝竹。朱栏小垂手，二八颜如玉。往往三五夜，华月照眉绿。目成通一顾，买笑千金逐。鸡鸣歌未阑，晓日移银烛。东行到钱塘，或泊兰溪曲。可怜少年子，销魂在水宿。借问此谁氏？九姓自姻族。匹夫为厉阶，百世犹鸩毒。骄蚩小儿女，未解淫贱辱。凝妆拣珠翠，衣被厌罗縠。朝欢匿贵游，夕狎任厮仆。零落秋扇捐，春心付骨肉。造物汝何意，苦待斯人酷。老死异编氓，偷生寄洄洑。请看兹滩头，终古波斯续。流脂变芳草，断肠不盈掬。羁孤触临眺，慷慨悯衰俗。沙边双鸳鸯，哀鸣羡黄鹄。"①文人墨客作《江山船曲》不计其数，多赋艳情以及儿女痴态，难免流于色情。林昌彝认为张际亮的诗温柔敦厚，深得《三百篇》之旨。

江山位于浙江西南部，东毗衢县，南界福建浦城，西交江西玉山，北邻常山，位于浙闽赣三省交界，以"东南锁钥""浙闽咽喉"著称。以"江山船"艳名四播的九姓妓船虽与江山县并无多大关系，但江山也有其出没的身影。"旧社会，于城市偏僻处往往有妓院，专供无赖之徒嫖妓，妓女都是生活无依靠的女人。妓女在船上的叫'花船'或叫'交白船'，妓女在茶店的叫'花茶店'。"②出没江山港的九姓妓船曰"花船"或"交白船"。仙霞古道的开辟，促进了江山水上运输的发展，清湖古镇成为钱塘江上游浙闽水陆转运的大码头，也有"茭白船"出没。"'花船'，俗称'菱(茭)白船'。有美女陪酒，瓜果香茗，歌舞弹唱，彻夜灯明。陆上街坊，妓院多至10余家。猜拳行令，通宵达旦，烟花醉酒，蛊惑人心。"③"花船"宽敞如舫，布置精致小巧，配有挂着锦帐的寝室以及宴请客人的餐室，以取悦客人。"在6个较大的埠头，有水上花船、茶馆，每当夜晚，歌妓吹歌弹唱，通宵达旦。"④妓船有"头亭""茭白"之分，"花船娘"清脆婉转、温情脉脉的歌声，使得远离家乡行走古道的商旅趋之若鹜，尽管"水脚"昂贵，但非"头亭""茭白"不坐。"江山船"上也有许多江山贫困人家的女孩，从小就被卖入"江山船"为妓。

> "九姓江山船"与江山又确有瓜葛，"花舫女"有一批"江山囡"，她们是被拐骗或贩卖来的。在封建社会，每逢灾荒之年，贫苦人家卖儿鬻女比比皆是。一些稍具姿色的姑娘少女被人贩子百般哄骗，转手倒卖给娼门，有的就上了这种"花船"。她们名义上被认作"养女"，但"养母"(即驾长娘)对其控制极严，稍有不遂，即遭毒打。这些妓船的来客花上1块钱，无非是喝

① (清)林昌彝辑：《射鹰楼诗话》，上海古籍出版社1988年版，第168页。

② 浙江省江山县文化馆编：《江山风俗志》，1986年，第77页。

③ 清湖镇志编纂委员会编：《清湖镇志》，天马图书有限公司2003年版，第214页。

④ 朱云亨：《江山古镇——清湖》，《衢州文史资料》第4辑，1988年，第164页。

杯茶，听个曲子，便起身上岸。而在船上打麻将，吃“花酒”，一席则需15元、20元不等，这在当时是500斤大米的价钱。当然也有这样的事发生：船家对一些单身客人设下骗局，引诱对方“上钩”，然后“捉奸”勒索钱款，逐客上岸。吾友洪加祥查访过两位最后的花舫女，她们都言及此事。一位住在兰溪城的“高拨妹”（船上最漂亮的“花舫女”）小桃红说：“我父亲是驾长（即船老板，兰溪叫驾长，金华叫‘船乌龟’，称老板娘为驾长娘），船固定在北门那头，江上有很多‘高拔船’。船上的姑娘除了我和姐姐是家长的女儿外，还有一些是从衢州那边买来的农家女，30块大洋换一个。船上有三四个水手，即是办理酒菜的，也是对付敢反抗的‘舫女’的。”一位住在金华的“高拔妹”凄楚地回忆道：“我们命苦的‘江山囡’！十二三岁被人买来，‘船乌龟’打骂欺侮受够了，还要陪客，和我一起来的11个江山囡，只十来年工夫就死光了。有生花柳病死的，有寻死的，有想反抗逃跑却被‘乌龟’绑上石板丢下江的。‘船乌龟’见我漂亮，可作‘摇钱树’，没日没晚地强迫我接客，我实在受不了就逃。我到城外山坡上去向5个‘江山囡’的坟道个别，被等候坟的‘船乌龟’在脖子上割了一刀。最后2个是患了重病被赶下船的，流浪街头冻死饿死了，我用私房钱收了尸，与其他姐妹葬在一起。”有首诗也证明类似事件：“阿奴从小爱梳妆，屋住兰舟梦也香。望煞江郎三爿石，九姑东去不还乡。”①

龙游位于浙江省西部，东联金华，西交衢州，北接建德、兰溪，“踞两浙之上游，控鄱阳湖之肘腋，扼瓯闽之咽喉，连宣歙之声势”，乃东南诸省通往杭州的水上交通要道。“龙游商帮”乃明清时期十大商帮之一，尽管其地域范围虽小，但影响极大，有“钻天洞庭遍地徽”和“遍地龙游”之称。徽商乃国内最大商帮，人数众多，财力雄厚，垄断了茶木盐业，执商坛牛耳数百年之久。“龙游商帮”与“徽州帮”和“洞庭帮”齐名。“龙游商帮”遍布天下，龙游的码头和驿站热闹非凡，驿前码头是龙游对外水运的主要码头，夜晚停泊的船只达百艘以上。生意兴隆也带来娱乐业的发达，旧时虽无公开的妓院，但半公开和秘密的暗娼仍不少。20世纪30年代，龙游城内有“花茶店”10余爿，有女招待名为客人沏茶，暗中卖淫。城内僻巷还有“半开门”，卖笑诱客，拉人下水。民国年间虽数次取缔，但未能禁绝。娼妓最高级者乃“茭白船”，也称“高板船”。“民国初年，驿前码头还剩‘茭白船’4艘，系12舱大船，两头设房，中间为厅堂，陈设华丽。每船有貌美年轻妇女六七人，授予丝竹弹唱及应酬艺术，其姣美者称‘招牌主’，以芳名挂牌船首。官绅商贾，喜在船上摆酒，每客各点一女作陪，每桌赏银10元，归船主

① 半壁：《路边拾遗》，《通衢》，中国戏剧出版社2000年版，第226页。

所有；也有留宿的，花钱更多。曾有一日本商人，要了一位船女，以造一艘新船作代价。30年代以后，驿前航运一蹶不振，‘茭白船’随之消失。”①据说一位在驿前码头做香烟生意的日本人，以打造一艘全新“茭白船”的代价，拥有一位色艺俱佳的“招牌主”。民国初年，驿前码头尚有4艘“茭白船”，属于江舱大船，两头设房，中间为厅堂，陈设富丽堂皇。每船有美貌女子六七人，以丝竹弹唱应酬，其姣美者曰“招牌主”，以其芳名挂牌船头。

“茭白船”可能是兰溪“靠泊船”的变音。在1942年以前，驿前码头停有“茭白船”4艘。船身大小约16舱，首尾高高翘起，中间构筑如房屋，栏柱门窗雕镂精巧，室内陈设华丽高贵。每船蓄幼女六七人，授以丝竹弹唱及应酬技艺，及年长，选其中姣好者为“招牌主”，以其芳名，挂在船首，自是身价百倍。当时达官显宦互通关节，富商巨贾洽谈生意，往往到船上请“水果酒”。每桌需银元12枚。每客可点一名妓女作陪。席罢以雀牌为戏，每桌又赏银元10枚，归船主所有。船上掌握大权的是鸨母，俗称“老黄婆”。船上的妓女以卖唱为主，有“卖口不卖身”的行话。经常与妓女往来，建立特殊感情的叫做“相好”。但欲合欢，往往非千金莫得，真是个“销金窟”“无底洞”。妓女年长从良，娶者须付一定的赎金，举行婚礼，叫作“开门帐”。抗日战争爆发后不久，“茭白船”无形消失。②

第二节　新安江九姓渔户的茭白船

淳安也有“江山船”身影。威坪古镇处于新安江的上游，地理位置优越，历来为浙皖闽交通枢纽之一。新安江上接安徽屯溪，乃浙江主流钱塘江的发源地之一，至严州可横通婺江、衢江，四通八达。“以前听说撑的大都是‘江山船’，或称‘建德船’，‘江山船’上的妇女叫‘同年嫂’，姑娘叫‘同年妹’，后来偶然看到清梁绍壬的《两般秋雨盦随笔》曰：‘凡业此者(操舟为业)，皆桐庐严州人，故名‘同年’。曰‘同年’，字之讹也。’关于过去在新安江撑船的人，还有好多传说，主要说是元末清初，出身渔家的陈友谅带着水军在鄱阳湖与朱元璋大战，兵败身亡，尚存士兵四处逃亡。说是有九人各姓陈、钱、林、李、袁、孙、叶、许、何，逃到睦州，其后裔就成为‘九姓船民’或‘九姓渔民’。”③中华人民共和国成立后，淳安航

① 浙江省龙游县志编纂委员会编：《龙游县志》，中华书局1991年版，第666页。

② 浙江省龙游县文化馆编：《龙游风俗志》，1985年，第65页。

③ 徐树林：《淳安建县立郡肇始地：威坪》，浙江人民出版社2008年版，第70页。

运公司大多数职工都是原来江山、建德籍的船工及其后裔，他们原来闯荡码头，流浪江湖，所以语言学习能力很强，每到一地都学习当地方言，但船工们在一起就讲道地的“江山船上方言”。

建德梅城乃严州州府所在地，位于新安江、兰江、富春江三江交汇之地，也是江西、浙江、安徽三省要冲，新安江上常年停泊船首圆、腰肚大、尾略小，形似水上漂浮的茭白，故称“茭白船”，也称“建德茭白船”。新安江妓船源远流长，唐代就已存在，曰“建德伎船”。施肩吾《古曲》曰：“可怜江北女，惯唱江南曲。摇荡木兰舟，双凫不成浴。”①严州乃九姓渔户的大本营，建德关于渔户的三种来源之一，均与其沦落渔妓有关。一曰宋朝亡国大夫遗裔，不愿臣服蒙元，遂流落钱塘江，两舟一桨，不愿陆居，自成眷属，因其谋生乏术，唯浅酌低唱之外，别无所长，俗称“九姓渔船”，也称“茭白船”，喻义仅能助人清谈而已。康熙南巡御制诗曰：“岸芳春色晓，松影夕阳微。寥寥深烟里，渔舟夜不归。绿江深见底，高浪直翻空。惯是江边住，舟轻不畏风。”②二曰原为陈友谅所部，陈友谅为朱元璋所败，贬入钱塘江，不准陆居，男为船夫，女为官妓。三曰“茭白船”也名“江山船”，原是江山县富户所蓄歌伎，富人死后，歌伎无以为生，遂流落新安江为渔妓。李经羲诗曰：“娥眉队队斗妍华，九姓于今莫问他。如此江山怨良夜，相逢况是在天涯。多谢群公为解嘲，烟花南部可怜娇。人间那有虬髯客，一角扶余气已消。”③“茭白船”也称“建德画舫”“建德渔船”“跳板船”，属于高级妓船。

由钱塘江上溯至严州，号称“八省通衢”，福建的茶纸、江西的瓷器、广东的洋货、宁波的海货，乃往来必经之地。“富商大贾，非头亭、茭白不坐，豪宦亦然，沉溺倾覆，迷而不悟，耗费资材，诚不可以数计。观其妇女，并无珠翠锦绣之饰，花粉所资，半耗于衙门之需索，半耗于舟中之縻费，水脚较寻常船只已加一倍。而登舟而无计可引，绝不与妇女通一语者，杂派各费，又加一倍。”④其“花粉”之资，大半用于应付差役的需索，大半耗于船中消费，“茭白船”的费用比其他船只加倍。但“茭白船”却生意兴隆，引人羡慕。“船只愈添愈多，商民愈用愈困。”其妨碍商旅，伤风败俗，莫此为甚。“历来地方长官以及往来贵客，既耳习以为固然，复目睹而无复过问。”⑤地方当局以及过往豪客熟视无睹，习以为常。

---

① （明）吕昌期修，俞炳然纂：《续修严州府志》，万历四十二年原刊顺治六年重刊本。

② 建德市志编纂委员会编：《建德市志 》，浙江人民出版社 2010 年版，第 394 页。

③ 建德市志编纂委员会编：《建德市志 》，浙江人民出版社 2010 年版，第 394 页。

④ 戴槃：《九姓渔船考》，《严陵纪略》，同治七年刊本，第 1 页。

⑤ 戴槃：《九姓渔船考》，《严陵纪略》，同治七年刊本，第 2 页。

清末民初，梅城南门外的码头以及东关码头还泊有零星的“茭白船”。程秉荣如是说。

> 听说清末民初时，梅城码头还有4只，东关码头有2只这种船，它的船身宽敞，制造精致，明窗净几，红漆耀耀，上挂纱灯，内有客厅、卧室、灶间，如一座水上楼台。一些富商大贾，财主豪绅，常到船上摆酒请客，夜里灯烛辉煌，鼓乐喧天，一次花费数十元至数百元。每只船上有“船主”（即老板）、弹唱陪客的女人（有招牌主和称为“同年嫂”“同年妹”的），还有什么“接客乌龟”“跳板乌龟”等打杂人员。这种船，名义上以陪喝酒、听弹唱为主，但只要钱花得起，也可以在那里“过夜”，不过要举行一种“点蜡烛仪式”（似结婚拜堂仪式）。另外，那时还有一种“堂子船”，这种船船只小，设备简陋，船上也有一些自拉自唱的女人，她们身价较低，没有“交白船”那样“吃得开”，常常停泊在码头边，经常划着双桨撑来撑去兜生意。①

夜幕降临，灯火辉煌的“茭白船”以及渔妓飘荡江面的靡靡之乐，曾是梅城的独特风景。游人从杭州溯江西上，航船于暮色苍茫中抵达梅城。“首先映进我们眼帘的，是灯火辉煌的‘茭白船’，冲进我们耳膜的，是船妓的靡靡歌声。”②抗战前，梅城仍有“茭白船”时隐时现。“每逢浙东及徽商春茶盛时，严东关临时赶市者，比比皆是，而‘船妓’也是其中之一。‘船妓’分二派，曰干、湿，湿在水中船上，干者系赁居开设茶馆，名曰‘花盘茶’。今年因茶叶不振，且公路运茶亦多，故‘船妓’生意惨淡。”③渔妓生意也随着水运的兴衰而起伏。

“茭白船”亦名“江山船”。“船只名为‘江山’，而其实非真‘江山船’也。”④真正的“江山船”甚小，也无女眷，或在浅滩发货，或搭载肩挑过客。另有义乌人经营的“芦鸟船”，形制宽敞，类似“茭白船”，只是旁无窗槅，且从事水上运输，以示与妓船相区别。“‘茭白’两字是建德的谐音，读为京语之‘高靶’。谁也不知道这作何解，字怎么写，它是一种妓船，高大、宽广超过普通船只，仿如水上楼台，装五颜六色玻璃窗，船上有客厅、卧室、厨房，有的客厅可摆酒席两桌。它停在靠城墙一边，并不航行外埠。最多时听说达三四十只；浙赣铁路通车以后，最后剩下的2只也随之消失了。”⑤清末民初，梅城南门码头和东关码头尚有“茭白船”。“茭白船”的船主，大都是九姓渔户，也有些与地方官府和黑恶势力有背景

① 程秉荣：《建德县九姓渔户》，《建德文史资料》第2辑，1987年，第63页。

② 陈渔：《严州》，《浙江青年》，1936年第2卷第7期。

③ 《之江日报》，1935年7月14日。

④ 戴槃：《九姓渔船考》，《严陵纪略》，同治七年刊本，第1页。

⑤ 戴一凡：《浙江家乡戏剧活动漫忆》，《建德文史资料》第3辑，1988年，第100页。

的人。九姓渔户乃地位卑贱之人，难于有这样的经济实力经营如此高档的“水上妓院”，有些地方颇有势力的人参与其中。沈伟富曾作过调查：“说是有一船家，撑船时不小心碰了一下‘茭白船’，船老板就顺手扯过一根竹篙掷了过来，正好打在船家的太阳穴上，致船家当场死亡。此事后来如何了结，老人并不清楚，只知道那个船老板仍旧没事，仍旧在船上做他的生意。”①船上还有“接客乌龟”“跳板乌龟”等打杂人员，大都是本地或外地招募的下层贫民。

渔妓大都是桐庐、严州的渔户眷属。“其家属随船，皆习丝弦大小曲，以侑觞荐寝，船有‘同年嫂’‘同年妹’之称，其实嫂妹皆雇觅桐庐、严州人为之，世人误桐严为同年，故有此称。”②　清王佃《桐江渔歌》曰：“娇小吴娃拢髻年，轻衫窄袖舵楼边。抢风打桨生来惯，侬是‘严州九姓船’。”③“茭白船”上的渔妓分为两种，一种乃卖唱不卖身，她们或给客人弹唱，或陪客人清谈，大都是文人雅士，约上三五知己，或与渔妓谈天品茗，或听渔妓歌唱。九姓渔户尚能记忆的歌曲曰：“钱塘江水碧婆娑，郎是画舫奴是河。船到河中任荡漾，河为画舫掀波澜。沿江杨柳绿条条，画舫游来为等潮。潮似郎心舫是妹，任郎高下任郎摇。”④另一种为卖唱兼卖身。头牌妓女乃“招牌主”，明清时期称为“花魁”。“招牌主”貌美艺高，琴棋书画，吹拉弹唱，无不精通，乃渔妓中的佼佼者。“招牌主”需要经过花客中的文人雅士以及官宦富商品评方被认可。渔妓被评为“招牌主”，需要宴请参与评议的花客。评上“招牌主”后，即可于红玻璃灯上将艺名挂上头牌，顿时身价百倍。“招牌主”接客有别于其他渔妓，欲于船上举行一种类似拜堂的“点蜡烛”仪式。渔妓以接客多少计酬，为了招揽生意，她们常常身穿旗袍，半露玉腿，横坐船头嗑瓜子。她们接客时，以舌尖下的瓜子仁往嫖客嘴里送，以示爱意。梅城严东关集结大批富商，白天忙于做生意，晚上或乘轿，或摇小船，东上南门头，前往“茭白船”娱乐。也有的商人在“茭白船”上洽谈生意，行话曰“讲盘子”。

除了“茭白船”的船主不全是九姓渔户外，渔妓也有许多并非九姓渔户的眷属，有幼时购买的贫苦人家的女孩。“各姬有亲生者，有购养者。儿时即延师教之度曲，管弦檀槽，靡不精晓。凡仕宦客商登舟，饮食起居，皆若曹伺奉，无须厮仆。其目听眉语，类能曲如人意。往往客子被其迷惑，资罄身殉，在所不惜。故初登其舟者，无不各有戒心。”“茭白船”船主袁翁，幼时即收养袁姬，色艺双全，为少年英俊的公子顾生所恋。明府某公任侠好义，愿成人之美，以千金相赠，为

---

① 沈伟富：《新安江上茭白船》，《品读新安江》，中国文联出版社 2007 年版，第 139 页。

② 戴槃：《九姓渔船考》，《严陵纪略》，同治七年刊本，第 1 页。

③ （清）王佃：《桐江渔歌》，《严州诗词》（下），天津古籍出版社 2011 年版，第 373 页。

④ 沈伟富：《新安江上茭白船》，《品读新安江》，中国文联出版社 2007 年版，第 137 页。

姬脱籍，袁翁欣然应允。“并与翁媪约，亲迎之次日即归宁。凡舟中己之妆奁什物，毋许动移。叮嘱谆谆，翁媪极口许诺，然后兑金署券。”结婚的次日，袁姬即返回船中，从此杳无音信。顾生买舟寻至严州城外，找到垂杨下的袁翁“茭白船”。袁姬却视如陌人，顾生遂一纸诉状，告到严州府衙。郡守判决袁姬与顾生破镜重圆，但袁姬晚上到顾生舟中同寝，白天仍回“茭白船”。如是者半载，袁姬趁月白风清之夜，袁翁熟睡之时，吩咐驾舟驶抵杭城，担物入城，入住顾生所居。袁翁追到杭城，指责袁姬背逃之罪。袁姬辩称：“嫁夫随夫，何谓背逃？翁媪倘念旧好，请勿赘言，后日尚可往来。不则从此斩断葛藤，两为陌路矣。”袁翁欲予以诉讼，“以前既凭媒署券，后又经郡守判断，更难翻覆，乃白眼瞪视，垂头默慨者久之。不得已，甘言强笑，订盟而别”①。原来袁姬积有私蓄万金，故以此陆续携走。《袁姬》的故事在九姓渔户中广为传诵，其行为成为九姓渔户效仿的榜样，乃至成为一种风俗。据说九姓渔户傍晚送嫁妆的习惯，男女双方轿船要“并彩”，均由《袁姬》故事而来。②

20世纪二三十年代，战争频仍，社会动荡不安，“茭白船”的数量大为减少，生意也大不如前。“‘江山船’多聚居于建德、兰溪及衢县间，他县无之。清季最盛，民国十六年前情境尚好，近来因兵匪之祸，加办以汽车、火车之交通利便，河道之旅客及运输骤减，‘江山船’之营业遂一落千丈矣。”③随着陆路交通的兴起，梅城逐渐失去商业重镇的地位，商业中心的转移，客商也弃之他去，“茭白船”被迫弃船登岸，渔妓或改嫁从良或改营他业，全面抗战爆发后，梅城未再出现“茭白船”的身影。

第三节　兰江九姓渔户的花舫

金华市旧时嫖妓之风甚烈，也有众多九姓“花舫”，大都由兰溪迁移而来，泊于金华大桥底。“自浙赣铁路建成后，大量批发商渐移金华，兰溪的‘花舫’也随之而来。嫖客多是富商和‘水客’（即批发行商），他们在‘花舫’上于妓女弹唱劝酒之中洽谈生意。此种‘花舫’据传始于明代，是陈友谅部下的后裔，被朱元璋贬到船上，不准上岸，称为‘九姓渔户’。后来，‘花舫’渐衰，抗战时绝迹。”④“花

① （清）许奉恩：《里乘》，天津古籍出版社2015年版，第172页。

② 朱睦卿：《严州古城——梅城》，中华书局2004年版，第285页。

③ 林书颖：《钱塘江渔业志》，《浙江省水产试验场水产汇报》1936年第2卷第3期。

④ 金华市文化馆编：《金华市风俗简志》，1984年，第61页。

舫”长约30米，常年固定一处停泊，故称“靠泊船”，其船尾特高，乃金华的水上高级妓院。陈设华丽，能够承办丰盛酒席，渔妓均擅长吹拉弹唱，船头灯上标有主要渔妓的名字作为招牌，俗称“招牌主”。嫖客大都是富商巨贾以及称为“水客”的批发商，以“花舫”作为洽谈商务的场所，在渔妓弹唱劝酒的欢场中完成一笔笔交易。金华的地方官员也经常涉及花舫，从事赌博活动。《官场现形记》提到金华地方官嗜赌如命，懈怠政务，他们在“花舫”赌了一个白天，有人提议明日再战。嗜赌如命的彭太尊自夸：“卑府在金华的时候，同朋友在‘江山船’上打过三天三夜麻雀没有歇一歇，这天把算得甚么。”①金华“花舫”也称“江山船”，有“江山九姓美人麻”之说，金华解释为“江山船”的渔妓如麻一样既多又贱。九姓渔户的“花舫”沿钱塘江上至衢州、龙游，下至杭州都有，而以兰溪为最盛，自20世纪30年代浙赣铁路建成后，兰江水运衰落，商业中心转移到金华，原来麇集兰溪的“花舫”也随之转移到金华。抗日战争爆发后，受到战火影响，“花舫”日渐衰败，几乎销声匿迹。“花舫”原是高级妓院，因为难乎为继，一些渔妓被迫弃船登岸，成为“花茶店”的低级妓女。金华沿江岸边，“花茶店”比比皆是。顾客大都是店员、手工业工人。如果从“花茶店”门前经过，就会被妓女强拉进去。直到中华人民共和国成立后，“花茶店”才被人民政府所取缔。

汤溪于明成化七年(1471)设县，为古婺八县之一，1958年撤县并入金华县，有近500年历史。民国《汤溪县志》载有清代汤溪知县宋绍业的诗《雨过高桥村》：“漠漠烟村暗绿芜，云山淡墨染模糊。帆风更急飞茭白，谁画春江一幅图。”此处“茭白”注曰：“金华小舟名‘茭白船’。”②其乃“九姓妓船”。

兰溪地处衢江、婺江、兰江之滨，乃七省通衢之商埠，除了客船、货船之外，还泊有一种造型别致，颇为典雅的“花舫”。“建国前，兰溪的‘茭白船’与城弄‘花茶店’，皆淫乐之处。‘茭白船’为‘花舫’的一种，他地少有。”③“茭白船”沿钱塘江上游衢州、龙游，下至严东关和杭州，星罗棋布，但以兰溪最多。据说九姓渔户原以捕鱼、运货为生，往来于常山、江山、衢州、兰溪、严州和杭州一带。渔户因生活艰难，不得不纵使妻女在舟中卖唱，以糊口度日，因获利颇丰，后来专职改操妓业。早在清代，“江山船”的渔妓就已艳名远播。“兰濒大江，有江山船者，相传为陈友谅等九姓，贬入舟居，身操贱役，名为眷属，实则官妓，船故归学官管理，历任多额征之，所入颇不赀。(周)行骐(兰溪教谕)峻却之，使属于县

① (清)李宝嘉：《官场现形记》，浙江古籍出版社2015年版，第201页。

② 丁燮等修，戴鸿熙等纂：《汤溪县志》卷之十九《文征下》，民国二十年铅印本。

③ 兰溪市地方志编纂委员会编：《兰溪市志》，浙江人民出版社1988年版，第782页。

尉，兰人至今称焉。”[①]兰溪因其地利优势，成为“九姓妓船”汇集之地。故“茭白船”也称“兰溪茭白船”。另说此船方尾尖头，浮于水上，类似“茭白”；有称此船遭人白眼，故称“遭白船”；有说此船常年靠码头停泊，曰“靠泊船”。因其船尾高高隆起，也称“高拔船”，讹称“高白船”。而以“兰溪画舫”而著称于世。昔日兰溪沿江“花舫”林立，河船烛光蔽江，溪边笙歌不断，码头人声鼎沸。（图5.3）

图5.3 兰江的“江山船”（资料来源：《南洋友声》1934年第28期）

“花舫主”大都由中老年妇女担任，曰“老板娘”；“舫主丈夫”则为“船老板”，俗称“乌龟”或“忘八”，明制规定妓院男者头包绿巾，掌管船中杂役、上街采办物品。“‘茭白船’上的主管，当然是老板娘。人们背后对她和老板都有一个不好听的称号。即旧社会或戏曲里对勾栏院里的老板娘和老板的称呼。但据我了解，他们待人接物，不是刁钻、凶狠、毒辣，而是善解人意的。他们调解出来的‘招牌主’，因善于进对应退，从良后处境也大都比较好。”[②]“花舫”雇有女佣，年长者称“姨娘”，年幼也称“大姐”。还有乐师，也称“弦索”，为妓侑酒时奏乐，兼教幼妓学艺。

“招牌主”也称主妓，明清称“花魁”，色艺俱佳，擅长琴棋书画，吹拉弹唱，既唱昆曲，也唱自作或客人所作乐曲，有一定文学素养。“船头灯上写有主要妓女名字作招牌，此妓女称‘招牌主’。”[③]由花客中的名人雅士、官宦富商评定。一旦

① （清）赵定邦等修，丁宝书撰：《长兴县志》卷二十三《人物》，同治十三年修光绪十八年增补光绪二十三年刊本。

② 蔡甲生：《也谈兰溪茭白船》，《兰溪文史资料》第14辑，2003年，第87页。

③ 兰溪市地方志编纂委员会编：《兰溪市志》，浙江人民出版社1988年版，第782页。

评上“招牌主”，坐上头把交椅，则能身价百倍，并在红玻璃灯上标上其艺名，如筱荷花、梅雪芳等。清末民初，世风日下，谈艺乏人，仅凭吹拍媚态，仅凭色相便可称为“招牌主”，已很少唱昆曲古词，而改唱萎靡小调（时调），“招牌主”人数也随之倍增。渔妓留存下来的船歌曰：“兰溪秋水碧婆娑，郎是画舫奴是河。船到河中任荡漾，河为画舫掀波澜。沿江杨柳绿条条，画舫游来为等潮。潮似郎心舫是妹，任郎高下任郎摇。”“船娘驾扁舟，泛泛兰江游。倚蓬看流水，忘却我忧愁。”还有饮果酒诗：“兰溪春酒碧如江，北地鹅梨白似霜。雪藕薪削浆冰水，侍唱娥眉阵阵香。”也有说此句为“青梅只好点蔗霜”。

“花舫女”有的是“舫主”的女儿或媳妇，但更多是幼时从贫苦人家购置。“每一‘花舫’有‘花舫女’二三人至八九人，她们出身于穷苦之家，或被骗，或被卖，各人都有一本自己的辛酸史。‘花舫’以驾长娘为主持人，‘舫女’受其盘剥，甚至失去了正常人的生活。”①明末清初，上层社会盛行蓄养声妓、置办戏班成风。许多官宦士绅蓄妓取乐，并选购声妓作为礼物赠友。清初著名的兰溪籍剧作家李渔，所蓄四五十名家妓戏班中，许多即为友人所赠。社会盛行买卖娼妓，妓家自然将收买幼女教授妓艺视作谋利的捷径。“‘招牌主’大多是从衢州、江山卖来的穷苦人家的年轻女子，买来后加以训练，练弹琴、学拉胡琴、学唱戏、唱小调等。日常工作是陪客……这些人到了中年，色相衰落，一般都要从良，但多数做有钱人家的小妾或填房。”②“花舫女”为船中待客所需，转卖能获得厚利。“花舫”聘有专职的乐师，有的来自因罪没入乐户的罪臣妻女，也有社会上的优伶，负责教授幼妓吹弹歌舞以及诗词戏曲一类的知识，以增加其文学素养，以满足文人雅士的嗜好。社会上也有由官家公子、富户弟子以及帮闲文人组成的“太子班”，他们经常出入“花舫”，有时也扮演角色演奏取乐，将流行戏曲传授“花舫女”，或将“花舫女”的唱艺散播社会。据说婺剧的滩簧源于苏州滩簧，乃由“花舫女”传入。“由于商贾、官员来往频繁，江上出现了一种‘花船’，较一般上游的蚱蜢舟大三四倍（俗称‘高拔船’‘茭白船’）。船上养着艺妓，当地称为‘船娘’，出色者船头挂牌署名，称为‘招牌主’。‘船娘’擅长吹拉弹唱，为达官富商旅途消遣。据说滩簧就是这类‘船娘’传入。”③“花舫女”也称“花船娘”，也分等级，以一、二、三、四等，统称“大姐”，互称姐妹，而民间蔑称“招牌主”和“花舫娘”为“卖胖货”等。（图5.4）

---

① 郑秋兔：《兰江花舫勾勒》，《兰溪文史资料》第5辑，1987年，第130页。

② 蔡甲生：《也谈兰溪茭白船》，《兰溪文史资料》第14辑，2003年，第86页。

③ 谭德伟：《婺剧初探》，《浙江文史资料选辑》第25辑，浙江人民出版社1985年版，第211页。

图 5.4　兰溪茭白船女(资料来源:《兰溪非物质文化遗产大观》)

兰溪“花舫”艳名远播,乃是钱塘江上游著名的“销金窟”。曹聚仁记载了绍兴一位富家子弟,从父亲处偷了 2000 大洋出门“玩世面”。店中伙友告知其父其子坐船前往金华府的兰溪。其父大为放心,以为兰溪偏僻小镇,也花不了多少钱。待其父在兰溪找到这位“花花公子”时,2000 大洋早已花得精光。其父大吃一惊,才知兰溪不比绍兴小,“小小兰溪比苏州”乃名不虚传。兰溪“花舫”朝朝寒食,夜夜元宵,十里笙歌,兰江不比秦淮河逊色。前金华道尹沈钧业也为“兰溪船娘”所迷,量珠而去。作家曹聚仁的父亲将兰溪视作“罪恶的城市”,但“萧郎”曹聚仁对家乡兰溪的“花舫女”却情有独钟。

> 普天下人士许我说句偏心话,天下小姐,仍以兰溪的为第一;兰溪姑娘是值得我们相思的,男女私情,说是温柔乡,我想:在兰溪姑娘浅闺中,仿佛似之。她们不是卖淫妇,当然不是当垆女,却也很容易一见钟情,我们进入她们的浅闺,虽说是夏布帐、青布被,可是,你是当作“姊夫”被招待的。一夜恩情,第二天便萧郎陌路,她很早起床,煮了一碗蛋汤给你吃,有如情妇送别,使人永念不忘。她们都是小家碧玉,只有温情,没有淫佚。①

“花舫”游玩分为三种,宴游、博游和清游。宴游每天菜肴、点心以及酒果,1919 年需银币 30 元。特价时也需 24 元,还有船役女佣犒赏 8 至 10 元。如果

① 曹聚仁:《兰溪——李笠翁的故乡》,《曹聚仁散文选集》,百花文艺出版社 2004 年版,第 153 页。

不进夜宴，上午九时、十时上船，下午离船，也需 20 元，犒赏 4 至 6 元。每届元宵西溪灯节、周王庙会以及关帝庙会演剧之期，“花舫”营业特别兴旺。旺季需要 40 元，赏 10 元。时家庭教师年收入 24 元，加上端午、中午以及过年三节敬金 6 至 10 元。商店伙计月工资仅 1000 文。木工、泥工日工资仅 40 至 100 文，另加烟酒钱 5 文，佣工月工资 300 至 700 文不等。银圆 1 元可兑换制钱 800 文至 900 文不等，“花舫”费用之高，令人咋舌。

博游除设水果酒之外，以赌博为主，客人在“花船”吃午席和夜宴两席，菜肴与宴游相仿。客人入席后，各人需拿出 2 元作为台面，归“招牌主”所得。“舫主”则以博桌抽头。“船内陈设华丽，可摆丰盛酒筵，‘船娘’擅丝弦歌唱。每到华灯初上，船内灯火辉煌，歌声、笑声、雀牌声，萦萦在耳。”①博游至午夜而止，“招牌主”需要为客人支付轿费，每轿 600 文。即便客人步行，也须付给跟随的佣人。渔妓以“卖口不卖身”相标榜，颇有手腕，凡初次上舫的客商或纨绔子弟，招待 4 个冷盘，半斤绍酒，仅收 4 角龙洋。若还有兴致，可外加唱小调或京剧。但饭后打麻将绝不心慈手软，一律要抽头，赌局较大，抽头就水涨船高，有些山客、水客或商人，有时也输得精光。

除了为富商巨贾、达官贵人游玩的高档水上妓院外，也有为一般平民乃至贫民服务的较为低廉的渔妓。据说东阳的排工虽贫困，因娶不起妻的光棍也被兰江的渔妓所迷惑，偶尔也倾其所有，“辛苦铜钱快活用”，上船解决性需求。

> 兰溪为名闻遐迩的商业重镇和花花世界。高档消费业也应运而生，妓院赌馆应有尽有。既有大亨富豪们寻欢作乐的高档次妓院，也有游弋兰江向排工们招揽生意的“交白船”。站立于船头的妓女们着装高开衩旗袍，露裸着大腿甚至臀部，挑逗排工们上钩。每当此时此刻，有的不花一文钱以一饱眼福而适可而止。而有的光棍汉却经受不住色相诱惑……拿着艰苦劳累甚至是冒着生命危险挣来的血汗钱潇洒一回，排工们流行的口头禅是“辛苦铜钱快活用”。而乡民们也流传一句口头禅是“撑排赚钱，赤屁股过年”。兰溪码头的色情行业抓住这机遇，生意红红火火，而撑排工的光棍汉们虽终年劳累却很难有积蓄。②

民国元年(1912)，英国女作家罗安逸来到兰溪，对“茭白船”有过简单的描述。“再往下游，在一个名声不太好的角落里停泊着一些崭新的‘花船’，船上摆满一盆盆鲜艳的花草，新漆过的窗上挂着漂亮的窗帘。它们是许多滨江城市的

① 兰溪城关镇志编纂领导小组编：《兰溪城关镇志》，浙江人民出版社 1987 年版，第 429 页。

② 虞耀宗：《排筏运输》，《东阳虞氏文化志》，2016 年，第 46 页。

污点。乘船经过那儿时，你可以瞥见那些年轻的女孩，穿金戴银，从‘花船’上窥探着外面的世界；除了最悲伤和痛苦的记忆，她们对这个世界一无所知。”①民国九年(1920)兰溪花舫达90余艘，泊于北门城外下卡子直到南门驿前10处码头。旅港兰溪籍作家曹聚仁统计有100余艘。“50年前，兰溪城门外，水码头边上，停着100多艘茭白船，这种船便是‘船娘’的绣闺，船尾翘得很高。”②但好景不长，犹如昙花一现。民国十五年(1926)，五省联军总司令孙传芳在江西被北伐军打败，溃军窜至兰溪，孙传芳将“花舫主”和“花舫娘”驱赶上岸，以“花舫”在江中架起一座浮桥，让溃军顺利通过，又将“浮桥”炸毁，“花舫”从此一蹶不振。据民国十八年(1929)统计，仍有陈水南等花舫49艘。

民国二十三年(1934)兰溪实验县时期统计残存“花舫”25艘，对“花舫”采取限制措施，规定只能泊于西门溪下街至南门驿前码头，不得自行迁移或泊往他处营业，其他船只不得入内。民国二十四年(1935)，兰溪来了一批伤兵，因饷银不足，遂滋事生非，敲诈百姓，乃至公然抢劫“公和当”当铺。伤兵到“花舫”肆意妄为，白吃白喝，乃至白昼宣淫，将“招牌主”拖往后舱奸淫，客人也吓得逃避一空，无心寻欢作乐。兰溪县长陈佑华不得不请金华宪兵予以弹压。由于浙赣铁路的开通，商业中心转移，加上抗战烽火影响，“花舫主”被迫弃船改业，“花舫业”从此一落千丈，渔妓有的嫁人从良，有的上岸为娼，也有的改营他业。“花舫”衰落的原因有三：“①商业中心转移，市场一蹶不振，客商锐减。②花场倾轧，相互竞争，‘花茶店’‘花酒店’日益增多。侑博卖笑不相上下，且收费较低。③原来‘茭白船’博取游客的才艺，日渐背时。游客淡艺乏趣，妓也不懂昔日之艺，只凭色相拉客，自然淘汰。”③“花舫女”不得不上岸谋生，成为陆上“花茶店”的“花茶娘”。兰溪沦陷后，日本人开设“堂子”，设置“花房”。“堂子”乃日军的军中妓院，妓女身穿和服，大都为日本或韩国妓女，也有“花舫女”的身影。“‘花房’原是旧社会‘茭白船’上岸的班底，沦陷后又发展起来，‘花房’的老鸨只认钱，不分种族和敌我，日寇、汉奸、特务都接待。”④20世纪30年代，兰溪仍有花茶店159家。船头高翘、整洁明亮的“花舫”搁置中洲，抗日战争时期已销声匿迹，从兰江渐渐隐去，“茭白船，两头翘，水烟筒，刮刮叫”的民谣，也逐渐被人遗忘。“建国前夕，城弄有‘花茶店’40余家，‘花茶娘’百余人，‘花酒店’及抗日战

---

① [英]罗安逸：《中国：机遇与变革》，1920年。转引自沈弘：《辛亥革命前后的浙江社会思潮和变革——英国女作家罗安逸眼中的杭州和兰溪》，《文化艺术研究》2010年第5期。

② 曹聚仁：《兰溪——李笠翁的故乡》，《曹聚仁散文选集》，百花文艺出版社2004年版，第154页。

③ 蔡斌：《茭白船考》，《兰溪文史资料》第9辑，1991年，第177页。

④ 唐景：《日伪统治兰溪三年的见闻》，《兰溪文史资料》第11辑，1996年，第208页。

争期间由‘茭白船’迁至岸上的娼妓为数亦不少。”①中华人民共和国成立后将其取缔，至 1951 年已基本绝迹。（图 5.5）

图 5.5　1939 年的兰溪船娘（资料来源：《良友画报》1939 年第 148 期）

第四节　富春江九姓渔户的高白船

桐庐属于严州所辖，号称“八省通衢”，商业经济发达，地理位置特殊，桐庐也有“九姓渔船”。“在解放前，还有一种名为‘交白船’的妓船，停靠在码头上接待社会风流人物，已被历史所淘汰。”②“九姓妓船”常泊于严陵滩头，故称“严陵

① 兰溪市地方志编纂委员会编：《兰溪市志》，浙江人民出版社 1988 年版，第 503 页。

② 叶浅予：《叶浅予自叙》，团结出版社 1997 年版，第 41 页。

九姓渔船”，也称“江山船”。“明清时期，江上‘九姓渔民’有从业航运者称‘江山船’，其船分‘头亭’‘茭白’两种，形体宽敞如舫，客房布置精致整洁，乘船航行，有歌女侑觞荐寝。水脚昂贵，然往来富商大贾，往往非‘头亭’‘茭白’不坐。若使臣、委员过境需备船迎送者，也用此船当差。太平天国运动后，‘江山船’大减，多数改习‘芦鸟’（一种货船）。民国后期查禁绝迹。”[①]桐庐卖淫嫖娼的恶习甚炽，“江山船”也称“茭白船”“交白船”，据说尖头方尾，形似“茭白”；另说为交往“清清白白”之意。“客至，则与交谈，或清歌一曲以娱之，不及于乱。故曰‘交白船’，女子则曰‘交白主’。或作‘招牌主’，实误。”[②]也有说该船有伤风化，遭人白眼，曰“遭白船”；又说该船常年停泊，曰“靠泊船”。均为“茭白船”谐音。“入夜，船内灯火辉煌，丝弦伴歌，笑语不绝，妓女则侑觞荐寝，不堪入目。”[③]“交白船”分为“头亭”与“茭白”两种，专门迎接过往的官府豪绅和名士，形同官妓。“此等船在清时有使臣、委员等过境，须备船迎送者，专以此供差。入民国，差使已无，但按月征警捐、育婴堂捐。”[④]常泊于桐庐当店弄口或姚家弄口江边。多的时候停泊三四十艘“交白船”。

据说朱元璋贬九姓渔户到富春江严陵滩头为贱民后，起初并非撑船运货和捕鱼，而是专门从事“茭白船”的妓业。“相传当元主宰割中华，此九姓助虐压迫汉人，为明太祖所罚，使世代操此贱业。常泊严子滩头，故名‘严州九姓渔船’。”[⑤]最初为中小型船只，父驾舟，母上灶，兄弟划船，媳妇和女儿接客，每次仅能接待 2 名嫖客，既有停船接客的“做坐生意”，也有作长途航行的“做航生意”。后来才购置漆有五颜六色的宽大的“茭白船”。“茭白船”船型为“龙娘船”，也称“长船”，以柏木制成，油漆光亮，大的达 30 余吨，船上盖有乌篷，篷腰处开有窗幔，船内设有客座和寝房，后舱有伙房，布置清洁，有茶围、酒筵和饭筵酬客。“酬客分茶围、酒筵、饭筵三种：茶围只给小账 1 元至 2 元；置酒每席 10 元至 16 元，另给小账；置饭每席 16 元至 24 元，另给小账。若征别船之‘交白主’侑酒，每人给局费 1 元至 2 元。酒饭茶围之收入，悉归船主。酒阑雀战，可指名为某‘交白主’抽头。”[⑥]“茭白船”摆设极为考究，所费不赀，有“一两银子一杯茶”之说。

“茭白船”亦称“歌伎船”，每船蓄数名歌伎，装束入时，口齿伶俐。从小就请

---

① 桐庐县志编纂委员会编：《桐庐县志》，浙江人民出版社 1991 年版，第 322 页。

② 周天放、叶浅予：《富春江游览志》，上海文艺出版社 2017 年版，第 78 页。

③ 桐庐镇志编纂委员会：《桐庐镇志》，1994 年，第 423 页。

④ 周天放、叶浅予：《富春江游览志》，上海文艺出版社 2017 年版，第 79 页。

⑤ 周天放、叶浅予：《富春江游览志》，上海文艺出版社 2017 年版，第 78 页。

⑥ 周天放、叶浅予：《富春江游览志》，上海文艺出版社 2017 年版，第 79 页。

来乐师教导，琵琶琴笛，唱歌吟曲，无不精通。“船上蓄雏鬟一二人或三四人，装束入时，齿牙伶俐，习琵琶、胡琴并歌曲。”有客人上船，则与之交谈，介绍富春江的山水风光，或者饮酒作乐，或者清歌一曲相娱。渔妓昔时所唱，皆朱熹的《水调歌头》、苏轼的《满江红》、方有开的《点绛唇》等山光水色名世之作。民国所唱者，投其所好，皆《朱砂志》《李陵碑》《莲英惊梦》等京调及《无锡景》《四季想郎》等小曲。“交白女”最初也惯于抢风打桨，现已弱不禁风。“茭白船”泊于严陵滩头，名士才人听清歌一曲，诗兴大发，多有投赠。九姓渔户没有多少文化，不知珍惜，客去即付诸东流。唯有“茭白船”主韵梅尚留有杨文莹联一副：“如此江山好烟景，好好好，好亦雅游人，来桃叶渡边，杏花村里；凭他云水忆萧郎，忆忆忆，忆只仙家侣，有青莲台古，弄玉楼高。”[①]诗文写作俱佳，出自名人手笔，不同凡响。

“交白女”刚成年者曰“同年妹”，年纪略大者曰“同年嫂”，因桐庐、严州人居多，故误为“桐严”的谐音简称。早先都是大脚妓女，从乾隆时起，才有裹小脚的船妓。“交白女”既有渔户的女儿，也有幼时购买。“船上娱客之‘交白主’，皆本船女儿或媳妇，后亦收养异姓孤女。”[②]也有非出自渔户的陆地平民女子“落水”而成为渔妓。“茭白船”上的渔妓，非九姓妓女可以随时从良，但九姓渔户的妓女则绝不允许。民国二十年（1931），作家郁达夫游览桐庐时，曾写《钓台的春昼》。“尤其要使旅客感到萧条的，却是桐君山脚下的那一队‘花船’的失去了踪影。”[③]

浙赣铁路未建和杭富公路未通以前，得天独厚的富春江水路成为南来北往的主要航道，沪杭一带的洋货由南星桥起运到富阳码头，上八府以及皖闽赣的土特产沿婺江、瓯江和徽江而下，汇集于富春江码头。停泊于天妃宫至恩波桥一带的船只鳞次栉比，桅杆如林，蔚为壮观。富阳街客商云集，市面繁荣，成为上八府和下三府的物资中转站。城墙一带，茶馆多达16家。茶馆内设有雅座，商贾以此洽谈生意，交流信息。“明清时期，常有‘茭白船’载船妓停泊在城西放马沙、城东馆驿里江畔。船形类似大开艄船而尾特高，舱内设客座，可摆酒席。客至，由船妓唱曲侑酒。一班豪绅富商、纨绔子弟，趋之若鹜。”[④]从小生活在富阳城里的汪至大回忆：“清末民初，富阳苋浦口龙王滩一带停泊着一些小船只，这种小船只俗称‘茭白船’，有人雅称‘花舫’。‘花舫’专门用来接待豪绅富商享

① 周天放、叶浅予：《富春江游览志》，上海文艺出版社2017年版，第79页。

② 周天放、叶浅予：《富春江游览志》，上海文艺出版社2017年版，第78页。

③ 郁达夫：《钓台的春昼》，《富春江今古散文选》，延边大学出版社1999年版，第7页。

④ 富阳镇志编纂室编：《富阳镇志》，汉语大词典出版社1994年版，第421页。

乐和纨绔子弟享乐。船上备有酒、茶水、果子、糕饼等，妓女陪客人叫‘吃花酒’‘喝花茶’。”富阳的馆驿里，即今馆驿路和馆驿新村，鹳山东面原吉祥寺门口沿江一带，杭富公路未通以前，来往富阳和杭州之间，可乘轿子或骑马而行。因没有现代化的通信工具，传达上峰指示，或通报重要军情，都要依靠骑快马的邮卒传递。以前没有招待所和高级宾馆，外出公干歇脚、用餐、投宿以及添喂马料的驿站，也设于官道旁边。馆驿里的地名因此而来。“在馆驿里一带江面，以设宴卖唱的‘茭白船’也应运而生，供客商寻欢作乐。这些船妇大都年轻俏丽，能歌善奏。”①馆驿里的陆地水上，由此形成繁华的市面。“画船三五绿杨中，隔山闻歌馆驿东。生小桐严呼姐妹，拨弦解唱满江红。”②许正衡的《富春杂咏》八首之一的“馆驿高白船”诗，描写了清末民初馆驿里一带民情风俗。

太平天国战事期间，因湘军将鸦片带入富阳，沿江不少店号也开起了“乌烟盘”，也称“清水洋烟”或“花烟盘”，破坏了富阳勤俭淳朴的民风，带动了商业的畸形繁荣。“富春江上通金衢严，下达杭州连接东海、运河，故以富阳城为中心的沿江一带，生意相当红火……聚赌的，嫖妓的，吸大烟的一度充斥。‘馆驿高白船’停泊‘交易’则为其中的一例。‘高白船’多半由兰溪和新安江方向而来。这种船身长船头船尾尖尖的‘长船’始作航运之用。”③九姓渔户从上游用“长船”将山货运到下游，再运回食盐、布匹等各类商货，顺风使帆，逆风脚划手撑和拉纤，日夜兼程，一个来回也要十天半个月。他们以船为家，乃至家禽、肉猪也在船上饲养。渔户对富阳情有独钟，遇有风浪则进“苋浦归帆”，也有的停靠鹳山矶头的馆驿里。渔户上岸后，买些油盐酱醋和粮食，或上茶馆喝茶，歇息聊天。渔户见“高白船”有利可图，遂将“长船”改装为妓船。“高级的高白船始供上任卸任的官员承载，一路上丝竹悠扬，歌声婉转，居然成了江上一景；后来盐商木客们白天在茶馆谈生意，晚上到茭白船摆酒待客；那些纨绔子弟们则借此游玩，寻欢作乐；最后竟演变到成为妓船。有些船民觉得做此营生较之撑船省力又赚钱，便有作中介引进上下游原有的茭白船，也有把自己原有的航船换成船身比较小的，并略加装饰，改业在馆驿里的水上经营起来。开始，游客以文人墨客较多，约得友人三五，租得茭白船去喝喝茶，讲讲山海经，或吟诗对歌，或弹弦拉唱，作为一种雅趣。后来连那些游手好闲者，甚或地痞流氓也常去茭白船作乐。而船主不仅备以糕点果脯瓜子以赚钱，连陪唱女也相继出现，甚或可在船上议

① 谢国瑞：《解放前后富阳商业》，《富阳文史资料》第 4 辑，1991 年，第 143 页。

② 许正衡：《富春杂咏》，《历代诗人咏富阳》，延边大学出版社 1999 年版，第 224 页。

③ 蒋增福：《馆驿高白船》，《恩波余话》，云南民族出版社 2006 年版，第 384 页。

价陪宿。”①富阳沿江一带的“高白船”最多时达到三四十只，形成特殊的市面，特殊的行业。

北伐胜利后，这批“茭白船”被取缔，乃上驶兰溪寻找生机。南京国民政府成立后，富阳所有的“茭白船”遭到驱逐。“民国期间，富阳县城富春江边常停有妓船。民国十六年秋，县政府驱逐妓船，查禁娼妓活动。”②富春江上的“茭白船”遂上溯兰溪，闲置南门江边。渔妓弃船上岸，到兰溪南门重操旧业。

第五节　钱塘江九姓渔户的画舫

萧山的临浦、义桥、闻堰均有九姓渔户的“茭白船”停泊。萧山与山阴交界的榆林关、罗门阵两地，经常于秋收后开设赌场，哄骗愚民赌博。“并招江干义桥船妓，及鹦哥淫戏，引诱赌客，为害最烈。”③临浦历史悠久，乃千年古镇，明清以降，临浦一直是萧绍平原的重镇。民国时期为浙江省四大名镇(塘栖、南浔、兰溪、临浦)之一，被誉为“小上海”。浦阳江从东往西，西小江从南往北，两条江成丁字状流经临浦。往浦阳江上游可达诸暨、浦江、义乌，往浦阳江下游溯富春江可至富阳、桐庐、建德，直至兰溪、衢州。西小江与浙江运河相通，可达绍兴和宁波。临浦有其得天独厚的地理优势，享有“活水码头”之誉。临浦镇全盛时期有西关殿埠、旱桥埠、轮船埠、航船埠、镇江楼埠、山阴埠、火神塘埠、渡船埠、柴船埠、凉亭埠、内河轮船埠、里坝兜埠等17处码头，其中外江的7处码头停泊的船只最多。临浦状如畚箕口，乃优良港湾，每当傍晚，桅杆林立，南来北往的商船多达数百艘，成为浦阳江畔的一道亮丽风景线。有来自兰溪、衢州等地的两头尖尖的上江船，也称“长船”；有来自诸暨的船身较宽的叫“滩船”；也有绍兴脚蹬手划的“乌篷船”；还有树三根桅杆挂三张风帆的“海宁大船”；有来自苏南的“缸甏船”和“蛇头船”；还有萧山本地的“开稍船”；还有毛竹扎成的“竹排船”，树木扎成的“木排船”。还有供人娱乐的“茭白船”。

这些船，除了极少数的船是带有老婆孩子的家庭船外，大多的船工和船民都以男性为主。所以，相应出现了一类“交白船”，这类船却以女性为主，做些男性船工们服务的事务，也提供一些娱乐活动。“交白船”，又叫“长船”，船型二头尖，大的有5舱，小的也有3舱，均是从兰溪、金华方向来

---

① 蒋增福:《馆驿高白船》,《恩波余话》,云南民族出版社2006年版,第384页。

② 富阳县公安志编纂办公室编:《富阳公安志》,当代中国出版社1995年版,第165页。

③ 《淫盗媒介场》,《图画日报》1909年第3册第116期。

> 的，这些船游弋在富春江、浦阳江的岸边集镇，而临浦是"交白船"经常光顾的港湾。"交白船"内均养有几位年轻的姑娘。临浦镇码头多，白天装货卸货繁忙，"交白船"白天就停泊在对岸，每当夜幕降临，码头安静时，"交白船"就过江停靠到各个码头，要是船上无客，船外就会挂出红灯，要是船外没灯，说明此船里已有客人了。临浦镇上每天的客流量极大，每天歇在临浦的客人也极多，更何况还有一批经常在水上生活的船民，而"交白船"上的船娘不但可以为船民和客人缝补浆洗，还提供茶水。年轻的船娘大都会吹拉弹唱，所以有很多客人和船民喜欢上"交白船"。在船上既可打麻将又可喝茶听小曲，还可以将要浆洗的衣服放下，待明日来取。也有做生意的商人包一只"交白船"，在船上边听小曲边谈生意。据说，"交白船"上的姑娘大多卖嘴不卖身，但也有卖淫的，只是少数。①

"活水码头"商贾云集，带动了第三产业的发展，旅店、饭馆、小吃店、南货店、酒店、烟店、浴室、茶店、理发店、戏院、卜卦等生意红火，仅大小茶店就有40多家，颇有名气的有逸园、鸿园、乐园、菊花楼、青莲阁等，大茶馆还设有戏台，上演"的笃班"。小茶店也置有一块高出地面的木板，放上一桌一椅，供曲艺演员说大书，茶客大都是客商，边看戏喝茶边谈生意。也有只供喝茶聊天的小茶馆，大都是古镇平民和近郊农民。古镇的繁华，除了云集大批客商之外，也麇集了土匪恶霸、流氓赌徒。

抗日战争爆发以前，杭州的南北二埠——南星桥和拱宸桥，因处于水陆交通要冲，商品集散重地，故客商云集，八方杂处，各种酒肆、茶坊、店铺、妓院随之应运而生。杭州的娼妓业，主要集中于一南一北两个地区，杭人称为"南部花区"和"北部花区"。杭州城南的江干区沿钱塘江一带，上自闸口下至南星桥的"十里江塘"，以前人烟稀少，居民多为底层劳动者。清末民初，由于木行业的繁荣，候潮门外成为徽帮茶商的聚集之地。"由于木行业的腐化生活影响，江干、花牌楼一带妓馆林立，均以木商为主要对象。"②公路和铁路未通以前，钱塘江上游各地，自衢江至兰江，以及新安江经富春江至钱塘江，沿江的客货，都要依靠水路运输。杭州城南沿钱塘江一带，舟船往来络绎不绝。为了方便各地商旅生活，各种服务业也方兴未艾，逐渐形成一个商业区，尤以海月桥最为繁华。"兰溪、建德（今梅城）一带水上流动的'花船'，也看中了这个闹市区，顺流而下，常

① 朱冠右、吴桑梓：《小上海：临浦旧事》，方志出版社2004年版，第130页。

② 陈瑞芝：《杭州木行业内幕》，《杭州文史丛编》（经济卷）下，杭州出版社2002年版，第135页。

年停泊在这里，招来玩客。”①“花船”乃“茭白船”，也称“钱江画舫”。“俗称‘画舫’为‘招牌船’，谓其有人为饵，借作招徕之意。”②船上男女大都是江山、兰溪、建德一带的九姓渔户，其土话读作“招牌船”，杭人讹为“茭白船”；该船头尖尾圆，形如“茭白”；也说因茭白色白而鲜嫩，别具风味，形容为颇为别致的水上交通工具，明为“交通船”，实为“花船”。（图 5.6）

“画舫”向泊于海月桥一带，潮盛则移于闸口之九龙头。舳舻衔接，两行如雁翅排。虽较之十里河房，秦淮佳丽，容有未逮，而画屏银烛，檀板金尊，未尝不尽选色征歌之乐。“舫中人”凡九姓，以程、陈、叶、许为最盛。或谓有明定鼎，没陈友谅眷属僚佐以执是役，定例不得陆居，是耶非耶，惟是浮家泛宅，已成习惯。其翘楚均麇聚钱塘江畔，而绍属之闻堰、之义桥，杭属之富阳，金属之兰溪，衢属之龙游、之西安，均有“画舫”踪迹。惟上江殊色绝少，故寻芳者咸称钱江。今则花牌楼前洋楼栉比，娟娟此豸，大都移家就岸矣。③

图 5.6　钱江画舫（图片来源：《老照片》）

据传九姓渔户最早在衢江一带打鱼为生，由于谋生困难，遂沿江而下，泊于兰溪和建德各港口，以运输为主。兰溪乃金华、衢州和处州所属各县商货出入汇集地点，享有“小上海”的美誉。“始以渔为业，继而饰女应客，使为妓，仍居舟中。”④“画舫”有驾长和驾长娘，由驾长娘掌权，船或行或止，均听其指挥。富商巨贾经商外出，游山玩水，乐于雇佣这些船只，“舫主”为讨好雇主，备有鸦片、赌具供客玩乐，乃至不惜以妻女侍宴侑酒，以博客之欢心。一些富商大户以及纨绔子弟常给以重赏。

① 杭州市江干区志编纂委员会编：《江干区志》，中华书局 2003 年版，第 905 页。

② 三衢柔父：《钱江画舫录》，《钱塘江文献集成》第 27 册，杭州出版社 2016 年版，第 54 页。

③ 三衢柔父：《钱江画舫录》，《钱塘江文献集成》第 27 册，杭州出版社 2016 年版，第 54 页。

④ 徐珂：《清稗类钞》第 4 册，中华书局 1986 年版，第 1904 页。

渔妓也有非九姓女子。“舫主”以此有利可图，也收养年轻姑娘作为“舫女”，以供接客。“间有购自良家者。”①据王韬《淞隐漫录》罗列几位有籍贯的妓女，如生长于桐庐桐君山下的莲棣，貌美秀丽，邻家姊妹均以西施目之，因家贫亲殁，遂堕落风尘，非其素志。檀香则居于富阳的小隐山下，也是小家女子，婀娜娉婷，别饶媚态，年仅16，即被梳拢。“檀板金尊，得少佳趣；香温茶熟，别有会心。”翠凤乃住钱塘莲花山下，小名阿凤，幼时肤白如雪，戏以“白凤凰”，稍长好着绿衣故名。“翠袖天寒曾倚竹；凤钗春暖替簪花。”当然也有渔户的女儿，沈香乃富春江畔渔家女子，身材苗条，眉目如画，秀曼风流，迥超侪类，弹筝掐笛，品竹调丝，神领神会，妙合音节，曲师也自叹弗如。“沉鱼落雁倾城貌；香雾清辉忆旧词。”②渔妓名义上被认为驾长的养女，但驾长娘对其控制极严，稍有不遂，即遭毒打。从小授以弹唱山歌小调，后来盛行京剧，又延请琴师。“盖从前诸姬，雅善昆曲，闻者为之心醉。自弦子盛行以后，往往取其便捷，都学秦腔弋腔，赏音既稀，咸愿借此以合剧目。雏鬟三五，力竭声嘶。一歌再歌，汗涔涔下。而同侪角艺，每彼此不肯相让。”③“舫女”娇声俏喉演唱《满江红》一曲，玩客意乱神迷，如登仙境。进而授以侍宴以及劝烟玩牌等诱客“秘术”。玩客沉迷于酒色烟赌，不惜挥霍巨资，“画舫”由此艳名四播。

渔妓第一次接客，曰“梳栊”，也要举行像其他妓院一样的例行仪式。除了夜度资之外，还要添置床帐、被褥、衣服、首饰，有购自城中者，也有以钱为质者。“定情之夕，张筵宴客。‘舫中人’妆束如新嫁娘。雅鬟龙媪之属，以及橹夫篙手，均有赏犒。名花对坐，酒落欢肠。迨携手巫山，早经薄醉。落红狼藉，赝鼎滋多。而其时尽态极妍，恒被轻轻瞒过。即有参透消息者，亦不愿纷纷宣布。”④此后，再与驾长娘定约，或议月包，或年包，表面上“停征谢客”，但“送旧迎新”，依然不息，渔妓被嫖客包养者越多，其艳色愈盛。

鸨母对“招牌主”控制极严，即便陪客进城游玩，也会派心腹小婢伴随监视。“花牌楼妓馆，历来以‘卖笑不卖身’为标榜，当家养母（鸨母）把‘招牌主’（妓女）当作‘摇钱树’，平时管教极严，恐其一旦失身，丑名远扬，招致门庭冷落，‘树’倒财空。如遇有为色所迷，不惜奉巨金以求一快之辈，鸨母也会见钱眼开，指使妓

① 徐珂：《清稗类钞》第4册，中华书局1986年版，第1904页。

② 王韬：《淞隐漫录》，河北人民出版社1991年版，第19页。

③ 三衢柔亽：《钱江画舫录》，《钱塘江文献集成》第27册，杭州出版社2016年版，第55页。

④ 三衢柔亽：《钱江画舫录》，《钱塘江文献集成》第27册，杭州出版社2016年版，第56页。

女献身承欢。”①渔妓穿着较为朴素，不像上海滩的妓女那样浓妆艳抹。欢场苦短，朝去暮来，“舫女”年岁渐长，鸨母也有开笼放鹇之意，所索的身价也多不过300金，或200金。“舫女”工于操作，善于持家。若生有一儿半女，也足以自慰。“若韶花玉貌，二八风鬟。不特驾长娘以钱树相期，未许轻轻移植。即姬亦春花秋月，方在欢场。或嫌伧贾难堪，凤鸦不偶。或谓世家多宠，莺燕成群。于是啖之以赀，迫之以势。雕栏曲槛，著意护持。孰知红杏出墙，依然欲关不住耶。下堂求去，比比皆是。”②一些富商巨贾，为色所迷，一掷千金为其中意者赎身，娶为小妾。然而，野花只合闲中看，一折归来便不香，商人重利轻别离，随意遗弃者也比比皆是。

“画舫”与妓院不同，欲实现嫖妓的欲望，非耗费重金不可。“舫中摆水果酒价约4元以上，添菜加2元，便饭8元，正饭至少12元，大夜饭由正东、副东、陪客各出资者，所费约40元至100元，宴毕即须缴费。”③“花舫”一般不留客宿夜，客人打个“茶会”花上1块钱，喝杯茶听个曲就起身上岸。如果客人要在船上打麻将，喝“花酒”，一席所费往往需要15元、20元不等。“‘舫中人’钩勒伸屈，别有灵心妙腕，对待诸客，否则玉山早颓也。至于点将拍七，或飞觞抢三，或列觥过桥。客有所命，均不敢辞。客或量窄，并为代饮。生张熟魏，无不一律看承。且诸客所唤陪花，来时或有参差，去时不能先后。香风一阵，莺燕齐归。临行犹一一相邀，既去更殷殷相请。以视沪堧时髦之风，奚啻霄壤。”④时价二三元能买100斤大米，所费相当可观。一些商人因此而倾家荡产者，也时有所闻。

> “舫中人”声价渐贬，城中驵侩，若晋义宝华等钱伙，不惜掷居停资本，与士大夫相颉颃。光绪季年，王氏寿丰、沈氏庆余、陆氏鼎记三钱庄，不期年而先后倒闭者，皆受此种影响也。宝华刘某，以一木倾大厦。晋义为盐税收支机键，且败于韩某汪某手。区区“画舫”，于杭州金融大概极有关系。国变而后，高牙大纛者，或不免见猎心喜，要不必徒责诸市井矣。⑤

清末民初，不准渔户登岸的禁令早已废除，由于玩客日增，娼业兴旺，渔户

---

① 杭州市江干区志编纂委员会编：《江干区志》，中华书局2003年版，第906页。

② 三衢柔奂：《钱江画舫录》，《钱塘江文献集成》第27册，杭州出版社2016年版，第56页。

③ 中国旅行社编：《钱江画舫》，《西子湖》1929年版，第75页。

④ 三衢柔奂：《钱江画舫录》，《钱塘江文献集成》第27册，杭州出版社2016年版，第55页。

⑤ 三衢柔奂：《钱江画舫录》，《钱塘江文献集成》第27册，杭州出版社2016年版，第59页。

原有“画舫”已不敷所需，“舫主”连同“舫女”陆续舍舟登岸，在复兴街海月桥至化仙桥一带，集中建屋定居，开设妓馆，称为“半开门”。一些为妓馆服务的烟酒、裁缝、银匠等店铺，也在附近开设。每当华灯初上，笙歌不绝于耳，烟酒牌赌通宵达旦，这一嫖客新的寻花问柳之地，杭人称其为“花牌楼”。并迅速取代“花舫”的地位，尽管沿江仍有忽隐忽现的“钱江画舫”的身影，但其艳名早已衰败。“花牌楼兴盛时期，约有妓馆二三十家，大都是一开间或双开间的木板楼房，其中有墙门的较大妓馆，只有一二家。”①妓馆也不似其他地方的妓馆门口那样，标着各种馆名，其外观与普通人家并无两样。（表 5.1）

表 5.1　杭州江干渔妓

年别	妓院（家）	妓女（人）	最大年龄（岁）	最小年龄（岁）
1929	22	59	36	16
1930	23	23	36	16
1931	11	19	30	17

资料来源：《杭州市经济调查》。

“花牌楼”不时举行“花选”。民国四年（1915），何飞侠、费蛰园、钱根生假驾涛仙馆评选江干诸姬花榜，前一日遍发传单，次晨麇集以资评品。“云鬟雾谷，水佩风裳，姗姗如洛浦妃子者，高凤也。圆资替月，晕颊羞霞，盈盈如杨玉环者，媛媛也。柔搓无骨，轻举若毫，依依如赵飞燕者，青凤也。取三姬为鼎甲，而副以秀凤、早珠、兰英、兰珍、娥嫦、云林等 17 人。是日微雨淡云，轻凉一味。诸姬初至，飨以盛筵。数十来宾，夸为盛举。肥长瘦短，各摄小影而散。”②高凤、媛媛、青凤三妓取为鼎甲，高凤拔得头筹。民国十三年（1924），一批巨富小开、官僚子弟又聚集湖滨“大世界”举行“花选”，各妓馆的头牌妓女均浓妆艳抹，花枝招展，踊跃参赛。花牌楼最大的一家由鸨母“老云香”经营的妓馆，其头牌妓女“龙凤”荣获“花国总统”的头衔，这些妓馆因此称为“总统府”，一时身价倍增，门庭若市。（图 5.7）

“花牌楼”自清末至抗战爆发前夕，享有盛名达 20 余年之久。其间虽因“齐卢之战”以及北伐战争有过短暂的冷落，但杭州在战争中并未受到很大破坏，战后很快恢复，国民党统治时期，娼业繁盛反而有过之而无不及。“娼妓虽非近代始有，然其流毒实甚。其廉耻丧亡，有损国民之道德。淋浊梅毒之传播，危及民

① 杭州市江干区志编纂委员会编：《江干区志》，中华书局 2003 年版，第 906 页。

② 三衢柔久：《钱江画舫录》，《钱塘江文献集成》第 27 册，杭州出版社 2016 年版，第 58 页。

图 5.7　花选拔得头筹的江山船妓高凤(资料来源:《小说大观》1915 年第 4 期)

族之生命。自入民国以来,虽曾有一度废娼运动,但仅如昙花一现,遂寂寂无闻矣。盖妇女之流为娼妓,其始必为生计所迫,非出素愿,及行之既久,有习于豪华而乐此不疲者,有虽感痛苦而无法解脱者。废娼者不从生计上为根本解决之计,徒恃一纸公令,高唱废娼,何能生效?近数年来公娼人数所以日渐减少者,乃因商业凋敝,金融停滞,迫于情势,或则迁走改业,或则变为暗娼,避免捐款,非公令废娼之所致也。暗娼卖淫为警察查获者,报章日有记载。但未被查获者,必为数尚多。"①抗战烽火骤起,杭城危在旦夕,市场萧条,人心惶恐,达官贵人和富商大户纷纷逃避一空。"花牌馆"妓馆也门庭冷落车马稀。仍在钱塘江游弋的"画舫"常被征作军用,难乎为继,不得不纷作鸟兽散。妓女有的适人而去,有的嫁与国民党军官成为"官太太"。日军侵占杭州后,焚毁了"十里江塘",花牌楼与繁华的商市被付之一炬。日寇的铁蹄粗暴地践踏杭城江干"花市","南部花区"终成历史陈迹。

① 建设委员会调查浙江经济所编:《杭州市经济调查》,1932 年,第 651 页。

"江山船"并不限于钱塘江流域，船随水流，所到之处，均有其痕迹。甬江流域，包括姚江和鄞江，都有"江山船"的身影。"从奉化、鄞县、慈溪，直到镇海，他们也是无所不至的。不过常泊于甬江之中者，船身较小，结构玲珑，实际上只是一种古色古香的游艇。到中秋日，船头悬挂宫灯，两舷装饰缎帔，门上珠帘绣幕，舱内楠椅檀几，盆花清供，桂楫兰桡，设备布置，极尽精美。吾邑富家子弟，约三五知友，登舟泛江赏月，舟中玉箫金管，醇酒美人，槛外妖蟆水轮，红蓼碧水，一夕旖旎风光，笔难胜述。"①宁波人中秋到"江山船"泛江赏月，也是中秋的应时节目。

第六节 九姓渔妓实乃官妓

九姓渔户乃是被贬官妓。明代朝廷向花舫征收课税，之曰"鱼课"，实为"花捐"。清承明制。清代严州知府戴槃查证建德县《船庄册》，"九姓渔船"实乃妓船，原征丁银 2108 两 1 钱 8 分 5 厘，但雍正五年早已摊入田地山塘代征，不复存在。"惟渔课一项，仍照旧征收。内解藩司衙门马械银两，并阜府衙门给发马快工食，以及修仓、刑具、充饷等款，共计银 94 两 5 钱 5 分 8 厘。"②戴槃呼请裁撤九姓渔课，实乃妓税，严禁渔户业妓，改贱为良。但渔课裁撤之后，渔户不得从事妓业，应改贱为良。然而，渔课虽裁，但渔户却业妓如故。兰溪"花舫"属于"官娼"，领有营业执照。据嘉庆《兰溪县志》记载，岁纳鱼课钞"14 锭 4 贯 555 文，正额 10 锭 1 贯 780 文，增羡 3 锭 2 贯 40 文，闰月 1 锭 735 文"③。凡嫖客相招，渔妓皆乘轿前往。夜间还在轿前挂有"正堂公务"灯笼，以示已纳税官妓。"钱江画舫"也领有执照，缴纳"花捐"，清季甲等妓捐每月 4 元，乙等妓捐每月 2.5 元。国民政府虽然声称废娼，但仍然征收"乐户船牌照费"，属于官方承认的正式官妓。（表 5.2）

表 5.2　1931 年乐户船牌照费征费标准

船长	每年征费(元)	每期征费(元)
3 丈以下	5.40	2.70
3 丈至 5 尺以下	7.20	3.60

① 陆彦：《中秋漫话》，《宁波习俗丛谈》，民主出版社 1973 年版，第 91 页。

② 戴槃：《裁严郡九姓渔课录》，《严陵纪略》，同治七年刊本，第 4 页。

③ （清）张许等修，陈凤举撰：《兰溪县志》卷五《田赋》，嘉庆五年刊本。

续表

船长	每年征费(元)	每期征费(元)
4丈以下	9.00	4.50
4丈5尺以下	10.08	5.40
5丈以下	12.60	6.30

资料来源:《修正浙江省管理船舶规则》,《浙江建设月刊》1931年第5卷第2期。

九姓渔户原是被贬贱民,随时接受官府差遣乃理所当然。有些"画舫"被指派常年应役的差船,并挂上官府的牌子,也因此称为"招牌船"。虽然每年应差不过数次,平时也可自由接客。各舫主将主要渔妓名字,用金漆写上招牌悬挂船头,以此招来玩客,这些因此也称为"招牌船",渔妓则为"招牌主"。杭州知府和钱塘、仁和两县的官吏,均有这样的"招牌船"。"其享尽艳福,不费一钱者,向惟船局中人能之,汛地官或分脔一二。今则警察林立矣,驻南星站各营,犹未敢以花姑娘目'舫中人'。"①兰溪"花舫"艳名远播,新任县长赴任,均在"花舫"为之接风洗尘。胡次威口述:"以前县长到任,绅士们都要在'花舫'请客吃喝弹唱。'花舫老板'也请客,都设在聚丰园饭馆里。"②实验县县长胡次威上任时,也被邀请到"花舫"欢宴,被婉言谢绝。清代设有船局,管辖"画舫",船局人员以此随意征发"画舫",并从中渔利。民国"画舫"隶属杭省第四区江干警察分署管辖,警察假公济私,接受渔妓免费"服务"。《民国野史》载有《纪艳四》以记其事。

吾某为杭省第四区江干警察分署员也,既久私囊颇裕,置人民违警及一切道路政治,咸不整顿,就地人民,故有有署无官之说。缘江干船局上首,为九姓渔户(即俗云"茭白船")。临江女子,咸以卖淫为生涯,历久至今,已成习惯。然每逢长夏,因修理船只,故皆舍舟登陆,一律住居"花牌楼"。而吾某则终日与彼征逐,左拥右抱,其乐陶陶,群妓赖以保障。而其对于吾某称呼,非曰"干姑爷",即曰"娘舅",而粉白黛绿之中,夹以闪烁金光之警服,亦政界中风流佳话也。③

民国十四年(1925)九月三日,江浙战争爆发,从福建逐出的皖系漳厦护使兼福建第二师师长臧致平部和福建第三师师长杨化昭部前来衢州,浙江督军卢

① 三衢柔欠:《钱江画舫录》,《钱塘江文献集成》第27册,杭州出版社2016年版,第57页。

② 胡次威口述,邱溪源整理:《云山瀫水忆兰溪》,《兰溪文史资料》第4辑,1986年,第23页。

③ 《纪艳四(吾某)》,《朝野新谭》第3编,光华编辑社1917年版,第72页。

永祥委任臧致平为闽浙皖赣边防司令，杨化昭为边防军训练处长，臧杨两部共有6000余人。原驻衢州的夏兆麟部，奉命调防嘉兴，形成对江苏的攻击之势。夏兆麟遂下令征发船只，开拔东下。这些民船虽说顺流而下，每天也只能行驶百里路，沿途还要到各县治逗留。夏兆麟到达龙游时，时近傍晚，龙游官绅早已在岸边恭迎，安排“茭白船”的“茭白妹”作陪。“夏兆麟上岸答访，就由当地绅士领袖张芬为头，设筵‘花酒’款待。衢州、龙游一带多有‘茭白船’，士绅立命数名‘船娘’助兴。”[①]蔡东藩的《民国演义》第156回“失厦门臧杨败北，进仙霞万姓哀鸣”，有过绘声绘色的描述。

> 原来衢州上游一带的妓女，并没有什么长三、幺二之分，只有一种船妓，碰和吃酒，出局唱戏，一切都和长三相似，不过没有留客过夜的旧例，所以有“卖嘴不卖身”的谚语。这种船妓，俗名谓之“交白妹”。至于何所取义，却没人知道。初时“交白妹”只准在船上居住，不准购物置产的，到了光复以后，民国成立，这种恶例取消，他们因舟居危险，而且又不舒畅，才有许多搬到岸中居住。至于“交白妹”之营业方法，则依然犹昔，并不因一搬到岸上有什么区别。这龙游地方，原属小县，更兼县城离开水面，还有三四里的旱道，近水一带，只有二三百家的市镇，因此船妓的生涯，也并不十分发达。操此业的也不过20来人。此时听说夏旅长叫局，也有欢喜的，也有害怕的，欢喜的是以为夏旅长叫的局，一定可以多得些赏钱，害怕的听说夏旅长是个北老，恐怕不易亲近。可是害怕欢喜，其情形虽不一致，至于不敢不来，来而且快的情形则一。所以条子出去不多时，所有的“交白妹”，便一齐叫到。夏旅长虽是粗人，却知风月，少不得要赏识几人，替钱江上游，留点风流趣史。[②]

夏兆麟坐船顺钱塘江东下，到达杭州见过卢永祥以后，便开拔到嘉兴驻防。蔡东藩所言虽然属于“演义”，但有史实作为依据。

国民革命军进行北伐时，何应钦率军东下，声势显赫，不可一世。途经富春江时，地方当局也曾以“茭白船”为之接风洗尘，以示慰劳之意。陪侍的“船娘”明珠，亭亭玉立，体态婀娜，何应钦颇为恋恋不舍。“无奈一个是上马杀贼急切邀功的将军，一个是弱不禁风、温柔缠绵的美人，为了革命的高潮，终于把他们的一段密情冲散了。”[③]南京国民政府成立后，掀起废娼运动，对“茭白船”屡加驱逐，“茭白船”的渔妓漂泊无定，无以为生。有仿白居易《琵琶行》而作的赠明珠长歌一首，缠绵悱恻，荡气回肠，不忍卒读。

---

① 李吉安：《衢州战事》，商务印书馆2016年版，第159页。

② 蔡东藩：《民国演义》，中国画报出版社2014年版，第883页。

③ 华生：《何应钦与船娘》，《政治新闻》1949年第6期。

侘傺归来愁怨多，桐庐江上偶听歌。三十秋娘本素识，弹罢琵琶长太息。忆昔含睟垂鬟年，歌喉初试入管弦。娇声缭绕桐江涘，心境清如严滩水。阿母牵之习迎送，日致缠头不解情。十五盈盈情脉脉，涉江忽遇撷花客。一夜狂风吹绉眉，美人从此解弄姿。追逐浪花愁无限，对客能为青白眼。渔船歌板配红牙，冷落严陵卖酒家。生女不是赔钱货，钓鱼台下芳名播。一家醉饱暖绮罗，阿母何曾费甚么。财星高照客星吉，美人自有留髡术。停歌一笑百媚生，江上忽闻兵镝惊。官来捉船身战栗，押向上游迎渠帅。将军偏不解温柔，跃马弃舟向下流。江左名城垂手得，国旗一律改颜色。同志都知尊女权，新官有令逐伎船。普天之下皆王土，燕乱莺啼避何处。姊妹几人上陆栖，贬损胭脂堕污污。西望严陵泪偷落，闻撩管弦强笑乐。缠头不足致铅黄，背人咽泣典衣裳。韵华渐逐流光去，美人鉴镜感迟暮。阿母潜教觅归艭，朦胧月色上桐江。管弦轻按板轻拍，旧人惊赏尽头白。但人肯为诉之官，九姓渔船生计难。官亦悯伎官首肯，默许渔船泊近境。为君置酒当尽欢，渔歌依旧发严滩。诗人别有伤心处，一曲未完泪如雨。①

九姓渔妓漂泊钱塘江上，遭到过往的官员富商的蹂躏，特别是兵荒马乱之际，遭到官兵的肆意践踏。清嘉庆举人焦循，赋有《同年哥》，将渔妓的官妓生涯描绘得淋漓尽致。“同年哥，竹波为笠棕为蓑，上滩不得如滩何。同年嫂，人言十五容颜好，容颜今共秋山老。家住兰溪女铺（埠）东，往来送客江郎道。江郎山接仙霞关，行人离去舟空还。还时经过捉差处，银铛系颈当差去。垂头典卖衣与钗，哥问余钱嫂不语。”②兰溪渔妓由丈夫撑船途经急流险滩，将客人送往江郎山。空舟经过捉差处，“同年哥”却被系颈当差，“同年嫂”典卖衣钗上下打点，费尽九牛二虎之力才将“同年哥”赎出。渔妓在兵荒马乱的岁月遭到官军劫持，丈夫也不知去向。待渔妓人老珠黄，却无家可归。

月弯弯，动高柳，乌篷摇出桐江口。邻舟有妇初驾船，乱头粗服殊清妍，橹声时与歌声连。月弯弯，照沙岸，明星耿耿夜将半。谁抱琵琶信手弹，三声两声摧心肝，无穷幽怨江漫漫？或言妇本江山女，名隶江花第一部。头亭巨舰属官军，两妹亦被官军掳。妇人无夫惟有姑，有夫陷贼音信无。富商贵胄聘不得，妇去姑老将安图？呜呼，妇去姑老将安图，妇人此义羞丈夫。③

---

① 周天放、叶浅予：《富春江游览志》，上海文艺出版社 2017 年版，第 80 页。

② （清）焦循：《同年哥》，《衢州历代诗文选》，商务印书馆 2016 年版，第 76 页。

③ 宰鸿铭、孟森等：《清代野史》第 4 卷，巴蜀书社 1998 年版，第 1845 页。

第六章　九姓渔户的拉纤

九姓渔户相传祖先原在朝廷做官，因嫌上朝的“朝笏板”用手捧着上朝碍事，遂在朝笏板两头钻洞，拴上绳子背着省力。就此一改，“朝笏板”变成了“纤笏板”，由做官沦为拉纤的“贱民”。拉纤也是渔户重要的谋生行当。渔户以载客拉货谋生，溯流而上时，都要拉纤上行。特别是贫贱至极的渔户，无钱为成年的孩子置船另居，缺乏船只作为谋生工具，只得以终身拉纤为业。戴槩将渔户改贱为良后，有些渔户陆续弃船登岸，改换他种营生，由于渔户大都是文盲，从事的职业也大都是出卖苦力，有的务农，有的经商，也有的抬轿。

第一节　衢江九姓渔户的拉纤

衢江乃钱塘江上游，水急滩多，特别是溯流而上时，非得渔户拉纤不可。“衢据浙上游，自杭州至衢逆流多惊滩，舟行为难，旅客相戒，视为畏途。”①渔户撑船风雨无阻，要将货物旅客安全送达，需要观测水文气象。渔户风里来雨里去，积累了丰富的经验，平时观察鸟和蚯蚓以判断天气变化，如果燕子低飞，肯定下雨无疑。“这个要防牢，风大风小，在河边上他们一看就清楚的。他们马上就要到避风港去避风。”②渔户遇上风暴，一般到深潭避风，因为潭面较为平静，风浪较小。若遇上下雨，渔户则身穿棕叶做成的蓑衣，戴着笠帽，继续撑船前行。渔户在衢江航行时，有时会遇到触礁的危险。船前或船后触礁，靠上就行。麻烦的是中间触礁时，必须由水性好的渔户游到船底，借助水的浮力，稍微用力，将船背出来。清代俞樾在《滩行曲》中写道：“长鲸系舟舟不动，短篙撑舟舟仍留。竟须大力负之走，入水学作吴儿泅。”钱云财如是说：“即使是寒冬腊月，滴水成冰的时候，也不得不脱下衣裤下水去把船撬浮弄下滩去。所以，开船要

① 郑永禧：《顽暓思存》，《记忆与解读》，中国文史出版社 2014 年版，第 298 页。

② 吴宗杰：《水亭门历史文化街区（坊巷遗韵）》（上），商务印书馆 2017 年版，第 134 页。

小心翼翼，有水花（漩涡）的地方就一定有礁石。晚上一般不开船，要停一停。”船户周士泉也回忆：“小时候在船上很害怕，特别是浪来的时候，有几只船在一起的时候就不怕了，一般至少两条船在一起的。那时候有‘船帮’，你帮我，我帮你，关系要搞好，你吃我的，我吃你的。”①有时为了防止盗贼劫掠商旅，恶霸敲诈欺压，渔户也喜欢数船结伴而行。船户之间颇讲义气，遇上急难，均能上前相助。“纤就是以前的麻绳，经过水浸泡，再到溪边上用棒锤打，打白了再开始加工，很细很牢的呢。拉纤的话，自己船上的人下去，靠边把纤拉直，拉直后，再撑开，大家要一起使劲，‘嘿，嘿，嘿’地一起喊口号。”渔户钱云财说：“衢江上拉纤和黄河边上的拉纤是不一样的。黄河边上的纤夫用肩膀背着纤绳往前拉；而衢江边上拉纤有个纤板的，好像戏里演的那个官员的朝骨，两头钻两个洞，纤绳放里面去再打个结，拉纤的时候胸部顶在纤板上，往前使劲。骄阳似火的盛夏，露天撑船，尤其是在沙滩上拉纤，那石子缝里飘着蛇舌似的火焰，拉纤人光着脚板在滚烫的砂石上走，脚板烫得发红。船民的脚底都很厚，就像一层鞋底。”②嘉庆《西安县志》所载通广门外的纤夫，再现了渔户拉纤的情景。（图 6.1）

图 6.1　通广门外纤夫（资料来源：嘉庆《西安县志》）

以木帆船营运谋生的衢江渔户类似自由职业者，自备船舶工具，驾着木船漂荡码头，游走四方，陆上无家却到处是家，“哪里肚饿在哪里吃，哪里夜黑在哪里宿”。由于船舶的流动特色，渔户必须熟悉各地的风俗习惯，学会各码头的方言，说上几句当地话办事不受人欺。与人交际必须察言观色，要学会上茶馆，坐

① 吴宗杰：《水亭门历史文化街区（坊巷遗韵）》（上），商务印书馆 2017 年版，第 135 页。

② 吴宗杰：《水亭门历史文化街区（坊巷遗韵）》（上），商务印书馆 2017 年版，第 134 页。

酒店，还须略知各码头三教九流的规矩，从中打探行情，结交朋友，取得货源，赚取运费，为一家老小养家糊口。渔户必须拥有娴熟的山溪撑船拉纤航运技术，此乃看家本领。渔户钱云财予以高度总结。

> 概括来说，撑船要从少年学起，这是一；二是撑船要学会步调一致，配合默契；三是要学会从小吃苦耐劳；四是要学会“夹着尾巴”做人。先说少年起学撑船，因为山溪航道上撑船没有理论依据，无书本知识可查(航海学除外)，只能从实践中滚打摸爬中积累知识，学基本功，做到眼快手快，看风使舵，看水线识暗礁，随机应变，操作工具灵活自如。其二在航行中，船上与岸上(拉纤)，船首与船艄，把招与摇橹，掌头篙与把艄舵要默契配合，动作协调，如一有疏忽，造成事故，那将是船毁人亡。其三要从小学会吃苦头。如寒冬腊月，滴水成冰的时候，航行中船突然在沙滩上搁浅，这时船员要火速脱下衣裤下水去把船撬浮弄下滩去。当船员跳进冰冷的河水中，那浸入水里的皮肉先红后紫，失去知觉，上下牙床自然打抖，全身从皮外寒冷到心窝，隆起了“鸡皮疙瘩”；骄阳似火的盛夏，露天撑船，尤其是在沙石滩上拉纤，那石子缝里飘着蛇舌似的火焰，拉纤人光着脚板踩在滚烫的沙石上，脚板烫得发红；春季，当撑船人熟睡在被窝里，突然雷雨交加，狂风掀浪，船员从被窝内一骨碌跃身而起，冲出船舱跳入水中拉住船，不使船只刮到江心浪尖上去，否则，将会船翻人亡。总之，要撑船就要学会吃苦，风里来，雨里去，到老了，风湿关节、气管炎、心脏病不请自来，将伴你终身。其四要学会“夹着尾巴”做人。在旧社会，有史以来撑船人的社会地位最低，从行业上说，“撑船”“打铁”“磨豆腐”都是苦力。对于撑船的人，管你的人，敲你钱财的人，各码头都有，哪个码头没有封建霸头和掮客，还有官府衙门派出的船舶管理机构等等。对付这些人，撑船人要学会低三下四去送钱，送礼，打哈哈。否则，“船到码头，要挨拳头”，扣押你船上的风帆同纤绳，叫你寸步难行。①

钱云财 11 岁就穿上“小人草鞋”，拿起长约 5 米长配有纤板的纤绳，从船首下水走向正在岸上拉长纤的父亲钱树木身边，将纤绳头吊缚在父亲的长纤上，吊缚的距离就是与父亲并肩同拉一把纤，以便于父亲教授拉纤要领。父亲教授钱云财将纤板横置胸前，右手指握纤板右端挺离胸部，让左端纤板紧贴左胸，抬起头朝前看，并顾及纤路左右路况，起步时左脚前掌踮起使后脚跟抬离地面，右脚向前跨出着地，两脚依次轮换，迈步用力拉纤。父亲还教授在桅杆动箍上缚牢纤头，不让纤头脱出，手拿纤绳边走边放不乱结以及收纤回船要领。遇上超

① 钱云财：《撑篙滴珠》，《通衢》，中国戏剧出版社 2000 年版，第 241 页。

过纤绳高度的障碍物，如岸边柳树，人要转身面朝后眼望障碍物，边后退边松纤绳，然后用力一拉，向上一甩，让纤绳越过障碍物，再转身继续往前拉纤。钱云财学会拉纤时，也学会撑竹篙、化篙、划桨等基本功。钱云财13岁时就与父母以及小两岁的妹妹钱玉凤同撑一只5舱5吨木船。15岁就撑新造7舱7吨大木船，还增加了年届70岁的祖父钱松林以及20出头的渭泉叔，钱云财与父亲及渭泉叔仨人上岸拉纤，祖父在船首撑篙，母亲则在船艄把舵带撑篙，妹妹钱玉凤烧饭或上滩时在船首用竹篙帮助撑船。①

华埠的渔户大都是严州建德人，也称"船上人"或"水上漂"。渔户吃苦耐劳，拉纤时团结协作。

> "船上人"的本质是勤劳本分和善良。勤劳本分的"船上人"，因受社会贱民地位的影响，祖祖辈辈数代人都长期漂流在水上生活，他们为了生存，生活在苦难的深渊，在死亡的边缘中挣扎，忍气吞声地做下人，他们在水上的生存条件和生产方式只能是苦力，或捕捞渔业，或木材水运业，或木船航运业，或肩挑搬运业，这些行业都是重体力劳动，他们在劳动生产中困难是很多的，每日风吹雨打太阳晒，老小同舟，而在生产劳动中，时而逆水行舟，时而顶风航行，而劳动者都要付出全身力气，对抗前进，力争上游，不进则退。劳动者是聪明的，他们在困难中会动脑筋想窍门。提高功效，在船排的航行中，经常遇到逆水和顶风的自然气候，为准时到达目的地需要采取有力措施，"拉纤绳"是一种好办法。因为拉纤绳是逆水行舟和顶风航行的主要动力，拉纤的人，为了拉动船排前进，必须把纤绳拉紧，就要低头弯腰奋力前行，不得松劲，这是一种非常艰苦的特重体力劳动。"船上人"有一种团结协作的精神，在日常生产中，到处体现出来。经过长期的艰苦磨炼，形成了一种团结协作积极向上克服困难的精神，自觉运用集体智慧和力量，战胜各种困难，一方有困难，多方来帮助。在有难同当的精神指导下，哪里有困难哪里就有同行主动来帮助。如上行船行到高滩时，后面的后行船就会派员前往去推送，前船先上滩，而先上滩的前行船又会用绳索拉上后随船，紧密合作同航行。"船上人"以和为贵，生产上互相交流经验，传授技术，互通信息，相互尊重，礼义往来十分重视，生在水上的各地同行，同业相见如宾，亲如手足，遇到刮风、下雨、洪水，总是互相照应，互相帮助，事后不计谢酬。体现在生死相依、患难与共的兄弟情义。②

① 钱云财：《我平凡的一生——衢江艄公回忆录》，2014年（未刊稿），第31页。

② 钱自荣：《华埠船上人》，《通衢》，中国戏剧出版社2000年版，第249页。

第二节　新安江九姓渔户的拉纤

新安江以水急滩多而著名，据渔户回忆桐庐到屯溪有108个滩，72个有名滩，36个无名滩。梅城至洋溪全程25千米，秋冬时节重船结伴上行2天至3天，若遇水急滩浅，必须“替滩”，即一船货要分成数船撑运过滩。船民生活谚语云：“船破半舱水，蓬破似凉亭，风帆当被盖，螺蛳当饭菜。”俗话说：“到了天鹅滩，高于乌龙山。”新安江滩多浪高水急，航行颇为艰辛，如牙鸡滩，又名“岩淇滩”，水急礁多，撑船极为困难，非得拉纤不可。渔户谚语曰：“撑得牙鸡、货到兰溪。”建德境内就有24个有名险滩，6个深潭，历代均因过险滩发生翻船死人的恶性事件。三江两岸的古纤道上，不知洒下多少纤夫的汗水和血泪。（表6.1—表6.2）

表6.1　新安江已测航道的险滩一览(单位:米)

滩名	长度	宽度	深度	程度	滩名	长度	宽度	深度	程度
梅花滩	1500	3	0.70	险滩	上下滚滩	1300	3.5	0.6	
葛家坝滩	30	3	0.65	险滩	后门滩	1200	3.5	0.65	险滩
老鼠滩	1500	3	0.60		火筒滩	600	3	0.60	险滩
馄饨面滩	100	3	0.60	险滩	讨饭滩	750	3	0.65	险滩
天皇滩	250	2.50	0.60		息滩	300	2.50	0.40	
祠堂坝滩	300	3.00	0.60	险滩	梓桐坝滩	200	2.50	0.40	险滩
六合亭滩	500	3.00	0.40		杨树港滩	1000	3.00	0.70	
牛栏坝滩	500	2.80	0.40	险滩	井坑口滩	1500	5.00	0.65	
猪血滩	500	3.10	0.70	险滩	四角村滩	400	4.00	0.65	
西庙滩	500	2.70	0.40		官坝滩	100	3.50	0.65	险滩
香炉石礁滩	500	3.5	0.70	险滩	三里滩	500	2.50	0.40	险滩
赖脚滩	500	2.6	0.45		昌平坝	50	3.00	0.70	
尖滩	500	3.50	0.65	险滩	羊角坝滩	400	4.00	0.70	
高堂坝滩	50	3.50	0.70		滩下平滩	200	2.50	0.40	
塔禾坝滩	300	3.50	0.70		罗坎平滩	200	2.40	0.35	

续表

滩名	长度	宽度	深度	程度	滩名	长度	宽度	深度	程度
倒湾滩	100	1.00	0.80		麻酥滩	150	4.00	0.90	
矮子滩	100	4.50	0.70	险滩	罗汉滩	100	5.00	0.65	险滩
上木齐滩	500	2.50	0.40	险滩	粗港滩	500	2.50	0.45	险滩
羊树下滩	500	2.50	0.40	险滩	牛石矶	100	9.00	0.40	险滩
花含底滩	100	3.00	0.65		小溪滩	200	2.70	0.45	
芹坑滩	100	2.50	0.40						

资料来源：《航运水域通五洲——建德的航运》，《建德文史资料》第 9 辑。

表 6.2　新安江未测航道的险滩

滩名	程度	滩名	程度	滩名	程度	滩名	程度
紫金滩		哈拉滩	险滩	上仓滩		马目滩	
下仓滩		累泥滩		江村滩		虹光滩	
山河滩	险滩	绪塘滩		下朱池滩	险滩	唐浦滩	
上朱池滩	险滩	南门滩		徐家滩		东关滩	
剪刀洪滩		小里滩		岩淇滩	险滩	密浅垅	
方门滩		阳江滩		乌石滩	险滩	场口滩	
溜江滩		新店滩		舒湾滩		桐庐滩	
洋尾滩		烂泥滩		小洋滩		逆风滩	
大洋滩		乌焦滩		石塘泓滩		岩石滩	
三河滩		桐溪滩		窑灶头		偷牛垅	

资料来源：《航运水域通五洲——建德的航运》，《建德文史资料》第 9 辑。

梅城向为浙西交通要道，“据钱塘上游，千车辚辚，百帆隐隐，日过其前”①，尤以航运为盛。七里泷位于钱塘江中游，乃钱塘江正源新安江和最大的支流兰江汇合后的富春江首段，也是东下杭州的必经关峡。以农为本，以水运为主的时代，钱塘江上游的山区特产、工农业产品，均由渔户通过七里泷水运各地。“洲前风度千帆影，谷口春藏万树花”，此乃明代诗人董其昌对“七里扬帆”水运和繁华的真实写照。由严陵钓台溯江而上，舟行三里，到达垒柏湾。再由垒柏经长棋，顿觉江面开阔。从乾潭流来胥溪，由北汇入七里泷，入口处耸立一块巨

① （清）戚延裔修，马天选纂：《建德县志》卷之一《方舆志》，康熙刻本。

石，凿刻“子胥渡”三个显赫的大字，传为春秋伍员奔吴时从昭关经过胥口渡，乘舟东下。离胥口进入乌石滩，滩多水急，行船艰难，水下乌石起伏，礁石如齿。清代严州府同知李春赋有渔户拉纤过险滩的《乌石滩》诗曰：“下滩容易上滩难，行舟到此心胆寒。十夫牵挽寸步进，滩声人声入云端。”船夫水手必以高超技术，才能安全到达三江口的“双塔凌云”，走完七里泷全程。但渔户航船颇为简陋，从七里泷溯流而上，滩多水急，船楫艰难，渔户劳动强度颇大，下水摇橹，上水撑篙背纤，过浅滩时甚至要涉水负舟而行。尤为艰险的乃七里泷。该泷全程23千米，两岸奇峰林立，怪石嶙峋，一湾江水，波光粼粼。时有江流击石，淙淙作响，青山叠翠，百鸟和鸣，其风景颇似长江三峡，故有“小三峡”之名。七里泷水急滩多，神奇莫测，故称“七里滩”“七里泷”“子陵滩”“严滩”。“桐庐至建德58公里，中有七里泷，难于牵挽，惟视风势为转移，所以俗有‘有风七里，无风七十里’的谚语。”[1]一江如带，背纤难行，渔户有风挂帆，帆飞若驶，故曰“有风七里，无风七十里”，“七里扬帆”由此得名。渔户不论寒暑冬夏，头戴笠帽，脚穿草鞋，胸悬纤板，背挽纤绳，穿行于傍山偎水的羊肠小道。据《严陵志》曰，顺水行舟，有风挂帆，“一瞬即七里，箭驰犹是难”。要是无风，“船行无风七十里，一日看山柁楼底”，其艰辛可想而知。（图6.2）

图6.2　七里扬帆（资料来源：《建德市交通志》）

建德渔户流传明代海瑞到七里泷背纤的故事。嘉靖三十七年（1558）五月至四十一年（1562）六月，海瑞出任淳安知县历时四年。据说明洪武年间，海瑞在青溪县（今淳安县）任知县的第二年，接到圣旨说“皇太子”要来新安江巡游，

① 葛绥成：《分省地志（浙江）》，中华书局1939年版，第136页。

命令海瑞组织数十名纤夫前往七里泷为御赐龙舟拉纤。此时恰好春耕大忙季节，海瑞不愿百姓耽误生产，也不忍征召渔户纤夫承担苦役。“他又想起三江两岸的古纤道上，不知洒下船工、纤夫多少汗和泪，在漫长的高山峡谷中，纤道无人修建，硬是靠纤夫们上上下下、弯弯曲曲用脚尖爬出一条羊肠小道。当时，船工纤夫中流传这样一句俗语：‘水滩险折仍东流，船夫挣扎死中求。’”①海瑞不能违抗圣命，遂长叹一声，将袍服脱下，带领家丁、衙役赶到严州七里泷，为御舟拉纤。海瑞的肩膀被纤绳磨出了血，经过崖缝石壁时，只得脱下朝靴，白布袜子也踏破，渗出斑斑点点的血痕。海瑞背纤不过是传说而已，而渔户背纤乃是常态。

建德梅城七郎庙西边，有一个深不可测的七郎潭，相传深不见底。潭北贴水峭立的建昌山崖壁间，有一段古纤道，乃渔户背纤拉船沿江逆行所走的小径，江岸陡峭的崖壁上，若悬若嵌，随处可见。最早的纤道，乃渔户两脚踩踏出来，乃是带血的足迹叠印。渔户屡次踩踏，江岸峭壁间遂出现羊肠仄道。渔户在纤道上拉纤，不仅辛苦，且极其危险。据传岩壁上的纤道，因纤夫遇难才开凿。纤道狭窄如线，纤夫背纤上滩，船重滩高水急，纤绳容易突然崩断，纤夫跌落石崖而死。

相传明代刘伯温鉴于渔户拉纤艰辛，曾于拉纤必经之路的石壁题词，以银助石匠开凿拉纤之路。从梅城南峰沿兰江南行十余里，悬崖高耸江边，上镌“石壁”两个大字，故名之“石壁”。山顶有石犹如棋枰，旁建石壁庵。石壁乃婺州、衢州、处州三州入杭水道必经之处，崖陡路险，石壁上凿有纤路。据说明朝开国之初，刘伯温家乡青田大旱，朱元璋恩准其前往探亲，并助银一坛以馈赠亲友。刘伯温雇民船溯钱塘江而上，由严州过东关，进入兰江。只见七八丈高、三十余丈宽的悬崖峭壁，草木不生，飞鸟难栖，沿江纤路被石壁所阻。峭壁之下，则是无底深潭，过往船只极为艰难，渔户攀着悬崖拉纤，万一掉入江中，均无生还可能。刘伯温即兴写了一首诗谜，让渔户偷偷张贴石壁。诗曰：“巍巍石壁，中藏玉璧。横穿石壁，壁中有璧。”刘伯温的诗谜遭人围观，一位白发童颜的老石匠将该诗谜揭走。老石匠解读：“只要大家齐心协力，在石壁中间拦腰打通，到时财宝就会自现。”石匠们半信半疑，但均不愿失去得宝机会，纷纷报名参加劈山。经过七七四十九天的努力，终于在石壁中间开凿一条三十余丈长的纤路。并在石壁尽头的土坪中，挖出一个紫铜色的坛子，全是白花花的银元宝。石匠喜不自禁，询问老石匠何以知悉此处有财宝。老石匠解释刘伯温的诗谜曰：“上二句好解，告诉我们石壁中有财宝，玉就是财宝；后二句告诉我们要得财宝，就必须把石壁拦腰劈开一条路，还告诉我们财宝埋在土里。”第四句“壁中有璧”的壁与

---

① 浙江省建德市交通局编：《建德市交通志》，海洋出版社1996年版，第301页。

壁上半部都是壁，石壁横断去壁，岂不成了“土中有玉”。当银元宝被倒出之后，坛子里还留有一纸条。“皇上所赐救灾银，伯温转送开路人。悬崖峭壁变通途，芸芸百姓沐龙恩。”①原来是明朝国师刘伯温将朱元璋所赐救灾银助石匠将石壁打通变成坦途，为了不辜负国师的厚意，石匠又将沿江上下纤路接通，不仅可以拉纤，走马挑担也能安然通过。并将刘伯温所题“石壁”放大丈余见方，刻于石壁之上，以作纪念。

梅城大南门外的棋盘街，街道狭窄不长，茶店鳞次栉比。茶店乃渔户喝茶聊天等待招募的场所。凡是重载逆流而上兰溪和徽港的货船，如果需要寻找纤夫，只需走进茶店招呼一声，无论是春夏秋冬，还是风霜雨雪，渔户立即手拎纤绳，肩扛铺盖，应声而行。渔户形容背纤乃“神仙老虎狗”。渔户面对险滩恶道，毅然以“虎”的胆量，踏踩荒径，背拖重船，攀附峭崖，逆流而上。渔户背纤像“狗”一样拼了吃奶的劲，将载重货船拉上急滩之后，能够回到船上舒服地抽上一口烟，其乐融融。渔户自嘲曰：“比狗还便当。”“神仙老虎狗”中之“狗”，大概就此而言。渔户工作环境恶劣，他们比常人更容易得病，背纤的渔户大都是穷得娶不起媳妇的光棍，一旦病魔缠身，其困境可想而知。渔户生病后没有收入，更没有栖身之处，特别是年老体弱之时，只能待在棋盘街的关王庙的角落里，苦挨末日黄昏，等待“阎王爷”的召唤。其他的渔户将其尸体连同其破草席一卷，作一个“卷席筒”，送往城东桃花坞乱葬岗安葬。渔户若背纤在外，中途得病，即便乞讨也要回到严州，以便祈求同伴的照料或收敛其骸骨，不至于抛弃荒野，倒毙于道。这也是“狗”的诠释。渔户将船拉到兰溪或屯溪，领到工钱，在茶馆里喝茶聊天，赛过“活神仙”。渔户正在岸上拉纤，忽然一阵江风吹来，不用再拉纤，特别是遇上春秋晴日，躺在船头悠闲地看着蓝天白云，或者闭上眼睛，懒洋洋地晒太阳，也能享受神仙之乐。

由棋盘街向东面石阶而下，就是南门大码头，西面石阶下则是浙西享有盛名的黄浦街，是纤夫的聚居地。黄浦街北靠南城墙，南向新安江，东起棋盘街，西至七郎庙，西头为上黄浦街，东头为下黄浦街，全长约 500 米。宋时有黄婆子居住此处，以严州所产苎麻，摇纺织成绳索出售，因其纤绳紧细均匀，股多结实，经久耐磨而闻名。来往于三江口的船只众多，要过 360 滩，纤夫背纤的绳索需求量很大，且易损坏，故来此买纤绳的纤夫颇众，久而久之，遂形成船具一条街，黄婆的“婆”字也被建德话读成“蒲”，后讹音为“黄浦街”。沿街除几家为楼房外，均系一二开间的单层结构，鳞次栉比，板壁相连。绝大多数既是商店又是作

① 胡文渊讲述，罗道平整理：《刘伯温石壁题字》，《中国民间文学集成（浙江省建德县卷）》，1989 年，第 33 页。

坊的夫妻店，一边生产，一边经营。除了渔户航运船只生产用具外，还为渔户提供一应俱全的服务，过往船只需要纤夫和水手，也可向店家联系，随叫随到，工钱也有定额，从中收取一定的中介费。黄浦街靠城墙一侧的店房后面，就是一排贫民窟，也称“棚户区”，居住大都是出卖苦力的纤夫和手工业者。

纤索店4家，严州纤绳是这条街上的传统产品，闻名江浙航运水域。以严州苎麻，经热蒸脱脂，多股细绳，摇纺织成细长牢固的纤索，供纤夫背纤拉船上滩。由于古严州三江的纤道，沿山岭石壁，忽上忽下，水流湍急，纤绳容易磨损，必须经常以新换旧，因此销量很大。王定俊纤绳店是兄弟加妻子，陈利金是夫妻加二子，王兰溪是夫妻加学徒，都是织绳能手，技术精湛，精细均匀，紧而又软，牢而又细，经久耐用。①

许多渔户无钱娶妻，也无钱购船，只得以出卖苦力拉纤为生。纤夫有性要求时，就到梅城的城墙脚下寻找“相好”解决。严州小南门外的城墙根的“篷屋”，不少以破旧的船篷作为屋顶，屋矮檐低，室窄昏暗。篷户前的行道犹如纤道，高低不平，而且是断头路，少有行人。拉纤的渔户经常来此寻找他们的“相好”。颇为怪异的是，他们与相好并不在“篷屋”做事，竟在户外光天化日之下，以一张破旧的竹席，将自己的“相好”圈在里面，再用绳子胡乱地在外边一绑，以防席子散开，称为“卷席筒”。然后人站在里面，头露在外面，无所顾忌地行苟且之事。路过的行人偶尔瞥见，亦熟视无睹。渔户的求欢，被贬为“站席筒”。② 渔户的“站席筒”与“卷席筒”，这一站一卷之间，诉不尽渔户生活的辛酸、凄凉与悲苦。渔户钱吉昌不堪回首撑船拉纤的往事。

我孩提时就随老爷子、老爸在建德市下涯镇下涯以撑船为业。1939年，30岁的我，接过老爷子的竹篙，为下涯源（大洲一带村庄）的客商装运柴炭到杭州柴炭木行销售。以前撑船，靠人力划桨、拉纤，遇上顺风，可以在船头上张挂风篷，借风力行船。如七里泷顺风7里，无风70里，逆风更慢。船过溪滩（仅下涯埠到杭州这段航道，就约莫有20多个溪滩），在船上撑篙的，赤着脚在水中拉纤的，都要齐心协力用尽吃奶的力气。遇上“三九”严寒，冰冻挂壁，冻得人双手红肿，两脚发麻，其中甘苦只有撑过船、拉过纤的才晓得。若遇上天旱水干，劳动强度更大，仅过一个溪滩，就够你好受。晚上，躺在甲板上，浑身骨骼就像散了架。更可怕的是遇上狂风暴雨，稍不留神，就会发生船翻货淹，甚至溺死人的险情。每次装完货，一到晚上，就数

① 徐本发、倪孜耕：《梅城的黄浦街》，《建德文史资料》第12辑，1995年，第148页。

② 罗嘉许：《严陵旧事》，天津古籍出版社2012年版，第397页。

次起床，查看船上货品，淋湿了没有，船拴牢了没有，江水进了还是退了，水进船要进，水退船要退，要不然，货船就要搁浅了。①

九姓渔户由屯溪前往杭州满载的下水船，快时三天可达。而从杭州逆水而行的上水船大多半载，逆流而上，行船十天半个月乃是家常便饭。“民船的船夫，一家人在一条船上生活的情况很多。丈夫在船首，手持撑船竿，防止船只与岩山相撞。妻子在船尾操纵船篙，指挥陆上的拖船夫。子女则在陆上拖船，一家人形成一艘船队，往来于杭州屯溪。他们在船上生，在船上死，生活比较丰富，人情味浓厚。”②据说康熙年间新安江上以背纤为生的“纤板官”达近千人。据康熙年间徐卓《休宁碎事》摘录林璐撰《岁寒堂初集》记载：“溯严陵而上，其为潭三百六十，雇役挽舟，而人假水以赁食者，尝近千人。舵师呼之‘纤板官’。初至，酒一盏，肉二脔劳之。过此，縻（粥）饮三干饭，一或以盐饫箸，苦菜蒸食之，甘如饴。山与水曲，舵师呼‘纤板官’曰‘左’，则左之；曰‘右’，则右之。绿蓑烟雨，上下如猿猴，抵屯溪获俸钱而归。”③船到屯溪，商客上岸离开，被呼来呼去背纤的“纤板官”也结俸离去。

率水、横江、新安江，虽然沿途风光秀丽，但渔户运输却异常艰辛，徽州山多地势高险，水路“东涉浙江，滩险三百有六十；西通彭蠡，滩险八十有四”。“新安江经岩州至钱塘入海自张公山至钱塘共 360 滩，谚曰：一滩高一丈，徽州在天上。”④清代文人黄仲则乘坐徽港船从杭州赴屯溪，溯流而上，险象环生，惊心动魄，诗云：“一滩复一滩，一滩高十丈。三百六十滩，新安在天上。”民谚曰：“一条新安江，下漂到苏杭。上游到黄山，难字三点滩。三百六十滩，滩滩泪汪汪。”新安江河道迂回曲折，起伏不平，有的地方潭深水缓，有的地方滩险流急。绵延数百里江途，渔户远航露餐，沐雨栉风，颠连困苦，难于名状。渔户如果稍有疏忽，就有触礁搁浅的危险。特别是逆水行舟，尤为艰难，非得渔户背纤不可。纤夫沿江涉崖，喊着号子，匍匐前进。“溯流推挽，从急湍中负舟以上。”⑤遇到秋冬枯水季节，江水甚浅，船行缓慢，从杭州到屯溪往往费时半月，如果遇上顶风或洪水暴涨，渔户不得不拢船靠岸停歇。屯溪处于谷地，迭年水土流失严重，河床淤

---

① 胡永明、钱吉昌口述，章大成整理：《古城旧事》，《建德往事》第 8 辑，文汇出版社 2017 年，第 107 页。

② 东亚同文会编：《支那省别全志（浙江省卷）》，民国元年。转引自《兰溪编志补遗》下，1992 年，第 642 页。

③ （清）徐卓：《休宁碎事》卷十二《岁寒堂初集》，嘉庆十六年刻本。

④ （清）何应松修，方崇鼎纂：《休宁县志》卷之一《疆域》，道光三年刻本。

⑤ （清）丁廷楗修，赵吉士纂：《徽州府志》卷之八《营建志》，康熙三十八年刊本。

积增多，从屯溪再往上游，越往上行，河道越加浅狭，行船更加困难。渔户流传的歌谣曰："走路到龙湾，走得一身汗。坐船到龙湾，坐得眼发花。背纤到龙湾，七七四十九个湾，到了龙湾腰两段。"渔户谈起新安江上的险滩，都谈虎色变。据桐庐徽港船上有着30多年撑船史的渔户回忆，从桐庐到屯溪200千米水路，险滩大小各异，分布不匀，船只无论顺水还是逆水都艰难，淳安威坪后门滩和云头的馒头石尤甚，被渔户惧称为"讨饭滩"。新安江的渔户代代相传的船谣曰："上滩要背纤，下滩象射箭。险滩船难撑，像过鬼门关。"（图6.3）作家曹聚仁回忆如下。

我们从杭州上行，轮船只能驶到桐庐为止（90公里）；桐庐以上，只能通行帆船，定期帆船2天可到兰溪，也是90公里。进入新安江，上行到休宁或徽州，也是180里，帆船无法通行，只能行驶小蚱蜢。日期就难于预定，冬日水浅，每天行10里8里都不一定，有时四五里，半月20天到徽州，算是顺当；有时船只运货，一个月40天，也说不定。"天上"二字就是这么来的。中间72滩，煤滩、米滩最长最险；徽帮学徒，出门学生意，10年8年不回乡，也是常事。古代文士咏叹赣江、新安江，说是有如长江三峡呢。①

图6.3　新安江紫金滩渔户背纤扬帆（资料来源：《建德市交通志》）

作家周瘦鹃一家曾于抗战爆发后乘坐渔户的"江山船"由杭州经桐庐前往黟县南屏避难。该船有的二三丈长，有的四五丈长，船身以杉木制成，涂满黄润

① 曹聚仁：《万里纪行》，福建人民出版社1983年版，第260页。

润的桐油。船棚以芦叶和竹片编成，颇为结实，罩在船上，成半月形，前后装有门板，左右开有窗户，两面架着铺位，小船有 4 个，大船有 6 个或 8 个，以供乘客坐卧之用。船上撑篙把舵、打桨摇橹，大都是渔户的家眷，再加上三四名伙计，遇滩或水浅时，则上岸背纤。从富春江入新安江前往屯溪，途经许多急滩，大滩 72，小滩 100 多。每当“江山船”上滩时，渔户颇为紧张，把舵的把舵，撑篙的撑篙，背纤的背纤，呐喊的呐喊。周瘦鹃的儿子周铮航行颇有体会，作有《上滩》的作文，对纤夫的描绘，栩栩如生，虽嫌稚嫩，也颇为传神。

汹涌的水流，排山倒海似的冲来，对着船猛烈的撞击，发出了一阵阵咆哮之声。船老大雄赳赳地站在船头，把一根又长又粗的顶端镶嵌铁尖的竹篙，猛力地直刺到江底的无数石块之间，把粗的一头插在自己的肩窝里，同时，又把脚踏在船尖的横杠上，横着身子，颈脖上凸出了青筋，满脸涨得绯红。当他把脚尽力地挺直时，肚子一突，便发出了一阵“唷——嘿”的挣扎声。船才微微地前进了一些。这样的打了几篙，船仍没有脱险，他便将桅杆上的藤圈，圈上系有七八根纤绳，用浑身的力，拉在桅杆的下端，于是全船的重量，全都吃紧在纤夫的身上，船老大仍一篙一篙地打着，接着一声又一声的呐喊。在船艄上，那白发的老者把着舵，同时嘴里也在呐喊，和船老大互相呼应。有时急流狂击船艄，船身立刻横在江心，老者竭力挽住了那千斤重的舵，半个身子差不多斜出船外，呐喊的声音，直把急流的吼声掩盖住了。在岸滩上，纤夫们竟迸住不动了。他们的身子接近地面，成了个 30 度的角，到得他们的前脚站定了好一会之后，后脚才慢慢地移上来，这两只脚一先一后地移动，真的是慢得无可再慢的慢动作了。他们个个都咬紧了牙关，紧握了拳头，垂倒了脑袋，腿上的肌肉，直似栗子般的坟起。这时的纤绳，如箭在张大的弓弦上，千钧一发似的，再紧张也没有了。终于仗着伟大的人力，克服了有限的水力，船身直向前面泻下去。猛吼的水声，渐渐地低了；最后的胜利，终属于我。①

第三节　富春江九姓渔户的拉纤

富阳形容渔户生活的谚语曰“神仙老虎狗”。渔户顺风顺水行船快活似“神

① 周瘦鹃：《绿水青山两相映带的富春江》，《周瘦鹃文集》（上），文汇出版社 2015 年版，第 629 页。

仙”，与风浪搏斗时像“猛虎”，拉纤时爬着走，犹如落地时的“狗”。顺风顺水时航速可达三四十华里，逆水上行而较步行逊色。渌渚江的渔户常年航行于杭州之间，人货混装。渌渚江于下港汇入富春江，由于内溪和外江之间落差很大，舟船进入渌渚江就得背纤。旧有《纤夫谣》曰：“脚尖蹬碎石路，纤绳勒破肩窝。汗水浸体泪珠尽，老板还在船头骂懒惰。”形象地诉说了纤夫生活的酸楚与艰辛。（图 6.4）

图 6.4　1910 年美国慕雅德所拍摄的钱江纤夫

富春江乃多滩濑的河流，大滩以鸬鹚滩和漏江滩最为著名。清代张祥河诗曰：“上滩舟行难，一里如十里。自过桐江驿，滩曲出沙觜。束流势不舒，遂成激箭驶。游鳞清可数，累累铺石子。忽焉涉深波，鼋鼍伏中沚。舟背避石行，邪许声满耳。瞿塘滟滪堆，其险更何似？”漏江滩江流湍急如箭，猛浪若奔，如水之漏注，原是桐庐最早的县城所在地。帆船经过漏江滩时，犹如打仗，故过滩被称为“打滩”。漏江滩等滩流湍急的地方，渔户若不请帮工拉纤，上滩之难难于上青天，因此，漏江滩多了一种称为“打滩”的拉纤人。许马尔想起渔户辛酸的往事，常常不能自已。“往事如烟，时隔已是半个多世纪，人事全非，山川有异，而当年船民在漏江滩‘打滩’的情景却总也抹不去，时而在我的眼前掠过。”①富春江的渔户平时撑船都是一家人一只船，唯有大船需要雇佣专职纤夫。但上漏江滩这样的滩濑，仅仅依靠一家一户的劳力远远不够，还得另请帮手，职业“打滩人”遂应运而生。打滩既有大人，也有小孩，他们平时就在漏江滩上头戴箬笠，手拎蒲包饭，怀揣一把纤，等待经过的船只雇佣。一旦看见有船上滩，他们一齐涌到滩

① 许马尔：《永远的富春江》，《山水推春富》，中国文史出版社 2006 年版，第 5 页。

头，将纤绳抛向船主，船主需要几把纤就收几把，轮不上拉纤的人只得等待下一只船的到来。“打滩人”将船拉上滩以后，船主会在撑篙梢头悬挂的小篮中，放入几角铜钱作为工钱递上。“打滩人”就依靠这些微薄的收入赖以度日。有时数天不见船上滩，“打滩人”也只得翘首企盼，待船“打滩”。

桐庐的“快船”快就快在纤夫用力。“快船”开船时间很早，丑时就动身。启航前账房先生会手执灯笼到各客栈招呼客人上船。逆水船上溯均依靠纤夫拉纤。纤夫登岸放纤，每人均备有灯笼一盏，由于双手时需收放和抛纤，故灯笼撑竿均插在后脖颈，以便灯笼悬在胸前上方探路。远远望去，近 10 盏灯笼连成一串，颇为壮观，有巨蟒盘山绕，蛟龙依溪游之势。船行过 30 余里方才天亮。富春江纤夫个个年轻力壮，尤其是拉头纤者需要一副好身体，并擅长水性，逢溪过涧，需要边游水边拉纤，后面的纤夫拉住头纤绳一个接一个从水中拖过。纤夫与纤夫相距 6 尺，步步紧跟，稍有不慎落伍，就无法跟上。纤夫乃是九姓渔户中最底层的一类人，连一条船也无法添置，只得以背纤为生。

许马尔乃渔户的后裔，从小就生活在船上，自家的船从事货运业务，他也从父辈口中听说过传说：“富春江上纤夫的祖先，原本都是在朝里做官的人。只因嫌朝笏板在手里捧着麻烦，便在朝笏板的两头钻上洞，串上绳子背在肩上省力，就这么一改，朝笏板变了纤笏板，最后成了富春江上的背纤人。”[①]此乃九姓渔户自嘲的笑话，但纤夫作为苦行当，自是毋庸置疑。凡从事纤夫者，均为家境贫寒或孤儿鳏老的渔户，无计可觅，才充当苦力行当，以求一条生路。桐庐城关、窄溪等富春江沿江的活水码头上开设的茶馆门前，常见衣衫褴褛的纤夫待在屋檐下墙隅边，仅有一副铺盖加蓑衣箬帽作为全部家当，以坐等雇主雇佣。茶馆内所坐大都是有船搭客载货的渔户，他们坐茶馆既是喝茶也是揽生意。一旦揽到运输生意，就要请纤夫帮忙，所以纤夫就待在茶馆门前等待雇佣。每当有渔户从茶馆走出，纤夫就会上前兜揽生意。如果没有渔户雇佣，他们只能在屋檐下和破庙中落宿。

纤夫在船上除了拉纤之外，还要做各种粗活，连劈柴带小孩也是分内之事。“拉纤可谓辛苦，无论是骄阳似火的盛夏，还是寒风凛冽的严冬，一纤上岸，光着脚板踩在灼热的卵石沙滩上，或在刺骨的泥泞的冷水中，其滋味不言而喻。他们时而放纤、收纤和过纤，日行数十里以至百余里，待至收纤泊埠，早已脚酸腰痛，精疲力竭。天未启明，从城关的马家埠拉纤上岸，黑暗中用灯笼探路，一直到清渚江口收纤。清渚江宽仅一船，就在这船过江的须臾功夫，纤夫要吃好早饭，必须狼吞虎咽，往往饭未落肚或没有吃饱，又得放纤上岸。上岸后哪怕饥肠

① 许马尔：《富春江纤夫》，《桐庐文史资料》第 13 辑，杭州出版社 2013 年版，第 370 页。

辘辘也得到纤路拉完，否则是不能收纤的。"[①]纤夫受雇在船，吃饭实行"分食制"，听到船家在后艄拷梆后方可进舱用膳，有"一块腐乳从杭州吃到徽州"之说，可见纤夫生活的清苦。大多数纤夫终身未娶，鳏寡孤独，年轻时靠力气卖苦力为生，老来"倒庙角"悲惨地死去，一生穷困潦倒。

第四节　兰江九姓渔户的抬轿

严州知府戴槃将九姓渔户改贱为良后，一部分渔户开始陆续弃船上岸陆居。民国时期，有些渔户除务农以外，还兼营轿业，兰溪有 6 户渔户兼营轿业。渔户纯以抬轿为业者，以兰溪最多。兰溪从事抬轿的专业户，有陈姓 4 户，李姓 8 户，叶姓 9 户。[②] 但他们长期在水上生活，上岸后缺乏谋生技艺，仍然从事一些不需任何技术，仅凭出卖苦力的行当，抬轿就是一例。抬轿原本是金华贱民"小姓"的贱业，"小姓业抬轿，俗叫'轿夫'"[③]，戴槃原是希望他们改贱为良，渔户却从一种贱业，改换成另一种贱业。(表 6.3)

表 6.3　兰溪渔户改业一览

姓氏	户数(户)	职业
陈姓	6	务农(兼营轿业)
陈姓	4	轿业
李姓	8	轿业
叶姓	9	轿业

资料来源：童振藻《钱江九姓渔户考》。

兰溪"轿分花轿、过山笼(篾便轿)、便笼三种，前两种属轿行专营，昔被视为贱业，城乡都备有，作为代步工具"[④]。花轿专供婚嫁喜庆之用；过山笼乘坐者多系富户，殷实之家也有自备。旧时娶亲必须用轿抬，无轿非明媒正娶，如果结婚没有坐轿，必遭讥笑，新娘也引为终身憾事。轿夫不仅健步有力，而且训练有素。几名轿夫统一行动，快慢一致，步调协调，配合默契，即使快速行进，也能不颠不晃，保持平稳。轿后的轿夫其视线为轿身遮挡，看不清路面，为了防止滑跌

① 许马尔：《富春江纤夫》，《桐庐文史资料》第 13 辑，杭州出版社 2013 年版，第 371 页。

② 童振藻：《钱江九姓渔户考》，《岭南学报》1931 年第 2 卷第 2 期。

③ 兰溪县县志编纂办公室、兰溪县文化馆编：《兰溪风俗志》，1984 年，第 84 页。

④ 兰溪交通志编审委员会编：《兰溪交通志》，浙江大学出版社 1990 年版，第 218 页。

事件，轿前的轿夫经常示意，且形成一套轿夫专门用语，前面的轿夫喊一句，后面的轿夫则复述一句，以示知晓。“如前面喊：‘左门照’，意即左前方有障碍物；‘右蹬空’，意即右前方地方有坑；‘左脚滑’，意即左前方地面有水冰。又如，前面喊‘右边一朵花’，后面应‘看它莫采它’，实际上右边地面上有一堆马粪，不要踏在上面。”①兰溪日常乘坐的轿子有两种：“一为竹制，双扛，外覆布，前有门帘，土名‘过山龙’，属于轿行专营，抬轿者称为轿夫。轿行一般兼做吹鼓手，为贱业。”乘坐者均为富户或社会地位较高的绅士。“解放后，无贱业，亦无轿行，‘过山龙’自然淘汰。”②另有为人口较多的农家置备的“便笼”，供妇女回娘家走亲戚或远途拜别之用。其式样不一，最简单者乃由筱编成椭圆形的筐，后端较高，可以依靠，系以绳索，单扛抬行，遇雨天烈日则以草席覆盖，抬者多是家中男子或请来的邻居。

兰溪有专门的喜轿铺，专门向外租赁花轿、锣鼓、执事和彩衣。兰溪城关镇有专门的轿行，备有花轿、篾轿、过山笼（篾便轿）。“有轿夫（旧时称小姓，受人歧视），男的抬轿作吹鼓手，女的为喜丧人家作杂工，社会地位低贱。”③花轿有4人抬和8人抬，轿围以红绸或红缎制成，上有彩绣，还有专备女宾坐的绿轿。轿夫、锣鼓手和举执事者，均为喜轿铺临时雇佣的临时工，当天结账，他们身穿长及膝的绿衣或青色绣有红、黄色图案的彩衣，头戴斜插鸟翎的大帽。因嫁娶者经济条件不同，所雇花轿规模大小不一。小规模者，仅一乘4名轿夫抬的小轿；中规模者乃一乘八鼎大轿；大规模者，新娘坐8名轿夫抬的红喜轿；送亲、迎亲女宾各坐一乘绿喜轿。轿的花色品种也较多，通常有彩轿、花轿和软面轿三种。彩轿用玻璃珠串成5龙5凤装饰轿顶，四周悬挂大小珠子串成的彩屏和长穗子，四角均有灯，金光闪耀，豪华异常。花轿挂满各种绒花，四周悬挂彩丝长穗，四角有灯，五彩缤纷。软面轿用绸布绣成龙凤呈祥、百鸟朝凤等图案，挂于四周，轿身仅用绣花布挂于四周，小巧玲珑，适合平民租用。

轿夫抬轿太久，须停轿休息，但规定抬新娘的轿夫须将花轿落在备用的芦席上。如果在途中或女家门前落轿，轿夫可以每人脱鞋1只，垫于轿的四角，即可落轿休息，称为“垫轿”。如果花轿行驶途中与其他花轿相遇，双方迎亲队伍各自拥立轿边路旁高地。如无高地可抢，则应抢占上风，以显示自家门户高于对方。也有互不相让争斗者，比试之后，双方新娘下轿互摸裤带，再分别登轿。

---

① 林马松、林鹏：《兰溪民间风俗》，中国戏剧出版社2018年版，第37页。

② 兰溪县县志编纂办公室、兰溪县文化馆编：《兰溪风俗志》，1984年，第28页。

③ 兰溪城关镇志编纂领导小组编：《兰溪城关镇志》，浙江人民出版社1987年版，第174页。

轿夫抬花轿进入女家，须以羹饭在大门口致祭花轿，才能进门。据说为祭奠门神，请门神给予方便进门。“轿在途中，轿夫有意摇晃轿子上下颠簸轿子，使新娘坐卧不安，戏闹取乐，作为对新娘子迟迟不上轿的惩罚。倘若过分，新娘就将轿内盛灰的脚炉踢出轿门，以示警告，抬轿夫就不敢再恶作剧了。”轿夫抬新娘上路时，女方也会安排专人护送，誉为“帮轿”。“这时帮轿就会出面制止，或者用力压住轿扛，使轿子保持平衡。遇到成心使坏的，双方互不相让，争吵起来，有时候还会因此动手。”①“帮轿”到新郎家中还要保证新娘不被伴郎或婆家人作弄。

20 世纪 30 年代，游埠也有 3 家轿行，从业轿夫有 30 余人，均目不识丁，平时以种田为主，遇有生意则随唤随到。轿夫主要是送客下乡，其活动半径均不超过 10 千米，一个来回收费两三块银圆。轿行按照市场需要，也提供婚礼所需的器具器皿，包括花轿、新娘的凤冠、彩衣以及大锣、金鼓等乐器。轿行也出租丧礼所需的用具，诸如绣花的棺材罩，仪仗队用具，以及抬棺材的扛子和麻布丧服。所以，轿夫既抬轿子，也抬棺材。

从事抬轿的渔户，原本上岸后改贱为良，改换职业。“虽普通人民亦有借抬轿以谋生，不过九姓向为社会所贱视，如再抬轿，则人仍贱视，不能以平等待遇，不得不改营他业。”②谁知出了虎口，又入了狼窝，由撑船改为抬轿，不过是由一种贱民——渔户，变成另一种贱民——轿夫（小姓）。

第五节　九姓渔户的经商

早在清代，就有渔户违犯禁令，弃船登陆，改换职业。“建邑渔户，系与例载浙江各属之堕民、丐户及广东之疍户等，均不得与齐民齿，以其操业猥贱也。乃迩来族类日繁，踪迹渐异，或有迁居他邑，托业市廛。”③九姓渔户改贱为良后，陆续岸居，也能随意改换职业。特别是民国时期，也有的渔户从事商业。据民国衢县县长报告，有钱姓渔户 3 户经营商业，其生活水准中等。有孙姓渔户 4 户和许姓渔户 4 户，也经营商业，生活水准属于中下。民国三十三年（1944）秋日军退出衢州后，渔户钱云财一家再次返回航埠，父亲钱树木仍撑船运货。无所事事的钱云财与哥哥钱云良则去赊账买卖烧饼油条。他俩先到街上找一店老

① 林马松、林鹏：《兰溪民间风俗》，中国戏剧出版社 2018 年版，第 40 页。

② 童振藻：《钱江九姓渔户考》，《岭南学报》1931 年第 2 卷第 2 期。

③ （清）周兴峄修，严可均撰：《建德县志》卷二十一《杂记》，道光八年刊本。

板作铺保，再往某店赊账烧饼油条，先提货待卖掉后结账付款，卖不完的可退货。记得第一次赊 20 根油条、20 个椒盐烧饼，外加一块白色豆腐布，兄弟俩穿街走巷叫卖。后来，他们发现了销货门路，打听到哪家搓麻将打通宵，遂到弄堂深处找到赌场，赌场主很高兴采购钱家兄弟的油条烧饼作为赌徒的早餐，并叮嘱明天再拎多少数量的烧饼油条过来。钱家兄弟赊了很多油条烧饼回家时，姑母也照顾其生意予以采购。尽管卖烧饼油条赚不了几个钱，但童年的钱氏兄弟能够赚些蝇头小利颇有成就感，特别是生意好时，也能吃上自己赚来的烧饼油条，还能将钱交给母亲许彩珠。① 民国三十四年(1945)，衢县渔户钱云财的祖父钱松林年纪大了以后，弃船陆居，盖了一间茅屋，祖母带着哥哥上学读书，祖父钱松林则将卖田所得的很少的一点钱批发白糖饼、葱管糖、落花生以及香烟，做起了挑糖担的小生意，挑着前往渡口或街头摆摊设点。

衢州许多渔户经商后，从事仍是相关的“水上生意”。水亭门有一排亲水的“吊脚楼”，被誉为“建在江边的房子”，用木桩或石作支撑，上架楼板，四壁或以木板，或以竹排涂上灰泥。屋顶则铺瓦或覆盖茅草。窗户多面江，故称“望江楼”，大都是坐东朝西的半干栏式建筑。有许多岸居渔户住于“吊脚楼”，岸居渔户大都经营“水上生意”。衢州农历七月十五有放水灯超度孤魂野鬼的习俗，许多经营“水上生意”的渔户出钱请道士做法事。“请道士的钱都是船老板出的，郑怀棪老人清楚地记得有个大老板叫钱生富，后来开了油行，裕隆油行，是最有名的。随后，他还兴致勃勃地为我们列出了一长串船老板的名字，末了他说：‘放水灯这些老板拿出来的钱最多。’船老板经营的是水上生意，为了保平安，少淹死人，放水灯，请道士，似乎也成了与经营航运生意同样重要的事。”②该钱姓老板或为渔户。船上设有香案，点燃香烛，道士坐在船上，摇铃超度孤魂野鬼，祈求平安。

建德的名菜“严州干菜鸭”，据传也是经商开饭店的钱姓渔户所烧制。“严州干菜鸭”以嫩全鸭、火腿、雪里蕻干菜作为配料，加上酒、糖、盐、姜、蒜、花椒等佐料，既卤又蒸制而成，上盘后黑里透红，清香扑鼻，酥而不腻，鸭味与干菜中和后，产生独特的醇香鲜味。据说明代海瑞到七里泷背纤，钱姓渔户颇为感动，将烧好的“严州干菜鸭”送去，同行的“皇太子”品尝后也赞不绝口。

> 一家姓钱的夫妇开了片馆子店，烧得一手好菜。钱老板夫妻俩商量好，要用新安江里养的鸭子烧个拿手的“清炖鸭”送去。于是忙着拣鸭、杀

---

① 钱云财：《我平凡的一生——衢江艄公回忆录》，2014 年(未刊稿)，第 19 页。

② 吴宗杰：《衢州水亭门历史文化街区(坊巷遗韵)》(上)，商务印书馆 2017 年版，第 149 页。

鸭。碰巧鸭子换毛，他们一连杀了好几只鸭子，那些细毛怎么也拔不干净，夫妻俩急得团团转。钱老板只得放在火里燎，这一燎，细毛是没有了，可是鸭肉不白净了，无法烧清炖鸭。常言道：急中生智，这一急，倒让老板娘急出个办法来了，她想到自己家里鲜味可口、色泽黑里透红的雪里蕻干菜，平时烧鱼放上一把，还能解腥，干菜烧肉这味道特别好。于是，夫妻两人认真配齐各种佐料，在清炖鸭中放上最好的干菜，再蒸熟，这时已晌午时分，夫妻俩将两盆紫砂锅，盖也没开，原封不动地送到大南门码头。只见州官们忙上忙下，为皇太子和随行京官在龙船上设宴，而海瑞和家丁衙役疲惫地坐在离龙舟不远的埠头石阶上。海瑞这身打扮，州官也确实不易发现。几家百姓把烧好的饭送到"海老爷"面前，钱老板也挤进人群，二话没说，就打开紫砂锅盖，只见那鸭肉黑里透红，阵阵清香扑鼻。海瑞虽然腹中空空，还是再三道谢后，才边吃边赞扬说："真香，这味道太好了。"谁知，这股诱人的奇香，飘至龙船上，"皇太子"垂涎欲滴，急问："何等菜肴，如此清香？"急令献上一尝。那些州官谁敢怠慢，立即下船端去一盆，"皇太子"品尝后，连声称赞："哇！醇香可口，此乃天下名菜也！"从此"严州干菜鸭"出了名，代代相传。①

桐庐也有陈姓渔户三户经商，一户略有资财，另二户为商店职工。还有许姓一户经商，也略有资财。② 桐庐有的渔户经商开饭店，能够置办名宴"十六回切"。许马尔提及祖父有个亲戚在县城东门外开设"李顺和"饭店，常办"十六会签"宴席，每桌价钱10块大洋，能吃到海参等高档菜。许马尔回忆："当年我的祖父有一亲戚在县城东门头开李顺和饭店，他的店堂办'十六会签'筵席，每桌价钱为10块白洋，就能吃到海参等高档菜了。本埠船民遇事都会到这家饭店去办'十六会签'，比如遇上定亲，或有大的货主到桐庐、哪个船家长要扶个大会，会主请众会脚等，都会到这里去吃'十六会签'筵。"③此宴席集烩、炒、熏、蒸、拌、炖等烹饪手艺于一体，款款菜肴以色香味取胜。菜谱有四干果、四鲜果、四糖果、四冷菜、四热炒、四大菜、四点心、四饭菜组成，颇具浓郁的地方风味特色，菜点精美，礼仪讲究，形成独特的风格。桐庐渔户经常到该店置办"十六会签"，诸如遇上定亲，或有大的货主到桐庐要运货，或者哪个驾长要扶个大会筹钱，需要宴请众会脚，都会到"李顺和"饭店吃"十六会签"。④ "十六回切"乃桐庐著名的喜庆宴席，因取

① 浙江省建德市交通局编：《建德市交通志》，海洋出版社1996年版，第302页。

② 童振藻：《钱江九姓渔户考》，《岭南学报》1931年第2卷第2期。

③ 许马尔：《也谈名筵"十六会签"》，《山水推富春》，中国文史出版社2006年版，第198页。

④ 许马尔：《也谈名筵"十六会签"》，《山水推富春》，中国文史出版社2006年版，第198页。

材广泛，用料精细，烹饪技术精湛，被誉为“江南的满汉全席”。

杭州江干也有九姓渔户，“舍贱业而营工商者”①。

九姓渔户结婚时，有条件的渔户都会给新婚夫妻另造新船自立门户。有些渔户由于家境贫寒或父母早亡，既没钱娶亲，更无钱置船，只得依靠出卖苦力以拉纤为生，他们白天在茶馆门外或险滩处等候有船的渔户雇佣，晚上则在屋檐下或破庙中栖居。拉纤乃渔户的苦行当，不论是骄阳似火的盛夏，或是寒风凛冽的严冬，纤夫都要光着脚板踩在灼热的卵石沙滩上，或下水穿行在刺骨而泥泞的冷水中，日行数十里乃至百余里。专职纤夫生活清苦，有“一块腐乳从杭州吃到徽州”之说。年轻时依靠苦力为生，年老时鳏寡孤独，在破庙中度过余生，终生穷困潦倒。戴槃将渔户改贱为良后，有些渔户改换他种营生，也大都出卖苦力，有的务农，有的经商，有的抬轿。抬轿是另一种贱民“小姓”的行当，渔户从一种贱业，改换成另一种贱业，出了虎口，又入狼窝。

---

①　林传甲：《大中华浙江省地理志》，浙江印刷公司1916年版，第96页。

第七章　九姓渔户的人生礼俗

九姓渔户漂泊江上，浮家泛宅，形成别具一格的人生礼俗。渔户生育子女较多，均在船上出生。渔妇养育孩子极为粗放，孩子在船上出生，生活在船上，与水为邻，与父母在大风大浪中成长。渔户的孩子往往以地名、动物、辈分、五行、期望、承继取名，喜以"樟"字命名。渔户的孩子也喜欢玩打棒儿、跳房子、劈双角、飞花子、盯铜板、打弹子以及劈甘蔗等游戏，还有颇具特色的虾趣。渔户因水上生活受到场地和作业的限制，其丧礼从简，极少数富裕的渔户也举行与岸上平民一样的葬礼。

第一节　九姓渔户的生育礼俗

九姓渔户的女子大都嫁与渔户男子，渔妇除了协助丈夫搭客载货捕鱼之外，还要管理船上日常生活，其生活空间离不开三寸船板。"在计生政策颁布之前，'船上人'的生育能力是很强的，一户人家在一般情况下，生 3—4 胎较为普遍，多子女生育者有 5—6、7—8 人的也不少见。"①衢江渔户钱云财的母亲许彩珠乃渔家女，外公和外婆在鱼舱内生育了 13 胎，除一胎夭折外，其余 7 男 5 女都养育成人。钱云财父母也在漂泊不定的船上，生育了 11 个孩子，但养大成人的仅有老二钱云良、老三钱云财、老四钱月凤以及老五钱云春，3 男 1 女。钱云财记得老大刚出生就夭折了。老六老虎娜是妹妹，小时穿一件黑背心，坐在船板上很可爱，4 岁得麻疹夭折。老七钱云福 4 岁时日军入侵浙西，送交奶娘抚养，却在逃难途中经不起风雨侵蚀和饥饿折磨而夭折。老八、老九、老十均是弟弟，刚出生就患脐风不停地啼哭，不吸奶夭折。最后一个排号行十一的也是弟弟，也是患脐风而死在船舱母亲的怀抱。72 岁的老祖父钱松林将其放入衢江被

① 钱自荣：《华埠船上人的来历》，《通衢》，中国戏剧出版社 2000 年版，第 247 页。

激流卷走。[①] 建德渔户钱吉昌回忆："我一共生了七个儿女，船小吃口重，生老大老二时，产妇还有个把鸡蛋补补，生后面几个连发的红糖票都没有钱买，她生了这么多儿女，没有坐一天的月子，莫说吃红枣补血，吃核桃补腰，吃莲子补心的享受。"[②]渔户女子十五六岁结婚，两年生一胎，少则五六个子女，七八个也司空见惯。（图 7.1）

图 7.1　渔户许彩珠与儿子钱云良及妻子爱莲、孙子钱俊华（钱云财供图）

渔户有《渔民多儿》传说，据说从前停泊富春江七里泷的渔户捕鱼小船，正在山岩下"歇夜"。渔户捡来一捆柴火，返回船上烧饭。刚点着就冒起乌黑的浓烟，像一条乌龙直冲南天门，将天兵天将熏得眼泪直流，还冲向灵霄宝殿，玉皇大帝也头昏脑涨，不知凡间发生什么事情，乃吩咐太白星君前去打探，只要不再有浓烟，什么条件都可以答应。太白星君驾着祥云，顺烟找到一条小渔船，乃扮成一个老头前来问讯。烧饭的渔妇见是老人，很客气地邀请到船上做客。太白星君发现所烧原是"降龙木"和"檀香柴"，怪不得浓烟这么厉害，直冲灵霄宝殿，遂恳求渔妇不再焚烧如此浓烟的柴火，更换另外一种，有什么条件尽管提出。渔妇半信半疑，遂抽出灶中的"降龙木"，表示打鱼的人自然希望鱼越多越好。太白星君连忙满口答应，遂别了渔妇，上天复命。后来，渔妇发现捕捞的鱼仍与以前一样，并没有增加，倒是渔妇特别会生，且生的儿子特别多。"原来建德一带方言鱼和儿同音，渔妇说要鱼多，而太白星君误听为要儿多，玉皇大帝也没分

① 钱云财：《我平凡的一生——衢江艄公回忆录》，2014 年（未刊稿），第 30 页。

② 胡永明、钱吉昌口述，章大成整理：《古城旧事》，《建德往事》第 8 辑，文汇出版社 2017 年版，第 107 页。

辩，遂即命‘送子娘娘’照办不误。”[①]故渔户的妻子所生子女甚众。

由于医疗条件落后，缺医少药，缺乏必要的妇幼保健知识，欲顺利孕育生养颇不简单，稍有不慎，其后果不堪设想。孕妇临产称“落月”，临产的孕妇不得外出。孩子出生前，外婆必须准备衣服、鞋帽、抱裙作为催生礼物。“过去娘家人送的东西有毛衫、蝴蝶裤、鸡蛋、红糖、枣子、糯米饭等。糯米饭也称‘催胎饭’。‘催生人’将东西送到即走，也不带回礼。桐庐船民送‘催生’的人得从船头前舱走进，再从船后梢复出，不得再回首走向船头。”[②]催生时，担子一头必须放在床上，一头放在船板上，喻义一上一下，祝愿“快生”。送去的鸡蛋，也不能烧熟，取其“好生”之意。鸡生鸡蛋很容易，也有祝愿产妇“顺产”之意。送红糖、红枣，“红”代表吉利，而“枣”与“早”谐音，喻义“早生”。建德的渔户也有送“催生粽”的习俗。外婆会裹上一定数量的“催生粽”，裹馅有的是红枣，有的是红糖芝麻。一部分粽子煮熟，另一部分则煮成半生不熟。娘家人将粽子送到女儿家时，女儿要随意剥吃，而且必须一连剥吃多只，每只仅咬上一口，不必完全吃完。每吃一口，外婆都要问熟了没有，如果是熟粽，女儿就回答熟了，外婆则接答“熟了就好，熟了就好”，喻义“熟了”就要“生了”。如果吃的是半生不熟，女儿则回答“生的”，外婆则兴奋地说“生的更好，生的更好，就要生了嘛”。且“粽子”还有“种子”“宗子”之意，吃了“催生粽”，能够为婆家传宗接代，也为娘家争光。

渔户未定居前，渔妇分娩时均请接生婆到船上接生；有的则到岸上接生婆家生产。船流动性极大，离开城镇也远，有时渔妇生产，临时请不到接生婆，只得自己接生。“女船员怀孕后仍要随船而行，因为她是撑船劳力，尤其是夫妻船。缺一，船无法航行。为生活计，就是晓得孕妇预产期了，还是不能停船待分娩，孕妇随船劳动，到什么地方，孕妇肚子痛要生孩子了，才将船停下来，去泊地村庄上寻找接生婆上船接生；假若船撑到长滩上，孕妇突然肚痛要分娩了，那把船停在滩上，到陆上找接生婆，万一周围没有人烟，找不到接生婆，那只能由孕妇自己接生，将孩子生下来简单地襁褓好了，产妇稍微休息一下，还得帮丈夫把船撑上滩去。女船员在船上生孩子风险很大，生死难卜，她所承受的痛苦非一般人所能承受的。”[③]钱云财母亲许彩珠尽管知道预产期，但因船的流动性不得不随船漂泊，直到腹痛分娩在即才搁橹息桨停船靠岸，到周围村庄寻找接生婆上船接生。母亲在船上生了 11 个孩子，每生一胎，都形容在鬼门关上走了一遭。

---

① 谢传明讲述，黄建京整理：《渔民多儿的传说》，《中国民间文学集成(浙江省杭州市建德县卷)》，1989 年，第 276 页。

② 许马尔：《生育》，《山水推富春》，中国文史出版社 2006 年版，第 111 页。

③ 钱云财：《撑篙滴珠》，《通衢》，中国戏剧出版社 2000 年版，第 243 页。

船上男人苦，女人更苦，特别是生儿育女，条件比岸上更差。如我老婆生头胎的时候，下午还在船尾摇橹，晚上喊肚子疼。在旧社会都说女人生孩子，一只脚在棺材里，一只脚在棺材外，遇到难产，往往母子都性命不保。当时我急得三脚并作两步忙上岸请接生婆，等接生婆上船，孩子已呱呱坠地了。第二天早上，产妇照样起来帮着摇橹，没有办法休息的。①

且渔妇也不坐月子，生下孩子几天乃至几个小时，就得出来帮丈夫撑篙。钱云财母亲许彩珠在船舱坐月子，没有柔软的稻草垫床，睡的是硬板，落下终身难愈的病根。许彩珠患有风湿性关节炎，时常手痛头痛。船篷四周透风，产妇受到冷风侵蚀所致。许彩珠还有心律不齐的心脏病，钱云财称其为"怪病"。每次心脏病发作，都要向称为"小姨娘"的巫婆三姐求助，据言乃"前世的仇家前来讨债"。条件宽裕的渔户，产妇还有些营养补补身体，条件差些则无从谈起。渔妇顺利分娩后，亲戚朋友赠送红糖、鸡蛋等礼物以示恭贺。渔妇重要的营养品，就是渔户自己捕获的鱼虾。渔妇生产如履薄冰，其危险可想而知。特别是那时助产条件落后，仅靠接生婆或家中婆婆接生，遇上难产母婴双双夭折也时有发生。再说接生使用普通剪刀、柴刀乃至破碗片剪脐带，婴儿死亡率极高，感染"脐风"(破伤风）而夭折者十有八九。

旧时九姓渔户生育有诸多陋习。渔妇怀孕后，生活和饮食颇多忌讳。有许多食物需要忌食，如不准吃兔肉，据说孕妇吃过兔肉，将来出生的孩子不是豁嘴就是缺唇；而吃牛肉生出的孩子则要生牛皮癣；等等。渔妇均忌横跨扁担、戥秤，禁坐门槛，横跨门槛和坐门槛被认为做产时要"横生"，实即难产。过去秤乃1斤16两，据传跨过秤的孕妇孕期要拖到16个月。常山的九姓渔妇怀孕后，必须"许红子"，前去祭拜周宣灵王，祈求神灵保佑母子平安，且许愿送红鸡蛋与亲友享用。"在生育前后几天，凡是有过交往的，都应请喝'血丁酒'，人家喝了酒，就会承认已经洗去了'晦气'。"②相传周宣灵王16岁时，瘟疫盛行，村中不时有人死去，其父也不幸死于重症。周雄遂萌发学医救人的念头，拜新城济生堂药铺吴大夫为师，成为一名为民治病解难的郎中。周雄外出就诊，路遇出殡队伍，见白木棺底有鲜血滴落，得知乃产妇难产，婴儿保全，产妇离世。周雄想起医书曰"鲜血滴，未亡也"的诊语，遂拦棺说明原委，让人抬回棺木，又见丈夫也因丧妻痛心气绝。周雄发现男人六脉似无，气息闭塞。遂对男人胸口猛击三拳，用针刺人中通心脉，男人被抢救过来。再检查产妇，以银针刺穴，产妇也死而复

① 胡永明、钱吉昌口述，章大成整理：《古城旧事》，《建德往事》第8辑，文汇出版社2017年版，第107页。

② 常山县风俗志编写组：《常山县风俗志》，1989年，第38页。

生。如果遇上渔妇难产,“就要请一个人站在船篷上,手拿 2 根竹竿,在船篷上乱打;另 1 人在船头上播茶叶米。传说凡生育时都有鬼来,一打船篷,鬼就会逃走;一播茶叶米,投胎的小孩也就会出来了。”①

渔户还有一种规避“喜冲喜”“凶冲喜”的生育陋俗。渔妇在生产前后都要规避这种“犯冲”。渔户许马尔出生时,刚好遇上祖父病危,时祖父正躺在隔壁伯父的船上。临死前一再要求见一见许家的长孙许马尔。由于许马尔的出生据说与病危的祖父依俗属于“犯冲”。“故家人硬是不把我抱过船去给他老人家看,最后,祖父带着没见到孙子的遗憾谢世而去。”②为了禳去这种“犯冲”的灾患,其祖父出殡时,家人还把襁褓中的许马尔,从祖父的棺材底下由一边递向另一边,而且不得碰到棺材,通过在棺材底下钻过,进行“避邪”,就能给初生的婴儿禳解灾难。

第二节　九姓渔户的育儿习俗

由于医疗条件落后,缺医少药,渔户的孩子出生后,养育孩子也极为粗糙。渔户的养育习俗,普遍祈求神灵的庇佑,以求得心理的安慰。孩子在船上出生后,首先就要为孩子排八字算命,如果婴儿的八字与父亲或母亲的八字相克,即便是亲生儿子也不能当作亲生养育,孩子称呼自己的父亲和母亲,也不得称“爸爸”和“妈妈”,而代之于“叔叔”和“阿姨”。如果是双胞胎,孩子打扮必须一模一样。“从前有种说法,双胞胎乃天令其一样,而人为将其打扮成不一样,这是违拗上天之举的,对双胞胎的养育是不吉利的事,据说有夭折其中一个之险。”③初生婴儿有缚袖七天的习俗,据说若小时不缚袖,长大手脚会“毛躁”。旧时有一句骂人话:“小时光手脚还未缚过一样。”

建德“冠礼不行久矣,儿初生三日,必集女宾聚宴,谓之‘三朝酒’,弥月兼宴,男宾谓之‘做满月’,晬盘周岁必举行之,谓之‘做周’。入学则命以字,同等相谓,不称名,尊长则呼以小字,女子迨于归,始行笄礼。渔户沿陆居之习,间有行之者。”④渔户的孩子诞生后,父亲则要向外婆家报喜,生男则送黄酒两坛,大公鸡 1 只,并系上红绳;生女则送红鸡蛋 7 个,母鸡 1 只,也用红绳系上。外婆

① 浙江民俗学会编:《浙江风俗简志》,浙江人民出版社 1986 年版,第 109 页。

② 许马尔:《生育》,《山水推富春》,中国文史出版社 2006 年版,第 113 页。

③ 许马尔:《生育》,《山水推富春》,中国文史出版社 2006 年版,第 113 页。

④ 夏日璈等修,王韧等纂:《建德县志》卷三《风俗志》,民国八年铅印本。

见到礼物，即知生男或生女，并回赠礼物，谓之“开生”。孩子生下3天，必集女宾喝酒庆贺，谓之“三朝酒”，来宾要向产妇送礼，向新生儿送红纸包。

婴儿胎发未剃之前，不得抱到灶间等有神位的地方，据传胎发有母亲的血污及秽气，会触犯神灵。婴儿满月得办满月酒，并分送果品，邀请亲朋邻里以示庆贺。外婆届时送来衣帽鞋袜肚兜、粽子、银器首饰，俗称“做满月”。“‘船上人’对胎发的避忌又是一种规矩，而且此风俗一直流行至20世纪50年代。婴儿满月剃胎发，特别是男孩，胎发其他地方均可剃去，唯有天灵盖与后脑两处则留着不剃。过去认为天灵盖乃人之灵魂出入之地，保留这块胎发，则有保护灵盖之义；而后脑胎发养长后，则打成小辫子，并扎上红头绳，俗称‘八十辫’，其意祈求小儿将来能高寿，而且这根小辫子非到13岁后(13岁后则为大小人)是绝不会剪去的。”①渔户还有给孩子佩戴银器饰物护身的习俗，以规避鬼神。安徽屯溪的九姓渔户“妇女和儿童喜戴银饰，尤其是小儿，往往佩戴着银项圈、银手镯等”②。桐庐渔户的孩子佩带银器，诸如脖子上戴银项圈，胸前挂银锁，手臂上戴银手镯，乃是渔户普遍的习俗。渔户认为孩上戴上银器，能够避免邪气侵身，据说银锁挂在身上能将灵魂锁住，而不会被魔鬼拖走。许马尔小时候，“身上能佩带的地方曾都挂有银首饰，而且脚上还要戴铁脚镯”③。据传此乃上等“避邪之物”，专门托人用老坟墓中挖出的棺材前的铁箍打制而成。

孩子出生百日，即第四月，外婆也要为外孙做“百日宴”，宴请宾客。周岁也要备牲礼敬神，兼宴请亲朋。外婆家也要送衣物、首饰及红纸包。以后每年为孩子做一次“生日”，外婆家都得送礼。如果男孩入学“则命以字”，但渔户的孩子极少有条件读书；若是女孩“及笄而许缨”。

渔户的孩子在船上出生，生活在船上，与水为邻，与父母在大风大浪中成长。孩子略会爬动时，为了防止孩子落水，渔户会在孩子身上拴一根绳子。绳子就系在孩子的腋下，后背系上一个结。而绳子两端则系在船舷两侧的篷柱上，让孩子自行在船上玩耍。这小小的绳子就起着“安全带”的作用。船上孩子落水身亡的事也时有发生。两三岁的孩子根本没有安全意识，有时绳子系得不够紧，一旦抽脱，其后果不堪设想。六七岁即要下河滩学习拉纤，将细绳搭在长辈的纤绳上。十一二岁就要学撑篙，看风使舵，识别暗礁。十六七岁已是成年，船到码头，装卸货物交由青壮年承担。衢州的九姓渔户，“当孩子会爬动时，母

① 许马尔：《生育》，《山水推富春》，中国文史出版社2006年版，第112页。

② 鲍翔立、陈安生：《屯浦帆影》，《活动着的清明上河图——千年老街》，安徽美术出版社2005年版，第32页。

③ 许马尔：《生育》，《山水推富春》，中国文史出版社2006年版，第114页。

亲要撑船，将孩子腰间缚一根布带，吊在船篷横档上，这样，孩子爬动的地方限制在安全地带爬动。当孩子6—7岁时，要教孩子游泳了，把小孩放进河水里，手托小孩下颌，教他手划脚踢学游泳，从小学起，有了游泳技术，在船上撑船不慎落水，那是有惊无险，船头落水，船艄爬了上船"①。钱云财从小随父母风里来雨里去运货，几次落水自救生还。记得15岁时，撑船过清潭滩时，在船头桅舱撑化篙不慎落水，钱云财紧紧抓住化篙，随激流淌到后艄，抓牢舵板爬上了船。钱云财总结衢江渔户撑船运货谋生，从小就应学习七方面的技能。一学拉纤；二学撑篙；三学摇橹划桨；四学操舵把梢；五学突遇风暴袭击能冲出船舱上岸打桩吊索和解缆；六学使用风帆；七学观天色看风向，依据流水流线浪花识别暗礁，正确选择港道以避暗礁，防搁浅顺利过滩。屯溪的九姓渔户也不例外，"船民为防止幼儿落水，常常是在小儿腹肚上系一个铁环，穿上绳索，再系一根从船尾拉到船头的绳子上的铁环中滑动，孩子可以由绳索拉住，在船上自由跑动"②。待孩子稍大，能够脱离"安全带"时，必须协助大人做一些力所能及的劳动。富春江渔户孩子长到十三四岁时，父母就要为这个即将成年的孩子造一艘小船，作为以后孩子创业的本钱。渔户孩子的教育，侧重水上撑船以及捕捞技能的训练。明代钱塘进士王洪诗曰："大儿已长当门户，小儿十岁能摇橹。妇人终日坐篷窗，补却渔网缝衣裳。衣食宁论厚与薄，人生无如生处乐。"

孩子因年幼抵抗力低下，原本司空见惯，渔户也常言"吃五谷杂粮的人，哪有勿生毛病的"。钱云财记得自己未满周岁时，得了"疳病"，脸黄骨瘦，大便失禁，不时拉到船舱腰板上，母亲常常以抹布擦洗，指甲缝内因揩洗而患上霉症病。虽然看过中医，然无济于事。搭乘钱家货船的桔客荣力见状，以孩子若能病愈，乃咸鲞复活。祖母以钱云财乃阴亏，建议以黄鳝汤与石蛙汤医治，果然咸鱼翻身，根治"疳病"。③ 然而，由于生产力低下，医疗科技的落后，加上医药知识的匮乏，渔户往往将生病归结为鬼神作祟，不是求医问药，而是求助于巫术治病。特别是孩子久病不愈，以及出现难得一见的"怪病"，常以"搭夜头"送鬼作为治疗方法。渔户孩子不时闹点小毛病，虽不是什么大毛病，渔户却误以为乃"邋遢"染身，必须将其"送"走，此称"送夜头"，也称"搭夜头"。

"招魂"乃是桐庐渔户的风俗。孩子生病大都以为受到惊吓，鬼怪作祟，魂魄被摄走所致。对于丢魂失魄的防治，只有"招魂收吓"的方法，才能使孩子康

① 钱云财：《撑篙滴珠》，《通衢》，中国戏剧出版社2000年版，第243页。

② 鲍翔立、陈安生：《屯浦归帆》，《活动着的清明上河图——千年老街》，安徽美术出版社2005年版，第32页。

③ 钱云财：《我平凡的一生——衢江艄公回忆录》，2014年（未刊稿），第5页。

复。孩子若发高热，神志不清，昏迷不醒时，渔户就会请巫婆为孩子“收魂”。将一把纸雨伞点燃，在病人的床上方挥舞，念念有词地作法“某某回来”，直至雨伞燃尽为止。或是“招路魂”，魂丢在哪个方向，由家人持一杆秤，撑着病人的衣服鞋袜，另一人提着灯笼，朝丢魂的地方播撒茶叶米，边呼喊病人名字，家人随即答应，边呼唤边返回家中。如果不知病人于何处惊吓失魂，则采用“招天魂”的方法。做一张梯子，搁在屋檐上，一个人爬上梯子，人高于屋檐，拿着病人的衣裳向空中招摇，把病人的名字叫上七七四十九遍，梯下的亲人则回答七七四十九遍。另外还有一法，即“筷子招魂法”。“谁家孩子生病或是东西遗失，他们常用筷子来问卦。其方法是用 1 只碗盛满清水，手拿 3 只筷子，边在碗中捞水，边口中念念有词，然后将 3 只筷往碗内的水中竖插，筷子倒向哪边，小孩生病的失魂或遗失的东西就朝那个方向去收魂或找寻，直到筷在碗内水中竖直为止。”① 以此将魂魄重新招回到病人身上。小孩夜啼，原本并非什么毛病，有时不过是将白天和黑夜颠倒而已。许马尔回忆：“记得我女儿小时也有此‘病’，后来从杭州至上海坐了趟慢火车，抱在怀里的她被火车有节奏的声音给轰睡着了，一睡就是一个夜晚，就这样把白天黑夜重新颠倒过来，第二天夜里，夜啼的毛病也没有了，而且睡得特别香。”②但渔户却认为小儿夜啼，无病即灾，因为孩子并不会无缘无故地啼哭。通常的祛邪避魔方法，乃是用一张红纸写上一道符，上书：“天皇皇，地皇皇，我家有个夜哭郎，过路君子读一遍，一觉睡到大天亮。”将红纸张贴“毛坑”（厕所），期待过往路人读念该咒语，以此驱魔避邪，希冀孩子因此康复。

孩子生病“收吓”也是渔户常见的风俗。小儿因突然受到刺激而吓哭，晚上睡觉时惊叫，食欲不振，日渐消瘦，渔户认为此乃“惊吓”，大都采用巫术以“收吓”。渔户甚至认为孩子多病乃“关煞”重所致，唯有托众人的福，以众人的阳刚之气，才能驱逐小孩身上的疫鬼。渔户有为体弱多病的孩子讨“百家饭”、穿“百家衣”的习俗。“谁家孩子多病难养，其父母便拎只淘米篮，向东船西舫或岸上人家挨家逐户讨一把米、一双筷子。讨完 100 家后，就在停船的岸边用三块石头支锅烧饭，烧饭的柴就用那讨来的一百双筷子。”③渔户相信孩子吃了 100 双筷子烧的“百家饭”后，便能消病化灾，健身成长。而且，哪家渔户烧了“百家

---

① 许马尔：《船民的筷子风俗》，《桐庐文史资料》第 13 辑，杭州出版社 2013 年版，第 361 页。

② 许马尔：《招魂、收吓及其他》，《山水推富春》，中国文史出版社 2006 年版，第 123 页。

③ 许马尔：《船民的筷子风俗》，《桐庐文史资料》第 13 辑，杭州出版社 2013 年版，第 361 页。

饭”,其他渔户见了也要讨些回去让自家孩子吃,以为也能防病。100 双筷子烧一锅饭,难于烧熟,往往夹生,即便如此,也视如灵丹妙药,强迫孩子咽下。此谓“吃天斋”,祈求天老爷菩萨保佑。还有穿“百家衣”的习俗——向 100 户人家讨来小布块,将花花绿绿的布料,一块块拼好,再做成衣衫给孩子穿上。

渔户的孩子在发育阶段还有“种伤寒”的陋俗。渔户认为感染伤寒的孩子痊愈后,饭量特别大,而且营养也吸收得好,其骨架也会特别大。渔户期望孩子长大后有一副魁梧的身材,趁着孩子发育时故意没病找病地“种”一场伤寒病。“‘种伤寒’的方法是在盛夏高温天,先吃上几大碗油炒饭,让肚子吃得饱饱的,然后睡在船头甲板上让太阳猛晒,晒得大汗直淋,人快昏厥时,再突然跳入江中,这样一冷一热,毛病就会上身。”①该陋习从萧山船民中传来,民国时期还有渔户以身试“病”。渔户对于患病颇多忌讳,生病请医生治疗时,称为“望郎中”;医生配的药方不得反折,否则认为没有疗效;熬好的汤药,不得端出门外露天,否则“药神”就会跑掉,疗效也会大打折扣。除了对“病”字避讳,对“药”也避讳,称“药”为“果子”“糖汤”,“吃药”则称“吃果子”“吃糖汤”。

第三节　九姓渔户的取名习俗

九姓渔户没有受过什么教育,大都是文盲,文化程度普遍较低,给孩子取名也颇具特色。一是以出生地取名。九姓渔户终年在水上漂泊,浮家泛宅,没有一个固定的落脚地,为了便于记忆,便于称呼,并减少同名,哪儿出生就冠于哪儿的地名,诸如“桐庐狗、马目佬、洋溪囡”。“孩子生下来后,取名字很简单,在什么地方出生,就叫什么地名,例如:东关男就是在严东关码头出生的,还有乌石男,他是在乌石滩出生的,以及招贤娜、航埠、洋溪等。”②张小也于 2003 年前往建德三都渔业村查阅了梅城镇户口办公室保存的 1956 年船舶户口登记表,记载了孙氏一家,丈夫孙威坪、妻子林小奶、母亲杨阿春、女儿孙严州奶、长子孙窄溪、次子孙严州。还有许杭州苟(狗)。另有孙彩霞,又称孙芦茨奶。他如孙樟林,也称马目佬。威坪、严州、窄溪、杭州、芦茨、马目均为钱塘江沿岸的城镇,很可能就是他们的出生地。③ 钱吉昌如是说:“我妈生了我们兄弟 4 个,4 个都

---

① 许马尔:《招魂、收吓及其他》,《山水推富春》,中国文史出版社 2006 年版,第 123 页。

② 钱云财:《撑篙滴珠》,《通衢》,中国戏剧出版社 2000 年版,第 243 页。

③ 张小也:《制度与观念:九姓渔户的“改贱为良”问题》,《社会科学》2006 年第 4 期。张小也 2003 年 10 月 24 日前往梅城镇三都渔业村访谈。

不在一个码头生的，我是海宁出生，我的小名就‘海宁皮’。‘船上人’取名没有讲究的，生在洋溪的就叫‘洋溪狗’；生在马目的就叫‘马目狗’，‘船上人’值不值钱，听听这些名字就晓得了。”①他如以钱塘江沿江水上码头取名，诸如开化狗、华埠狗、文头狗、常山狗、衢州狗、兰溪狗、富阳狗、杭州狗，一目了然，颇具纪念意义。富春江渔户以出生地取名场口佬、义桥娜。衢州渔户回忆同辈或晚辈名字，称衢州有很多，也有称招贤，还有称高家、航埠、洋港（兰溪小镇）、乌石（七里泷乌石滩），称兰溪的也不少。常见的有金华囡、枸州府（江山方言衢州）、义桥妹（萧山义桥）、东关娜（严州东关）、杭州囡、兰溪佬。余杭良渚打网村的渔户男孩也以出生地的江河名字命名。九姓渔户的孩子连“大号”也没有，其名字犹如钱塘江流域的地名簿。

二为以低贱的动物取名。“信天命论者认为人之贵贱乃命中注定。旧时的船民、渔民皆划在贱民一类，若取高贵文雅的名字没那福分。再说从前‘船上人’有贱者好养一说，故取贱名较为普遍。一般以人之属相取名较多，如狗儿、羊儿、牛儿、蛇儿等。”②渔户多以十二生肖取名。诸如老马、小马、老牛、小牛、老鼠、小老鼠、老羊、小羊、老鸡、小鸡、老猴、小猴、大蛇、小蛇、大龙、小龙、老虎、虎仔、小兔、兔子、老狗、小狗、老猪、小猪。童振藻发现，渔户男子以“老虎”命名者甚众，如兰溪就有李老虎、何老虎、钱老虎等。特别是渔户以鱼给孩子命名也习以为常。“有的以水产取名，如虾儿、买鱼等。”③张小也于2003年在梅城户口办公室查阅了保存的1956年船舶户口登记表，以动物命名的名字就有许苟（狗）儿、钱蛇儿、钱小牛、钱马儿、钱老鼠、钱祚（猪）儿、许兔儿、许老鼠、许小牛、许侯（猴）儿、许小猫、陈兔儿、陈龙儿、陈马儿、陈羊儿、叶兔兔。还有父亲名钱老虎，儿子则称钱小老虎，父亲死后，二者将不再有区别。④ 余杭良渚打网村的渔户，男的以其生肖如兔儿、马儿、狗儿等取名。淳安渔户的孩子连个正经名字也没有，花名册上仅以阿狗、阿严、水猴、水鬼等称呼代替。最奇怪则是男性取女性生殖器名，女性取男性生殖器名，据说渔户男女老少吃喝拉撒睡于一船，挂上帐子夫妻就同床而睡也不忌讳或回避，致使船上渔户不觉得人体器官有何神秘。富春江渔户多以动物的老虎、黄狗取名，以鱼取名者多以鲇鱼、仓白条。渔户乃钱塘江流域的区域性贱民，取个动物贱名乃理所当然。渔户的孩子夭折者也

---

① 胡永明、钱吉昌口述，章大成整理：《古城旧事》，《建德往事》第8辑，文汇出版社2017年，第108页。

② 许马尔：《船民人名趣谈》，《山水推富春》，中国文史出版社2006年版，第70页。

③ 浙江民俗学会：《浙江风俗简志》，浙江人民出版社1986年版，第109页。

④ 张小也：《制度与观念：九姓渔户的“改贱为良”问题》，《社会科学》2006年第4期。

多，取个低贱的动物名字，也容易长大成人。

三是以辈分取名。各姓氏家庭，均有论资排辈的规矩，每个氏族某一时期采用一定的字作为辈分，辈分用完后则另选其他字延续。桐庐许姓家族，自晚清始用金、福、秀、培、国等字作为辈分字，解放后轮到“培”字辈的人，以“培”字取名的就较多，如培炎、培玉、培坤、培木等。桐庐窄溪镇胡家边孙氏家族晚清以国、增、贤、达等字作为辈分字，中华人民共和国成立后出生为“达”字辈的人。“以‘达’字当头取名的就较多，达虎、达根、达兴等。”①建德梅城镇有些家庭成员排序颇为清楚，如户主钱长根、弟弟钱长富；户主陈金堂、儿子陈官土、陈官田、陈官有；户主许金聚，父许观根，长子许柏富、次子许柏桂；开化华埠的陈钱孙许的四姓渔户也各有自己的取名排行。

列举钱姓排行

国字排行有：国荣、国富、国根、国民、国华。

清字排行有：清明、清和、清根、清富、清福。

明字排行有：明根、明兴、明荣、明龙、明森。

自字排行有：自荣、自享、自林、自元、自水。

安字排行有：安全、安湖、安金、安元、安平。

列举陈姓排行

余字排行有：余良、余星、余寿、余荣、余标。

樟字排行有：樟民、樟兴、樟余、樟标、樟利。

寿字排行有：寿元、寿棠、寿华、寿荣、寿金。

列举许姓排行

福字排行有：福标、福田、福员、福水、福良。

秀字排行有：秀金、秀林、秀和、秀生、秀富。

列举孙姓排行

良字排行有：良荣、良民、良春、良弟、良顺。

顺字排行有：顺洪、顺益、顺和、顺林、顺太。②

四是以五行缺失取名。五行乃金木水火土，孩子出生后以其生辰八字测其五行的缺失，以缺行的字与其他字组合取名，诸如龙金、木根、水生、增火、阿土。五行缺金，就取个金字或带金字旁为名，童振藻经过调查，以“金”字命名者，兰溪有陈金根、陈金富、袁金海，桐庐有孙金东、许金海等。五行缺木，就取个木字

---

① 方仁英：《富春江渔文化记忆》，浙江文艺出版社2015年版，第139页。

② 钱自荣：《华埠船上人》，《通衢》，中国戏剧出版社2000年版，第261页。

或带个木字旁的字为名，童振藻发现渔户以“根”取名也多，如兰溪有陈升根、陈新根、陈茶根、陈士根、陈海根、陈长根、钱春根、许友根、许大根、许荣根、许秀根、许连根、许小根、许有根，桐庐有陈根全、陈根根、叶荣根、许友根、许秀根、许根金等是。[①] 张小也在建德梅城发现称为“陈樟荣”者特别多，似乎为九姓渔户所偏爱，不嫌重复。五行缺水，就取个水字或者带三点水的字为名。五行缺土，就取个土字或者带土字旁的字为名。如缺两行的则用两行字相加作为名字，也有以缺行的字与辈分字组合成名。

五是以期望取名。九姓渔户作为贱民，不得参加科举考试，不得做官，因此谈不上有高官，但富贵长寿还是可期望的，故常取名长生、长富，乃渔户对孩子的期待。

六是以承继取名。渔户因缺医少药，幼儿保健欠缺，医疗卫生条件较差，孩子病灾较多，有的渔妇生下一个即糟蹋一个；有的孩子生下就多灾多病。相命后认为孩子必将承继他人，或承继菩萨或某一植物才能长大成人。继拜关帝菩萨的“关”字当头的名字较多，诸如关龙、关水、关根；而继拜樟树神为儿子以樟字为名也多，诸如樟生、樟根、樟木、樟水等。另据民国童振藻调查，九姓渔户取名以“樟”字命名，兰溪有陈樟富、陈樟寿、陈樟林，孙樟金、许樟龙，桐庐有孙樟根、孙樟富、许樟苟、许樟春等。[②] 九姓渔户喜以“樟”字命名者，与祭拜“樟树娘娘”的风俗有关。盘根错节的那些枝繁叶茂、浓荫蔽日的百年大樟树，虽然饱经沧桑，却依然郁郁葱葱，擎天立地，乃是有灵性的“树神”，单独一棵樟树，称为“樟树娘娘”；如果有两棵在一起，则称为“樟树爹樟树娘”。将未成年儿童“过继”给“樟树娘娘”，能够护佑认其为娘的儿女免遭病魔灾害与各种邪恶妖孽的侵扰，健康成长，长命延年。樟树下往往建有一座小庙，乃是举行祭拜仪式之用。

拜认“樟树娘娘”需要择吉日，一般为农历初一或十五，由父母或长辈抱着孩子到樟树下，孩子头上盖上一块红布，胸前衣服内放上一张红纸，上书“亲子某某某，生于某年某月某日某时辰，某地方人。顿首百拜”等字样。并携带煮熟的猪肉、米饭以及煎得两面油黄的豆腐，还有酒、烛、香等祭烧物品。途中，大人须不停地从自家门口直到樟树跟前念叨“聪明伶俐格贵儿囡儿，勿哭也勿闹，樟树娘娘保佑你快快长大长高”之类的吉祥祝福语。然后在树下摆好祭品，点上香烛，行三叩三拜的祭认仪式。如果孩子能够独自表白，则要由孩子自说：“樟树爹樟树娘，你格亲倪(囡)拜你为亲爹亲娘，请你保佑我像你一样，长命百岁。”

---

① 童振藻:《钱江九姓渔户考》,《岭南学报》1931 年第 2 卷第 2 期,第 35 页。

② 童振藻:《钱江九姓渔户考》,《岭南学报》1931 年第 2 卷第 2 期。

念完后，由孩子母亲掏出孩子胸前的红纸贴在樟树上，孩子父亲将祭酒浇在樟树根上，最后再烧上一些纸钱之类的祭品。有的孩子出生后并不取名字，目的在于给孩子拜过“樟树娘娘”之后，再取一个带“樟”字的名字，诸如寿樟、樟根之类，有的甚至直接称为“樟树”。如果孩子已有名字，祭拜过“樟树娘娘”之后，也要给孩子取一个带“樟”字的小名，男的称为“樟树倪”，也有称“樟树子”，女的称为“樟树囡”。建德有句玩笑话与樟树有关，据说某人不知自己爹娘是谁，当然是不肯说而已。那人说会说：“你是从樟树孔里爬出来的格。”凡拜过“樟树娘娘”的孩子，逢年过节都要前来祭拜，父母代替孩子过来，或者孩子亲自过来，直到成年为止。有的终生都要祭拜，特别是订婚、结婚等重大事件前，均须前去祭拜。

女孩取名也颇具特色。富春江的九姓渔户，女孩则以花、仙、娣、香、珍、英等字。余杭打网村渔户女孩则以出生时所见的花而命名，诸如莲花、桃花等。

开化华埠的九姓渔户，多以金、凤、香、仙、玉、兰、和为女儿取名。

> 列举女性名字也有规范。
> 金字行有：金莲、金姣、金凤、金翠、金花、金香、金兰。
> 凤字行有：凤香、凤姣、凤兰、凤仙、凤翠、凤英、凤菊。
> 香字行有：香莲、香凤、香姣、香兰、香翠、香玉、香花。
> 仙字行有：仙姣、仙凤、仙花、仙玉、仙兰、仙女、仙红。
> 玉字行有：玉英、玉兰、玉凤、玉莲、玉香、玉翠、玉姣。
> 兰字行有：兰香、兰英、兰凤、兰仙、兰姣、兰菊、兰兰。
> 和字行有：和翠、和兰、和香、和姣、和英、和女、和凤。①

杭州江干的九姓渔妇，据童振藻调查，常冠于小秀、凤英等字，而最多者莫过于龙珠、檀香，不嫌重复。兰溪的渔妓，则喜用“珠”字，诸如金珠、银珠、龙珠、凤珠、宝珠、掌珠、翠珠、莲珠、香珠、彩珠等。用龙珠为名者也甚众。另以香为名者也不少，诸如彩香、兰香、檀香、林香、桂香、芸香、莲香、荣香、沈香、银香、素香、根香、翠香、培香、彩香等，不胜枚举。② 富春江渔户的女儿则取花、仙、香、英、珍为多。许马尔如是说。

> 女人取名用花、仙、香、英、珍等字较为普遍。这在从前可是女人名字的专用字。什么桂花、荷花、茶花比比皆是。有一个埠头的船民，桂花、茶花同名的有数个，为区别人不得不在名前加大小字，如大桂花、小桂花。笔

---

① 钱自荣：《华埠船上人》，《通衢》，中国戏剧出版社 2000 年版，第 261 页。

② 童振藻：《钱江九姓渔户考》，《岭南学报》1931 年第 2 卷第 2 期。

者查阅某单位船民职工的花名册，全单位共有62名女职工，带花、香、仙的名字就有36人，其中有19人的名字以花字取名。①

渔户重男轻女的封建思想极为严重，在取名上也能体现出来。如果连续生女儿而没有儿子，在女儿名字上颇能体现其盼儿心切的心情，诸如招弟、爱弟、带弟、来弟、根(跟)弟。钱自荣如是说。

> 在对待儿女方面更是"重男轻女"，说什么女儿是面向外的"赔钱货"，嫁出去的女儿泼出的水，又说什么炉灰不能冲墙，女儿不能养娘，所以女儿根本就无权继承父母的遗产。在教育方面，女儿不许读书识字，只能接受三从四德的教育，说什么，在家从父，出嫁从夫，嫁鸡随鸡，嫁狗随狗。特别干涉寡妇出嫁，一不准红衣服，二不准张扬宣(喧)闹，只能偷偷摸摸，冷冷清清的出走。还规定寡妇出嫁时必须到偏僻的山边、河边或者荒地去换洗衣裤和鞋袜，然后动身，说什么在寡妇动身出嫁的地方三年草不生的晦气地，把寡妇看作瘟疫，因此船上人对祠堂规矩不予尊重。②

另外，民国《建德县志》记载，渔户"小儿曰贱哥，小女曰贱囡，男伴相怨之称曰'前世爷'，女伴相怨之称曰'同年妹'，以上为渔户特异之称"③。渔妇已婚者曰"同年嫂"，未婚者曰"同年妹"，成为渔妓的专有名词。

中华人民共和国成立后，渔户取名习惯也有了质的变化，按照时代取名也极为普遍。中华人民共和国成立初期出生的孩子，多取国强、建国、国兴、国裕。若是抗美援朝时出生，则取抗美、援朝。而"文化大革命"出生，则取文卫、文军、卫忠等。如今渔户后代文化层次均有了很大的提高，取名也有新变化，高雅的名字也层出不穷，旧式取名习惯早已一去不复返。

第四节　九姓渔户的童趣

九姓渔户的孩子在船上长大，随父母装货载客或捕鱼，过着枯燥乏味的船上生活。但渔户的孩子仍然利用难得的相逢机会，寻找童年的乐趣。富春江的渔户许马尔回忆逝去的童趣，颇为感慨。"我的童年似云烟般，经风一吹，已经飘逝而去。当年所玩的种种游戏，也随着童年的远去而远去，有的已经永远地

① 许马尔：《船民人名趣谈》，《山水推富春》，中国文史出版社2006年版，第71页。

② 钱自荣：《华埠船上人》，《通衢》，中国戏剧出版社2000年版，第256页。

③ 夏日璈等修，王韧等纂：《建德县志》卷三《风俗志》，民国八年铅印本。

消逝了。所以，当我回忆起童年玩过的种种游戏，如今也只能当作一种古风旧俗来写进我的文字中了。”①许马尔叙述了富春江渔户的孩子童年所玩的打棒儿、跳房子、劈双角、飞花子、盯铜板、打弹子以及劈甘蔗等游戏。

“打棒儿”乃是富春江渔户的孩子玩得最多的一种游戏。该游戏很简单，只要有两根直径半寸、长 1 尺余的青柴棍，再捡上 3 块石头即可。“打棒儿”由 1 人做桩打，1 人或数人接的一项游戏。有三种玩法：一曰“打天下”，二曰“豁角鸡”，三曰“掴田鸡”。“打棒儿”由谁先做桩，得先以“哈罗白”（豁拳）确定，“哈罗白”先出者先打，其余则作为“接棒儿”。“打天下”将两块石头或砖头竖成一个“门”字，并将一根棒儿搁在两石之上。若打出的棒儿被人接住，或虽未接住但打出的棒儿被对方丢回的棒儿将搁在石上的棒儿打落，双方即交换角色，否则接着打第二道“豁角鸡”。“豁角鸡”以右手将两根棒儿交叉握在手中，横着的棒儿用力将竖着的棒儿豁向前方，对方若接住，或丢回时离 3 块石头不到 1 尺，则调换角色。如丢回的棒儿又被打者以手中另一棒儿挡回，此棒儿挡出多少远，则决定赢多少，接棒儿的人则罚“犁田”。“犁田”乃双手以及一只脚落地，另一只脚由赢者握住，在地上向前爬着，棒儿输多少远，在地上就犁多少远。如果丢回的棒儿没挡回去，棒儿又丢在离石头 1 尺以外，可接着玩“掴田鸡”。“掴田鸡”就是把一根棒儿中段搁在约几厘米高的石头上，前头撬起，后段落地，另一根捏在手中的棒儿轻轻地往搁在石头上的棒儿前段一敲，迅速地从后段撬起，将棒儿掴向前方。如果被接住，则调换角色。如果接不住，该棒儿打出多远，输者往回“犁田”就得多远。

“跳房子”也是一项原始游戏，虽然过去女孩参加得多，也是女孩的强项，但也有男孩加盟。“跳房子”要找一块平坦的地方，在地面上划出一块块方格的“房子”，捡些稍扁的石头即可跳起来。房子的画法，一般按直线先画 3 个方块，再横向画 2 个或 3 个方块，再接着直线画 2 个方块，横向再画 2 个或 3 个方块，头上画一个尖顶，表示此乃房子，并将每间房子都编上号。比赛的规则就是看谁先跳到顶上的房子谁就赢。起跳的地方画有一条横线，将每一块小扁石丢入一号方格，跷起一只脚，以单腿一脚一脚将扁石踢向上一个方格，由远及近，依次往前。唯有石片丢进规定的方格，才有资格起跳，不然连起跳的资格也没有。因此，丢石片准不准乃是跳房子获胜的前提和基础。另外，直线方格上跳房子，只能跷着脚以单腿跳，另一只脚不得落地，一落地即违犯规则，不得再跳，必须静待下一轮。

“劈甘蔗”也是富春江渔户的孩子具有博采味的趣味游戏。三五个孩子每

① 许马尔：《童年玩趣》，《山水推富春》，中国文史出版社 2006 年版，第 173 页。

人捐出几分钱,凑在一起买上几节甘蔗,然后就在船埠头玩起"劈甘蔗"的游戏。先将甘蔗去掉不能吃的头和梢,甘蔗头朝下竖直,右手握一小刀,将刀平放甘蔗梢头,以大拇指将其压住,把甘蔗扶直不使其翻倒,然后迅速提起小刀,离梢头约一尺余,在甘蔗未翻倒的瞬间,刀刃朝下直劈,谁能劈下多长的甘蔗,该甘蔗就归谁所有。自然,劈甘蔗前,应先"哈罗白"(豁拳),谁胜出谁先劈,有时后面的人轮不到劈甘蔗,因为一枝甘蔗不经二三劈就已劈完,劈不着甘蔗的人自然就没有甘蔗吃。

"打弹子"也是渔户的孩子常玩的游戏。该游戏可由 2 人玩或多人玩,也是一种博采性的游戏,玩到最后互相打架的事也时有发生。玩之前先在平地或缓坡上挖个洞,这洞不能挖得太大,也不能太小,太太没有难度,太小弹子难于滚入,必须恰到好处。离洞三四米挖一道横线,所有孩子站于横线外,一一将自己弹子往洞附近丢,谁的弹子离洞最近,就由谁先打。如果第一人不能将弹子打入,就由第二个离洞最近的人再打,以此类推。谁的弹子先进洞,谁就可以先打他人的弹子,若弹子与弹子被打着,打着者就赢被打者一粒弹子。"打弹子"乃是颇具趣味的游戏,其动作五花八门,有的会站着打,有的会蹲着打,有的则趴在地上打。弹子在各人手中各显神通,有的命中率乃百分之百,有的却老是找不着北,有的弹子打出去很有力,有的仅在地上滚了一滚。打弹子的手势,大多将右手食指和中指弯曲,弹子搁在食指和中指之间的面上,然后闭着一只眼瞄准目标,再用拇指用力一弹,弹子就像一条漂亮的弧线飞出,直向目标冲去。

盯铜板、盯铜钱及盯铁钉均为古老的游戏,该游戏的方法也极为简单,地上放上一块面平的石头,有时也可是一块砖,一人的铜板(或铜钱或铁钉)放在石头上,另一人站着瞄准石头上的铜板,将自己手中的铜板往上盯(打),若将他人石头上的铜板盯落石头,盯着的人即赢得该铜板。如果未盯上,必须将自己的铜板放在石上供他人盯。

渔户许马尔忆起童年玩过的游戏,颇为感慨。

现在已经很少有人玩打棒儿、跳房子、劈双角、飞花子、盯铜板、打弹子和劈甘蔗这样的游戏了。生活在今天的儿童,本不需要用这种现代人看来根本不上台面的游戏去寻找快乐了。而我的童年,像打棒儿这一类的游戏,常常会玩得废寝忘食,如醉如痴的。即使在数九寒天的天气,也会打得连小布衫都湿透,直到大人们拿着棍子来催打为止。童年玩过的种种游戏,是一种经久流传的、具有民族特色的游戏,从文化的角度来说,它是一种传统民族文化。最近,从电视上看到上海已在恢复这些游戏,并把它作为学校、里弄的一项比赛项目,应该说这是把一些失落的东西重新捡回来,也许有朝一日，我也能去摸摸这些久违的东西，重新找回当年失落的感觉。①

渔户的孩子还有颇具特色的虾趣。许马尔晚年回忆："往事如烟，一转眼的工夫，我的童年已静悄悄远去。在我的记忆中童年的梦幻总也抹不去，只要一闭上眼睛，一幕又一幕如电影般在眼前掠过，如当年富春江里那种摸虾、钓虾的情趣，时时会勾引起我一段童年美好往事的追怀。"②富春江乃著名的出产嘉鱼之地，而虾乃富春江最为名贵的鱼鲜之一。许马尔从小就听说渔户谈起皇帝也想吃虾的故事。据说富春江所产的虾名气很大，明代皇帝曾询问姚天官富春江出产的名虾，希望桐庐渔户以虾进贡。姚天官自然也懂皇帝之意，但因保鲜条件欠缺，富春江名虾无法送到万里之遥的京城，他唯恐好事办成坏事，遂婉言拒绝。故富春江的虾未如鲥鱼一样成为贡品。

富春江无风的夜晚，江面静得没有一丝波纹，此时前往江中"叉虾"乃是渔户童年极为有趣之事，以 5 枚大针并列扎成一把扁叉，然后固定在一支 2 尺左右的细直竹竿上做成虾叉。夜里叉虾必须照明，找些扎排用的藤条点上火把。夜阑人静之际，江中虾儿溜出窝来觅食，泊在江面的木排，乃虾儿最多的地方。清澈的水底，以火把映照，只见虾儿的两眼闪着红红的光芒，将虾叉对准叉下去，手起叉落，就能叉住一只玉白色的大虾。夜晚叉虾颇有技巧，在木排踩动时要轻盈，木排会传声，稍有声响，虾儿就会逃之夭夭。叉虾也要掌握一定距离，虾叉应对准虾尾，虾叉落水的声音使虾受惊后退时，恰好逮住虾。因为虾遇惊逃遁，并非往前而是往后。

"钓虾"也是渔户孩子的童趣之一。富春江两岸许多地方都以石块砌成埠头，埠头常是洗菜淘米之地，船埠头的石缝中也是虾儿最多的地方。对付船埠头的虾以钓为佳，以二三尺长的细竹竿，系上线和细钢丝做成小钩，制作钓虾杆。钓虾的饵料以红蚯蚓最佳，将套上蚯蚓的小钩放入石缝处引诱。躲在石缝的虾闻到饵料的香味，会伸出那双大钳试抓饵钩，然后慢慢将饵钩往里拖，待其拖得用劲时，迅速将虾竿提起，一只活蹦乱跳的虾被钓了出来。当然，钓虾最好的办法还是一手持钓竿，一手持网兜，当虾竿将虾钓出水面时，以网兜迅速接牢。因虾咬钩并不牢，如果动作不快，或者不用网兜，上钩的虾很可能重新落入水中。

"徒手摸虾"更是渔户孩子的绝技。渔户的孩子生活在水上，小小的年纪，就已是富春江摸虾的高手。只要天气不是太冷，渔户的孩子十有八九都在江边

① 许马尔：《童年玩趣》，《山水推富春》，中国文史出版社 2006 年版，第 175 页。

② 许马尔：《童年的虾趣》，《山水推富春》，中国文史出版社 2006 年版，第 176 页。

摸虾。富春江的虾白天喜欢躲在水底的残瓦、破草鞋之类的东西下面，只要用手轻轻地往这些东西下面摸去，总能逮住一二只大虾。有时，轻轻揭开这些残瓦以及破草鞋之类的东西，虾儿也不见得会出逃。即便逃也逃不远。只要一手撑开手掌对准虾尾，另一只手在前面慢慢拦住，待虾儿往后一退，刚好弹进手掌，用手一按准会逮住。

第五节　九姓渔户的丧葬礼俗

九姓渔户因终年生活在水上，受到场地以及移动作业的限制，其丧事较为简单。“丧则无所谓丧礼，但其中有丰于财者，葬亲非砌砖为廓，凡近旬举殡、送殓、吊唁、守灵、做七、成服、题主、受赙、谢孝等项，亦多行之。”①《建德县志》曰：“九姓渔户丧葬礼俗，较岸上百姓简易，但各种规模也略俱备。原梅城有九姓渔户合祠，无论谁家死人，祭祖时一律公祭。”②所谓“九姓渔户合祠”，应为“周宣灵王庙”。大多数渔户颇为贫困，所获难于养家糊口，而且渔户近亲结婚，颇多患有遗传疾病；加上长期在水上生活，患有各种职业病，也无钱医治，往往小病拖成大病，直至死亡。渔户限于内婚制，均于九姓之内联姻，因近亲通婚，遗传性疾病很多。“因为水域择偶范围所限，很难避免近亲血统关系，在无可奈何的情况下，往往会同近亲有血缘关系的姑表之间成亲结婚较为普遍，因此造成下代人各种遗传疾病的发生，问题相当严重。‘船上人’还有长期在水上生产的职业病，如疯气、关节炎等同遗传病因结合在一起成为与众不同的多种病人，如头上癞痢、脸上麻子、手疯脚拐、驼背、眼瞎、耳聋、口哑以及大肚病，应有尽有，不但危及人身健康，而且对人的生命也是很大的威胁。”九姓渔户生育旺盛，所生子女也多。“但由于近亲的生育血缘关系造成的遗传病发，人的成长率并不高，凡有遗传病的人，大都夭丧在幼小时期。”③渔户以船为家，盘腿而坐，大都是“罗圈腿”，富春江渔户称为“螃蜞腿”。终身在船上蹲着、站着、坐着，多数渔户屁股向后突起，走路形态与农民颇显不同。渔户能活过五十岁者已算高寿。“关于‘船上人’办丧事，与别人不同之处，大多数人都很穷苦，度日艰难，死人丧事无能为力。”④所以，大多数渔户不可能为死去的亲人举行奢华的葬礼。

---

① 童振藻：《钱江九姓渔户考》，《岭南学报》1931 年第 2 卷第 2 期，第 37 页。

② 建德县志编纂办公室编：《建德县志》，浙江人民出版社 1986 年版，第 847 页。

③ 钱自荣：《华埠船上人》，《通衢》，中国戏剧出版社 2000 年版，第 260 页。

④ 钱自荣：《华埠船上人》，《通衢》，中国戏剧出版社 2000 年版，第 260 页。

渔户以血缘关系结盟，尽管漂泊无定，但停泊在一个较为固定的港湾。开化华埠的“船上人死后，须将船头拖上岸，躺板停尸，入棺一般在船的前舱进行，船小的，亦有在河滩用风帆搭成棚杈举行仪式。家庭殷实者，有请道士做道场的。‘船上人’漂无定所，故死者多在死亡地举行殡葬”①。新安江和富春江渔户在外作业时，有亲人亡故，就会将船航行至亲人聚集的地方抛锚停泊，将自家的船与至亲的船并排停在一起，并在两船的甲板上搁上一块板，上面遮起船篷，举行简易的水上葬礼。“人死之后，移入船头，盖上烧纸，约搁半天即放入棺内。过一天，让亲人再见一面，就封棺。封棺时，一家大小持香哭泣相送。经济条件较好的做一夜道场，困难的就烧点纸、锡箔之类的东西后，抬到山上埋葬。”②人丁兴旺的渔户，灯火通明，人声嘈杂，有众多亲人围着；门衰祚薄的渔户，一两个人象征性地守一下，江风呜咽，江水奔流，一灯如豆，凄切异常。正如谚语云：“撑船撑到老，不如一根草。”淳安渔户的丧礼则略有不同。

> 一旦老人归西，因为船体狭小，通常是将棺材盖翻转朝天，安放老人于棺盖内以致祭奠的。老人若是逢双过世，守灵两天；逢单过世，守灵三天；为的是讨双日出殡安葬，图个吉利。守灵祭奠间，香烛达旦。在灵前那只铜盆或陶钵中烧纸，要做到 24 小时连烧不断。说老人家贫困一世走了，要多给烧一点“钱”，让他用得宽敞一些。入殓后，按辈分、年龄排列，绕灵柩一圈泣别；合棺时，一人在每颗钉上敲三击。上山后，逢年过节都去上坟。路远的，头天便把小塘船摇到坟茔附近的河汊，等候次日天明。现在则是开挂机船前往扫墓了。③

衢江渔户丧礼颇有特色。“穷苦家庭一般都无钱为死者做道场，超度亡灵，以通常的惯例，只是把自己活人居住的船，半条拖上岸，半条在水面 2—3 天，等死者丧葬后，才能下河生产。”④屯溪“船民卒后须将船头拖上岸，躺板停尸。入棺一般在前舱进行，船小的亦有在河滩搭棚举行仪式。家道殷实的也请道士做道场。因船民多漂无定所，在外亡故的即在当地下葬。父母去世后，子女要在船上设灵台祭奠”⑤。渔户将亡人擦拭身体后，将其停放船头木板上，盖上黄纸，搁上半天即入殓。丧家想方设法通知亲戚和朋友，以便赶来悼念亡人。第二天，亲友们相聚一起，吊唁亡人，待见过最后一面后即封棺。亡人直系子女及晚

---

① 华埠镇志编纂小组编：《华埠镇志》，浙江人民出版社 2003 年版，第 80 页。

② 浙江民俗学会编：《浙江风俗简志》，浙江人民出版社 1986 年版，第 109 页。

③ 石在：《新安渔人长恋水》，《地理知识》1995 年第 11 期。

④ 钱自荣：《华埠船上人》，《通衢》，中国戏剧出版社 2000 年版，第 260 页。

⑤ 黄山市屯溪地方志编纂委员会编：《黄山市屯溪区志》(下)，方志出版社 2012 年版。

辈，女性头上扎白布，男性头上戴白帽颈挂麻绳，以示“披麻戴孝”。亲友前来吊唁时，丧家须送给吊唁者白布、白腰带。

渔户亡故也实行土葬。“请岸上人‘八仙’（即‘八个头’，专门为人办丧事的民间组织）来进行。出殡时，女儿要送黄纸伞，家人要做一块‘铭旌’（灵幡），上写死者姓名。黄伞和灵幡皆为王家之物，此一风俗出自祖上遗风，表示祖先也曾为王，子孙也要沾光‘荣耀’，这是九姓渔民为自称汉王的陈友谅后代的又一铁证”①。据传此乃九姓渔户为陈友谅所部的标志。

旧时渔户积攒一些钱以后，会去沿岸购买一块山地或荒地，以埋葬亡故的亲人。“九姓之人死后埋葬在岸上，土地是买来的，间或岸上人义助。”②渔户出殡至墓地，也要举行祭祀山神土地，祈神庇佑。掘坑时先杀鸡洒血于四周，谓之“开山”。接着由长子掘三锄然后由众人动手，挑水伴泥则由女婿负责。灵柩选择时辰进入墓坑，俗称“落金井”。落坑前由孝子贤孙先左后右绕墓域三圈，尔后土工念念有词以芝麻秆烘墓穴，抛子孙米果等五谷，谓之“暖宕”。届时子孙晚辈下跪，纳柩于域，覆土墓顶，焚烧明器、草冠于墓侧，倚丧杖棒于墓前。下葬后，家人依例准备“豆腐饭”招待奔丧的亲友。建坟当日，家人须到墓前“送火种”，以后按死者的亡日算起，每隔七天在船上以食品祭奠亡灵，民间称为“做七”。“‘船上人’为死者做七，从死者的第一天算起，七天一个七，叫七七四十九天，为七满日，1—7 为首七，8—14 为二七，15—21 为三七……”③“二七”前后“接煞”，俗称“转头”，是夜家人将死者所居之处布置如故设祭，且将灶膛内炉灰压平，据说死者是否回头，视炉膛灰即知。其中以头七、五七、七七为大七，四七不做。相传五七死者在“望乡台”，有不吃家乡饭的说法，必须由女儿女婿祭奠。直至七七，丧事至此结束。为了寄托哀思，渔户晚辈须为死者披麻戴孝 3 年，以“白为孝”，头戴白帽，身穿白衣，脚穿白鞋。

极少数富有的渔户，也为死者举行与岸上有钱人家一样的奢华葬礼。“渔户无所谓丧礼，其有丰于财者，都与陆居相似。渔户无祠，祭墓而已。”④衢江少数有钱的渔户，经济较为宽裕，“要为死者做道场，‘做公德’，请道士做道场超度亡灵。道场内容有死者的男女之分，超度男死者称为‘干十殿’，超度女死者称为‘破血湖’”⑤。

---

① 朱睦卿：《严州古城梅城》，中华书局 2004 年版，第 284 页。

② 张小也：《制度与观念：九姓渔户的“改贱为良”问题》，《社会科学》2006 年第 4 期。

③ 钱自荣：《华埠船上人》，《通衢》，中国戏剧出版社 2000 年版，第 260 页。

④ 夏日璈等修，王韧等纂：《建德县志》卷三《风俗志》，民国八年铅印本。

⑤ 钱自荣：《华埠船上人的来历》，《通衢》，中国戏剧出版社 2000 年版，第 260 页。

九姓渔户依赖江河为生，如果遇上大潮或风雹，抗击狂风巨浪，心惊肉跳。船属于“三面朝天，一面朝水，阎罗王就在隔壁”险境，稍有不慎就会船毁身亡，渔户必须为死者举行“招魂葬”。渔户终年漂泊在水上，春有迷雾，夏有淫暴，秋有风潮，冬有寒流，吉凶难卜，船破人亡的事时有发生，有的渔户落水后连尸体都找不到，因此，代代渔户永远都有葬身水中成为冤魂者。渔户以滚钓打捞尸体，将滚钓横放在江中出事的水域下游，在小船的竹竿上挂起死者生前穿过的衣裤、铜镜、米筛等，循着水流，边摇边由亲人呼喊死者的名字，并烧着冥镪招魂寻尸。如果无法捞寻尸体，渔户就用“招魂葬”为屈死水中的人进行安葬。

渔户为落水而死的人举行“招魂”仪式有两种，一是遇难七天内找到尸体者，认为其灵魂尚失落水中，由家人举行简单的叫魂仪式。夜间，由亡人妻子或兄弟在江边焚香燃烛，不断地对着江里呼喊：“江里冷啊，好回来咧。”亡人儿女或弟妹则跟在后面应声：“回来了。”这样边走边喊，将死者的灵魂招领回来。另一种为亡人遇难七天后，仍然找不到尸体，就要举行“草人招魂”仪式。“在船埠头岸边搭棚设灵堂，棚内四周挂满十殿阎罗图，棚外挂上姓氏白纱灯笼，预先制成的稻草人，体内塞入猪的五脏六腑，以示全尸。稻草人放在棚内门板上，穿着死者生前的衣服，上面贴着死者的姓名和生辰八字。亲属披麻戴孝面向稻草人跪着，道士边敲铙钹，边念念有词，为死者超度亡灵。”①最后抛出一条挂满红纸的麻绳，让亲属拉往绳子的另一头，站在水边。道士则在里面呼喊：“某某(死者名字)，好回来了。”在水边的亲属则回应：“来了，来了。”连续对答几次，将失落水中的死者阴魂招回稻草人身上，再将稻草人落殓入棺，次日早上吉时送到山上入土安葬。渔户的“招魂葬”仪式颇为凄凉。许马尔如是说。

笔者祖母娘家亲人汤某，曾是旧县埠撑船人。民国初，一次从桐庐运白灰到海宁，在钱塘江上过潮头时，船被打成三段，船中 4 人葬身在钱塘江中，连尸体都无法寻回。后来亲友们在桐庐的西武山船埠头，为死者举行了“招魂葬”。先在西武山岸边搭棚设灵堂，四周挂满十殿阎王图，棚外挂有姓氏字号的白纱灯笼，棚内门板上躺着替代死者的稻草人。稻草人身上着死者生前的衣裳，并贴着死者姓名和生辰八字的纸条。棚前用白布铺地，白布上用九张八仙桌叠成高台，在最上面的那张八仙桌上放一只蒸饭用的桶，桶上再置一竹编的米筛。夜晚时辰一到，但见灵堂内的醮台前香烛、冥镪烟雾缭绕。特意从萧山请来为死者招魂超度的道士，光着双脚在九层高的八仙桌一层一层往上翻，一直翻到顶上，然后站到米筛上，边敲铙钹，边念念有词，这叫“翻九楼”。此种活带有绝技性质，一般人是干不了

① 方仁英：《富春江渔文化记忆》，浙江文艺出版社 2015 年版，第 145 页。

的。最后有人扯起一根挂着一条条红纸的麻绳，让披麻戴孝的亲属拉住绳的另一头站到水边，道士在上面喊一声“某某（死者名字）好回来了”。亲属在水边答道“来了，来了”，这样一呼一应，把死者的阴魂招回到棚内的稻草人身上，然后再将稻草人入棺落殓。次日一早择吉送到山上下葬。①

渔户还有结“坟亲”的习俗。“坟亲”乃坟山的主人与坟内所葬的人的眷属之间，因丧葬而结成的一种无血缘关系的亲戚。而结坟亲者皆是客籍以及本地无山无地之人，诸如徽帮、绍帮生意人，以及钱塘江的渔户。以前客籍人死后，先作浮厝或暂厝处理，即用棺材停放或浅埋，以后再迁回故里。有的则和渔户一样，借得一方乐土宝地就地安葬，因此与坟地的主人结成了坟亲。双方结过坟亲之后，过往甚密，平常或节日如同亲戚般走访。有时渔户赶不上清明节为先人扫墓，则代为死者的子孙祭烧；有的则在主人上坟前，先行斫掉柴草培上土，陪同主人扫墓祭祖，并邀往家中做客。尤其是过年时，坟亲还会送上柏枝、年糕、粽子等礼品，家属也会回赠钱物。“送柏枝是旧时较流行的一种习俗，如过去坟亲到船上人家拜年，所送礼品中必有柏枝一束。送柏枝一是代表对逝者的一种怀念，二是松柏象征四季常青，寓意‘友谊常在’与‘永远平安’。”②许马尔讲述了许家40年与坟亲情真意切的交往。

笔者祖父在1947年病故，安葬在脉地坞的山上。因我家是撑船人，那是父辈托人找的一块风水地。至此，我们几家堂表就与这坟山的主人结上了坟亲。坟亲与我家父辈以亲兄弟相待，我辈之人皆称其为坟亲娘舅。这位娘舅是爱酒之人，而我父辈对酒也很嗜好，碰在一起喝酒聊天是常有的事。有时我们的船从杭州回桐，常捎些咸鱼盐鲞、烟酒糕点相送，当然，坟亲也常送些土货上船，双方过往甚密。撑船是浮家荡宅流动性大的行当，清明节不在桐庐是常有的事，故父辈们在节前备些香火纸钱等祭礼，上坟的事宜就拜托坟亲去照料。就这样祖父的坟上一直没有亲人来过。后来虽说大家都已弃船陆上定居，但我们船民的习惯，祖坟连续3年不去上，即为冷坟，上冷坟对祖孙是很不吉利的事。畏于这一点，我们一直没有人去祖父的坟上祭烧。我的父亲、伯父等父辈相继过世。后来这位坟亲娘舅也谢世，不过他在临终前特意关照自己的兄弟，城关船民中还有我家这样的坟亲，不要忘记在清明时为我祖父那穴坟浇土。再后来其兄弟死后，又关照其儿子代劳。直到上世纪90年代初的一年清明前夕，坟亲相告：祖父的

① 许马尔：《奇异的“招魂葬”》，《山水推富春》，中国文史出版社2006年版，第85页。

② 许马尔：《待人接物说礼仪》，《山水推富春》，中国文史出版社2006年版，第167页。

坟上有一窟窿。我们这些兄弟姐妹也不顾冷坟不冷坟，反正阴阳怕懵懂，由坟亲带路去修祖坟。初到祖父坟前，要不是当年父辈们在坟前立的那块墓碑，真不敢相信，时过40余年的坟头，仍然杂草全无，黄土突兀，这一切乃40余年的坟亲情结所为矣。[①]

渔户因医疗条件缺乏，幼年夭折者比比皆是。渔妇生产时，经常在航行途中，到埠上岸请接生婆接生，有时不得不自己接生，母婴均处于危险之中。孩子生病，祈求神灵庇护，祈求周宣灵王赐福，往往采取“招魂收吓”的办法医治，乃至有“种伤寒”的陋俗。渔户没有受过教育，大都是文盲，多以漂泊的出生地取名，常以动物取名，乃因其低贱所致。渔户的葬礼如此简朴，最重要的原因乃是贱民。“出于同样的原因，岸上的和尚、道士也不肯替死亡的九姓人做法事，所谓‘冷冷清清，扛鱼佬葬坟’。”[②]渔户乃最为低贱的贱民，岸上的贱民轿夫（堕民）不屑于为九姓渔户的新娘出嫁抬轿，而和尚和道士也因同样原因，不屑于为死去的九姓渔户做“法事”。

---

① 许马尔：《坟亲》，《山水推富春》，中国文史出版社2006年版，第120页。

② 方向：《富春江上的九姓渔户》，《中国民间文化》第14集，学林出版社1994年版，第162页。

第八章　九姓渔户的婚俗

渔户乃是世代漂泊钱塘江上的贱民，有着颇具特色的水上婚俗。渔户不得与平民通婚，渔户只能实行内婚制。戴槃改贱为良以后，始有渔户与平民之间缔结婚姻。中华民国成立后，孙中山宣布解放贱民，渔户与平民共同享有平等的公民权，也享有与平民缔结婚姻的平等权，但实际上，鲜有渔户与平民之间的婚姻，特别是渔户水上的漂泊生活，岸上的平民难以适应。中华人民共和国成立后，渔户仍习惯于实行内婚制，但已无阶级色彩，已属社会主义公民之间平等的婚姻关系。改革开放以后，随着公路和铁路的突飞猛进，航运趋于衰败，昔日依水而居的渔户被迫弃水岸居，渔户与平民之间的通婚才趋于正常。渔户因长期水居，形成较为独特的水上出嫁仪式。

第一节　九姓渔户自相配偶的内婚制

九姓渔户乃贱民，依照良贱不婚禁忌，渔户不得与平民通婚。清代《建德县志》曰："九姓渔户陈、钱、林、袁、孙、叶、许、李、何，以水为家，居民不与为婚，或有娶其女作妾媵者。"[①]新编《建德县志》也记载："建德原有九姓渔户，世居江上，不准与岸上百姓通婚和上岸定居。"[②]《华埠镇志》也曰："明初以来，厉禁九姓渔户与岸上人通婚。其实，即使弛禁，岸上女子也根本无法适应水上漂泊、颠簸的生活。"[③]渔户仅限于渔户内部通婚，民国以后弛禁。"明初以来，九姓只能互相结婚，入民国弛禁，始渐与岸上百姓通婚。"[④]孙中山宣布解放所有贱民，包括九姓渔户在内的所有人均享有平等的公民权，也包括婚姻自由权。"'岸上人'不

---

① (清)周兴峄修，严可均撰：《建德县志》卷二十一《杂记》，道光八年刊本。

② 建德县志编纂办公室编：《建德县志》，浙江人民出版社 1986 年版，第 699 页。

③ 华埠镇志编纂小组编：《华埠镇志》，浙江人民出版社 2003 年版，第 78 页。

④ 建德县志编纂办公室编：《建德县志》，浙江人民出版社 1986 年版，第 844 页。

与他们通婚。民国后，这个禁令是没有了，但嫁岸上的姑娘还是很少，有的也只是个别人品好的，‘岸上人’嫁到船上的也只限少数贫苦人家，儿女多，无法养活，才从小把他给船上人做女儿或童养媳。”[①]九姓渔户择偶更加困难，以前有三种人备受歧视，即“船上、台下、和尚”，“船上”当然特指“九姓渔户”。岸上没有平民姑娘愿意嫁到船上，船上姑娘嫁到岸上也不容易。渔户钱吉昌直到30多岁才结婚，而钱吉昌尚属幸运，有些渔户青年虽然年纪比钱吉昌更大，但还是寺庙门前的旗杆——光棍一条。[②]

衢江渔户钱氏家族的婚姻史，乃是极为典型的渔户内婚史。衢江“九姓渔船”相传为陈、钱、许、孙、何、叶、李、袁、林九姓。而钱姓为九姓之一，据说祖籍为建德，建有祠堂，堂号为“忠纯堂”。过年时悬挂红色灯笼，上书“忠纯堂”三字，意为“忠于朝廷”。钱姓祖先何时何故到衢江谋生，已无法考证。渔户钱云财仅能追溯到曾祖父。曾祖父乃渔民，常年在常山港南滩河床上拦河埋插竹钉丝箫设“跳网”以及在河潭放夜钓及撒网等捕鱼谋生，他身强力壮，钱云财形容手掌有蒲扇大，性情豪爽，嗜酒如命。其全部家当仅有一只破旧的小渔船和几件渔具而已。由于仅靠单一捕鱼谋生，收入没有保障，常常吃了上顿没有下顿，女儿10岁就送给衢县团石农家做童养媳，二个儿子从小就学撑船当童工。曾祖父逝世后葬于女儿婆家所在团石村山冈上。曾祖母逝世后也与曾祖父葬在一起。钱云财未说明其曾祖母的身份，据其曾祖父与曾祖母撑船运货为生，似应为渔户之女。

曾祖父的长子钱双清，钱云财称其为“大祖父”，生于1869年，童年时就到兰溪港帮人打工学撑船，成家后与夫人一起依靠撑船谋生。1946年“大祖父”撑船到衢县河东埠头病故，享年78岁，安葬于下河东埠头古樟旁。“大祖母”在兰溪的船上病故，葬于兰溪。“大祖母”也在船上度了一生，似也应是渔户之女。“大祖父”长子钱金水，钱云财称其为“大伯父”，出生于1899年，在兰溪港以撑船运货为生，1947年还撑船到衢州四喜亭看望钱云财的父母。“大伯父”于1979年在兰溪病故，享年81岁。“大伯母”于1976年退休居住兰溪下卡民房。1987年，钱云财出差到兰溪曾去探望她老人家。“大伯母”于1989年病故，享年86岁。“大伯母”与“大伯父”一起以撑船为生，似也应为渔户之女。“大伯父”育有一儿三女，长子钱马倪，绰号“馒头山”，1933年出生在船上，从小就随父母撑船，娶兰溪以撑船运货为生的渔户之女为妻，婚后夫妻独立撑船。1987年病退

---

① 程秉荣：《建德县的九姓渔户》，《建德文史资料》第2辑，1987年，第64页。

② 胡永明、钱吉昌口述，章大成整理：《古城旧事》，《建德往事》第8辑，文汇出版社2017年版，第107页。

后居住兰溪南门头船民宿室三楼。其三个女儿嫁于兰溪城内，婚姻不详。大祖父次子钱金友，1910年出生，年轻时也是以撑船为业，1956年由大洋船业工会转到建德县梅城搬运公司从事装卸工，钱云财未提及其婚姻，运货谋生的渔户称为“船民”，以撑夫妻船谋生，所娶似应渔户之女。大祖父次女钱茶花，也从小就随父母撑船，后来嫁给兰溪港短驳船的船民为妻，似应为渔户之子。

曾祖父的次子钱松林，即钱云财的祖父，于1877年出生，1958年在衢县上河东村病故，享年81岁，安葬河东太平坦山脚旁。祖母许翠花生于1884年，1966年在河东养女堂娜家病故，享年83岁，与祖父安葬在一起。钱松林童年就前往兰溪帮人打工学习撑船，成年后无钱娶亲，经人介绍到河东祖母渔船上招亲，成了上门女婿，婚后夫妻俩独撑一条4舱船，以运货谋生。祖父品行端正，勤劳忠厚，不嫖不赌，撑了一辈子船。祖母心地善良，信佛吃素，年老时以破旧木船搁在河东江岸作为“船屋”，钱云良、钱云财以及钱云春三兄弟都随祖母岸居读书。

祖父母的长子，即钱云财的父亲钱树木，也是与捕鱼为生的渔户之女许彩珠缔结婚姻。父亲钱树木于1911年出生，正值祖父母撑船“勤奋”（月亮当太阳使用，连夜撑船运货），生活节俭，积蓄最佳时期。钱树木7岁还能读上私塾3年，居住在外祖母的渔船上，因该船相对固定地在河潭中捕鱼，能够提供读书住宿，但好景不长，年仅10岁又上船学习撑船。钱树木撑到18岁，父母另购了一条货船，让其成家立业，独立门户。妻子就是同为渔户之女许彩珠，比钱树木还大3岁，1908年出生在衢县汪村的一条渔船上。许彩珠有兄妹12人，排行第九，从小也随父母渔船划船捕鱼。21岁的许彩珠与18岁的钱树木组成渔户之家，共同撑船运货谋生，生儿育女。钱云财回忆：“母亲在船上共产11胎（第一胎流产），带大成人四兄妹，其余均因麻痘等病在婴儿时夭折，其中有一男孩叫云福的，2岁时遇日寇侵犯衢州，他随大塘头奶娘逃难途中夭折。母亲性格内向，为人和善，能任劳任怨，勤劳节约，当家理财，辛辛苦苦把我们兄妹4人拉扯成人，尤其是母亲在船上生孩子，都在漂泊不定的船舱内分娩，到肚子阵痛时才停船去附近村庄寻找接生婆上船接生。每次分娩生死难卜，吃尽苦头，我们终生难忘伟大的母亲给我们的恩惠，父母生育我们四兄妹。”[①]1957年，所在航运公司要求钱树木和许彩珠停船上岸，担任衢县航运子弟学校的炊事员。钱树木和许彩珠弃水登陆后，居住在上营街55号8平方米的房子里，起早摸黑地为子弟学校师生担任伙夫23年，每月工资仅有24元，不准再从事其他副业。钱树木一直干到70岁才退休，因肺源性心脏病医治无效，于1990年5月31日病逝，

① 钱云财：《我平凡的一生——衢江艄公回忆录》，2014年（未刊稿），第190页。

享年 80 岁。钱树木为人忠厚，心地善良，从不喝酒，小时吃素，爱搓麻将，辛勤劳苦 60 年。许彩珠于 1997 年 9 月 27 日逝世，享年 90 岁。（图 8.1）

图 8.1　渔户钱云财父亲钱树木及母亲许彩珠与弟弟钱云春、妹妹钱月凤合影

祖父母的次子钱渭泉，1925 年出生，初小文化，也以撑船为业。钱渭泉 20 岁时，与祖父的养女钱堂娜结婚。钱堂娜并非渔户之女，乃农家之女，出生于开化华埠镇上界首村，出生仅 10 天，就被送入华埠镇养育堂。祖父船到华埠时，抱入船上抚养成为其养女。钱渭泉出生时，钱堂娜已经 4 岁。待钱渭泉 20 岁时，由父母包办缔结婚姻。[①] 夫妻俩婚后育有一子钱云富，不幸婴儿夭折。1945 年，由于夫妻关系不睦而离婚，钱堂娜改嫁衢县河东村渡工周良耀为妻，婚后育有一双儿女。钱堂娜虽是农家之女，但从小就抱到船上抚养，成为渔户养女。

① 钱云财：《我平凡的一生——衢江艄公回忆录》，2014 年（未刊稿），第 193 页。

渔户之子钱渭泉与渔户养女钱堂娜结婚，也是门当户对。

衢江钱氏渔户从曾祖父、祖父到钱云财父母三代人的婚姻个案剖析，说明渔户盛行内婚制。良贱之间的界线泾渭分明，成为难于逾越的鸿沟。

第二节　九姓渔户与平民联姻的外婚制

渔户被禁止与平民通婚，渔户与平民通婚，仅仅是个传说。开化渔户“抛新娘”的传说，渔户因地位低贱，禁止与平民通婚。据说渔户之女“渔妹子”挑鱼到街上出售，一个泼皮无赖丢下两枚铜板，就抢走了其五六斤重的大鱼。“渔妹子”虽然吃亏，也不敢吭声。旁边的出售野物的已近30岁的青年猎户见状打抱不平，喝令无赖付足渔钱。“渔妹子”第一次遇见为“水上人”（渔户）说话的“岸上人”（平民），颇为感激，相约以后两人相邻售货，以便有个照应。天长日久，遂萌发了感情。青年猎户家贫如洗，但“渔妹子”并不嫌弃，非其不嫁。但良贱不婚的禁忌成为不可逾越的障碍。“祖上定下的规矩不允许他两人结婚，好在一帮好事佬们要成全这桩好事，于是想出个办法，就是由男方雇一条船张灯结彩打扮起来，那边女方一至时辰将新娘用红绸包起来，由两名壮汉扛起抛过来，这边新郎船上也有两名壮汉接住。新郎新娘在船上拜过天地、父母之后，就在船上分发喜果并摆酒席招待客宾。夜深宾客散去，新郎便将彩船撑到江心停泊欢度良宵。3天后，新郎带着新娘上岸回家看望父母双亲。”①后来，“水上人”与“岸上人”结亲，遂采用该办法，“抛新娘”的习俗因此形成，衢江“渔户”的“抛新娘”传说，与建德有着本质的区别。

九姓渔户的大本营建德梅城，也有关于九姓渔姑与梅城樵夫相恋的凄美故事。梅城三江口隔江相望的南峰塔与北峰塔，称为“夫妻塔”，隔江对峙，直冲云霄。明代唐伯虎取名“双塔凌云”。双塔乃梅城镇山宝塔，但梅城人却称其为“夫妻塔”，谚语云“北峰高唱南峰答”，传有家喻户晓的凄婉爱情故事。“相传，在很久以前，梅城有一位以砍柴为生的樵夫，而新安江上有一位以打鱼卖鱼为生的鱼姑，他们每天见面，日久生情。但是当时新安江上的九姓渔民是贱民，他不能上岸居住生活，也不准上学读书，更不允许与岸上的人通婚，因此樵夫和鱼姑的爱情为世俗所不容。然而两个年轻人无法抵挡爱情的召唤，在一个月明星稀的夜晚，樵夫和鱼姑私奔了。残酷的现实却打破了‘有情人终成眷属’的美

① 钱子龙讲述，樊禹雄、韩华荣整理：《抛新娘》，《中国民间文学集成浙江省衢州市（开化卷）》，1989年，第141页。

梦，他们的私情很快就暴露。世俗步步紧逼的打击让生活无比艰难，两人无力抵抗又无法放弃彼此，无奈之下只好投江殉情。"[①]樵夫和鱼姑的爱情深深地打动了后人，为了纪念他们对爱情的忠贞执着、壮烈决绝，遂建起夫妻双塔，北峰代表樵夫，也称"夫塔"；南峰代表鱼姑称为"妻塔"，夫妻双塔在此迎接每日的晨烟暮鼓，温柔地守望这方古朴秀美的山水，隔江对歌。他们投江殉情之日正是端午节，梅城人每年端午均有登塔凭吊的习俗。

桐庐也流传《船夫与村姑》的渔歌，青年渔户与漂亮村姑对歌，颇具谐趣。船民上无片瓦，下无寸土。农民有田有地，较渔户略胜一筹。青年渔户为埠头洗菜的漂亮村姑所迷恋，神魂颠倒，失落撑篙，以言语挑逗。村姑不为所动，以其浮家泛宅，四处漂泊，无以为家讥讽。渔户欲与岸上平民姑娘缔结"百年之好"，纯属"癞蛤蟆想吃天鹅肉"，痴心妄想。

船夫：篮里洗菜篮外漂，十指尖尖朝里捞。撑船大哥来看见，神魂颠倒掉落篙。掉落篙，河里哪来这美娇。

村姑：撑你的船捞你的篙，休问美娇不养娇。娇娇值银千万两，破船能值几分毫？几分毫，鸬鹚吃鱼头颈吊。

船夫：新打小船两头尖，跑遍天下江湖川。湖广白米我先吃，江河鱼虾我尝鲜。我尝鲜，看你喜欢不喜欢。

村姑：撑船大哥拉什么天，上无片瓦下无砖。一阵狂风打你吹，翻了屋顶望穿天。望穿天，撑船大哥多可怜。

船夫：船哥从来不拉天，箬皮当瓦板当砖。哪怕狂风加骤雨，船篷一扯能遮天。能遮天，撑船大哥活神仙。

富阳也有类似的渔户男子与岸上姑娘相恋难成眷属的悲剧故事。据说纤夫"阿毛"与"山妹子"相恋，因家贫不敢提亲。富阳县令乃是贪官且好色，见"山妹子"美貌，遂向其父提亲，其父爱慕权势，满口应允。"山妹子"欲通知"阿毛"，但"阿毛"拉纤不知去向。富阳县令强娶了"山妹子"之后，就调任别县，不知所终。"阿毛"获悉，无计可施，心如刀绞，只得默默拉纤。4 年以后，"阿毛"拉着官船在江滩上吃力行走，忽然船上传来"山妹子"的山歌声。"妹妹真心待阿哥，阿哥一别无踪影。""阿毛"听见"山妹子"的声音，遂高声招呼。"山妹子"停下歌唱，县令厉声相责，且拳脚相加。"山妹子"不顾打骂，高声呼唤"阿毛"。县官自然不肯罢休，拳头雨点般落在"山妹子"头上。"阿毛"让同伴帮忙，将官船拖到岸边。县官命令船上打手对纤夫们乱砍乱杀，赤手空拳的纤夫死伤甚众。"山

---

① 林家骊：《富春小三峡》，《钱塘江游记》，杭州出版社 2014 年版，第 73 页。

妹子”见状，以为“阿毛”凶多吉少，乃吞下金戒指自尽。待“阿毛”杀开血路，冲上官船，“山妹子”早已奄奄一息，一命呜呼。贪官弃船而逃，“阿毛”追上将其击毙。“阿毛”将“山妹子”葬于山上，自己也一头撞死在坟头。人们将“阿毛”与“山妹子”合葬。“还立了两块碑石，一块写上‘毛’字，一块写上‘山’字，这座山后来就叫做‘毛山’。”①渔户“阿毛”与“山妹子”演绎了一曲打破良贱不得通婚的千古绝唱。

另一个清代广为传诵的《袁姬》的故事，也是良贱通婚的典型案例。据说钱塘江上袁翁（袁姓乃九姓之一）有女阿翠，年才破瓜，色艺冠时。俊美少年顾生爱恋綦殷，有暇即上船向袁姬大献殷勤，如是者达 2 年之久。但顾生欲留宿，则遭到袁姬断然拒绝。“明府某公，任侠好义，素与生友善。以爱生才而怜其太痴，愿出千金，为姬脱籍。生大喜，商之翁媪，诺之。转以问姬，则抵死不肯。说之再三，始勉强应诺；并与翁媪约，亲迎之次日即归宁。凡舟中己之妆奁什物，毋许动移。叮嘱谆谆，翁媪极口许诺，然后兑金署券。”②但袁姬与顾生结婚的次日下午，即返回袁翁之船。顾生寻之，竟不见踪影。顾生眺望江水渺漫，烟波无际，懊恼如焚，欲蹈江而自尽，但转念徒死无益，袁姬他日琵琶别抱，更无所顾忌，遂买舟沿江追寻，终于在严州城外找到袁姬。“生无奈何，遂具状诉诸郡守。郡守素耳生名，拘姬至讯之；姬哓哓强辩。郡守问生究竟意欲何如？生出券呈验，坚求合璧。郡守如判，饬令姬归，并反复开谕，以后当与生和好，无再参商。姬既归舟，怨恨之情，形于词色。翁媪从旁规劝，亦谓当赘生于舟，免招物议。姬摇首不语。劝譬再四，始与生言定：两舟相并，每夜自携衾枕过生舟就寝，日则仍回己舟。生不得已，曲从之。”半年之后，袁姬于月白风清的夜晚，与顾生驾舟顺钱塘江兼程抵达杭州。“盖姬平日私蓄固有万余金，嫁生断难携带，必如此作为，使翁媪不觉，然后两舟便好陆续携运。若稍露声色，则防察必严，丝毫莫取矣。其机甚警，而其心亦甚苦哉。姬寻出金，为生纳资县令。所在悉著政声，盖由内助之力居多焉。”③但顾生与袁姬的传奇，颇多疑义。业妓乃渔户的贱业之一，官宦富商娶渔妓为小妾，原是司空见惯，也是其必然的归宿。再说许多渔妓，原来并非九姓渔户，乃是渔户的“养女”。

也有众多渔妓与嫖客相恋，难成眷属，乃至双双殉情的悲剧。《钱江画舫录》列举了掌珠与王茂才、陈芸香与陈氏、高凤与宣阿耀、龙珠与陈伯商、程三囡

---

①　王冬香口述，赵晋安整理：《纤夫阿毛》，《中国民间故事全书（浙江杭州富阳卷）》，知识产权出版社 2014 年版，第 343 页。

②　（清）许奉恩：《袁姬》，《里乘》，天津古籍出版社 2015 年版，第 142 页。

③　（清）许奉恩：《袁姬》，《里乘》，天津古籍出版社 2015 年版，第 143 页。

与李制军的缠绵悱恻，悲欢离合的故事，均以悲剧而告终。

掌珠为程初一船姬，十五即为钱塘王洵夫茂才所眷。茂才世家子，乃翁作牧皖南，家惟一母，极爱之。时尚未娶，闻有所恋，即轻舆赴江干，与姬相约，月助五十金，令茂才在舫读书。如得秋捷，即迎姬归。姬时已娠矣。会父解组返，深以此举为玷，迫茂才与姬绝，而另娉程氏女为媳。茂才勉强合卺，终念姬不置。姬亦以毓麟之信来告。母诉诸父，拟抱男自哺乳。父卒不允，鸨长娘以茂才情断，逼姬别结他客。不堪其苦，服阿芙蓉殉。茂才虽一中副车，亦年不及三十而亡。在天比翼，在地连理，孰谓于泥中不复能见青莲花哉！

陈氏姬小芸香，为纨绔儿陈氏所蛊，以八百金从之为篷。大妇狮吼，虐待倍至。时陈已中落，犹终朝为狭邪游，姬则典珥鬻钗不稍吝惜。时清季捐纳者盛，陈亦以县丞需次，卒以不检被黜，益无聊赖。有狎友谋以七百金仍璧返，酬以酒而置之画舫。姬投江者再，遇救后屏不应征。年余始从某公司贾韩某去，今生子总角也。陈某自姬去后，家产略尽，始充征兵，后充警士。韩某本识陈者，时犹周恤之，姬亦可谓情侠。

高凤及第时，年只十七，丰姿秀逸，实足领袖江干。凡是一笑一颦，一衣一饰，姊妹行皆资为模范。袁某赠以额曰“春风得意”，洵不愧也。讵眷木侩宣阿耀，日令水手馈珍馐。致点果，并取所蓄者为制衣履。鸟鹣鱼鲽，欢洽平生。而阿耀拥此天仙，尚欲多方挑剔，以故寻芳使者，皆不敢轻撄其锋。高凤沉溺其中，营业遂一落千丈。阿耀使君有妇，更不能别营金屋。蹉跎岁月，重利别离。高凤又以讼牒牵连，飘然投沪，寄庑于小花园妓寮。倡条冶时，声价回不如前。不期年，又以负亏累累，赁居旅馆。一失足而成千古恨，并不如浔阳商妇远矣。

陈伯商大吏（鼎）少随宦杭州，与舫姬名龙珠者狎。回籍后，久不通问矣。姬感太史眷，年二十余犹未偶。光绪己丑，太史奉命典浙试，撤棘后，太史遣仆至江干觅龙珠船。至曹泰来行门前，船固在也。入船叩姬名，适姬病痁，一跃而起。是夜晚间，太史微服往，卿卿我我，情绪可知。深恐蹈宝竹坡覆车，未敢随星轺北上。然长生密约，订以秋期。讵料一梦玉楼，太史遽骑鲸而去，从未睹其人迹也。

李仲仙制军（经羲）解组后，薄游西湖，与沈半峰俱。辗转至江干访艳，乐数晨夕，编有唱和诗梓行。纸贵洛阳，一时传诵。制军所识者曰三囡，隶程姓戏下。肌莹似雪，丰腻异常。酒吻歌喉，一时罕有其匹。良宵对语，恒昵昵作儿女子态。制军颇拟量珠聘去，适朝命敦迫，匆匆北上。阁议中沮，不复再谈岁月。三囡旋被宠于某军长，从此铜琶铁板，不再作铮铮细响。

秋莲两瓣，已藕花十丈大如船矣。

银恨生之眷媛媛，舫中姊妹咸美媛媛不置，而媛媛漠如是。恨生世业鹾，光绪间已中落。然性豪宕，怜媛媛之贫也，极意周恤之。媛媛本无舫，仅一老妪为其假母，且有阿芙蓉癖。恨生先赁屋处媛媛，而于交游中为媛媛延誉，故花榜得于第二人选。其余一桌一几，一杯一箸，靡非恨生置备。讵媛媛少得意，别与一湖墅少年狎。卜昼卜夜，形影不离，恨生犹强与周旋。后卒从少年遁。少年本一纸伙，室有大妇，且好冶游。媛媛既入樊笼，躬执庖湢厕牏之役，而大妇尚鞭棰交下。恨生后过珠儿潭，见其临流淅米，憔悴堪怜，尚有余情恋恋。后为少年鬻诸他所，闻者徒为太息而已。姐儿爱俏，往往沦落，此亦一龟鉴也。①

九姓渔户不与陆上平民通婚，还有现实的考量。“九姓渔船的撑船人一般不与陆上人通婚，原因是他娶的媳妇是会撑船的劳动力，陆上妇女嫁到船上再学撑船很难学精通，因是‘半路出家’的船员，手脚不灵敏。为此，他们找媳妇都在船民、渔民中挑选联婚。当然，解放后陆上妇女嫁到船上去撑船的也有，但为数很少。”②渔户习惯于船上生活，风里来，雨里去，习以为常，故更愿意于搭客载货和捕鱼的渔户中择偶。

虽说自从清末戴槃对渔户改贱为良以后，法律上已不再禁止良贱通婚，然而良贱不婚早已根深蒂固，难于改变，却开启了渔户与平民通婚的序幕。钱云财的曾祖父是个渔民，其女儿 10 岁因贫穷而送于衢县团石农家作童养媳，钱云财称其为“姑婆奶奶”。钱云财撑船到团石埠宿夜时，她就会上船来看望“娘家人”，有时送来龙游特产“红气糕”。“姑婆奶奶”擅长讲故事，钱云财终生难忘的是“呆头女婿借布机”的故事，笑得弯下了腰。“姑婆奶奶”于抗战后病故，终年 78 岁。

国民政府宣称民族平等，九姓渔户始有与平民通婚者，有些岸居既久的渔户，大都不承认贱民身份。“九姓自明初以来，只能互相配偶，不与九姓以外之人通婚姻。入民国后，人民一律平等，如开化县之九姓，已与民众互通婚姻。而衢县九姓，散居于四邻八镇，或各繁盛商埠者，多不承认为九姓出身，与社会婚姻相通，等于齐氏。”③民国以后，虽说渔户不准与平民通婚的禁令早已解除。“但嫁岸上的姑娘还是很少，有的也只是极个别的；岸上嫁到船上的也只是少数

① 三衢柔欠：《钱江画舫录》，《钱塘江文献集成》第 27 册，杭州出版社 2016 年版，第 60—61 页。

② 钱云财：《撑篙滴珠》，《通衢》，中国戏剧出版社 2000 年版，第 243 页。

③ 童振藻：《钱江九姓渔户考》，《岭南学报》1931 年第 2 卷第 2 期。

贫苦人家，儿女多，无法养活，才从小把她给‘船上人’做女儿或童养媳。”[①]衢江渔户钱云财祖父母的女儿钱樟木，即钱云财姑母，于1908年生于船上，随祖父母在船上撑船。姑母20岁时五官端正，勤劳文静，衢州有位年轻人程嘉喜曾乘坐祖父母的船，与姑母一见钟情。“年轻人回家向父母表白要娶姑母，经其父母同意后，便托媒到祖父船上提亲，这也是‘九姓渔船’钱姓家族的女性第一次被陆上男人求婚，第二年姑母出嫁到陆上为程嘉喜之妻，成为岸上人家，婚后夫妻恩爱到老。”[②]姑父乃徽州人，其父乃清末衢州地方盐官，姑父完成学业后在金融界供职，解放后转为中国人民银行衢州支行职员，为人品行端正，就是嗜酒，酒醉常发脾气。姑父于1964年病逝，终年61岁，安葬于川亭村尼姑垅山脚边。姑母则于1997年在北京女儿家病逝，享年90岁，葬于绍兴公墓。随后，又有钱家渔户的女性出嫁岸上农民。衢江渔户钱云财大祖父长女钱金花，从小随父母撑船谋生，嫁给常山县招贤农民范春山为妻，农闲时夫妻也撑船作为副业。[③] 尽管禁令已除，但良贱严禁通婚的习俗，仍然遗存。（图8.2）

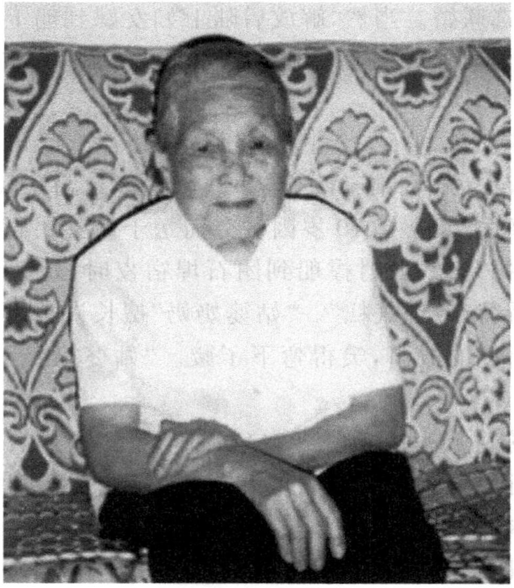

图8.2　第一个被“岸上人”求婚的钱家女性——钱樟木（钱云财供图）

① 程秉荣：《建德县的九姓渔户》，《杭州文史丛编（教育医卫社会卷）》，杭州出版社2002年版，第551页。

② 钱云财：《我平凡的一生——衢江艄公回忆录》，2014年（未刊稿），第189页。

③ 钱云财：《我平凡的一生——衢江艄公回忆录》，2014年（未刊稿），第188页。

中华人民共和国成立后，良贱不婚的传统被打破，渔户与岸上人通婚已无禁忌。1989年，日本学者铃木满男曾到富阳采访了渔户许阿云及其妻子沈凤仙，沈似乎并非九姓中人，尽管沈与许结婚后，仍习于船居生活，在船上生儿育女。许年幼时就在船上生活，被绳子缚住，七八岁就学习游泳。“许、沈夫妻俩就在这小船中生儿育女。解放后，渔家的人们陆续在陆地上定居生活。现在他的家安在桐庐县和其下游的富阳县交界的窄溪镇。丈夫打鱼，妻子家务——这是渔家们如今的生活模式。但在从前，他们与陆地无缘，以船为家，追随鱼群任其漂动。”[①]许阿云有兄弟姐妹9人，男6人，女3人，6个兄弟从事捕鱼者仅有2人，其余为工人或其他职业。3个姐妹仅有1人嫁给渔户。另2人与工人或农民结婚。渔户以前是央请媒人寻找对象，现在婚姻自主，不用媒婆，许阿云夫妇也是自由恋爱。

衢江渔户夫妇钱树木与许彩珠的长子钱云良，1931年船泊富阳码头时生于船上，8岁就随祖母住在衢县上河东村岸上的“船屋”上学读书，13岁小学毕业。14岁从河东步行到石梁报考初中，路过窑头山寺庙时已天黑，遂借住寺庙，次日上午步行到石梁投考，后在衢州一中高中毕业，考取了上海交通大学，两年毕业后前往苏联实习一年，回国后投入长春第一汽车厂建设，担任技术员。1964年调到湖北十堰二汽建厂，任车架厂技术科科长等职，高级工程师的职称，于1992年退休。钱云良娶妻朱爱莲，金华岭下朱人，卫校毕业，后进修大学文凭，晋升为工程师。1957年，钱云良与朱爱莲结婚，婚后朱爱莲调到一汽医务室工作。朱爱莲原是钱云良高中同学朱桂成妹妹，并非渔户之女。

衢江渔户钱树木弟弟钱渭泉第一次由父母包办娶了养女钱堂娜以离婚而结束。1953年，钱渭泉改娶船民之女毛菊香为妻，夫妇共同撑船谋生。1956年，钱渭泉又因夫妻不和与毛菊香离婚。1957年，钱渭泉已上岸种田，改娶副业队农家之女郑四妹为妻。郑四妹原是衢县廿里人，善于种田与料理家务，婚后招工为航运社副业队社员，夫妻和睦，育有两儿一女。钱渭泉另娶的毛菊香虽是船民之女，毛氏未列入九姓之例，夫妻共同撑船谋生。郑四妹虽是农家之女，婚后成为航运社副业队的职工。毛菊香和郑四妹并非渔户之女，更没有贱民身份。

1975年，桐庐渔户许马尔娶了上海姑娘杨敏，许马尔曾以鲥鱼款待妻舅和岳父母。“1973年，那一年的初夏，我未来的妻舅从上海来桐庐。客人到桐庐，不尝尝这里的特产鲥鱼，实在是一桩憾事，因此我特意到船上买来鲥鱼招待他。

① 铃木满男著，林薇娜译：《柯鱼佬——相遇在浙江省北部、富春江的水上船民》，《浙江民俗研究》，浙江人民出版社1992年版，第131页。

回沪时，还把新鲜的鲥鱼切成块，装入大口保暖瓶并放进棒冰保鲜，托他带回上海，以孝敬未来的岳父母。”①许马尔的岳父原籍桐庐，上海机械工程师。1952年光荣加入了中国共产党。1953年至1978年，连续九次被评为上海市劳动模范和先进生产(工作)者。1956年被评为全国纺织系统劳动模范，两次受到毛泽东主席的接见，并与毛泽东以及党和国家领导人合影。1978年，再次评为全国纺织系统先进生产(工作)者。昔日的渔户不仅可以与“岸上人”结婚，还能与来自大上海的“城里人”结婚。

中华人民共和国成立后，尽管仍有渔户之子与渔户之女缔结婚姻。衢江艄公钱云财于1958年7月27日在衢城与原渔户之女陈菊花在镇政府登记结婚，夫妻俩领取了《结婚证》，支付了1元成本费。陈菊花于1939年10月26日出生，原是渔家之女。25岁的钱云财在副业队时晚上无所事事，且已属大龄青年，有意无意地寻找对象，由于身无分文，虽然经人介绍了几个女孩子，终因太穷，也没有像样的工作而告吹。钱云财二进农业队，经本社徐姓社员介绍，与渔业大队的队员陈菊华相识。经过几次接触，了解到双方家境都贫穷，也都是吃苦出身，相信依靠勤劳的双手，将来一定会过上好日子，遂建立了恋爱关系。钱云财也希望与陈菊花一起在农业队共同劳动，将来过上诗情画意的田园生活。钱云财伉俪相亲相爱，共同生育了两个儿子。(图8.3)

图8.3 “衢江艄公”钱云财与渔业大队的妻子陈菊花合影(钱云财供图)

① 许马尔：《最忆立夏之交鲥鱼鲜》，《山水推富春》，中国文史出版社2006年版，第219页。

钱云财的妹妹钱月凤，1935 年农历五月初五出生，从小随父母撑船。1935 年到衢县车塘务农一年。1958 年与渔户之子陈金标结婚并以撑船为业，1975 年停船做小工，后退休在家。陈金标比钱月凤大 5 岁，向以撑船为业。1975 年经过培训成为衢州航运公司的机动船驾驶员，1985 年病退在家。夫妻俩育有 1 儿 3 女。① 社会主义社会的贱民身份早已消失，原先的渔户子女缔结婚姻，已非渔户之间的内婚制，已属社会主义社会公民平等的婚姻关系。

第三节　九姓渔户的水上婚俗

九姓渔户以船为家的特殊水上生活，形成与岸上人不同的特殊的水上婚俗。渔户女子 15 岁，男子 18 岁即开始谈婚论嫁，其程式均与陆上平民相同，惟因居于水上，婚礼有所不同。“婚礼凡通柬、行聘、合卺、拜堂、回门等项，均与齐民同。”②建德“婚礼择门第相当者，倩媒通意，允则媒氏以女庚来，星家卜之曰吉，乃筮曰通柬，谓之缠红。次将币簪珥彩帛外兼馈白金，曰行聘；次请期，馈羊酒果饵曰送日，亦有纳币时并行者。临娶先期送羹礼，女家以祀外祖。娶之日，男不亲迎，专舁彩舆鼓乐往导，女花冠盛服，绣帕蒙首，坐离筵含泪登舆进门。先拜天地，双鬟执烛前引，偕进新房，行合卺礼。夕设盛馔，宴女之父兄毕，送婿入洞房，喜事者乃故作谑语，以博新人欢笑，谓之闹房。次晨新妇谒祖，及舅姑戚属以序相见，曰拜堂。是日，舅姑飨妇，使小姑持爵，谓之待新人。三朝外，家具启，延壻偕至女家，曰上门，亦曰回门，道远则择日柬邀。渔户婚礼相同，惟彼非陆居，诸事从简。娶时合两船为一处，置新妇于盆，由女船舁至男船，便成佳礼焉”③。徽州的九姓渔户也不例外，“船民婚嫁须经约媒纳聘，押八字、送节、送日子、行婚礼、三朝、回门等”④。九姓渔户婚礼，凡纳彩、问名、纳吉、纳征、请期，周公制定的“六礼”均具备，且颇具水上特色。

旧时受封建思想的影响，渔户男女青年大都无权自由恋爱，婚姻大事均由父母之命、媒妁之言说合而定。其缔结婚约的形式有多种，一为父母包办，亲友撮合，有的双方均为亲戚，子女约为婚姻，亲上加亲。双方父母确定后，再象征

① 钱云财：《我平凡的一生——衢江艄公回忆录》，2014 年（未刊稿），第 192 页。

② 童振藻：《钱江九姓渔户考》，《岭南学报》1931 年第 2 卷第 2 期，第 37 页。

③ 夏日璈等修，王韧等纂：《建德县志》卷三《风俗志》，民国八年铅印本。

④ 黄山市屯溪地方志编纂委员会编：《黄山市屯溪区志 》（下），方志出版社 2012 年版，第 1253 页。

性地请媒婆说亲。二是经媒人说合,渔户中等以上人家,特别是子女较多的渔户,父母没有过多时间和精力为子女择偶,往往由媒婆牵线搭桥,择日结亲。三是渔户未婚男女暗通情愫,有的未婚先孕,属于自由恋爱,但极少数。四是从小抱养童养媳长大成亲者。以上为"大亲"。五是"小亲",即"忽亲"或"耗头亲",乃亲丧期间进行的婚娶之称。清梁绍壬《两般秋雨盦随笔》云:"今俗乘凶纳妇名曰忽亲,又曰拜材头。"六是抢亲,男女双方自由恋爱,但女方家庭因故不同意这门婚事;或因贫困办不起婚礼,遂约定以抢亲的方法成亲。抢亲时男方须带上几个帮手,趁夜深人静将小船摇到女方船旁,伺机抢过对方船上的姑娘后迅速撑开,再草率地拜堂成亲。

双方有意结亲,首先必须排"八字",俗称"八字定姻缘"。"八字"乃出生时的年月日时,标以天干地支。将"八字"写在红纸上,称为"八字条",或称"求庚帖"。男女双方交换"八字条",请算命先生以五行之法,判断双方是否"相合",还是"相克",唯有"八字"相合才能缔结美满姻缘。

建德梅城、三都和大洋的九姓渔户姑娘出嫁前,尚有特殊的"吃百家饭"的习俗,以示不忘父母的养育之恩。"吃百家饭"首先从自家开始吃起,姑娘的婚期一旦确定,作为娘家,就要为女儿准备一顿丰盛的饭菜。由父母陪着,边吃边讲授一些做媳妇应注意的事项。"诸如到了婆家后,要夫妻和睦,孝敬公婆,处理好叔伯、妯娌、姑子之间的关系,邻里关系也要处理好。作为母亲,还要交待一些如何做女人、如何做母亲等事项。"①家里其他成员,诸如兄弟、姐妹、叔伯、婶婶,也来陪吃,无非是告别之意。有时会吃得全家人眼泪汪汪。随后是同族以及邻里关系好的人,一般不请到家里吃,而是将饭菜送过来,以面条为多,放上两只荷包蛋或几片肉;有的是一大碗炒面,两三个人吃不完。有的则做些米粿,包些粽子,或红糖鸡蛋。并且互相通气,以免姑娘吃不过来。如果婚期紧迫,姑娘吃不完,也可请家里人帮着吃。后来,这一习俗改为送鸡蛋、橘子等。

渔户"婚论财礼"②。渔户青年男女双方年庚八字相合,就要选择"缠红"的日子,即举行定亲仪式。除了讲明的聘金之外,男方还要向女方送聘礼。礼物的多少,视男家经济条件而定。聘礼一一写在"礼单帖"上,彩礼的名目要吉祥,彩礼的数字须用双数。聘礼由红漆木盘盛装送入女方船中,俗称"四色礼",每"色"四盘,有金银首饰,四时果品,鸡、鱼、肉、肚子以及新娘的裙袄衣裤等,要送"十六盘""二十盘""二十四盘",多达三十余盘,即便贫困人家,也不能少于"八盘"。十六盘包括猪肉、鲜鱼、山粉、索面、馒头、布匹、全鸡(四盘)、猪蹄(四盘)、

① 沈伟富:《风俗漫谈》,天津古籍出版社2008年版,第76页。

② (清)王宾修,应德广纂:《建德县志》卷之一《方舆志》,乾隆十九年刻本。

银圆(二盘),等等。男女双方订婚后,男方每年还要向女方送"三节",即端午、中秋和春节均需送礼。送过聘礼之后,双方就要"就日子",确定举行婚礼的吉日。男方要将迎娶的日子以红纸帖送往女方,俗称"送日子"。女方则将迎娶的日子用红纸帖送于亲戚朋友,邀请其届时前来恭贺,俗称"接人客"。

凡成"大亲"者,临近婚期,双方父母的船都要划向渡口或船只较为集中的地方,隔水相向停泊,各将船2至4艘并在一起搭台。因为要办喜事,船被整修一新,前桅杆挂上6盏灯笼,后舵杆上挂上2盏灯笼。新郎和新娘坐在各自船舱帐内,无论远近,船到目的地才能出帐,曰"坐房"。女方船必须由男方派人撑,以防日后授人以"送上门"的话柄。九姓渔户的亲戚也是渔户,婚期的前一天均从各个水域扬帆而来,聚在一起相互帮忙。

婚前3天,男方要送上2担松柴、2担木炭以及酒、肉等礼品,供女方出嫁之用。结婚的前一天,男方要聘请很多帮忙人,数字必须成双,以示吉利,其中一部分在男方,另一部分则到女方船上。还要聘请一对夫妻恩爱、儿女双全、经济略为富裕的"利市人",男的在男方船上;女的派到女方船上,为新娘梳妆、洗面、拜别祖宗等。渔户女子出嫁,必须先"沐浴",将新衣放在米筛上,父母要给女儿红纸包、首饰,如果女儿不满意,可以拒绝洗澡。新娘沐浴,梳妆打扮,容光焕发。出嫁的前一天晚上,女方船上要举行"谢礼"仪式。女船彩灯高挂,红烛高烧,该烛点燃后,必须派专人看管,以免被风吹灭,视此为不吉利。此时,男女双方船上各挂一面铜锣,双方配合默契,齐心各敲打13下(10慢3快),彻夜不停。晚宴之后,新娘向所有亲戚、长辈、父母、兄弟姐妹等行"告别礼",边哭边拜。受礼长辈都要送上一个红纸包,称为"谢礼"。新娘哭时,母亲、姐妹以及女眷都要陪着哭,哭的内容因人而异,大都为依依不舍的话,长辈也哭些"利市"话,以祝愿新婚幸福。随后,喝酒、娱乐、开锣,直到三更之后才各自回去休息。五更天刚蒙蒙亮,凭借水面微弱的反光以及晨曦的微光,女方船向约定的水面驶去。除新娘外,还有伴娘两名以及舅舅、叔叔等长辈一起陪伴。载着新娘的船到达指定地点,靠岸停泊,向天空发出一个响炮,告知男方已到达指定地点,请吉时迎接。

女家一早就替新娘盛装打扮,清点嫁妆。新娘船首搭成以撑篙扎成的彩牌,上悬红幅,中间贴上大红喜字,并扎(千年)葱、万年青的米筛、铜镜。桅杆挂上两盏红灯笼,灯笼上写上女方的姓氏,桅杆高处扎着一朵红绸花。女方家有专人与"利市婆"对接,沟通双方船上准备的情况,彼此配合默契。

渔户接亲均在晚上举行。良辰吉时一到,男方船上发出一声响炮以示邀请,女方船上敲一声铜锣以示回应。女方送新船旋即起锚,一路燃放鞭炮,敲锣打鼓,摇橹撑篙,驶向男船。男船有水手挥着撑篙,指挥女船在离男船3尺的地方停泊。两船不得相碰,否则视为不吉。双方船只要停得平平稳稳,船头船尾排列整整齐齐,喻义夫妻和睦、百年好合之意。看到女船后,男船上也开始敲锣打鼓,燃放百子炮,直到女船停稳为止。"新娘子从娘家船到婆家船之前,首先双方把板拢在一起,便于新娘子过船,但媒人的船先要夹在中间(媒中船)。为什么媒人的船要夹在双亲家船的中间,主要是在礼单提出的聘金和彩礼数目尚未完全办到,因而媒人还有责任从中调解,帮助男方如数满足女方要求,'媒中船'才能退出。让男女双方的船直接靠拢,'挂彩灯''喜灯'彩灯双方都要平均一样高,不能有高低之分,体现'门当户对',否则会使双方不和睦。"①按例男方船在上首,女方船在下首,取"新娘嫁上不嫁下"之意。彩牌高低颇有讲究,彩布一样高。女家不得高于男家,如果遇上女家强势,可苦了前来说合的媒婆,但女家再高也得低于男家彩牌 3 寸。渔户认为高的会"发财",低的则要"败落"。

九姓渔户也有哭嫁的仪式,哭声委婉悠声,诉长道短,哭语成章,别有风味。有的新娘出嫁前三月即开始哭嫁,有的则三五天前开哭。"婚礼前,新娘坐于船内,更是边哭边诉,对父母长辈一一跪拜,向兄弟姐妹亲朋好友一一道别。内容因人而异,大多为感谢父母养育之恩,对长辈亲朋依依不舍之情,嘱托兄嫂姐妹服侍好双亲等。哭到动情处,长辈女眷及姐妹好友抱在一起,哭成一团,连看热闹的一些女子也会禁不住喜泪涟涟。"②出嫁之日,新娘母亲也要开哭,哭中吩咐男方亲人、女婿,以女儿尚小不懂事,婆家诸亲多谅解。哭到谁,谁就赶紧过来坐于"四角板凳"上,婆家亲眷连连应诺,并代新郎听其吩咐,谓之"吩咐大小"。遇上不会哭嫁,哭哑了嗓子,还需请人"代哭"。

两船并列停稳后,相隔 3 尺,由"利市婆"站在女方船头主持婚礼。新郎送上红绿丝线、龙凤花烛及 8 个火把等物品到女船。首先就是"教训女婿"。岳母站立船头面向男船,高声呼叫女婿小名,进行婚前告诫:"不要欺侮她的女儿,夫妻双双要和睦。"③新郎听见岳母训话,必须用很快的动作,从自己船上跳到女方船上,跪在岳母面前听训,俗称"灶边三碗"。所谓讨老婆,特指此跪。女船此时在缸灶前置桌一张,放上糕点茶果,新郎吃些茶果,聆听岳母训诲。岳母哭着所言大都是今后夫妻和睦相处,恩恩爱爱,白头偕老,照顾双方父母长辈之类的话语。但也有厉害的岳母对新郎重语相训:"我的囡肉有斤,头发有根,今后若肉少斤,头发少一根,勿要怪我娘家门里没有人。"④低头下跪的新郎只得唯唯诺

① 钱自荣:《华埠船上人》,《通衢》,中国戏剧出版社 2000 年版,第 259 页。

② 华埠镇志编纂小组编:《华埠镇志》,浙江人民出版社 2003 年版,第 79 页。

③ 浙江民俗学会编:《浙江风俗简志》,浙江人民出版社 1986 年版,第 107 页。

④ 许马尔:《船民的婚娶》,《山水推富春》,中国文史出版社 2006 年版,第 68 页。

诺，不敢有半点还嘴之意，并表示一定牢记岳母教诲。此时，新娘兄弟还将一只煮熟的鸡蛋将壳剥去，一剖为二，并送上祝福语："鸡子见黄，生个王孙公子。"岳母吩咐完毕，送上红包，新郎要迅速地站起来逃回自己的船去，否则被女方亲戚逮住，必须罚香烟和糖果、红鸡蛋、橘子之类。

临近婚礼，男方频频送出"催身帖"，一副红帖，一对小红烛，催促新娘动身。女方在船上收到后，留下红烛，退回红帖，任其催促。行过"灶边三碗"之后，新娘要在自家船上举行"退堂"仪式。香火堂前置有鱼肉等物品，烛台上插上龙凤花烛。新娘跪在堂前，由兄长或父亲燃上一炷清香往炉内插，该香一经插入香炉，新娘就不再是这家人，所以新娘在插香时哭得格外伤心，往往做个姿态拉着兄长或父亲的手不往香炉插香。举行"退堂"仪式后，新娘双脚就不能再在娘家船上落板，只能站在麻袋上或箪箕上。子夜，新郎新娘于各自船中分别放上一只大红脚盆，内盛少量水，放上一碗红鸡蛋，衣服鞋帽放于米筛中。"利市人"彩话不断。浴后父母送上红包。再由"利市婆"为其"洗浴"，并非真洗澡。沐浴时，"利市婆"将两只鸡蛋往新娘的身上边擦边念念有词，铜钱放入脚盆念"里方外圆"，一对手镯丢入脚盆则念"成双搭对"，将红枣、花生等七样果子掼入脚盆则念"七子八孙""八仙过海"等，总之，要念一长串吉利语。"利市婆"随后给新娘戴上凤冠，披上霞帔，内穿母亲缝制的"贴身衫"，脚履大红花鞋，立于米筛之上。"利市婆"要说一套吉利话，诸如"头戴凤冠，身穿霞帔，新郎看到笑眯眯，公婆看到心欢喜"。也有八字命算起来没有福气穿凤冠霞帔者，只好穿青布蓝衫。新郎戴上瓜皮帽或大礼帽，穿上长衫。

接着就是"发嫁妆"或"称嫁妆"。渔户"发嫁妆"均在傍晚举行，据说与渔妓"袁姬从良"的故事有关。顾生在"江山船"结识渔妓袁姬，袁姬与顾生结婚后，要求晚上翁媪二船靠拢，袁姬将万金私蓄悄悄带入顾生之船，如是者半年。顾生后来纳资捐官，担任县令，颇有政绩。此后，渔户结婚遂纷纷效仿，成为风俗。"利市婆"手持一杆秤，站在女方船头，用秤杆钩一下，喊一声；男方的"利市公"站在男方的船头上，接着回应一句，声音洪亮，调子优美。众人齐声高呼"好啊"，以喝彩助兴。女方船上的帮忙人遂将棉被、绣枕、子孙桶等嫁妆一件件传递到男方船上，再传到新房里。喊的"利市话"既有固定模式，也有即兴言辞。较为固定的"利市话"为：

女：称一斤；男：长千金。

女：称二斤；男：长万金。

女：称三斤；男：三元及第。

女：称四斤；男：四季发财。

女：称五斤；男：五子登科。

女：称六斤；男：六六顺王。

女：称七斤；男：七子八孙。

女：称八斤；男：八子成双。

女：称九斤；男：九子十三孙。

女：称十斤；男：十子大团圆。①

最后两个“利市人”合喊：“荣华富贵万万年。”妆奁较为简单，必要的有子孙桶（即马桶）、大小脚盆、红漆托盆（最少2只，多的4至8只），以及衣服、箱子之类。因受船上空间狭小的限制，没有什么大型妆奁。送妆仪式告一段落，女方要请男方的帮忙人过来共饮“送妆酒”。新安江新娘出嫁必陪嫁铜茶壶，据说捕鱼的渔户工作辛苦，难得闲时喝上一口清茶作为一种享受。一只不生锈的铜茶壶饱含新娘的情愫。

饮过“送妆酒”，新娘要举行“吃上头饭”仪式，也称“吃离娘饭”“分家饭”。新娘端坐灶前，满满一碗饭、一碗面、二个剥去壳的鸡蛋、一只鸡腿、一块猪肉，数样菜。新娘手捧饭碗，由“利市婆”喂吃（只是象征地吃一下，实际上不吃）。新娘吃一口，“利市婆”讲一句“利市话”。喂饭时说：“吃口饭，聪明能干多喜欢更好看。”喂第一口饭时说：“头一口饭对半分，哥哥分去造屋造在村中心。”喂第二口饭时说：“第二口饭对半分，丈夫分去把小叔讨个新婶婶。”喂第三口饭时说：“第三口饭对半分，父母分去长福长寿永康宁。”喂鸡蛋时说：“鸡蛋吃到黄，走到好做娘。”喂鸡肉时说：“吃口鸡，养鸡和鹅样。”喂肉时说：“吃块肉，养猪大如牛。”喂面时说：“吃口长寿面，百岁都康健。”新娘手捧饭碗边吃边哭，其兄弟则跪在姐姐或妹妹面前，双手兜牢长衫，特意接着新娘有意掉下来的米饭，意在不能全部吃完，要留给兄弟吃。随后，新娘由长辈抱起，站在自家船艄，“利市婆”与新娘也哭，但其哭声抑扬顿挫，犹如唱山歌一样，优美动听。

第四节　九姓渔户婚礼高潮——“抛新娘”

渔户的接亲仪式，乃婚礼的高潮。其形式多种，一为新娘坐于木盆，抬往男船，似是最为常见的渔户水上婚礼。“渔民婚嫁，礼俗简朴，迎娶之日，两船合拢，新娘端坐木盆中，由其叔父、兄弟抬至男方船上，就算成婚。”②记者叶叶风曾

---

① 许福根讲唱，程秉荣记录：《送接嫁妆歌》，《中国民间文学集成（浙江省杭州市建德县卷）》，1990年，第445页。

② 浙江省建德县梅城镇人民政府编：《梅城镇志》，1985年，第299页。

目睹建德渔户迥异的“萍水姻缘”的婚礼。

> 那是一个清朗暖和的傍晚，夕阳残照，映在水上，耀成片片虹彩，埠头一连串拢着十余艘溪船，中间一艘船挂着彩，船上的娘儿们，披着红洋布绲边的褂子，驾长们也穿上白粗布袜儿和老布鞋子，颇像过新年的模样。新娘家的船，也就靠在新郎那船的右边，在仪式将要举行之先，男家船舱钻出一个年纪约莫四五十岁的老头子，口里念念有词，破锣连连地敲着，那拉得不规则的二胡声，杂在没有节拍的鼓声、钹声、笛声中间，充分地表现出了生活的原始。接下去就是三四个汉子，抬了一只放着一个浑身穿红的新娘的大木盆，从乙船抬到甲船里去，于是，这婚礼就宣告完毕。道贺的人，坐在甲板上，盘腿坐成一堆堆的小圈子，开始狼吞虎咽。①

二为以渡船代替花轿送新娘。“屯溪船民婚嫁讲究‘船户对船户’，船民中有钱、程、汪、叶四大姓，也是新安江上四大船帮。凡是婚嫁的人家，都要请四姓中各一人主婚。婚礼是用渡船代替花轿。主婚人用渡船送新娘，四姓各派一人撑船将新娘送到男方船上。”②三为新娘由女方长辈抱着从女船抛往男船，由男方迎接，是为“抛新娘”。“抛新娘，是航运婚礼中最具特色的仪式。”③四为由男船跳到女船，将新娘抱过男船。“新娘就走到船头，站在船舷的椅子上，此时腰束宽带站在新郎船舷的‘理事公公’即刻跳到女方船上，一把抱过新娘，男方船就迅速撑开。”④另有桐庐孙姓渔户的特殊接亲方式，先将新娘背上岸，再背往新郎船上。“孙姓渔民婚俗略异，接新娘时，是将其背上岸后再背入男方渔船。”⑤渔户接亲形式各异，均具水上特色，最为传奇的方式莫过于“抛新娘”。

男方的接亲船，挂灯结彩，打扮得如同轿子一样，称为“轿船”。男方在船首高悬一面大铜锣，先敲 3 下，后连续敲 13 下，谓之“催锣”。该锣从黄昏敲起，断断续续一直敲到天色微明接上新娘为止。意在通知女家，接新娘的时辰已到。船头船尾站立 8 个大汉如同轿夫，点上 8 支篾帘大火把，里外红烛高烧，彩灯齐放。抛新娘的人早已穿戴整齐，腋下捆着阔带（带子由 2 个帮忙人拉牢，以作保险），雄壮威武地站立船头，一脚顶住船沿，一脚在后，作马步势。此时，男方“轿船”撑到女方船旁，间隔三尺，双方船上各有 10 余人持青篙或青柴棍相待，两船首尾也各有 4 人手持火把照明，两船靠拢时不得相碰，如果碰到对方，被碰方被

① 叶叶风：《富春江上的九姓渔户》，《大威周刊》1946 年第 20 期。

② 安徽省地方志编纂委员会编：《安徽省志（民俗志）》，方志出版社 1998 年版，第 201 页。

③ 建德市交通局编：《建德市交通志》，海洋出版社 1996 年版，第 306 页。

④ 桐庐县交通局编：《桐庐县交通志》，1990 年，第 224 页。

⑤ 桐庐镇志编纂委员会编：《桐庐镇志》，1994 年，第 414 页。

认为受欺，遂以青柴棍相揍。女方船篷上还立着一个人监视，以观察“轿船”是否碰撞或对方的撑篙等物是否沾上女船。

女方从船的左边送亲，而男方也从船的左边接亲。吃过“离娘饭”的新娘，由两位伴娘陪伴，从船尾出阁。新娘对着娘家人边哭边叙：“女儿出嫁后，父母多保重，兄嫂多照顾，弟妹要听话。”接着又对着婆家船的亲人哭叙：“媳妇初上门，年轻不懂事，请公婆多吩咐，多关照，当作亲生儿女看。”哭声抑扬顿挫，似唱山歌一般。“新娘‘过船’要有双方亲人接送。具体做法很认真，新娘不能自行跨过婆家船（走上门），娘家送新娘的人双脚不能跨过婆家船（送上门）。婆家的接亲人双脚也不能跨过娘家船（抢新娘）。任何一方有失礼者，都会引伤和气。”[①]第一声号炮响过，“利市婆”首先发彩：“千金小姐送上来。”利市公接着唱：“王孙公子站起来，珍珠凉伞撑起来。”在场宾客齐声喝彩：“好啊！好啊！”“女方船上要放三个鞭炮（当地人叫‘火炮’），第一个叫‘招呼炮’，第二个叫‘送福炮’，第三个叫‘团圆炮’。男方船上也要放二个‘火炮’，一个叫‘迎新炮’，一个叫‘胜利炮’。‘抛新娘’是女方船上点响第二个‘送福炮’，男方船上放响‘迎新炮’的时候，‘抛新娘’的男子汉动作敏捷，双方托住新娘坐盆向新郎船上抛去，男方船上接新娘的壮汉马上接牢，再让新娘站在船头铺好的布袋上。”[②]新娘被抛出时，还必须将用红丝线捆好的两寸长、半寸粗的竹筒丢进水中。新郎船上的“利市公”腰索宽带，身后有人紧拉其腰带，以防抱新娘时落水。男船上的“利市公”迅速地扑向女船抱住新娘，让新娘站在船头铺着的袋子上。“轿船”遂拔起竹篙，将船撑起，绕着自家船打三个圆圈，满船的客人似喝醉酒似的东倒西歪，向上游驶去。象征接亲“轿船”过村穿街，游行一番之意。（图 8.4）

新郎和新郎双双站立船头，由两位手持点燃大红蜡烛的姑娘陪伴在身旁。帮忙人则拿出事先准备的“百果盒”，内放红枣、桂圆、花生、莲子、炒榧、松子等吉祥果子，摆在船头，点起香烛，对天膜拜。新人祭拜时，各自脖颈上均挂有用线串成的小铜镜、红枣、花生、桂圆、荔枝及万年青等，喻义“早生贵子”。“利市公”要喊“利市话”，诸如“拜一拜，天长地久；拜二拜，地久天长；拜三拜，三元及第”。新郎新娘拜过堂后，才算正式结婚。

新人拜过天地，男在前女在后，再向长辈跪拜，称为“分大小”。凡受拜者都要拿出红纸包，作为新人的“见面礼”。“利市公”接着捧来一脸盆水，内放毛巾，先由新郎新娘洗，再由公婆、叔伯、妯娌、姑娘等洗，称为“洗和气面”。“相传这

---

① 钱自荣：《华埠船上人》，《通衢》，中国戏剧出版社 2000 年版，第 259 页。

② 建德市交通局编：《建德市交通志》，海洋出版社 1996 年版，第 307 页。

图 8.4　九姓渔户的水上婚礼(资料来源:《建德市交通志》)

样洗洗,以后一家人就会和和气气。"①

此时天色已经微明,男船再撑到女船边,双方首尾各抛一根绳系住,两船并紧,谓之"沾亲",或"并彩"。两亲家人员互相走动,看新娘,闹新房,喝肉圆酒。以葛衣根捣成的山粉,伴肉加料蒸制而成,香气宜人,非常可口,属于建德的特产美食。男女双方的亲人再向左船右舫的邻居每船分送两只肉圆和一碗黄酒,并向这些船上的孩子分送红鸡蛋和花生果子等礼品。

新娘从船尾出阁,再从船头进入船舱洞房。新郎也从船尾入洞房。入洞房前,新郎必须从船头出来,爬到弧形的船篷背,称为"站彩台"。该动作颇为惊险,因船篷乃竹箬围成挡风雨和遮太阳而并非用来步行,但为了入洞房,新郎也甘冒此风险,故又称为"戏新郎"。"站彩台"时,"利市公"要说:"一见新郎站彩台,好像状元出京来,升一步,高一步,升二步,凑成双,老官要交印,新官好上任。"利市话说完,新郎再从船篷下来,由船尾进入船舱。新娘入洞房时,"利市公"将三个米袋换三次,从后往前换,口诵:"后代传前代,一代传一代。"进洞房前,"利市公"还要说一番利市话:"金丝托盘送进房,新房里面闹洋洋;大红棉被丝罗帐,天官赐福挂中央。一对鸳鸯当中坐,福禄寿喜两边排;新郎新娘多高兴,美满姻缘凑成双。"或者曰:"手提酒壶闹洋洋,酒壶里面好酒酿。一杯敬天地,二杯敬高堂,三杯要新郎神王,叫声里面好新郎,新郎肚里好明朗,好男生五

① 程秉荣:《建德县九姓渔户》,《建德文史资料》第 2 辑,1987 年,第 68 页。

个，好女生一双。大公子，当朝一品；二公子，两国封王；三公子，三元及第；四公子，四海名扬；五公子，年纪虽小，骑着一匹胭脂马，赶催十三省钱粮；大女儿，一品夫人；小女儿，正宫娘娘。一脚踩进新郎房，新郎房里好嫁妆。左边金丝笼，右边银子箱，绫罗绸缎满满装。上面挂起金丝帐，中间摆起象牙床。牙床下面金砖垫，牙床里面一对好鸳鸯，好似鸾凤配成双。"新郎新娘在一片喝彩声中于新房落座。

新郎进入洞房，要将盖在新娘头上的一块方红巾——"盖头红"，用秤杆挑开。新郎挑巾时，"利市公"要口诵利市话："手拿秤杆一条心，月下老人叫我挑方巾，挑得方巾四只角，生个儿子做都督；挑得方巾圆又圆，生个儿子做状元；挑开方巾见新娘，新郎心中好欢喜；新郎新娘一条心，白头偕老万年春。"①"结婚三日无大小"，结婚第一夜，亲戚朋友都要来"闹洞房""偷东西"，要闹到新人一夜无眠，宾客才尽兴而归。如果新人因失误而睡去，东西（衣帽鞋袜等）被偷走，必须用香烟、糖果、红鸡蛋去赎回，还要被宾客取笑。

三朝要"回门"，新人双双撑船到女方娘家停泊的船埠拜见岳父岳母。"要新娘走前，新郎随后，第一先拜丈母，再拜岳父，岳父家要摆酒请新女婿。他们一定要把新郎灌醉，否则他以后要讲大话，'到你家拜连酒都没吃高兴'。"②岳父家要摆酒"请新女婿"。新郎必须携带一些食物作为礼品，以孝敬岳父母，还要准备一些红纸包，凡小辈来见，都要分发一个，作为"见面礼"。"回门酒"吃过，整个婚礼才算圆满结束。

建德的九姓渔民婚俗，各地略有不同，有些贫困的渔户也会相应地省略一些仪式。新安江渔户结婚时，船上要放上一盆烧红的白炭火，以示今后的生活红红火火。新娘被抛到男方船后，新娘的母亲还要哭诉，其内容大都是表示吉利的话语。③ 渔户的男孩长大后，按惯例须另外打造一条新船，作为结婚礼物。"船民联姻由男方打造一条新船，新娘吃完上轿饭，在鞭炮、笙乐响过后，小夫妻在父辈舱内交拜天地，再由渡船送至男方新船完婚。新婚夫妻即居于新船，与父母分开生活。"④渔户孩子新婚后，即另居新船，开始独立生活。

九姓渔户数百年漂泊钱塘江，形成不同于平民的婚俗。渔户被禁止与平民通婚。渔户作为贱民，备受歧视，新娘无权坐花轿，据说同是贱民的轿夫也不愿

---

① 钱银花讲唱，程秉荣整理：《挑头巾歌》，《中国民间文学集成浙江省杭州市（建德县卷）》，1990 年，第 446 页。

② 求真：《华埠的船上人》，《开化文史资料》第 4 辑，1989 年，第 156 页。

③ 方仁英：《富春江渔文化记忆》，浙江文艺出版社 2015 年版，第 144 页。

④ 黄山市屯溪地方志编纂委员会编：《黄山市屯溪区志》下，方志出版社 2012 年版，第 1253 页。

为九姓渔户的新娘出嫁抬轿。“九姓人结婚，新娘不坐花轿，不是不想坐，也不是缺钱，而是岸上的贱轿夫不肯抬贱而又贱的九姓新娘。”[①]戴槃改贱为良后，虽说渔户已享有平等的婚姻权，但极少有平民愿意与渔户缔结婚姻。临时大总统孙中山宣布改贱为良的政策后，渔户已获得与平民平等的婚姻权，但平民不习波涛生活，不愿嫁于渔户。中华人民共和国成立后，渔户才真正享有平等的婚姻自由，特别是渔户弃水岸居后，渔户与平民通婚已无任何障碍。

---

① 方向:《富春江上的九姓渔户》,《中国民间文化》第 14 集，学林出版社 1994 年版，第 162 页。

第九章　九姓渔户的时令节俗

九姓渔户的时令节俗，已与岸上平民接近。渔户农历十二月二十四祭祀灶王爷，据传因灶王爷也兼管渔。过年前夕，渔户均纷纷返回坐埠地，撑离码头，停泊江心，依据各自的家庭条件，烹制过年菜肴。元宵于船头高扎竹竿，张灯结彩，并上岸赏玩龙灯。清明节也吃"清明馃"，祭祖扫墓。立夏也有尝新吃笋，秤人称重习俗。端午钱塘江的渔户不赛龙舟，但屯溪渔户则定期举行惊险的龙舟竞渡。七夕渔姑在船上穿针斗巧，向织女乞求智慧。中元节渔户举行"水上盂兰盆会"，"放水灯"以普度水上的孤魂野鬼。

第一节　九姓渔户的过年礼俗

每届农历十二月下旬，富春江渔户就不再载客运货，陆续返回坐埠地，准备过年。一些负债累累的渔户，年关临近日子尤为难过，为了躲避债务，遂将船撑到桐君山后等僻静之处，俟到大年三十申时，才撑回坐埠地。因三十夜有不讨债习俗。每年腊月二十四日，乃民间送灶王爷的日子，渔户也不例外。据传灶王爷也管江里的鱼，所以腊月二十四日都要为渔户开放一次鱼库，让渔民捕到更多的鱼。"新安江、富春江上的渔民也信灶王爷，他们认为灶王爷是兼管水里的鱼的，每年农历的十二月二十四——灶王爷生日，渔民都在灶前供鱼肉、豆腐等，祈求灶王爷保佑捕鱼丰收。有些渔民还专门找一条黑鱼来祭灶王爷，祭毕把黑鱼放生，看黑鱼游向何方，然后沿着黑鱼游去的方向去捕鱼，一定有大收获。"①渔户每次开船捕鱼，都要先往东开，以为太阳升起的地方吉利，行过一段路程后，再开往黑鱼指示的方向。新安江渔户均于是日举行祭灶仪式，虽说简单，但也颇为隆重。由渔户年长者在后舱的灶前供上祭品，炷香插烛，燃烧纸钱，恭敬地请(撕)下灶王神像，放入火盆焚毁，送其上天。渔户除了敬上酒菜，

① 沈伟富：《风俗漫谈》，天津古籍出版社 2008 年版，第 155 页。

还要在灶前放上一碗糖开水，让灶王爷喝得眉开眼笑，以讨好灶王爷，上天后在玉皇大帝面前为自家多说好话，冀望来年过得更加幸福。富春江渔户于是日晚以甜食送灶，必备两箍青柴放置船头和船尾，曰“青龙”。相传灶王爷乃玉皇大帝派来民间专管各家善恶之事，肩负“上天言好事，下地保平安”的使命。除夕下半夜，驾长在船首备上祭品，点燃元宝烧纸，恭敬灶王神回船。此时极忌有响声，特别是妇女要规避。

腊月二十五日，杭州的渔妓例送灶神。杭州民众例于农历腊月二十三日以“善富”送灶神，民国改用纸糊轿子以替代灶神上天坐骑。“善富”原为竹灯盏，以“盏”字不吉，改为“燃釜”，犹嫌其不吉，遂改为“善富”。印成男女肖形有面目而无口的纸画，称为“灶神”，祀灶神时以蔬食花饧米饵，因为此次灶神上天，负有汇报人间善恶的使命，庖厨之地，婢妪嚣张，自然善少而恶多，故以饧而甜其嘴，而胶其牙，使其不得言。然犹恐有直言的灶神，宁愿舍弃口福，而主张公道，故彻底解决之法乃图其形而不予以口，其所防范至备且毒。据武林旧事所言，宋时祀灶例于腊月二十四日，不知为何改二十三日。“南京旧有军三民四龟五之俗，考白下琐言，明时军家皆功臣之裔，声势烜赫，与庶民异。岁暮祀灶，军家二十三日，庶民二十四日，娼寮龟鸨二十五日。今则无分阶级，独龟鸨犹为二十五日。”①故军民平等，故杭人均于腊月二十三日祀灶，唯独妓家作为贱民，恪守传统，仍于腊月二十五日祭灶。杭州的九姓渔妓，还有在冬至祭神后，分送居民麻糍和年汤的习俗。“分送麻糍驾长差，年汤嫂妹早安排。剪余彩纸无些事，唤个同年抹纸牌。”九姓妓船停泊，男称“驾长”，已婚女称“同年嫂”，未婚女曰“同年妹”。“冬日祀神毕，捣糯米黏黑芝麻做饼，如面盆大，名曰‘麻糍’。杂牲牢作羹，名曰‘年汤’，分送杭人，又剪五色纸悬舵尾。”②每年冬至日祭完神，渔妓就将糯米捣烂，沾上黑芝麻，制成“麻糍”。再以祀神的牲牢制成羹汤，曰“年汤”，挨家挨户送给杭人。渔妓还用五色纸剪成各种样式，悬于舵尾，以增添过年的喜庆气氛。

腊月二十四日，也是掸尘日，桐庐每家渔户均洗汰船舱及“家生”（工具）杂物，原是个具有讲究卫生的好习俗，但旧时却有汰掉“邋遢”之意。有些渔户还用桐油油漆船板，漆过的船板油光锃亮。渔户在船舱各处以及工具上张贴吉庆红纸，桅樯顶尖贴上“大将军八面威风”；前门两侧贴上“生意兴隆通四海，财源茂盛达三江”，横批“三星高照”，以及“顺风大吉”等吉语，并将“福”字倒贴，喻义“福倒（到）了”。船头尖上还挂上长串的“长年纸”。船头以及船艄各放一箍交

① 建设委员调查浙江经济所编：《杭州市经济调查》，1932年，第131页。

② 墨余：《尊闻阁选》，《申报》1918年8月10日。

叉贴红纸的“青龙柴”，此柴乃渔户必不可少的过年之物，用粗细均匀的青柴对劈，两头以竹篾箍紧，该柴外长内短，竖放时成凹形，祈神祭祖时在凹处烧纸钱，谓之“青龙吉庆”。

过年前的一二天，建德渔户都会陆续回到坐埠地。“渔户于此夕，拢船南岸，互相欢庆，虽远必至。”①九姓渔户将船撑到离码头较远的南峰塔下，排成扇子形，与岸上平民隔离，以欢度春节。过年前，渔户家家张贴周宣灵王像，挂上用红纸剪成的“长生纸”以及元宝，各处贴上红纸，以示吉利。每天早晚两次在周宣灵王神像前点香烧纸，直到元宵为止。“三十日晚上用三牲还年福，还年福时，由船主进行，态度认真，凡妇女、小孩都要回避，不准讲话，为防止咳嗽，各人倒一杯水，不时喝一口。还好年福，对天及在周宣灵王前烧过纸，才可吃年饭，饭后给小孩压岁纸。盛过荤菜的碗，都要洗得干干净净，准备第二天用。”②晚上祭祖，吃年夜饭，阖家团聚，长者向小孩发红包。建德风俗淳朴，夙称于古。民国时期，“春节曰（旧唐元旦）鸡初鸣，设香案展拜讫。卑幼以次叩节，平明互相致贺。城区则仅向门缝投刺，非至亲不开门。五日内市不贸易，儿女未成年者赠以百岁钱，近年改用铜圆五枚或十枚不等。渔户称贺亦然，惟衣冠不肃，畲客无此习，但喜在正月间作寿”③。正月初一早晨，男人要起来烧茶做饭。“年初一规定妇女休息，要由男的烧饭，一天不扫地，不切菜，要吃素。早上吃年糕或面，中午吃素饭，初一晚上开荤，三四天后要去祖坟烧纸，称为“新年坟”。从过年起，每天早晚二次在周宣灵王像前点香烧纸，直到元宵为止。”④这是渔妇一年中唯一的享清福日子，不用管家人的餐饮，茶水早餐均由男人操作。但初一早餐极为简单，无一例外地吃糖蘸年糕和肉粽。糖糕喻义“甜蜜的日子，一年比一年高”；粽子喻义“一年到头粽油（总有）”。还吃长寿面，全家健康长寿。

兰溪的九姓渔户于每年腊月二十九日谢年时，或大年三十吃年夜饭时，一盆全鱼乃是必备的佳肴，而且鱼的身上必贴上红纸以示吉祥，手巧的渔妇还会贴上剪纸，将年味装点得极为浓厚。只是该鱼一般不吃，必须留到明年，以讨“年年有余”的口彩。

富阳许姓渔户将船泊于恩波桥头、苋浦桥一带过年。除夕夜，渔户于船首两侧各挂红灯笼一盏，上书姓氏与堂号，如许氏就在灯笼上书“爱敬堂”，一边书“许氏”，该灯笼一直挂到正月十八日为止。与居住岸上的非渔户一

① 夏日璈等修，王韧等纂：《建德县志》卷三《风俗志》，民国八年铅印本。

② 《钱塘江上的九姓渔民》，《浙江民俗》1985年第1—2期。

③ 夏日璈等修，王韧等纂：《建德县志》卷三《风俗志》，民国八年铅印本。

④ 《钱塘江上的九姓渔民》，《浙江民俗》1985年第1—2期。

样，吃年夜饭前要进行祭祀。当家男人在船头上放好香烛，摆上三牲福礼，有猪肉、鱼、鸭等，全家人都要依礼跪拜。先是“还年福”，跪拜“天老爷菩萨”和“马王菩萨”（水神），然后再行祭祖礼。礼毕，全家人围坐吃年夜饭，也称“散年福”。

桐庐渔户均将船撑到坐埠地“停桩 ”。“除夕申时左右，船家都将船至一定的地方下桩（是一种用麻栎树制成固定船舶的活动桩形工具）停泊，谓之‘停桩’。”[①]“停桩”后，非到年初一“动桩”仪式前，不得拔桩动篙，乃至移动船位。桐庐县城的坐埠船也有成双搭对撑到江心放马洲“停桩”的习惯。相传放马洲上有“金桩洞”，渔户若有幸桩上此洞，来年定会鸿运高照。是晚，渔户最忌讳小孩说不吉利之语，长辈预先做好防备，备有草纸一张，先擦小孩屁股，再揩拭小孩嘴巴，习俗认为小孩若再讲不吉利之语也无妨，犹如放屁一样。

渔户过年依据年景不同，所准备的菜肴各异，年景好时，渔户会烧上几大钵头菜，而年景差时，则烧上一碗应景而已。桐庐渔户的“八宝菜”与“八宝饭”均寓意八宝如意，渔户以此寄托对美好生活的向往，年夜饭必不可少。“过去，一般船家都会烧上很多八宝菜，将其烧好后放在淘米篮里，并把它挂到通风的地方，吃时从篮里盛上一碗便可以了。”[②]“虾油卤浸鸡”，也是每家必备的过年菜，还有“干炸响玲”。桐庐渔户丰盛的年夜饭必备“元宝鱼”，也称“碗头鱼”，成为过年大菜，因为“鱼”谐音“余”，寓意“年年有余”，以两条潮鱼烹制，潮鱼学名“鲴鱼”，俗称“碗头鱼”。“碗头鱼”乃非常庄重的菜肴，上桌时必须鱼肚对着鱼肚，其形状连鱼皮也不能掉，先煎制成型，再干烧而成。“元宝鱼”按惯例大年夜不吃，会不断端进端出，一直“余”到正月十八，落灯为止。“白鲞焗肉”或“白鲞扣鸡”，两个菜的白鲞头放在上面，因“鲞头”与“想头”谐音。“干烧鱼干”也是渔户中的船民和渔民特色风味的过年菜。“千张结焗肉”的猪肉肥而不腻，味道浓烈、色润咸香。“白煮腊肉”也是渔户难以忘怀的过年菜。“素肠”是桐庐渔户过年的硬菜，也称“签子”。

正月初一早上富春江渔户“动桩”颇有讲究，先要鸣炮三响，爆竹响过后，碎红满船，称为“满堂红”。驾长在船头摆上祭品，率全家老小叩拜“桩洞菩萨”，并由驾长拔桩。“动桩”仪式如式举行后，将船撑回埠头泊岸，由长辈铺好上岸跳板，在跳板头先烧纸钱，然后手拈清香三支向四面叩拜，谓之“拜四方”，以祈求四方神灵保佑。祭拜完毕，其他人才可上岸游玩。船中男人都要上岸，或进神

---

① 许马尔:《船民的过年风俗》,《桐庐文史资料》第 13 辑，杭州出版社 2013 年版，第 359 页。

② 许马尔:《准备过年啦》,《今日桐庐》2019 年 1 月 18 日。

庙烧香，或空腹到茶馆喝“元宝茶”，喻义新年一早“吃进元宝”“元宝发财”。所谓“元宝”，不过是茶中放入两颗橄榄而已。

开化华埠的渔户每年除夕都要将船撑到河中心，头朝下游，摆上香案和祭品，由父辈率领全家持香，焚纸叩拜天地以及各路神灵，祈求来年风调雨顺，河里鱼多，全家清洁，俗称“谢年”。祈祷完毕，船只才能靠岸吃年夜饭。常山渔户过年吃面筋，喻义“年年有余”。“水上人家还有吃初一斋的，但当晚上就要开荤，表示‘吃斋时除旧赶邪气，开荤是开春有福气’。”①渔户初一吃斋，晚上就要开斋，以示新年有福。

江干九姓渔妓新年“烧路头”，祭祀“财神”，以消灾祈福。“路头菩萨”乃“财神菩萨”，曰“接财神”。“江干九姓渔船，俗称‘茭白船’。新正祀神曰‘烧路头’，招客饮福，清歌侑酒，杂奏管弦达旦。”《烧路头》曰：“岁朝行乐话钱江，钱树憨神供画艭。乐户头衔传姓九，女儿心事寄眉双。登盘罗列山珍品，按拍频歌《水调》腔。红袖添香还默祝，顺风休使石尤撞。”②“烧路头”乃拜“五路财神”，以酒席“款待”。妓院颇为盛行，以此要嫖客破费。仪式分为两天，第一天为“请路头”，妓院焚香烧纸，没有任何音乐。每个妓女都要过来拜“财神”、烧高香，祈求生意兴隆。第二天曰“响路头”，整天都是音乐声，通宵达旦，妓女自己不开腔唱戏，而请外面的人来唱戏，通常四个戏，客人也可以点戏。没有客人，就自己点晚上的戏。

渔户均于正月走访亲戚，带上纸包的皮蛋、晶枣、蜜枣，给长辈送礼，给小孩拿些压岁钱。三四天后前往先人墓上烧化贺年，曰：“上新年坟。”

第二节　九姓渔户的元宵礼俗

正月十五日，乃农历元宵，又称上元节或灯节，乃中国传统节日。淳安“元宵节，渔户在船头高扎竹竿悬灯结彩”③。建德“渔户则于船头高扎竹竿，悬灯结彩，侈为美观”④。元宵夜举行如同“还年福”的仪式，全家围坐吃“还福肉”。“晚上仍和‘还年福’一样，用酒、饭、豆腐、一刀肉、一只鸡、一条鱼、一双筷、一把刀，

---

① 常山县风俗志编写组：《常山县风俗志》，1989 年，第 38 页。

② 丁立中：《禾年新年杂咏》，《杭州丁氏家族史料》第 9 卷，当代中国出版社 2016 年版，第 680 页。

③ 淳安县志编纂委员会编：《淳安县志》，汉语大词典出版社 1990 年版，第 637 页。

④ 夏日璈等修，王韧等纂：《建德县志》卷三《风俗志》，民国八年铅印本。

点香烧纸后，大家团坐吃‘还福肉’，叫‘过小年’。”[1]元宵节也是渔户赏玩龙灯的节日。建德街市均张灯结彩，火树银花，照澈通衢，爆竹声不绝于耳。“村童并骑走马灯，唱秧歌，以祝丰年。复有灯长如桥者名曰‘桥灯’，亦名‘硬板龙’，数十节或数百节不等。”[2]建德有“龙灯”和“花灯”两种。每年正月十五都用毛竹爿破篾做龙骨，再用五颜六色的纸糊成龙灯，在祠堂庙宇、坊田畈里，于十三日起灯，十五日大闹，一直持续到十八日为止。1926 年以后始有高跷。

民国时期，已岸居的渔户也参与岸上民众的元宵舞龙灯的娱乐。衢州渔户钱云财晚年忆起航埠街上起舞的“板龙灯”，依然历历如绘，栩栩如生，那昂首飞舞的龙头，翻江倒海的龙身，力挽乾坤的龙尾，舞得观众眼花缭乱。航埠正月元宵舞板龙的习俗代代相传，已有数百年的历史。“据老前辈说，正月舞龙灯，一来是辞旧迎新赶鬼神；二是借正月农闲‘看龙灯’相聚、相识、相亲。”每年正月元宵举办的龙灯“板龙会”，由地方族长负责组织实施，河东村、严村、金万村三大村，各有一条板龙舞元宵，最后在河东村相会。钱云财如是说：“当年 14 岁的我，是河东村板龙牵龙的人之一，亲历了肩扛龙板上街游龙和打龙战。”制作板龙灯有一套程序。先由老篾匠破竹成篾，取篾编扎龙头、龙颈、龙身、龙尾、龙珠，再糊上绵纸。由老先生以彩笔作彩，画龙点睛。接着组装，龙头单例，将篾扎成的龙颈、龙身、龙尾先固定在一块块木板上。每块木板长约 1 米，宽约 30 厘米，厚约 3 厘米，木板上固定两枚插蜡烛的铁签，木板两端均凿有圆孔（龙颈、龙尾的木板除外），板与板之间通过圆孔与圆孔相叠，再插入约 10 厘米长的圆木插销，每节龙身均连接，圆木插销能让整条龙身拐弯、扭动，变化自如。龙头与龙颈、龙身与龙尾分别以 1 米长的龙布连接，以便大幅度展示龙头龙尾变幻莫测的风姿。龙身有 11 节，加上龙颈 1 节、龙尾 1 节，称为“十三节板龙”。“十三节板龙”由 13 个人扛，誉其为“牵龙的人”，他们手里各握一根圆木棍，肩扛龙板，举步前行。或上举或下拉，或左摆或右晃，使手中的这节龙体融入整条板龙，成为板龙身上密不可分的一部分。

> 傍晚时分，点亮的十三节板龙灯，远看就是一条金光闪闪的火龙。龙珠在前，龙头、龙颈随后，分别由两个年轻力壮又有舞耍技能者担任，否则好戏“强龙夺珠”很难上演。龙身、龙尾跟着龙头，迈开龙步，舞起龙灯，昂首摇尾，威风凛凛，游动于河东上下街，穿梭在条条弄堂中。在河东街上，场地宽敞，只见那持龙珠的小伙子手一搭双腿一跃便盘缠在举龙头的大汉腰间，二人合一，上演“强龙夺珠”。且看，小伙子手里的龙珠忽左忽右忽上

---

① 《钱塘江上的九姓渔民》，《浙江民俗》1985 年第 1—2 期。

② 夏日璈等修，王韧等纂：《建德县志》卷三《风俗志》，民国八年铅印本。

忽下来回翻滚，那大汉手里的龙头嚷嚷着血盆大口，吐着长舌，飘着长须，睁着铜铃大眼，追逐着龙珠，欲擒欲放，欲吞欲吐，欲罢不能。此时，锣鼓节奏加快，气氛瞬间腾升，“强龙夺珠”的精彩表演淋漓尽致。①

“板龙灯”出游上街需要“鸣锣开道”，用大铜锣以鼓槌敲，发出“哐”的声音；用小汤锣以竹片敲，发出“呔”的声音；用两爿圆铜钹合敲发出“锵”的声音。两条龙相遇打起龙战时，大锣、汤锣、铜钹必须连续不断地以快节奏敲打，以制造声势。但打龙战有前提，必须是龙会的最后一天。河东村的龙是东道主，严村、金万村两条客龙戏到拂晓时要回家，河东龙却要盛情挽留客龙，于是，上演“逃”与“截”的龙战。金万村的客龙飞快地往家赶，而河东龙齐心协力追挽。观龙灯的观众有的喊“快逃”，有的则高呼“拦住”。河东龙终于拦住金万龙的龙头，双方龙体互相碰擦打水战，打得每条龙各部位均遍体鳞伤，露出篾织的龙骨。最后双方友好道别，明年再见，各自将龙的残骨架子牵回各村祠堂，架放在梁上，一年一度的正月龙灯节就此降下帷幕。

元宵节也是桐庐渔户赏玩龙灯的节日。渔户出身的许马尔记得小时候过年，第一件要向大人问的事就是：“今年的龙灯会不会上街（即进不进城）。如果龙灯上街，我们这批小孩甭说会有多少高兴，肯定有几个晚上睡不着觉，扳着手指头去计算元宵节的到来。因为太喜欢看桐庐街上那一年一度的正月十五闹龙灯了。”②桐庐民间闹龙灯从正月十三开始，一直闹到十八落灯为止，前后长达五六天的时间。龙灯起舞前，先进行龙的“开眼”仪式。正月十三日晚，有龙灯的村坊响起一阵阵富有节奏而洪亮的锣声，这是桐庐民间龙灯“开眼”的日子，俗称“催灯”。是晚，原来一家一户制作的一节节龙灯均要带到祠堂或庙宇，将龙头、龙身、龙尾一一接上，将龙灯完成。再推举德高望重的老人作执事，备好三牲福礼、果品、一块豆腐、一碗饭、三盅三筷、黄酒、香烛纸钱以及鞭炮等祭品，前往溪边或江边去接龙。所谓“接龙”，是到有水的地方取上“开眼水”，然后在祠堂或庙宇摆放龙头，放上供品。参拜时，执事会说上连篇累牍的吉利话，诸如“青龙开眼，大吉大利，国泰民安，全村平安，风调雨顺，万事如意”。拜毕，执事用一支新毛笔蘸上“开眼水”，往龙的眼睛上点，接着点龙的眼珠，龙眼点好后，立即丢掉此笔。丢弃的毛笔会有很多人争抢，据说谁抢到该笔必将大吉大利。也有的村坊龙开眼，直接抬到江边进行，龙尾近水边，称为“龙灯出水”。

龙头开眼之后，依次前往祠堂和庙宇参拜祖宗和神灵，龙灯绕着祠堂和庙宇绕室柱盘“屋柱阵”。龙灯在祠堂和庙宇闹过之后，接着鸣锣放炮，开始全村

---

① 钱云财：《航埠正月舞板龙》，《联谊报》2017 年 2 月 7 日。

② 许马尔：《正月十五闹元宵》，《山水推富春》，中国文史出版社 2006 年版，第 89 页。

转悠。第二天，各村坊都会听到“砰砰嘭嘭”的火铳声、鞭炮声以及欢快的鼓声，龙灯或走村穿乡，或进城上街。桐庐街上行龙灯，一支龙灯几乎盖掉一条街。每支龙灯都是一支庞大的队伍，前面由手执三角旗的尊长领队，后面跟着肩挑一面大锣的开路手，接着旗幡手高举彩旗和村旗、吉利旗继后。吉利旗大多绣有“国泰民安”“风调雨顺”等大字，村旗则是一面又高又大的旗，上绣某乡某村之名。随后为提灯手，灯分高灯（圆灯）、排灯（方灯）以及引路灯，紧随其后为大黄伞若干把、鼓乐队、长号手数人，龙珠手后才是龙灯。龙灯两边有四把钢叉护身，后有大鼓、小锣队、大黄伞、鞭炮手、铳队，最后是乐队。龙灯启程时，先齐放火铳。擎龙头者必须谙熟阵法，机智善变；擎龙尾者必须身强力壮，擅长奔跑，灵巧精悍。龙灯前有一个人手擎龙珠开路，白天以铜丝串起龙珠，夜晚则用铁丝圆珠，球内乃烧红的白炭。舞动之下，恰似流星飞舞。龙头紧跟龙珠或流星绕转，时左时右，时而仰头，时而俯首。时而“梅花阵”，时而“元宝阵”，时而“螺丝阵”，时而“反转阵”。舞龙者手持灯柱，嘴上“哦”“嚎”声不断，龙灯似飞腾起来一样。鼓乐手吹奏曲牌大都为《大开门》、慢板《新流水》、快板《号字调》。渔户许马尔对桐庐县城闹元宵的情景历历如绘。

> 是日，县城那条中间铺着青石板，两边铺鹅卵石而并不宽畅的开元街，早已人头攒动，人满为患了，人们在期待着南乡、北乡那条条龙灯队伍的到来。元宵之“闹”就“闹”在“灯”上，故又称“灯节”。过去龙灯上街，有的是通过水上乘船来，有的是步行而来的。这时，大街两旁的南北杂货、酒楼茶肆及临街住户，早已悬灯结彩，灯火通明。元宵灯彩堪称五花八门，除大红灯笼外，最常见的还有兔子灯、西瓜灯、荷花灯、元宝灯、走马灯等，而最大、最精彩，能够引起桐庐街上“闹猛”的还是数“龙灯”。龙灯所到之处，鼓乐齐鸣，鞭炮震耳，旌旗蔽日，万人空巷，男女老少争相观看，一片热闹非凡景象。在老百姓眼里，龙灯是中华民族凝聚力的象征，闹龙灯能把老百姓的心“闹”在一起，能“闹”出一股无穷的力量。又因为“灯”与“丁”谐音，闹龙灯为的是祈求人丁兴旺，祈求风调雨顺，人畜平安。①

桐庐县城闹元宵的内容极为丰富，各地除龙灯上街以外，还有狮子、竹马、高跷、旱船、露台、火流星、灯谜等传统民俗表演。“在县城坐埠的‘船上人’遇上正月十五，也会东船西舫地凑份子，制作旱船、狮子上街凑热闹。这时的县城龙舞、灯亮、锣响、人欢，会沉浸在闹元宵的一片欢乐之中，直要‘闹’至深夜人们才

① 许马尔：《正月十五闹元宵》，《山水推富春》，中国文史出版社 2006 年版，第 90 页。

会离去。”[①]正月十八落灯后，过年已经结束，还要将龙灯舞回到祠宇前去盘绕，龙尾几节要在地上拖过，称为“及地”，乃“及第”谐音，寓“状元及第”之意。然后将龙灯在祠宇前焚烧，意为将龙重新送上天。送龙时，执事还得说上几句送行的套话，诸如“谢谢龙灯，保佑全村平安，今年送你上天，明年接你再来”。有的地方送龙仅烧龙须、龙尾以及几片龙鳞。

渔户许马尔印象最深的是中华人民共和国成立初期桐庐闹元宵时的秧歌队。桐庐县城组织秧歌队，着实下了一番功夫，组织者数次上门，劝说两个足不出户的三寸金莲的女人参加。“小脚女人扭秧歌甭说有多好看，走两步，退一步，扭扭捏捏。跳秧歌舞有的还特意扮起了小丑，脸蛋上搽上两块红胭脂，耳上挂起两个染红的鸡蛋壳，看得大街两旁的人时不时拍手叫好，逗得人捧腹大笑，直笑弯了腰为止。”[②]桐庐县城闹元宵的“闹猛”，于此可见一斑。

桐庐县富春江的南部地区赏灯最好的地方就是石阜村东南约一千米的骆村庙，也是渔户正月必去赏灯拜神之地。骆村庙的灯期长达五天，从正月初八延续到十二，各村的灯队必到该庙敬神，不论路途远近，均应在中午之前赶到，以尽情舞弄。有龙灯、狮子灯、马灯、露台（又称“台阁”）、大头和尚戏柳翠、花灯。仅龙灯的品种就有身体圆长、附有四爪的“时髦龙灯（百页龙灯）”；用短木板串连，龙身拟拱桥的“板龙灯”；用布相连，龙身似“敲草榔头”的“敲草龙灯”。灯队盛时多达十队，只是下午没有。骆村庙乃中型庙宇，正式名称为“天曹府”，庙内正神就是“天曹府君”，原是余杭县知县。传说有一年出蛟发大水，“天曹府君”仗剑入水斩蛟（另说为“黄鳝精”），不幸跳入鲛口，与之同归于尽，其尸体冲到余杭的骆村。地方民众为之建庙塑像，顶礼膜拜。后来，桐庐人取神像一节手指，返回故乡另建分庙，将这节手指塑入新神像中，仍命名曰“骆村庙”。其实神庙所在地并无村居，附近也无称为“骆村”的村庄。庙门口题有对联曰“昔日余杭留圣迹，今朝桐邑显神灵”，概述了此庙的来历。“这是九姓人必去拜神看灯的地方。”[③]庙旁还有“十王殿”，再现了阴曹地府众鬼相，其艺术水平之高，为杭州的灵隐寺所不及，惜今已不存。

正月十八落灯以后，家家户户都应清除过年的一切陈设，十九日或二十日乃“开印”的日子。自从农历十二月十九或二十日“封印”后，历时一月的过年才最后结束。“封印”乃旧时官府衙门开始放假而停止视事之意，“开印”就是官府

① 许马尔：《正月十五闹元宵》，《山水推富春》，中国文史出版社 2006 年版，第 91 页。

② 许马尔：《正月十五闹元宵》，《山水推富春》，中国文史出版社 2006 年版，第 91 页。

③ 方向：《富春江上的九姓渔户》，《中国民间文化》第 13 集，学林出版社 1994 年版，第 161 页。

衙门正式开始办事，教书的也开始收教学生，匠艺师傅收徒授艺。传统说法乃“放魂”的日子，正月初一至十八，观花灯、闹龙灯或走亲访友，尽情地玩耍，猜拳喝酒，无拘无束。而正月十九则是“收魂”的日子，应收心办正事。桐庐县城的九姓渔户正月十九或二十开印后，除了燃放爆竹之外，还有奇特的风俗，就是搭客载货的渔户“放草船”。“此习俗皆为县城本埠的船民所为，每年到这时候，船民中的年长者就会牵头来兴办这一风俗事。”①待草船放过之后，渔户才开始载客运货。草船用稻草扎成，长约丈余，船上除设有像篷、桅、帆等物外，还用稻草扎成一个小人，并套上小孩的衣裳。渔户在自家船上扫上些许垃圾（“邋遢”），装入草船，然后再抬上岸，在县城的大街小巷游转，前往原先约定的商店或居民家装垃圾。草船装好垃圾后，众人再抬到船埠头，并点上香烛，放入江中，顺着富春江飘向远方。“放草船”依据旧时说法，称为送“邋遢”。桐庐人称“邋遢”除指垃圾及不整洁之意外，还有隐喻对“野鬼”的称呼。从前，往往将生病，特别是疑难病症称为染上“邋遢”。遇有不顺，乃至晦气，也称碰到“邋遢头”。将家中的垃圾扫些装入草船送走，企盼新年不再遇到“邋遢”之事，以保佑家人身体健康，万事如意。平时家中遇有久治不愈的病人，也用“放草船”的习俗，祈求将染在病人身上的“邋遢”送走。

第三节　九姓渔户的清明礼俗

自古以来，清明向来为祭祖扫墓的日子。九姓渔户“清明和岸上人同，也吃清明馃，到坟上堆土烧纸”②。九姓渔户与平民同样过清明，礼俗相同。“清明是扫墓、踏青的日子。九姓人的坟墓一般在山坡上，在平地上者极少。按当地传统，山的顶上是不埋坟的。”③张小也在建德进行田野调查时，九姓渔户的后人也提及：“九姓也会拜祭先人，清明节到坟地，除夕时在船舱中进行。但是他们并不记得稍微久远一些的祖先的名字。大洋渔业村的小钱说：‘烧纸上供时记得清的那些就说一句给谁给谁，记不清的就让那些记得清的（祖先）拿去给他们（分分）。’”④渔户三代以上的祖先，已记不得名字。

---

① 许马尔：《船民的过年风俗》，《桐庐文史资料》第 13 辑，杭州出版社 2013 年版，第 362 页。

② 《钱塘江上的九姓渔民》，《浙江民俗》1985 年第 1—2 期。

③ 方向：《富春江上的九姓渔户》，《中国民间文化》第 13 集，学林出版社 1994 年版，第 162 页。

④ 张小也：《制度与观念：九姓渔户的“改贱为良”问题》，《社会科学》2006 年第 4 期。

建德九姓渔户清明节也吃“清明粿”。此乃从清明节吃“青粳饭”演变而来，也称“乌饭麻糍”。“乌饭麻糍”吃起来清凉可口，但制作手续颇为复杂，而且季节性很强，每年只有谷雨后到小满前后才能制作，其嫩叶有清香。乌饭叶采集以后，放在石臼捣烂，以冷水浸泡一天，过滤去渣，制作乌饭汁，将洗净的糯米浸入乌饭汁内，五六个小时后，糯米已变成黑色，捞出沥干，放入饭甑蒸熟，倒在干净的作板摊匀，用板压实，切成规则的菱形，蘸上绵白糖，两块合拢吃。传为纪念春秋战国时被晋文公放火烧死的介子推而特制。据说介子推帮助晋文公登上王位后，不愿接受封赏，悄悄地回乡探母。晋文公乃亲自带人追到介子推的家乡。介子推背着老母躲到山上。晋文公乃放火烧山，意在逼其下山。谁知介子推脾气很倔，不愿下山，与母亲一起被烧死。那一天恰好是清明的前一天，晋文公后悔莫及，遂下令定为“寒食节”，全国禁火，只能寒食。另传为战国时孙膑庞涓故事。孙膑和庞涓都是鬼谷子的弟子，庞涓妒贤嫉能，以毒计刖去孙膑双膝并虚情假意要孙膑将兵书写出，看管的狱卒将其阴谋揭露。孙膑遂将兵书烧毁，并佯装发疯，且预先准备“乌饭”（代“猪粪”）让庞涓到猪栏观看。庞涓看见孙膑大口地吞食“猪粪”（“乌饭”），信以为真，遂放松了对孙膑的暗害。孙膑后被齐国田忌救出，并在马陵道将庞涓射死。[①] 另传为纪念佛教目莲救母。“农历四月初八，梅城人都要到街上买块‘乌饭麻粢’吃吃，传说这与佛教目莲救母故事有关。”[②]乌饭柴乃南烛子，味酸性凉，有益精气，强筋健骨，明目止泻。《圣惠方》有南烛膏，久服明目。《本草经疏》称南烛叶“入心凉血，入脾益气，入肾添精，为乌须发之圣药”。据说吃过“乌饭麻糍”，夏天不会犯痧气，孩子不会生疮疖，蚊蝇不会叮咬。戴不凡如是说。

> 每逢阴历四月初八（这是“浴佛节”吧），市上的点心摊上（包括卖年糕之类的肩挑小贩），必然出售一种边长约2寸、厚约3分的、压成平面的菱形冷糯米饭糕“乌饭麻兹”。它是用山上的高一二尺的常绿灌木“乌饭树”叶煮汤染成乌紫色的，用白糖蘸着吃。这天，几乎人人都得吃一两块。据说吃了以后，夏天不会被苍蝇叮。这个奇怪风俗的典故，就出在道士一派的目莲戏里，青提夫人被关入“饿牢”，目莲僧几次提着装有各种食物的篮筐甚或挑着整担饭菜去牢探母，一进牢门，食物就全被“饿鬼们”抢得一干二净。最后，他经一个白胡子老农民指点，用“乌饭树叶”做“乌饭麻兹”，挑进“饿牢”，“饿鬼”们一见黑色的米饭，个个摇头，捏鼻子，这才使刘氏吃了一顿饱。而据说“苍蝇是饿鬼投生的”，因此，人们吃了“乌饭麻兹”，苍蝇就

① 程秉荣：《梅城的乌饭麻糍》，《建德文史资料》第4辑，1989年，第83页。

② 建德县文联编：《浙江风俗简志（杭州市郊区篇）》初稿，1984年，第98页。

> 不会来叮咬了。——吃“乌饭麻兹”这天，苍蝇还不多，有人见过摊子上面还是飞着苍蝇的；不过，也有人说，如果把“乌饭叶”熬得浓浓的，即使伴了蜂蜜放着，苍蝇确是远而避之的，这不知是真是假？我没有做过试验，或许这种叶子确有一种使苍蝇头痛的成分也未可知。①

“青粳饭”后来逐渐演变成“青团子”，将艾蒿捣碎，混在糯米粉中制成，也可冷食。后来，“青团子”裹上馅，有枣泥、豆沙等甜馅。相继出现了咸菜、豆腐、肉丁等咸馅，成为建德人，也是九姓渔户的“清明馃”。建德“清明馃”花样繁多，若从馃馅来分，既有甜馃，也有咸馃。若从外形来分，有用馃印印出的圆馃，上面有各色花纹；有的包成月牙形，寿昌人称为“土梳馃”。若从颜色上分，有混有艾蒿的青馃，有用纯糯米粉做的白馃，也有青馃中间加上一点白的(甚至红的、黄的等多种颜色)和白馃中间加一点青的花馃。九姓渔户清明祭祖，当然少不了“清明馃”，自然是花色品种越丰富越好。

农历四月初八，屯溪渔户也喜食“乌饭”，也称“青精饭”，采摘新安江沿岸山区生长的灌木南烛嫩叶或茎、果捣烂，取其液汁与糯米蒸煮成饭，乌亮喷香，看上去犹如猪食，颇为恶心。“饮食上每年农历四月初八，他们有喜食‘乌饭’、喝‘乌饭酒’的习惯。”②屯溪吃“乌饭”的传统，说法不一。“一说吃了乌饭，人可像猪那样无病无痛；二说古代有个‘混合王’，在落难日将要饿死时，是一个老婆婆于立夏日用‘乌饭’救了他，故下令徽民品尝，以为纪念；三说目莲为了救母脱离饿鬼道，曾用‘乌饭’充猪食，使众狱鬼不堪抢食，终免老母饿毙。”③也是古徽州每年“浴佛节”喜食的饭食。

江山渔户也有四月初八吃“青精饭”的习俗。“四月八日作‘青精饭’，船户祀周孝子。”④渔户“四月八日，还有船案戏”⑤。按例“四月八周王庙演戏，习惯上由船户负担”⑥。渔户照例集资请戏班到周王庙上演“船案戏”。有传说吃过“乌饭”能防夏日蚊虫叮咬，祛病消灾。有关吃“乌饭”的习俗众说纷纭。一种说法，是前文提到的孙膑庞涓的故事。另一种说法，“三国时期诸葛亮为平定南方出征南蛮，由于南方四月份正值雨量充沛，温度升高，虫蛰出没，百病流行时期，所以士兵得了一种怪病，面黄肌瘦，四肢无力，使诸葛亮很无奈。这时有一当地

---

① 戴不凡:《浙江家乡戏剧活动漫忆》,《建德文史资料》第 3 辑,1988 年,第 99 页。

② 邵弹声:《屯溪船民》,《黄山市文史资料》第 4 辑,2012 年,第 97 页。

③ 胡守志:《永不磨灭的徽宝石——风土民情》,安徽美术出版社 2005 年版,第 27 页。

④ (清)王彬等修,朱宝慈撰:《江山县志》卷之一《舆地志四》,同治十二年刊本。

⑤ 清湖镇志编纂委员会编:《清湖镇志》,香港天马图书有限公司 2003 年版,第 390 页。

⑥ 江山城关镇志办公室编:《江山城关镇志》,1991 年,第 222 页。

老者给他指点迷津，叫他用当地的一种植物嫩叶，捣碎取汁，做成米饭吃下，此病可除。一试果然灵验。后来留在南方的部分官兵为纪念那位老者，也为大家消病祛灾，就在每年的四月八做‘乌饭’吃，因有功效和疗效，于是就这样在江南四面传开了。”①江山渔户吃“乌饭”的来源，颇为特别。

常山渔户也于农历四月初八举行请“青面将军”的仪式。“青面将军”据传乃周宣灵王的“大将军”，常在人世出现。“周王庙每年农历四月初八，有一种拜请‘青面将军’的仪式，这天早起，庙主要在河边田沿抓一只青蛙，请到庙里，香案上备有栽着万年青的花钵，将青蛙放在万年青上面，并放鞭炮，鸣锣奏乐，上香点烛，摆酒设菜，热热闹闹地祭祀朝拜。晚上摆八仙，唱大戏，请来亲朋好友，同来庆贺，以示‘周王’和‘青面将军’已认得大家，是会保佑的。”②渔户开船之时要进行祭祀，于船头进行礼拜，祈求出船大吉。如果遇上青蛙跳上船来，此乃大吉之兆，欲请邻船以及亲友上船跪拜，并燃放鞭炮，设宴庆贺，对“青面将军”前来“巡视和驱邪”表示感谢。

桐庐九姓渔户也于清明节给先人扫墓，吃“清明馃”。桐庐民谚曰：“一年四季七个节，三个半是人节，三个半是鬼节。”故民谣曰：“正月灯，二月鹞，三月坟上烧锡箔。”清明节上坟不一定非要清明这天，九姓渔户漂泊水上，前三日或后七日均可。清明前后几天，渔户或以畚箕锄头，或拎提攒盒，携带香烛杯筷酒器以及银锭青馃饭菜，有的三五成群，有的举家前往祖坟祭祖。平时清冷的坟山，瞬时热闹异常。渔户上坟祭祖时，以元宝纸锭先供山神土地菩萨，并不忘说上几声照顾先祖的客气话。渔户斫掉坟上的柴草杂叶，并清扫培土，挂长线表墓，再将木匣状装有菜饭的“材前案”供于墓前，点燃香烛，焚烧纸锭，酹酒以献。渔户下跪叩拜已逝祖先，以寄托对先人的哀思，并希望祖先保佑家业兴旺，健康长寿。

清明时节，桐庐民间家家户户都有做传统风味小吃——“清明馃”的习俗，渔户也不例外。除用以上坟祭祖以及留下自食以外，还以此作为礼物赠送亲友。“清明馃”因加入艾草而显得特别清香和软糯，既好看又好吃。“清明前，农村野外的田头地垄就有一道特殊的风景线，妇人和小孩手提竹篮，三五成群地满地采摘蓬青草，即一种很嫩的艾。采摘的蓬青洗净后，放入加石灰水的锅中煮烂，经漂洗挤干就成碧绿的团团纤维，再将此揉进糯米或粳米粉中，用印板压成各种图案，蒸熟即是一个个既好看又好吃的‘清明馃’。馃内或放芝麻、豆沙，

① 周斗华：《开化风俗通鉴》，西泠印社出版社 2011 年版，第 156 页。

② 常山风俗志编写组编：《常山风俗志》，1989 年，第 80 页。

或放咸菜、笋丝等。味道清香可口。”[①]清明也是外出踏青的季节。诗人苏辙诗曰“江上冰消岸草青，三三五五踏青行”，古人踏青挂青旗，插杨柳，妇女和小孩时兴头上插柳，戴青布剪成的青燕、青蝶。今人已不时兴，渔户虽无闲情雅致讲究，也为阳春桃杏吐艳，杨柳垂青，杜鹃啼红的景象所陶醉，也乘扫墓之际，欣赏此暖风熏人、春意撩人的大好春光，备感心旷神怡，流连忘返。

兰溪渔户清明节举行灯会。兰溪乃商业重埠，元宵离年关仅半个月，各家于年后开业不久，准备闹元宵稍嫌仓促。再过半月就是农历二月二日，向为城隍神诞，欲抬送城隍上街“出巡”，各行各业在城隍庙轮流酬神演剧。两件盛事因相隔时间太近，疲于应付，且经济开支也大。因此，元宵灯会就改为与城隍“出巡”同日举行。咸丰年间，太平军攻克兰溪，迎神与灯会曾一度停止。同治二年(1863)，太平军撤离兰溪，民心尚未稳定，二月初二未迎灯，所以改在清明补行，自此成为惯例。灯会以城隍的旗、牌、万民伞、锡制銮驾、鼓乐以及大锣为向导，随后乃花样众多的彩灯，尤以南货业的封神榜人物灯、肉业的针刺花宫灯、纸业的大树牡丹灯为胜。绸布业的秋千，管弦音乐悠扬。中药业和油业的笼中狮子抢球，灵活自如。还有搬运工人的落地狮子，山货业的走马纸灯。不少行业都有相互竞赛的台阁，每台由 4 人抬行，以 2 至 3 个孩子扮成一幕幕戏剧人物。“由船户扮演的兰溪高跷特别高，踩高跷的只能靠长柄铁叉倚扶休息。还有花船水手，以手臂当柄的提炉队伍，他们用尖铁弯钩扎进自己的臂内，吊挂着一只几斤重的檀香炉，走在队伍的前面。还有叫‘饿鬼抢食’的舞蹈，由一人装扮成‘鬼’，手捧有酒等食品的米筛，由 5 人装扮成饿鬼，到米筛上去抢食，也是由水手装扮。”[②]队伍最后是龙灯，还有“巡风”维持秩序。农历平年，灯期 3 天，闰年 4 天。清明前后也是商业淡季，清时灯会正好招徕邻县以及四乡顾客，使淡季不淡，清明灯会因此流传。抗战期间，清时灯会停顿多年，抗战胜利后又再次恢复。

第四节　九姓渔户的立夏礼俗

九姓渔户立夏也有尝新的习俗。立夏顾名思义，乃夏天的开始。也是夏季的第一个季节。时届春夏之交，天气和暖，万物复苏，欣欣向荣，许多果蔬开始

---

① 许马尔：《清明》，《山水推富春》，中国文史出版社 2006 年版，第 93 页。

② 婺州民俗大观编委会编：《清明灯会》，《婺州民俗大观》，青海人民出版社 1997 年版，第 49 页。

成熟，如樱桃等果品，还有苋菜、佛豆、蚕豆、野山笋等菜蔬。立夏日，建德渔户只要条件允许，必吃樱桃，若无樱桃，则以野山莓替代。餐桌上的佛豆、蚕豆、野山笋乃必备之物。民谚曰："清明不吃馃，老来没结果；立夏不吃笋，老来睡不醒。"吃笋则必吃野山笋，立夏前后，建德多山，到处都是名为"水笋"的野山笋，这种笋颇为独特，中间实心，味道极为鲜美。

桐庐"船上人立夏早晨每人还应喝一碗桂圆枣子汤，据说这是'补夏'"①。渔户立夏午餐，也有几项约定俗成的食品。"吃鸡蛋，光滑不生疖；吃小笋，节节有力；吃苋菜，不发痧；吃蚕豆，眼目清亮；吃乌饭，乌蠓不叮。"②立夏必加餐点心，多数人家备有"夏饼鸡蛋乌米饭，小笋苋菜青蚕豆；鲜鱼腊肉与豆腐，酸梅樱桃清明馃"。夏饼乃时令糕点，据说立夏日吃夏饼不会疰夏。民间传说立夏吃过"乌米饭"，可免乌蠓叮咬。乌米饭用山中青精柴叶的汁水浸糯米后蒸煮而成的"青精饭"，据说乃道家倡导食物，食后能延年益寿。吃豆腐可使皮肤白嫩，夏天不易晒黑。吃过酸梅的人，夏天不会打瞌睡。小笋于立夏日整条煮熟，谓之"节节有力"。苋菜乃渔户立夏必备菜，据说吃后不会犯痧。"对那些家中雇有伙计的店铺作坊和'船上人'来说，此日中餐招待伙计一定要有苋菜的，因为立夏是主人家侍奉伙计的日子。过去在立夏这天的苋菜还是上市货，稀而价昂，但主人家还得千方百计采到它。从前有个规矩，立夏中餐没有苋菜招待伙计，以后主人家苋菜则不准上桌。如果实在没有苋菜的话，主人得在中餐桌上放一大盘的铜钱来替代，供伙计们分享。"③桐庐渔户立夏还吃"清明馃"，据说不易疰夏和冷雨淋不坏身体。相传立夏给小孩吃"清明馃"在清明时做成，谓之"清明狗"。此馃做成小狗状，风干后储到立夏，再煮给小孩吃。那时没有保鲜措施，"清明馃"放到立夏，必然是白花满布，殊不卫生。

建德渔户立夏还有必吃蛋的习俗。九姓渔户"立夏规定吃红枣、鸡蛋、桂圆等补品"④。童谣曰："立夏日，吃补食。"补食有"五虎肉"，即红枣、黑枣、胡桃、桂圆、荔枝；另有"二两半"，即党参一两，黄芪一两，当归半两，以滋补身体。蛋的吃法颇多，有的立夏一早起来，就吃一碗桂圆（或红枣、莲子等）鸡蛋；有的则吃茶叶蛋。此时，新茶刚刚上市，以新茶叶煮鸡蛋，味道特别鲜美。桐庐渔户相传立夏吃"囫囵蛋"，鸡蛋煮熟剥壳后，洁白光滑，吃了可使皮肤光滑不生疮疖。

---

① 许马尔：《立夏》，《山水推富春》，中国文史出版社 2006 年版，第 95 页。

② 桐庐县志编纂委员会编：《桐庐县志》，浙江人民出版社 1991 年版，第 755 页。

③ 许马尔：《立夏》，《山水推富春》，中国文史出版社 2006 年版，第 94 页。

④ 《钱塘江上的九姓渔民》，《浙江民俗》1985 年第 1—2 期。

九姓渔户立夏“过去还有秤人的习俗，民国后没有了”[①]。建德渔户于立夏日，不论男女老幼均要称体重。称重时，秤砣只能由内往外打，不能向内，喻义孩子越长越“大”(重)；称重的结果也颇有讲究，既不能逢“九”，也不能刚好是“100 斤”。如果称出有一个逢“九”，则应往上加一斤。若是 99 斤，则要算 101 斤。桐庐渔户也有称重习俗。“是日民间男女老小，除属蛇、属龙及有身孕的妇人外，都要在午饭后称体重，说是可疰夏，实为称重，与去岁比其肥瘠而已。立夏忌坐门槛，坐门槛有夏天变‘瞌睡鬼’的说法。”[②]凡重量逢十的齐头数，必多报一斤。

渔户关于立夏称人说法有三：一为三国蜀汉先主刘备死后，诸葛亮将刘阿斗交给赵子龙送往江东，拜托孙夫人抚养。那天恰好是立夏，孙夫人当着赵子龙的面，为阿斗称了体重，精心呵护。第二年立夏，将阿斗的体重再称一次，向诸葛亮报告。该做法深入民间，成为立夏称人的习俗。另一种说法也源于三国。相传魏国司马昭发兵灭了蜀汉，俘虏了刘阿斗。唯恐汉地臣民不服，遂善待被俘的刘阿斗，封为“安乐公”。阿斗受封时，恰好是立夏日，司马昭当着前来洛阳蜀汉降臣的面，给他称了体重，以后每年立夏均称一次，并布告天下，以声明自己未曾亏待“安乐公”。三说为元朝初年，元兵入主中原，将全国人民分成四个等级，第一个等级当然是蒙古人，也是元人；第二个等级是色目人，主要是西域人；第三个等级是北方汉人，他们较早降服；第四个等级是南方汉人，因为他们最晚降服。为了防止南方汉人反抗，每 10 户人家派驻 1 名元兵监视，也由这 10 户人家供养。元兵进驻时，按例须称体重，来年立夏再称一次，看看体重是否增加，若是重了，自然无话可说；若是轻了，则要罚一定的银两补偿，以示惩罚。[③]

第五节　九姓渔户的端午礼俗

端午各地均有赛龙舟以纪念屈原的习俗，钱塘江上的渔户于“端午节不赛龙舟”[④]。但徽州新安江上的九姓渔户是个例外。“屯溪每年端午节，老大桥下

① 《钱塘江上的九姓渔民》，《浙江民俗》1985 年第 1—2 期。

② 许马尔：《立夏》，《山水推富春》，中国文史出版社 2006 年版，第 95 页。

③ 沈伟富：《风俗漫谈》，天津古籍出版社 2008 年版，第 122 页。

④ 方向：《富春江上的九姓渔户》，《中国民间文化》第 14 集，学林出版社 1994 年版，第 162 页。

面‘划龙船’‘边龙船’(边,土话即跳水)”,都是屯溪渔户唱主角。[①] 屯溪渔户于端午节举行龙舟竞渡有着悠久的历史,龙舟制作相当精美,龙头和龙尾均由祖传,刻画精细,栩栩如生。龙船为敞篷式,上面插满五色三角旗,船中央有一高达丈余的木架,基部覆盖大红土布;水手均红巾包头,对襟白褂。船上有锣有鼓,既司号令,也壮军威。午时秀丽的新安江两岸观者如潮,三条敞篷架上插满各色彩旗的龙舟,由罗汉松段江面起航,溯流而上,每条船上都有20多名精壮的水手,在锣鼓以及鞭炮声中凭着娴熟的划船技艺,奋力挥桨,你追我赶。龙舟穿过屯溪大桥后,掉头泊于小澎湖江面。“这时,高昂的龙嘴喷吐出一股袅袅的黄烟。站在桥上、岸上的大亨们便向水中抛洒银元、金币,龙舟上的水手开始大显身手,从2米高的木桥用各种姿势轮流跳入波光粼粼的江中,潜水寻宝。”[②]渔户表演“打漂”,这些“浪里白条”不仅从龙船的木架上往江中跳,有的竟敢站在离地面十几米的老大桥的石栏杆上往下跳,动作舒展优美,潜水也矫若游龙,且毫无防护措施,这种高台跳水,惊心动魄,叹为观止。民众响声如潮,江上岸畔,人潮声和击鼓声此起彼伏。“端午节到老大桥看打漂”早已成为徽州的习俗。

《休宁县志》也记载:“临河城镇,如海阳、万安、溪口、龙湾等地有‘赛龙船’的风俗。木船前后梢安装龙头龙尾(万安有特制周身刻有鳞状的龙舟),参与表演者多是船民.有的潜入深潭捞取硬币、咸鸭蛋、粽子等,有的在大石桥或船架上(龙船置有高木架)跳水,俗称‘打漂’。”[③]两岸观众云集,气氛热闹紧张。抗日战争期间,“赛龙舟”已很少见。

端午,也称端阳节,其另一起源于对恶月的禁忌。端午正值农历五月,仲夏疫病流行。古人均有端午日沐浴的习俗,目的在于清洁个人卫生。建德渔户是日于船上悬挂钟馗画像,以及“五毒图”(蜈蚣、蝎子、壁虎、蛇和蜘蛛),还插菖蒲、艾叶与桃枝,据说为了避邪。菖蒲和艾叶含有芳香油,有驱虫及净化空气作用。端阳节天气开始转暖,空气也较为潮湿,蚊蝇滋生,疾病增多,古人缺乏科学知识,遂于端阳悬挂一些人形的菖蒲根,以驱鬼避邪,祈求健康。还在船上撒石灰,焚药末,以驱杀蚊蝇。九姓渔户于端午节“全家喝雄黄酒,吃大蒜,鸭蛋,吃一个鸭蛋要烧三根灯草火(用灯草火烧皮肤),有的害怕烧灯草火,只好不吃鸭蛋”[④]。建德端午午餐菜肴丰盛,要吃“五黄”(黄瓜、黄鱼、黄鳝、雄黄酒和咸蛋黄),《白蛇传》中描述白娘子喝了雄黄酒显露原形,民间认为雄黄酒具有破解毒

---

① 邵弹声:《屯溪船民》,《黄山市文史资料》第4辑,2012年,第97页。

② 安徽省地方志编纂委员会编:《安徽省志(民俗志)》,方志出版社1998年版,第201页。

③ 休宁县地方志编纂委员会编:《休宁县志》,安徽教育出版社1990年版,第592页。

④ 浙江民俗学会编:《浙江风俗简志》,浙江人民出版社1986年版,第110页。

蛇、蜈蚣等毒虫的作用。端午也吃粽子和大蒜，以及绿豆糕。端午节亲友之间相互赠送礼物，也称送礼节。“端午日，小孩子穿新衣。”[①]建德渔户孩子于是日胸挂香袋，以红绿丝线编成，内装冰片、雄黄、樟脑丸，其形状有鸡形或粽形，长宽不过一寸，花样繁多；臂套彩圈，以红绿丝线编成的圈子；脚穿老虎鞋，鞋头以黄丝线绣成老虎模样；额画老虎字，以雄黄画个“王”字。

桐庐渔户有着颇为讲究的礼节。五月为毒月，疫疠横行，渔户均挂钟馗像，相传钟道乃食鬼之神，以避邪避秽；也张贴天师符箓，以驱逐鬼魅神怪。船上还挂上菖蒲、艾叶和桃枝，据传菖蒲似剑，能够杀鬼，而桃枝是避邪之物。船上还搞卫生，以苍术、白芷、乌药片烟熏，遍撒石灰以杀虫。五月乃梅雨季节，潮湿蒸郁，船只终年漂泊江上，百物生霉，以此达到驱虫和防霉作用。桐庐民谚曰：“五月五，五黄三白过端午。”五月又称“五黄月”，所以渔户于端阳节吃“五黄”，即雄黄酒、黄鱼、黄瓜、黄鳝和咸鸭蛋黄，还要吃白大蒜、白切肉和白斩鸡。雄黄酒不但大人喝，小孩也得喝。粽子也是端午传统食物，家家都裹，除了自家享用外，也用于赠送亲友。端午粽颇具时令风味，与平时粽子不同之处在于以豆板、大蒜等物裹成，有的还裹灰汤粽。桐庐渔户每逢端午节都要凑上份子钱，由地保主持，雇船派人前往芦茨迎接“芦茨菩萨”，进城做“芦茨社戏”。[②]

桐庐渔户对孩子爱护备至，端午大都是送给孩子的礼物。外婆给外甥送扇子、红肚兜、虎头鞋；干爹干娘为干儿干女送上寓意“包带大”的包袱、裤带、肚兜。所送的扇子、肚兜等均画有或绣有老虎、蛇、蜥、蜘蛛、蛤蟆五毒图案。端午节孩子挂香袋也有悠久的传统，小香袋做工精巧，色彩鲜艳。或装入蒜头，或放入雄黄系于衣上；或以黄布做成老虎头型，系于襟带间；或以布绣成鸡心、老菱等图案，内放香粉挂于胸前。端午节小孩的身上琳琅满目，除挂有香袋外，脸额上用雄黄写成“王”字，身着五毒衣，脚穿虎头鞋，手持五毒扇，喻义“以毒攻毒”。还要给孩子分食黄蚕豆，无非驱邪避秽，保护孩子健康成长。“令孩子们最惧怕的是端午节烧灯草，端午日午后，每个小孩的肚脐眼上都免不掉烧上几个灯草火，据说端午烧了灯草火，夏天不会因戏水时间长水湿侵身而患病。”[③]端阳节未来的女婿还要向准岳母赠送礼品。五月乃农历的梅雨季节，时雨时晴，时冷时热，疫疠蔓延，端午节采取一些防护措施，也有益健康。

---

① 浙江民俗学会编：《浙江风俗简志》，浙江人民出版社1986年版，第110页。

② 桐庐县交通局编：《桐庐县交通志》，1990年，第225页。

③ 许马尔：《端午》，《山水推富春》，中国文史出版社2006年版，第97页。

第六节 九姓渔户的七夕礼俗

农历七月七日晚，建德的大姑娘小媳妇均在庭院陈设瓜果，月下穿针斗巧，喃喃祝福，又称："二七巧。""是夜薄有红云或杂以五色者，群以为祥。渔户则江天水月，别饶风趣，故此风尤甚。"①七月七日乃"乞巧节"，乃汉族共同的节日，西湖竹枝词曰："七夕年年约女邻，戏将乞巧试银针。谁家独见龙梭影，绣出鸳鸯不度人。"描绘江南地区姑娘于此日向天上织女乞求智慧的风俗情趣。九姓渔户也是汉族，因水上生涯数百年，其乞巧的风俗与岸上民众略有不同。"七月七日七巧节，儿童、姑娘皆上船头在月下穿针斗巧，露坐深宵。"②渔户姑娘于船头乞巧，颇具诗情画意。

渔户有关牛郎织女的传说与"岸上人"所传，大同小异。渔户相传，牛郎是个孤儿，与兄嫂一起生活。由于嫂嫂不贤，被哥哥赶出家门，仅分给他一头老牛。老牛心地善良，还有法术。织女下凡游戏，在一条山涧水中洗浴。老牛施用法术，偷来织女衣衫，促成了牛郎和织女的婚姻。牛郎与织女乃天生的一对，地配的一双，他们男耕女织，生有一双儿女，生活美满幸福。天上的王母娘娘知晓后，极为恼怒，派人抓走了织女，拆散了这对美满夫妻。老牛不忍心再看到牛郎一人孤苦伶仃地生活，遂撞断一根牛角，变成一条小船，让牛郎挑着子女坐船去追赶织女。牛角船腾云驾雾疾驰如飞，眼看就要追上。王母娘娘怒不可遏，拔下头上的银簪，化成一道波涛汹涌的银河，挡住了牛郎的去路。牛郎和织女隔河对泣，谁也不愿离去。他们忠贞的爱情，感动了天上的喜鹊。喜鹊啄下五彩羽毛，搭成鹊桥，让他们在桥上相见。此时老牛也赶上了天，向玉皇大帝陈述牛郎和织女真挚的爱情。王母娘娘无奈，不得不同意每年七月初七由喜鹊搭桥，让牛郎和织女在银河上相见一次。

织女乃天宫中有名的巧女，人间妇女都要在这天晚上趁她离开天宫与牛郎相见的时候，向她乞求智巧，九姓渔户的姑娘们自然也不例外。渔姑因受经济条件的限制，不可能与岸上的姑娘们一样，购买许多水果、蜜饯献给织女，只能舀一碗清水放在船头，让织女回忆美好的往事。"等到月亮升起，江面泛起银波清辉泻满船台的时候，姑娘们相约来到船头，丢一枚银针在碗里，然后各自取出带来的五彩丝线和九枚银针，开始穿针赛巧。这晚的角逐结果是保密的，谁的

---

① 夏日璈等修，王韧等纂：《建德县志》卷三《风俗志》，民国八年铅印本。

② 建德县志编纂办公室编：《建德县志》，浙江人民出版社1986年版，第853页。

手最巧，谁的手次之，谁的手笨拙，只有参加赛巧的姑娘们自己知道，谁也不会泄露‘天机’。当姑娘们婚后向丈夫叙述赛巧的往事时，谁都可以大胆地说：‘我的手最巧。’”①朦胧的月色中，溶溶的月光，缀满星星的江面，停泊三三两两的渔船，船台上三五成群的渔姑盘腿坐成一圈，她们面对那只盛满清水的碗，默不作声地将银针一枚一枚穿入五彩丝线，穿完一次，再来一次，直到投入碗中的那枚银针不见影子，抱成一团，仰望澄碧的天宇，凝神静听牛郎和织女的喃喃私语。

兰溪的九姓渔户，乃明代朱元璋所贬陈友谅所部，也有渔姑七夕拜月穿针乞巧，期盼改贱为良。“明代抗师陈友谅九姓子孙家属被朱元璋贬入舟居，永不上岸，流落严（州）兰（溪）的历史悲剧，反形成了渔民水上舟居的独特风俗，七月七日七巧节，船家姑娘拜月穿针，露坐深夜，祈盼上岸来。”②兰溪九姓渔户的姑娘在七月七日七巧节，祈求织女赐福，让渔户不再舟居，祈求上岸陆居。

第七节　九姓渔户的中元礼俗

农历七月十五日为道教的“中元节”；因是日超度亡灵，又称“鬼节”，俗称“七月半”；也是佛教信徒追念祖先的祭日，称为“盂兰盆会”。九姓渔户也信仰佛教。“七月半是和尚道士超度孤魂的鬼节，一连三天，末了一天晚上由和尚演目连戏和驱鬼。死亡不久的人，家属或在七月半扫墓，称为‘上新坟’，以后则不然。”③相传，农历五月十三阎王放鬼，七月十五家家祭祖，家鬼有吃有喝还有钱花。唯有孤魂野鬼，至七月三十阎王收鬼时，因无人献祭，仍滞留在外。孤魂野鬼在外撒野，给人间带来祸害。普度孤魂野鬼就成了民间重要的善举。

农历七月十五的夜晚，古镇梅城颇为热闹，年年都要举行“盂兰胜会”，俗称“放焰口”，渔户都要祀孤魂，“放水灯”，祈求水上平安。由地方绅士、商店老板集资，在府门口搭起一座“七宝功德台”。备置各式菜肴，时鲜果点，蜡烛香火，小粒馒头（俗称“鬼馒头”）。入夜，请道士或和尚数人，登台念经唱咒，坛上道士不时手抓小粒馒头指弹于地，焚烧纸钱纸衣，超度孤魂野鬼。深夜12时，道士带领“提灯手”，将各家各户送来的纸灯，拿到南门码头，放入新安江，曰“放水

---

① 李干才：《七月七乞巧节》，《建德文史资料》第7辑，1990年，第179页。

② 胡汝明：《漫谈船文化》，《兰溪丛谈》，1999年，第205页。

③ 方向：《富春江上的九姓渔户》，《中国民间文化》第14集，学林出版社1994年版，第162页。

灯”。“亦叫‘放鬼灯’。乃以三四寸见方的红绿油纸，粘折成杯形，内放少许菜油，中竖一枝灯草，点燃后投放水面。数百盏水灯，顺新安江而下，远望如繁星一片，观者如潮。”①梅城的水灯有两种，一种用红绿纸制成，形如莲花，纸用油粿过，落水也不会渗漏，内放菜油和灯芯；另一种用木板或篾丝制成，外糊五色纸，内点小蜡烛。这些“水灯”均由梅城善男信女制作送来，大小不一，花色各异。“‘放水灯’的任务，一般都由南门渡船和渔船上的人担任。据说他们在水上生活，更希望得到‘孤魂’的保佑而不出事故。放的时候要好几只船一起撑到上游的七郎庙边的江上，大家齐心协力，点的点，放的放。方法也很巧妙，把点好的灯放在米筛上，一待放满，即将米筛浸入水中，非熟练的手段是无法完成的；因为时间一久，前面点着的油就会烧光，不能流到下面去了。”②亮闪闪的水灯晃悠悠地漂浮起来，随着江流缓缓飘远。微波荡漾，闪烁的五彩水灯散开而聚拢，聚拢复散开，波光粼粼的江面溢彩流动。盏盏水灯顺波逐浪，随风游荡，忽疾忽缓地向三江口漂去，蜿蜒形成“一”字长蛇阵，缤纷炫彩，眼花缭乱。万千水灯仿佛满天繁星点缀江面，将三江口装扮得分外艳丽，蔚为壮观。水灯油尽灯灭，也就完成了将孤魂野鬼引过奈何桥的任务。渔户终年在水上讨生活，希望以此讨好孤魂野鬼，祈求一生平安无事。（图 9.1—9.2）

图 9.1　建德制作水灯

淳安每年农历七月十五晚上，也有渔户于新安江上“放水灯”的习俗。“因新中国成立前，店家运输货物，都是通过木帆船，将山货土特产如桐油、柏油、茶叶、木材等运输到杭州；布匹、五金、杂货等从杭州运回来，全靠新安江这条水

① 建德县志编纂办公室编：《建德县志》，浙江人民出版社 1986 年版，第 855 页。

② 程秉荣：《梅城七月半放水灯》，《浙江民俗大观》，当代中国出版社 1998 年版，第 53 页。

图 9.2　建德七月十五放水灯

路。‘放水灯’是为了祈求水上运货安全。”[①]渔户以油纸做成一个圆形的盆状，里面倒上菜油，用细铁丝或铁片将灯草固定，犹如古时灯盏。天黑后，将水灯带到新安江边，将灯草点亮放入水中。由于放的水灯很多，几百盏灯在新安江中漂流，点点火光，忽明忽暗。七月半乃“鬼节”，放水灯乃给“孤魂野鬼”照亮前程。

桐庐渔户也于农历七月十五超度亡灵，俗称“鬼节”。“船户则在江上漂放水灯，祭奠亡灵。活动持续到月底结束。”[②]“放水灯”，也称“放鬼灯”。“旧时桐江每逢七月十五日夜晚，家家船民都要到江里去放灯，谓之祭‘水神’，成为惯例。‘放水灯’是由坐埠船的长者牵头，集资统一做灯。水灯用红、黄、绿、白等颜色纸，做成元宝形，用熟桐油浸之，晾干即可使用。不渗水，浮性好，灯内备有灯盏，用菜油浸灯芯或用小红蜡烛点燃。放灯时，两船并拢，上扎彩条，鸣锣，道士念经，边行边放，顺桐江而下，远望似‘双龙嬉水’‘长蛇漫游’，观者如潮。”[③]“放水灯”乃桐庐九姓渔户的一种习俗，乃是赈济水上孤魂的善举。民间传说农历七月十三日阎罗王放鬼，至七月三十日阎罗王收鬼时，因无人祭烧，野鬼没有着落而仍滞留在外，所以桐庐九姓渔户七月三十日定为赈济水上孤魂的日子。

① 王召里：《贺城的奇风异俗》，《古城忆旧》，中国文史出版社 2017 年版，第 141 页。

② 桐庐县志编纂委员会编：《桐庐县志》，浙江人民出版社 1991 年版，第 755 页。

③ 桐庐县交通局编：《桐庐县交通志》，1990 年，第 225 页。

是日要举行“放焰口”和“放水灯”的习俗，亦称“水上盂兰盆会”。

桐庐“放水灯”由九姓渔户坐埠船的长者牵头，凑上份子钱，统一聘请和尚、道士作“盂兰盆会”超度孤魂，放焰口“施食”。水灯则由东船西舫各自制作，以竹削成篾片扎成元宝、荷花或船型等骨架，用红、黄、绿、白等颜色纸糊上，以熟桐油浸泡，再将底部沾上砂，晾干即可使用，这样不会渗水。或在灯底座钉上木板，漂浮性和稳定性均较好。灯内备有灯盏，以菜油浸灯芯或以小红蜡烛点燃，再放入水中。夜晚，渔户将两只开艄船并拢，和尚或道士分生旦净末丑排成“八仙”。“船后舱用八仙桌搭成香案，明烛高烧，香烟缭绕。船头设佛灯一盏，船四周插满旗幡。船中道士或和尚，吹唱道场或念佛号，沿途两边向水中抛撒馒头，亦曰‘鬼包子’，边焚烧冥镪。船后小舢板紧随，舢板上有专人将盏盏水灯点亮后放入水中，灯飘水中，烛影摇红，似金银洒江面，把桐江水面装点得如天上银河一般。”①据说“放水灯”乃是做善事，专为屈死水中的冤鬼引路。渔户放的盏盏水灯顺流而下，浮远飘散，油尽灯熄后，就完成了将冤魂引过奈何桥的任务，桐庐县城水域的孤魂野鬼被送走，确保了一方水域的安稳。桐庐沿江富春江各埠的渔户也有“放水灯”习俗，乃约定俗定，各自水域则由各自放送，各保一方水域平安。

富阳农历七月三十日也于城南富春江“放水灯”。“邑城南门外遍燃水灯，一望如繁星灿烂；又有画船箫歌，高唱入云，殊属生面别开。”②每年农历七月，富阳街上的富豪和商家都会出钱，组织渔户制作水灯，先以厚木板做一只圆形的小臼，选用质地柔韧，色彩鲜艳，20 厘米长、易以折叠的皱纹纸，剪出花瓣形状，中间留出碗口大小的部分，然而包于小臼外，做成立体形。将固体松香放入锅中加热融化成液体，把水灯外部 1.5 厘米处在松香液体中浸一下，冷却粘住后不再进水。加入一木匙菜油于小木臼内，放上一根灯芯，点燃后再放入水中。或用竹篾扎成各种造型优美的花灯，外糊透明白纸，上绘彩色图案，中燃红烛，灯底以竹片或板条衬托。待到三十日晚上，所有水灯都由渔户以船划到苋浦口、鹿山之湾、上水门、下水门等地投放，任其顺流飘浮，无数明灯如繁星闪烁，照耀江面，蔚为壮观。另有两艘渔户的开艄船上，有锣鼓乐队吹打，从桅杆顶处至船尾挂满大小灯笼，围绕江面水灯，跟随而下。执钵沙弥、提护羽士均参与其中。活动分工明确，井然有序。清代著名学者王义祖在《春江水灯记》中，对富阳的水灯会有过以下形象的描绘。

七月之晦，天光向暮，明星莹莹；江无刚风，水波澄澈。有小灯若紫金

① 许马尔：《放水灯》，《山水推富春》，中国文史出版社 2006 年版，第 160 页。

② （清）汪文炳、何镕等纂：《富阳县志》卷十五《风土志》，光绪三十二年刊本。

盏者百余，从苋浦出，浮于江。顷之，鹿山之湾，光熊熊然，蜿蜒而来者，其势若游龙。又顷之，而上下水门，红焰一派，竟出至江心，回环映射，无虑百千万万。沿沙岸，列洲溆，光照数十里，明如昼焉。邑之人扶老携幼，相聚而观之，乐何如乎！而不但如此，其时，江气沸腾，人声甚嚣，舴艋驰逐如飞，率以绛灯标于桅以为识，有护灯者，有吹画角巡逻者，有爆竹助喧者，有束蒿草而焚之者，有奏箫管、击钲铙者，有燃灯如球自能矗立霄汉而起者，有结灯棚为塔而涌出江上者，有以小筏叠九叶莲灯百十架往来其中者，忽离忽合，忽东忽西，终宵未已。是胡为者？邑之人曰："是为水灯，春江故事也。"呜呼，盛哉。①

清代富阳诗人王力田也赋有《七月三十日观富阳江中水灯》，如下。

佛诞今宵，正修建神法醮。柳荫里，钲铙鸣聒，香烟缭绕。执钵沙弥招故鬼，提炉羽士朝员峤。到三更，万点灿红莲，江天照。

辟支塔，装糊好；慈航筏，伊呀棹。看江堤士女，纷纷来到。羽扇蕉衫游冶子，风鬟雾鬓倾城貌。画船中，羌笛夹胡弦，终宵闹。②

农历七月十五日衢州渔户也放水灯。常山渔户"每年农历的七月十五，船家要请道士来'打醮'（用酒祭水神）和'放焰口（设道坛祭冤死鬼）'。结束后，一要在紫港浮桥中段放水灯（用黄表纸折成船形，放在熔化的蜡中一蘸，点燃放入水面，随水流直下。其意是送冤死鬼上路）。船家也有在自家船头放水灯的。二要给资助户送红灯笼，灯笼上写着'一路平安''一帆风顺''一本万利''长居久安''恭喜发财''吉祥如意'等彩词"③。还要请坐唱班在码头演唱，以助渔户的威风。衢江中元节最隆重的莫过衢州九姓渔户"放水灯"。清代衢江"放水灯"已蔚为壮观。《西安县志》载："中元俗称'鬼节'，素食祀先，沿河竞放水灯，灿烂若星点。"④水灯，也称河灯、鬼灯或荷花灯。衢江的水灯用纸卷折，糊成倒置的漏斗形状。水灯的底是平的，正方形的四个角，用松香胶上，不仅浮性好，还能防水。一般香店均有购买。水灯有大有小，里面倒上桐油、清油，保佑清清

---

① （清）王义祖：《春江水灯记》，《富春江今古散文选》，延边大学出版社1999年版，第255页。

② （清）王力田：《七月三十日观富阳江中水灯》，《历代诗人咏富阳》，延边大学出版社1999年版，第180页。

③ 徐文：《浙西唯一的跨江紫港浮桥》，《衢州民俗大观》，吉林文史出版社2004年版，第89页。

④ （清）姚宝煃等修，范崇楷等纂：《西安县志》卷二十《风俗》，嘉庆十六年修，民国六年重刊本。

洁洁。以灯草做灯芯，点上香烛。简单的水灯就是将香烛插在木板上。吃过晚饭后，民众自发地来到衢江岸边，竞相观看水灯。“当时衢江上有五六只船，专门有人在船上放水灯的。点一只，放一只，从双港口一直放到樟树潭。开始的时候是一条线，慢慢地就散开了。”[①]水灯顺着衢江水流，缓缓而下，由近到远，时分时合，倒映在江面，灯影在被风吹皱的波纹里闪烁，摇曳多姿。彼时，江面上似散落千朵万朵金花，也恰似星星点点。（图 9.3）

图 9.3　衢州中元节放水灯（吴宗杰供图）

衢江渔户除了放水灯之外，还有专人奏乐祭祀孤魂野鬼。渔户船上设有香案，点燃香烛。水亭街上的道士坐在船上，摇铃超度孤魂野鬼，以祈求平安。聘请道士的钱也是渔户集资。“请道士的钱都是船老板出的，郑怀棪老人清楚地记得有个大老板叫钱生富，后来开了油行，裕隆油行，是最有名的。随后，他还兴致勃勃地为我们列举了一长串船老板的名字，末了他说，放水灯这些老板拿出来的钱最多。船老板经营的是水上生意，为了保平安，少淹死人，‘放水灯’，请道士，似乎也成了与经营航运生意同样重要的事。”[②]衢江常有孩子不慎落水淹死，特别是衢州老浮桥一带。相传有个和尚在水亭街丢下聚宝盆，就成了很平的滩，水亭街遂不再淹死人。当年有孩子淹死的人家也会去“放水灯”。千盏万盏水灯渐行渐远，带走了水上的孤魂野鬼，带来了一方水域的平安。

---

① 吴宗杰：《衢州水亭门历史文化街区（坊巷遗韵）》（上），商务印书馆 2017 年版，第 148 页。

② 吴宗杰：《衢州水亭门历史文化街区（坊巷遗韵）》（上），商务印书馆 2017 年版，第 149 页。

每逢农历七月十五或三十，从衢江、新安江、富春江乃至钱塘江，从衢州、梅城乃至闻堰，沿江各县都要举行“水灯会”。渔户举行的“水上盂兰盆会”，视年景的不同而各异。解放前那些兵荒马乱的岁月，物价飞涨，民不聊生，渔户自身难保，没有闲情雅致照顾水上屈死的冤鬼，只好予以怠慢。解放后，九姓渔户翻身得解放，讲究科学，破除迷信，逐渐明白水上无鬼的道理，七月十五放水灯的习俗也随之消亡。

第八节　九姓渔户的中秋礼俗

屯溪的汪姓渔户，对汪公颇为崇信。“靖阳节”乃黎阳街祭祀先祖唐代越国公汪华的传统庙会，正日虽然定在八月十三日，但会期却长达半月之久。届时，民众祭神礼佛，祈福消灾，接亲邀友，共襄盛举。上下黎阳两个戏班打擂台，连唱三天三夜娱神。“老爷出巡”乃是庙会重头戏。八月十二日夜间，供奉在汪公庙、九相公庙的十一尊老爷神像依次被请出，列队摆出全副仪仗出巡。“黎阳街每年农历八月十三汪公庙会——跑马‘磨豆腐’，场上跑马的都是水上人表演。”①“黎阳跑马祭汪华”乃是庙会的压轴戏。八月十三日下午，汪公庙戏台前广场人山人海，坐轿的“汪公佬”和新老关帝坐在中央，其余骑马的八位“老爷”由先锋打头，沿着观众让开的跑道，逐个跑上三圈。“九相公”最后一个跑，但要跑九圈，而且每跑一圈都要脱换一件袍甲，曰“跑马”，亦称“磨豆腐”。渔户跑马时，全场欢呼，鼓乐齐鸣，将汪公庙会推向高潮。

农历八月十五日为中秋节，也称“八月半”“仲秋节”或“桂月”。此乃合家团圆节日，建德住娘家的妇女是日必回婆家过节，又称“团圆节”。中秋也是个重要的祭神节日，既热闹且充满神秘色彩，也有丰富的风俗内涵。九姓渔户“中秋与‘岸上人’同，吃点月饼、酒菜等东西”②。建德渔户于中秋节互相赠送礼品，有月饼、五加皮酒，也有粽子和麻糍。主要以月饼为主，月饼也称“团圆饼”，为中秋最具代表性的节日礼品，市面上应时出售，品种繁多。中秋晚餐，渔户准备丰盛的酒菜，合家在船上团聚共饮。仲秋之夜，渔户也拜月、赏月，月亮升起时，渔户在船上对月设上香案，摆上月饼、西瓜以及其他一些瓜果，还特地摆上一捆青豆，据传专供月宫的玉兔享用。有的还要供上一只玉兔，该兔乃身穿甲胄，兔面人身的泥塑。布置完毕，烧香礼拜。因月属阴，所以拜月者均为渔妇。建德民

① 邵弹声:《屯溪船民》,《黄山市文史资料》第4辑,2012年,第97页。

② 《钱塘江上的九姓渔民》,《浙江民俗》1985年第1—2期。

谚曰:"男不拜月,女不祭灶。"渔妇一边磕拜,一边祷告:"八月十五月正圆,西瓜月饼敬老天,敬得老天心欢喜,一年四季保平安。"礼拜之后,渔户全家分吃月饼。

桐庐九姓渔户也在中秋夜的船上朝月出的方向张桂"月光神祇",并设立供案。祭品除了必备的月饼外,还有时令的石榴、柿子、栗子、老南瓜等瓜果,又称"月果"。待月亮升天后,再点燃斗香恭祀"太阴星主月光菩萨"。因月亮属阴,故拜月者均为渔妇和儿童,而渔夫则不拜月。拜月完毕,先焚烧"月光神祇",再撤供,全家在月光下吃"赏月饭"与"团圆饼"。"一年明月今宵多",中秋月色比其他日子显得格外美丽,水银般的清辉,洒向整个人间。有的赏月时别有一番情趣,专门放上一盆清水,不仅抬头欣赏天上明月,还能欣赏脸盆水中的月亮。许马尔回忆童年赏月时的童趣:"早年中秋佳节对孩子们来讲是最高兴的日子,边赏月亮,边吃月饼、瓜果,同时还能听大人们讲吴刚伐桂、嫦娥奔月等神话故事。望着月亮中的阴影,往往会引人遐想,发人深思。"[①]桐庐渔户也时兴中秋送礼,桐庐人称送"八月半"。渔户晚辈和女婿等应向长辈赠送月饼、果品、酒、蹄髈等礼品,亲友之间也互相馈赠,这些礼物相赠,取其团圆之意,以增添节日的欢乐气氛。渔户中秋吃月饼,与岸上民众习俗相同。桐庐主要流行苏式月饼,月饼的配料也极为讲究,具有皮酥、馅香、色黄、油润、层酥相叠等特点。馅心多以果料、果仁、细沙、芝麻等为主,配以桂花等天然香料,重油而不腻,重糖而爽口。

九姓渔户作为贱民,属于弱势群体,节日礼俗已接近于岸上平民。农历十二月二十四日,渔户送灶王爷,相信灶王爷兼管水族,能带来渔业丰收。杭州江干的九姓渔妓遵行"军三民四龟五之俗",例于十二月二十五日祭灶。渔户回到坐埠地过年,撑离码头,与岸上平民隔离,以示保持距离。负债累累的贫困渔户则撑往僻静之处,以躲避债务。元宵节渔户也与平民一起赏玩龙灯,桐庐渔户"落灯"之时,还要"放草船"送"邋遢",祈求平安吉祥。清明扫墓祭祖,祭祀周宣灵王,常山渔户则举行请"青面将军"仪式。立夏建德渔户必吃蛋,桐庐渔户必吃"囫囵蛋",以防疰疖。端午乃恶月,疫疠横行,渔户在船上插菖蒲、艾叶与桃枝以避邪。兰溪渔姑于七夕节,拜月穿针乞巧,期盼改贱为良。渔户漂泊江上,中元节"放水灯"以超度水上的孤魂野鬼,确保水域平安。八月中秋,渔户也拜月庆祝团圆。

---

① 许马尔:《八月中秋》,《山水推富春》,中国文史出版社 2006 年版,第 102 页。

第十章　九姓渔户的遗俗

相传九姓渔户自明代被朱元璋贬入钱塘江水居数百年，形成颇具特色的习俗。九姓渔户有诸多禁忌，认为赶条鱼乃棺材扛，鳗鱼为棺材素，忌讳煮食。鱼从岸边跳舱，应予放生；若鱼从江心跳舱，才可食用。渔户有鲥贡的传统，停止鲥贡以后，第一尾捕获的鲥鱼，也要贡献给地方官享用。渔户载货搭客启程时，忌讳出声，忌用“翻”和“沉”等不吉语。渔户建造新船欲挑选黄道吉日，每年都要修船1次，每3年必须大修。九姓渔妓未婚者曰“同年妹”，已婚者曰“同年嫂”，形成“只迷不骗，太平铜钿”的行业规范，有一整套接客的“江山船”切口。诚如童振藻所言：“九姓渔户因不与齐民为伍者约历数百年之久，其习惯风俗，多与齐民不侔。”

第一节　九姓渔户的渔俗

九姓渔户中的渔民，以打鱼为生，形成了诸多的渔俗。就语言而言，不管从事何种职业的渔户，均不得说“翻”和“沉”等不吉利的词。屯溪“与船民、纤夫聊天，忌说‘翻’‘沉’‘倒’‘搁’等不吉利字眼”①。桐庐渔户吃鱼时颇有讲究，盘中的鱼不得翻身；上边的鱼肉已吃完，只能透过鱼刺去夹下面的鱼肉吃，不可说将鱼翻转吃。如果要将鱼翻个面，不能说翻过来，只能说“正过来”。且要留有头和尾，以喻义“年年有余”。甚至烧鱼时，也不得将鱼翻身。“吃鱼时不翻身是船民、渔民的一大规矩。那是因为‘船上人’对‘翻’字是很忌讳的，最怕和翻船扯在一起，故平常对‘翻’字十分慎用。碰到非用‘翻’字不可的时候，也用别的字替代。如跳板翻个面，说成跳板调个面，将翻仓说成盘仓。因此，在吃鱼时上半面吃光后，也只能透过鱼刺去夹下面的鱼肉吃，绝不可将鱼翻个身，甚至连下锅

① 黄山市屯溪地方志编纂委员会编：《黄山市屯溪区志》（下），方志出版社2012年版，第1253页。

烧鱼时也不翻身。”①衢州渔户以鱼请客时，以筷指鱼，以示请客人先品尝，然后宾主一道食用，上面的鱼肉吃净后，不得用筷子夹住鱼体翻身，不仅渔户不去翻盘子的鱼身，也不会让客人去翻，而是由渔户预先持筷，从已吃过的鱼体上面鱼刺空缝将筷子伸进，再拨拉出整块的鱼肉。请客人食用时，还要不断地说：“顺着吃，顺着再吃。”锅碗洗净后，不得倒扣，吃羹或汤食时，所用羹匙背朝下平放在桌上或碟中，不得将羹匙背朝上搁于羹汤碗沿，否则意味“不是翻船”就是“空舱而归”。“喝酒时，忌将空杯底朝天，因其寓意‘船底朝天’。”②渔户对“翻”字极为忌讳，有“翻船”之意，故平时对“翻”字慎之又慎。碰到非用“翻”字不可时，也以其他的词替代。“翻身”则曰“转身”。与“翻”同音的“帆”，称为“风篷”。谐音“沉”的“盛饭”要说“装饭”。衢州方言辣椒称为“翻椒”，这也犯忌，不得直呼，应改为“辣火”。然而，与“翻”同音的“蕃芋”“番茄”却并不忌讳，显然，唯有船上的物品有忌讳。

渔户进行捕鱼作业时，出门捕鱼，若路上第一个遇到的是女人，被视为不吉利，会捕不到鱼，不如打道回府。渔户不得答应预约买鱼，否则将空网而归。早上开船捕鱼，若发现狗在水里游泳，则会交“好运”。如果发现老鼠从船头游过，则认为这天要倒“霉运”，捕不上鱼，就要打道回府。早上开始捕鱼，捕上的若是鲦鱼，则以为不吉利，该鱼体型很小，呈条状形，侧扁白色，被认为是不吉祥的鱼。第一网若捕到这种鱼，认为运气欠佳，轻者白辛苦一趟，重者可能网破船漏，乃至更有不祥之事发生。渔户谚语曰：“鲦鱼跳进仓，全家吃砻糠。”若是鲦鱼跳进船舱，不仅捕不到鱼，全家都要饿肚子。若是遇上这种鱼跳进舱，应立即用刀将其头砍下，以“血破法”避邪。鲤鱼被渔户认为乃吉祥之物，有“鲤鱼跳龙门”之说，如果第一网就捕到鲤鱼，就被认为非常“利市”，鱼虾满舱，网网丰收。要是第一网就捕到黑鱼，那就是“上上大吉”。“因为黑鱼全身都黑，这就意味着渔民的心也‘黑’。这里的‘心黑’并不是心眼坏的意思，而是有‘贪心’的意思，也就是说这一天的鱼捕不够，会捕到一大批鱼。”③若遇到黑鱼跳上船，则认为“不吉”，黑鱼因为又长又黑，像抬棺材的样子，所以必须用刀将鱼砍断。如果捕到鱼头有斑点的鱼，则预兆最近几天有运气；若捕到身上有斑点的鱼，预兆最近这个月有好生意；如果捕到尾巴上有斑点的鱼，则预兆好生意在月底；若正月捕到身上有斑点的鱼，则预兆六月捕鱼生意会好。

---

① 许马尔：《桐江鱼俗》，《山水推富春》，中国文史出版社 2006 年版，第 72 页。

② 黄山市屯溪地方志编纂委员会编：《黄山市屯溪区志 》（下），方志出版社 2012 年版，第 1253 页。

③ 沈伟富：《风俗漫谈》，天津古籍出版社 2008 年版，第 154 页。

桐庐渔户于每年正月初三开始捕鱼，先以香烛祀神，放过鞭炮之后，就开船出江。“每次捕鱼行进中要噤声悄行，男张网、女划船，不得言谈，更忌与外人相互招呼。渔民间对捕鱼地点、捕获量及经验秘而不谈，亦忌探问。禁忌外人登船看渔货。网具以麻丝织成，并分别以柿漆或桐油髹染，髹大网时必至较高山麓进行，并不断念‘千斤、万斤，千斤、万斤’以图吉利。”①捕蟹以糯谷为饵，现已改用大网，捕量多时忌说“嘎许多”。渔户出船捕鱼时，不得声张，不得问到哪里去，否则惹恼诸路神灵，给作业带来不利。渔户驾驶渔船在江上捕鱼，全凭神灵保佑，渔船何时能够到达何地，渔户无法做主。出发捕鲥鱼时，船与船相遇，不能说去捕鲥鱼，更不得说去哪里捕鲥鱼。渔户出船捕鱼，不问姓氏，否则被水鬼听见，要去报告阎罗王，会被捉去。捕鱼作业时，男人张网，女人划船，不得谈话，唯有收网归舟时才可谈笑。因为作业时谈话，既会分散精力，还会提醒江中恶鬼，从中作梗。遇上逆风不得叫嚷，而要说“进财风来了”，风神听了就会高兴。如果捕鱼没有收获，不得说“捕勿着”，应说“不开荤”。鱼货卸完后，不得说“完了”，而要称“满了”。每年潮渔汛、鲥鱼汛、鳊鱼汛、毛鲚鱼汛，渔户赶到不同渔场。富阳县场口镇龙潭庙虽然鱼多，但因为是龙潭，任何人都不得去捕捉，否则必将受到严惩。

钱塘江的鱼类资源丰富，渔户捞鱼也有诸多禁忌。渔户在钱塘江撑船，撑篙在水中无意中撑到鳖。“船民认为撑篙头刺到鳖是最晦气的事，意为撑船吃鳖。若是遇到这等事，船民会连忙设法去掉篙头的鳖，并吐上三口唾沫，以避晦气。旧时吐唾沫，也是避邪办法之一。”②钱塘江上自然死亡漂浮的鱼乃司空见惯，但渔户对这种漂在江上的死鱼，打捞时却颇有讲究。有些鱼即便看起来仍很新鲜，渔户不会捞上来吃。“因为，旧时的船民对漂浮在水面死鱼都有一种比拟，如鲥鱼、白鱼象征着尸首；而鲇鱼、狗鲦鱼和鳗则代表着棺材、棺材扛和棺材绳。他们认为捞上这种鱼是极为不吉利的事，故对他们总是避而远之。”③渔户“认为赶条鱼为棺材杠，鳗鱼为棺材索，忌食”④。鲥鱼、白鱼犹如“尸体”，狗鲦鱼（鳡鱼）似“棺材杠”，而鳗鱼则似“棺材索”，不能捞来食用。还有几种死鱼也不能打捞，汪刺鱼会叫，渔户认为乃道士所变；鲇鱼头大，乃和尚所变；白花鱼（学名“翘嘴鲌”）似棺材板；浪君鱼乃江里死人所变。如果欲捞，也得丢下几枚铜钱，以示已花钱购买，以免晦气。

① 桐庐镇志编纂委员会编：《桐庐镇志》，1994 年版，第 418 页。

② 许马尔：《桐江鱼俗》，《山水推富春》，中国文史出版社 2006 年版，第 72 页。

③ 许马尔：《桐江鱼俗》，《山水推富春》，中国文史出版社 2006 年版，第 72 页。

④ 浙江民俗学会编：《浙江风俗简志》，浙江人民出版社 1986 年版，第 110 页。

九姓渔户吃鱼乃近水楼台先得月，但渔户吃鱼时，却有诸多忌讳以及约定俗成的规矩。但对跳上船的鱼也不能随意吃，船停在岸边或在航行中，常有鱼受惊跳跃。“鱼从岸边跳舱，忌食，应放生。鱼从江心跳舱，可食。”①渔户依据其从不同方向跳上船而予以区别对待。“从船内侧水中跳上船的鱼那是逃命的鱼，船民决不会吃它，而将其从船的外侧去放生；如果是从船的外侧水中跳上船的鱼，那是送死的鱼，旧有‘是个精，拿来秤，是个怪，拿来剖’的说法，对这种鱼可烧着吃，不过在吃鱼前得用秤称过，并向水中丢几枚铜钱，这样可免去吃鱼带来晦气。”②由岸边浅水跳进船舱的鱼是“逃难”，食之不洁，应立即放生；从江心跳进船舱的鱼那是“找死”，逮之无妨，可烧着吃。渔户也忌讳鮤鱼跳上舱，俗语曰：“船头跳金，船尾跳银，跳进船舱，鸭吃砻糠——空喜欢。”所以，凡有鮤鱼跳进舱，立即用刀将鱼头砍下，以血破法避邪。

渔户喜欢在捕鱼的船上养鸭，船艄尾上以一根绳子一头系住鸭脚，让鸭子在河中自由游动。俗称养鸭吉利，养在后舱，就是“有尾”，可以“压后艄”。鸭子在后面嘎嘎叫，渔户就放心在船头打鱼。“压尾”也称有尾，象征渔户后代有“尾”，香火不断。渔户养鸭，能将捕获而又卖不掉的小鱼小虾喂鸭；鸭会生蛋，渔户也能改善生活。

渔户过年，以鱼作为祭品。对于鲤鱼颇为偏爱，过年祭“天老爷菩萨”和“还年福”时，大鲤鱼乃必不可少的祭品。有的以活鲤鱼贴上红纸设祭；有的不去鳞，剖肚挖内脏腌后晒成鱼干贴上红纸替代；有的渔户年前将活鲤鱼以红纸封住眼睛，用线串在鱼的背鳍上，挂在香火堂前祭神。待大年三十谢过神后，再将其放生。鲤鱼封住眼睛以后，可以延长其存活时间。渔户大年三十晚祭祖时，必须有一碗鱼，一般都是两条全鱼烧成，成双搭对，有头有尾，曰“元宝鱼”。这碗鱼一般不会动筷吃，“鱼”与“余”同音，寓意“年年有余”。渔户一直将该碗鱼“余”在那里，元宵节前一般不会动筷吃。“每年腊月二十四日至次年正月半，禁向他人提供火种，否则要‘走漏财气’，捕鱼不利。”③渔户也不随意向他人提供火种。

渔户一般不做寿，却认为 63 岁是个“门槛”。“七九六十三，鲤鱼跳过滩”。逢九是个坎，故上了年纪的老渔户，逢九在“明九”做“过寿坎”。也得忌“暗九”，即为九的倍数年份，如 63。据说 63 岁乃进入老年后的第一个“坎”，被认为是凶兆之年，需要化解。佛经曰放生能延寿，据传宋徽宗宣和年间，有位有钱的商人杨序，梦见仙人告知再过 10 天就要去世，但若能救活 1 万条生命，也可以免死。

---

① 浙江民俗学会编：《浙江风俗简志》，浙江人民出版社 1986 年版，第 110 页。

② 许马尔：《桐江鱼俗》，《山水推富春》，中国文史出版社 2006 年版，第 72 页。

③ 桐庐镇志编纂委员会编：《桐庐镇志》，1994 年，第 420 页。

杨序坦言，10 天之内，欲救活 1 万条生命，恐不容易做满该数。神人指点，佛经上说，鱼卵未经盐渍，过 3 年可以孵化出鱼，可以考虑。于是，杨序不但买鱼放生，也讨取鱼卵放入江中。神人在梦中告知，杨序已救活亿万生命，寿命得以延长。杨序 90 多岁才去世。故老人凡到 63 岁，做女儿的必买两条鲤鱼化解，以延年益寿。一条大鲤鱼由 63 岁的老者食用，小鲤鱼则用以放生。活鲤鱼身上吊上一红一绿两条丝线，交由老人向江里放生，放生时口中念念有词："七九六十三，鲤鱼跳过坑。"犹如鲤鱼跃龙门，逆流而上，跳过灾难，跃入"龙门"，打开一个新天地，达到一个新境界。若有渔户捕获或钩上这种有红绿丝线的鱼，都会自觉地重新放回水中。

第二节　九姓渔户的鲥俗

清代康熙和乾隆屡次下诏鲥鱼不再上贡，但地方官吏对渔户所捕鲥鱼的勒索却并未停止。"旧时渔人首获鲥，必献之官，凡官中人市鱼，半民间给钱，谓之'官价'。至此胥吏因缘为奸，并半价不易给之。（陆）玉书廉得情，既却所献鱼，又欲为无耻者惩也，出示禁之，而官价买鱼之弊除。"①清代道光年间，富阳县令陆玉书曾一度将该特权取消。然而，地方官吏难舍鲥鱼佳肴，又以赏钱的形式予以恢复。"地方有司改为折价，向网户征收，解充公用。胥吏因缘苛索，沿江居民捕鱼者苦之。"②正如中世纪西欧领主享有中下层阶层女性的初夜权一样，管辖九姓渔户的地方官也享有新打捞的第一尾鲥鱼的优先权。"鲥初出时，豪贵争以饷遗，价甚贵，寒窭不得食也。凡宾筵，鱼例处后，独鲥先登"③，富春江渔户新捕获的第一条鲥鱼要送给七里泷所辖的桐庐知县，第二条要送给严州知府，第三条要送给建德县知县。"鲥鱼则整条富春江都出产，唯有产于七里泷的鲥鱼眼呈红色，滋味尤佳。但捕鲥鱼有一个规矩，最先捕到的第一条鱼，须专程送给桐庐县（七里泷在该县境内）的知县大人吃，第二条送给严州府的知府，第三条送给建德县的知县。知府、知县却不敢白吃九姓贱民的东西（会被舆论攻击为丧失官的身份），至少赏银十两。"④富阳规定第一条鲥鱼敬献县长，第二条

---

① （清）汪文炳撰，何镕等纂：《富阳县志》卷十七《名宦志》，光绪三十二年刊本。

② 陈康麒：《郎潜记闻三笔》卷四《特旨免贡长江鲥鱼》，《笔记小说大观 41 编》第 6 册，新兴书局有限公司 1986 年版，第 714 页。

③ （清）陆以湉撰：《冷庐杂识》，上海古籍出版社 2012 年版，第 173 页。

④ 方向：《富春江上的九姓渔户》，《中国民间文化》第 14 集，学林出版社 1994 年版，第 160 页。

敬奉警长，第三条敬献绅士。[①] 渔户所捕获的第一尾鲥鱼，称为“头鳔”，最为珍贵，渔户作为贱民，自然不敢享用，必给地方宰官或豪贵，以为地方子民的孝敬。

有的渔户以官吏赏赐高于市场十倍的价钱，乃渔户“打秋风”的一种方式，或许言过其实。“旧时，桐庐渔民还有一个特别风俗，渔民每年捕到的第一条鲥鱼，即要送到县衙去奉献给县官大人吃，以邀赏赐。这在渔民中是一代传一代，一直传到新中国成立以后。其实这一风俗倒不是渔民拍什么县官的马屁，而是渔民和送鲥鱼的人合起来‘打秋风’的事情，因为县官的回礼大多要比鲥鱼的价值高出 10 多倍，按旧俗这种回礼岸上送鲥鱼的人是与渔民对半分的。”[②]九姓渔户乃是贱民，贱民欲敲诈父母官，给他十个豹子胆也不敢。应是所辖官吏享有“头鲥”的一种特权，渔户原是官府贱民，义不容辞。“每年捕获第一尾鲥鱼要送县官，冀得厚赏，并视为光彩。”[③]至于物有所值，所献鲥价超过市场价 10 多倍，乃是官员的一种姿态，所赐赏金犹如主人给奴才赏钱一样，有时多给了一些钱，那是主人一时兴起。

实际上，这种鲥鱼优先享用权，遍及江南地区。道光时，苏州凡鲥鱼上市，必献巡抚大人。“秧针刺水绿参差，正是冰鲜出市时。万里长风催舶趠，官衙五月进头鲥。”并自注：“葑门外冰窖，冬月藏冰，夏取以护鲜鱼，名‘冰鲜’。梅雨乍过，有长风随海舶来，旬月不歇，名舶趠风。鲥鱼新出，第一鲥必进抚军，名头鲥。”[④]苏州葑门外有海鲜市场，规模颇大。且梅雨刚过，鲥鱼新出，第一批新鲜鲥鱼必献抚军以邀赏。梁章钜历任江苏巡抚、两江总督。“忆自卅余年外宦后，凡遇鲥鱼，率皆属吏争先呈献，即同人往复投赠，亦取自官中而已足，从未破费囊中一钱，辞官以来乃反是。”在赠鲥鱼给友人的诗中曰：“此物由来关宦昧，卅年世态静中看。”[⑤]鲥贡早已停止百年，官吏仍然倚仗权势，免费享用美味佳肴。

民国建立后，封建幽灵依然没有消散，渔户最先打捞的鲥鱼，仍要先供国民党的官员享用。1937 年，汪精卫和陈璧君由时任浙江省政府主席朱家骅陪同，来到桐庐严子陵游玩钓台。桐庐县县长尹志仁让厨师曾根法准备，鲥鱼自然乃必备佳肴。由于当时冷藏乏术，烹制鲥鱼时鲜味已过，汪精卫和陈璧君尝过之后，嫌鲥鱼味道太差，要改吃面条。尹志仁遂让曾根法另烧面条，但面条已被卫兵吃光。待曾根法火速从镇上取来面条时，汪精卫早已怒容满面，拂袖而去。

---

① 富阳县商业局编：《富阳县商业志》，1992 年，第 353 页。

② 许马尔：《桐江船民鱼风俗》，《桐庐文史资料》第 13 辑，杭州出版社 2013 年版，第 365 页。

③ 桐庐县志编纂办公室编：《桐庐县志》，浙江人民出版社 1991 年版，第 750 页。

④ 袁景澜：《姑苏竹枝祠》，《苏州历代饮食诗词选》，苏州大学出版社 2013 年版，第 86 页。

⑤ 梁章钜：《浪迹三谈》卷之五《鲥鱼》，上海古籍出版社 2012 年版，第 342 页。

朱家骅也对尹志仁颇为生气，而尹志仁也敢怒而不敢言。当曾根法拿着账单请尹志仁结账时争辩了几句，尹志仁怒不可遏，打了曾根法两个“麦馃”（耳光），还关了一个晚上。曾根法回到店后，气愤难平，桐庐县党部常务委员王某和律师唐某，谈起此事，遂怂恿其向省政府及省高等法院提出诉讼。但曾根法不敢与官斗，王某与唐某却竭力劝说，并以为必争这口气，否则将来“麦馃”有得吃，饭店不“倒灶”才怪。曾根法遂同意状告尹志仁，由唐某代写诉状。由于官场内部明争暗斗，互相倾轧，尹志仁还真被告倒，遭到免职处理。尹志仁离开桐庐时，不少人纷纷以烧银锭、草鞋（送丧的仪式）相庆。尹志仁自惭无颜与曾根法对簿公堂，私下协商撤诉，以赔偿 300 元了事。曾根法以 100 元开支旅费和律师费，余下 200 元在桐君山腰建立一座白铁皮盖的六角亭，供游人歇息，曰“麦馃亭”。原本欲以鲥鱼讨好权贵，谁知因招待不周，反而丢掉“乌纱帽”。

然后，历史的车轮滚滚向前，荡涤一切封建时代的污泥浊水。1949 年 5 月 4 日，富阳县城和平解放，富阳县长李群废除了渔户进献鲥鱼的陋俗。“（5 月）7 日上午，有三位渔民把一条鲥鱼送到县政府，说是按老规矩富春江渔民每年捕到的第一条鲥鱼要送给县长吃的，并请县长给鲥鱼定个价。李群同志亲自接待了他们，耐心细致地解释新旧政府的不同，表示我们共产党政府绝对不能白吃老百姓的东西，要他们把鱼拿回去，价格也由他们定。三位渔民高高兴兴地拎着鱼回去了，共产党县长拒收鲥鱼，一时在富阳民众中传为美谈。”①桐庐县县长王新三也废除了渔户进贡鲥鱼的陋俗。“不过有一件事至今桐庐民间仍传为美谈，桐庐刚解放的那一年的立夏前后，城中渔民将捕到的第一条鲥鱼按惯例送到县政府以后，新任县长王新三同志断然不收。后经人介绍这是桐庐人的风俗后，王县长拿自己的津贴给送鱼人几块大洋，并嘱咐渔民拿到集市上去卖掉。如今第一条鲥鱼送县官吃的风俗早已成为历史。”②建德也不例外。“解放前，每年捕获的第一条鲥鱼，要上献县太爷。解放初，渔民尚沿此习，人民政府照价付款，以后遂废此习”③。中华人民共和国成立后，九姓渔户翻身得解放，旧时献官的鲥俗早已一去不复返。

---

① 富阳市新四军研究会编：《新四军在富春江两岸》，中共党史出版社 2006 年版，第 267 页。

② 许马尔：《桐江船民鱼风俗》，《桐庐文史资料》第 13 辑，杭州出版社 2013 年版，第 365 页。

③ 浙江省建德县梅城镇人民政府编：《梅城镇志》，1985 年，第 131 页。

第三节　九姓渔户的航俗

九姓渔户以船为家，下无寸土，上无片瓦，终身漂泊在钱塘江上，亟盼平安吉祥。船桅、船篷、船舱门前常贴些吉利对联，诸如“生意兴隆通四海，财源茂盛达三江”；“无浪行千里，有风送万程”；“破浪乘风送君千里，浮水浮宅涉彼五湖”。横批则曰：“招财进宝”“顺风顺水”“船平水稳”等祈求平安之词。渔户对船头极为看重，也有诸多禁忌。“妇女不准去船头。外人脚不洗净不得去船头。”①以免冒犯保护航行的江神。九姓渔户规定有几种人不得上船。一为陌生人不得站在船头，陌生人可能脚洗不干净，因此得罪“船头菩萨”，招来无妄之灾。二是渔妇月经期间不得站在船头，渔户认为女人月经期间不洁，跨越船头不吉利，“船头菩萨”会懊恼。三是家有“红事”（特指产房）“白事”（特指丧葬）未满月的人不得上船，这些人上船将带来“邪气”，导致航行不利。船头不得晾晒裤子，据说要“倒运”。

渔户还有不上棕榈树搭的桥，不钻晒衣裤的竹竿的禁忌。航船停泊时，也不得对着桥头，以免冲犯“桥头菩萨”。许马尔如是说：“桐庐船民忌船头对着桥又是一种风俗。记得笔者小时候，县城横江蚂蟥桥头一带停船，无论泊位多么地挤，也没有一只船的船头是对着蚂蟥桥的。按老辈的传说，船头对着桥要冲犯‘桥头菩萨’的，若是犯着‘桥头菩萨’发脾气，那是一件不得了的事情。”②桐庐民众均有祭拜“桥头菩萨”的传统，凡新桥竣工，善男信女从四面八方聚集桥头，摆上供品，燃香插烛，虔诚地跪拜，以祭桥托福。烧过“十庙香”“八寺香”的善男信女，烧香返家途中遇桥也要在桥头祭拜。据说“桥头菩萨”脾气暴躁，稍有不敬，动辄大发雷霆，将导致桥毁人亡、村庄遭殃的后果。祭拜“桥头菩萨”现在依然盛行，桐庐富春江大桥和桐君山悬索桥等桥竣工时，善男信女在桥头桥面炷香插烛，虔诚朝拜“桥头菩萨”。

渔户乃“吃水上饭的人”，决不能说晦气话，否则招来不幸。渔户形容自己放排的工作为“风吹浪打，吃了今天不知明天”。正因为明知是“吃了今天不知明天”的危险，放排渔户有着自己的信仰。渔户出发前都要携带肉、蜡烛和香火，前往桐君山请“栏头菩萨”，并在排头进行祭拜。凡路遇寺庙，只要条件允许，也会进去祭拜。且一旦顺利返回桐庐，必定要去还愿，并拜祭“城隍菩萨”。

---

① 浙江民俗学会编：《浙江风俗简志》，浙江人民出版社 1986 年版，第 110 页。

② 许马尔：《造桥遗风》，《山水推富春》，中国文史出版社 2006 年版，第 144 页。

渔户将每次顺利回归，均视作神灵的庇佑。因放排而意外死亡的渔户不少，他们的家人无钱送葬，只得将尸体埋到有钱人捐赠的“义冢地”。

渔户载货航行时，也有“上不搭和尚，下不载婆娘”的禁忌。上水不搭妇女，下水不搭男子。船上不得坐“九男一女”，据说与“八仙”有关。“撑船时船上有八个人也忌讳，因为八人撑船是犯‘八仙’的。”①相传“八仙”要过蓬莱仙岛，铁拐李将自己的拐杖变成一条大龙船供众仙乘坐。众仙一时兴起，韩湘子吹起了箫，曹国舅打起了响板，张果老敲起了渔鼓，何仙姑和蓝采和唱起了歌曲，吕洞宾舞起了剑，汉钟离则摇扇助兴。齐奏的仙乐惊动了东海龙宫，惊动了龙王的第七个儿子——“花龙太子”。“花龙太子”见何仙姑色艺双全，乃兴风作浪，将其抱入龙宫。七位大仙一看大事不好，连忙拿起法器，杀奔龙宫，营救何仙姑。“花龙太子”从此怀恨在心，见有“七男一女”同船出行，就要予以报复，肇事寻衅，制造事端。如果船上恰好有八人，渔户定会用一顶帽子套在后舵帽上，以此充作一人。

九姓渔户进行长途航行时，也有诸多语言禁忌。常山渔户“逢年过节和开船之际，忌讳讲‘船开反了’‘倒船过来’‘向反手去’(反手即左手)‘船掉头呀’等语，表达上述内容时，只能互相做手势来表示”②。建德渔户喝茶要说喝“开水”，忌说“滚汤”，建德方言说开水为“滚汤”。相反，兰溪渔户喝茶时也忌说兰溪土语“喝滚汤”，以讳“风浪”。兰溪渔户忌言“搁滩”“触礁”“逆风”等不吉之语，最忌“敲鸡蛋”(讳船“触礁”)，也忌鞋底朝天(讳“翻船”)。渔户颇为迷信，最忌讳“沉船”，而“沉船”两字则以其他话替代。船头先沉曰“牛吃水”；船尾先沉曰“观音坐殿”；晚上泊埠沉船曰“菩萨踏城”。

渔户还有开船不作声的忌讳。长途船祭过神灵，抛过茶叶米后，谁叫喊均不得应声，谚语曰：“船上三枚钉，撑船勿认亲。”“船上、台上(指戏曲演员)、和尚不能交。”“在种种忌讳中最讲究的还是开船时不准出声的习俗。有民谚相讥‘脚踏三只钉，撑船不认亲’，盖指船民的这一习俗。只要在拔桩开船时，岸上就是亲娘老子呼唤，船上的人是决不会应诺的，只当没听见，只顾撑自己的船。”③“三枚钉”乃爬头钉、扁头钉和蚂蟥钉三类船用钉。九姓渔户装货启航前，按例必须前往岸上买上一块肉，曰“顺风肉”，以此拜请“顺风菩萨”。买“顺风肉”时，也颇有讲究，渔户到肉摊前，不能吭声，仅以手势交流。屠夫心领神会，只要看见此等渔户，均要投其所好，道一声“船家长一路顺风”。此时，渔户即便得到的

---

① 许马尔：《船民与开口亭》，《桐庐文史资料》第13辑，杭州出版社2013年版，第362页。

② 常山县风俗志编写组：《常山县风俗志》，1989年，第38页。

③ 许马尔：《船民与开口亭》，《桐庐文史资料》第13辑，杭州出版社2013年版，第363页。

是一块劣质肉，乃至不找零钱，也会兴高采烈地拿起肉就走。渔户航行经过兰溪，不论男女老幼，也不管“上行”（船上行）“下水”（船下行），渔户每人均要吃半斤肉，曰“做顺福”，据说也是祖传规矩。

渔户开船前，船家长例须在靠岸的一头跳板上播撒茶叶米，再以“顺风肉”，祭请“天老爷”，然后拔桩开船，所有这一切，均在无声无息中进行。“开船时不准讲话，更不准问到哪里去和什么时候到等类话。”①旅客或货主不得询问几时到，如果询问，也不会得到渔户答复。因为“到”与“倒”乃同音，“倒船”讳“翻船”，很不吉利，为渔户所大忌。“大概是船民为了默祷神灵保佑，图上个顺风平安，或许是应‘闷声发大财’这一俗语的吉利。”②据说回答这些问题会乱了部署，出门所有的事情都会被扰乱，磕磕碰碰，诸事不顺。或许与江神周雄遇难有关，传说周雄化为乘客从杭州登船，芦茨老相公刮风与之斗法，船不得前行，旅客恐惧不已。周雄以“有八条顺风梁”鼓励旅客。船只一夜到达衢州，周雄拟卸帆时，旅客惊呼船行之速，实乃周宣灵王下凡，周雄因此落水淹死。此后渔户航行出发时，均噤声不言。

渔户货船离岸后，其“花头”顶上（特指货物装过船舷外部分，即堆高的货物）必有一人站着，称为“叫花”，专门以手势传递船首与船尾之间的信息，待船撑过岸上有亭子的地方后，才能开口说话。这种亭子，渔户谓之“开口亭”。钱塘江沿岸村镇到处都是这种亭子，均以地或景冠以雅名，乃好事者为积德扬善所建，为路人避雨憩脚提供方便，原不足为奇。渔户称其为“开口亭”，乃借个理由说话而已。航行时船首的人招呼船尾，船尾掌舵的人指挥船首，自然不能不开口。因此弄巧成拙的事也时有发生，许马尔就叙述了芦茨埠发生的一件被后人讥为笑话的“不开口悲剧”。

> 有一装炭船从芦茨离埠去海宁，船上两个女儿在“花头”顶上，大的充当“叫花”，小的在陪着玩耍。船离芦茨埠后不久，小女儿不慎失足落水，妹妹溺水其姐姐应大声呼救，但她却默不作声，一直到船过“开口亭”后（此亭在现电厂大坝附近），她才大声呼叫妹妹落水了。其父母闻声忙问在哪里，大女儿说船撑开芦茨埠不久就落水了。当大人责问为啥不早呼叫时，女儿倒蛮有道理地回答：“船还没过开口亭，我怎么能叫呢？”小女孩就这样永远葬身在七里泷的水中。③

兰江九姓渔户航行，也有诸多忌讳。“一、不准吃瓜子，因瓜子壳难清扫；

① 浙江民俗学会编：《浙江风俗简志》，浙江人民出版社 1986 年版，第 110 页。

② 许马尔：《船民与开口亭》，《桐庐文史资料》第 13 辑，杭州出版社 2013 年版，第 363 页。

③ 许马尔：《船民与开口亭》，《桐庐文史资料》第 13 辑，杭州出版社 2013 年版，第 363 页。

二、吃饭时忌将筷子搁于碗上；三、喝茶要说开水，忌说滚汤（兰溪惯叫开水为滚汤）；四、莫问几时能到，问之船员皆不答，或只会说‘会到的’；五、遇风暴或搁浅，就焚纸香祈祷，拜求保佑。”①“脚踏三只钉，撑船不认亲”的忌讳，在钱塘江的渔户中代代相传，习以成俗。直到中华人民共和国成立后，随着时代的变迁，科学技术的普及，这一习俗才慢慢消失。

九姓渔户的语言禁忌中，还有诸多筷子忌讳。筷子乃吃饭的工具，餐餐必须使用。中国人使用筷子据说有两千多年，形成诸多关于筷子的规矩和风俗，九姓渔户有关筷子的规矩和风俗，特别忌讳，颇为独特，虽然属于陋俗，具有迷信色彩，也不乏使用筷子的文明之举。筷子富春江渔户称为“箸”或“筷箸”，因“著”与“迟”“滞”谐音，渔户撑船为了顺风快速与灵活，所以不称“箸”，而称“筷”或“筷子”。“在船上用餐时，忌将筷子搁碗上，因其寓意‘风倒桅杆’。”②渔户吃饭的筷子不得搁在碗上，吃过饭后应将筷子往桌上轻轻一放，以示“顺顺当当”。“在用筷时，船民讲究许多的禁忌。一忌筷子搁碗。搁，意味着搁浅、搁牢，那是撑船人最怕遇到的。二忌把筷子插在饭碗上。这被认为极不吉利的事，只有供祭死人才这样做。三忌用筷子翻鱼身或从碗底翻菜拣食。个中缘由，怕是与翻船有关。四忌拿筷子敲碗，那是唱道情讨饭人做的事，用筷敲碗被认为是一种没出息的人；当然，除此如舔筷、举筷不定的迷筷等也为禁忌之例。”③衢州的放排渔户，洗筷子时不得将一把筷子用双手在船上用餐时搓洗，而是用抹布顺着筷子头一根根洗。因为放排最忌排筏散乱，而用双手搓洗筷子，正像散乱的木排相似。衢州渔户也有诸多筷子禁忌。“在木船上吃饭时，你切不可把筷子架在碗口上，这是船儿搁浅滩的忌讳，船家是不高兴的。”④小孩若触犯忌讳，会被认为没有教养，必定受到大人的责骂，乃至挨打。持筷也颇有讲究。“捏低了说是目光短浅没有出息，捏高了又怕远走高飞舍不得，一定要捏在不高不低的部位。更重要的是筷子要捏牢，不能掉。旧有‘筷落地，打不及’的说法，因为筷子捏不牢等于饭碗捧不牢，一个人连饭碗都捧不牢，那还指望什么？”⑤渔户船上缺少任何东西都可以寻找，唯有筷子少了既不能说也不许找。渔户传言家中少

---

① 兰溪县县志编纂办公室、兰溪县文化馆编：《兰溪风俗志》，1984 年，第 27 页。

② 黄山市屯溪地方志编纂委员会编：《黄山市屯溪区志》（下），方志出版社 2012 年版，第 1253 页。

③ 许马尔：《船民的筷子风俗》，《桐庐文史资料》第 13 辑，杭州出版社 2013 年版，第 360 页。

④ 丁其六：《使用筷子的习俗》，《衢州民俗大观》，吉林文史出版社 2004 年版，第 63 页。

⑤ 许马尔：《船民的筷子风俗》，《桐庐文史资料》第 13 辑，杭州出版社 2013 年版，第 360 页。

了筷子是好事，那是被"樟树神"收去。谁家的筷子若被"樟树神"收走，谁家就会得到神的保佑。

九姓渔户在船上还有行为禁忌。渔户在船上也不得随便活动，有一定的习俗约束。不许将双脚荡在船舷之外，以免被江中"水鬼"拖下水去，此俗乃确保安全。跳板上不得坐人，这也是为了安全。两条船靠在一起，不得脚踏两条船。不得在船头撒尿，以免冲撞"船头菩萨"，招来灾祸。船篙必须吊在船帮上，篙头必须朝前。渔户睡觉，大家要同睡一头。"'船上人'忌说猫，忌说蛤蟆。"[①]船上严禁养猫，富春江的方言"抲猫"，乃"没有"之意，颇不吉利。行船时忌两手叉腰，此讳船出故障，无计可施。富春江渔户夜间撑船，为了防止瞌睡，渔户诵唱《摇橹小曲》："六月荷花水金莲，金妹小姐要发癫。想配英雄无红娘，求我表哥到水边。"渔户小曲颇为粗俗，但节奏自然，与摇船协调。

第四节　九姓渔户的船俗

九姓渔户的木船乃渔户最重要的谋生工具，因渔户不得岸居，也成为其居家场所。渔船通常分为船头、船舱和船尾三个部分，船舱有篷，以此遮风避雨，晚上就睡于船篷下面。船尾有支橹，稍大的船尾搭有棚。船头甲板下为水箱，以存放活鱼。旧时船头往往高悬两条红布条，上面印有龙凤图案，据传乃朱元璋格外开恩，赐给渔户的"水上通行证"。现在钢质渔船船头也插有红色旗子，既有水上安全行驶的需要，更多的是传承习俗。渔户以船为家，以船作为生存工具，对造船郑重其事。渔户所撑之船全部为木质帆船，均由手工制作。建德的造船业源于明洪武年间，发展于清代。清代梅城就有 4 家老字号的造船厂，清末民初有 9 家初具规模的造船厂。梅城乃钱塘江航运中心，跨越钱塘江、富春江、新安江、兰江四个航区，因渔户所经各航区的水域特点不同，所以所需船型也不尽相同。钱塘江航区的主要船型有开艄船、驳子船、轮船，各种旅游船和外海船，大都是深水船。富春江航区以次深水船为主，有大型长船、中型开艄船、驳子船、客船、码头趸船等。新安江航区以适应浅水过滩船型为主，如客货两用的长船、两头尖、小平头、大平头、炭船、柴船、阴阳头（又称鸳鸯头）、罗拍船、磨船、客船、茭白船等。兰江航区主要有衢型船、义乌船、龙游船、永康船、兰溪船和大麦船等，具有吃水浅、上滩容易、速度快的特点。（图 10.1）

① 华埠镇志编纂小组编：《华埠镇志》，浙江人民出版社 2003 年版，第 80 页。

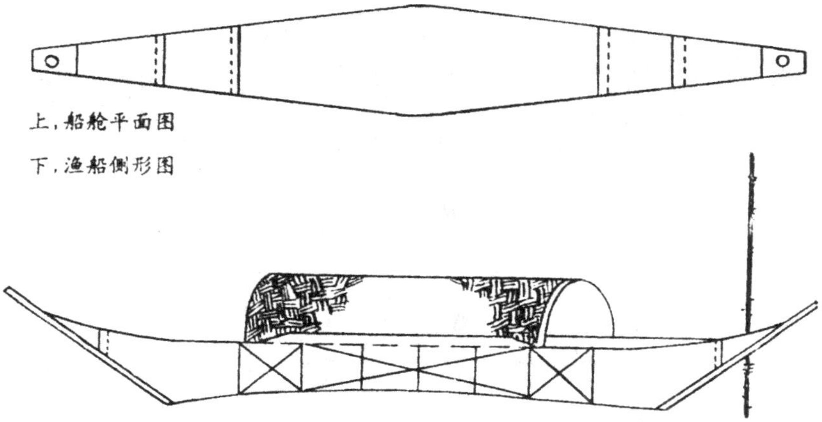

图 10.1　九姓渔户的渔船(曰住家船，又名娘船)，(朱忠森供图)

渔户经常使用的载货船乃木帆长船，线型瘦长，首尾尖削，阻力较小，航速较快，操纵灵活，最适应滩浅流急的新安江航区。“梅城一带九姓渔民较多，不准上岸定居，长船易于安排舱位、带舶、推进，可挂风帆，停泊安全，便于船民住家生活和伙计住宿等众多优点。这种船的运载量一般都在 10 至 50 吨位，造价也比其他船高。”①衢型船适用于浅水多滩的溪流，首尾尖刻，操纵灵活，成本较低，最大载重可达 10 吨。木质航驳船则以运货为主，始于清代，稳定性佳，吨位也大，结构简单，装卸方便，但航速较低，也颇费材料。“还有‘交白船’(又名‘堂子船’)，是吃喝玩乐的妓船。其船装潢特殊，开有窗户，设有专供阔老用的床位、凉篷、茶坊、酒巴等，奇特的高头背椅左右排列，前后排互不看见，有妓女陪同吃喝、听戏、过夜。”②另有各种捕鱼船、两头扛、塘里鳅、鸬鹚船等渔船，用于放钓、撒网、捞鱼，其中两头扛、塘里鳅轻巧灵便，一个人即可背着走，既可捕鱼，也可打野鸭。(图 10.2)

桐庐为渔户造船服务的乃著名的梅蓉船匠。据方志记载，早在唐宋时就设有造船工场，清时已初具规模，造船技术颇为著名。光绪年间，秀峰俞氏曾造官船 5 艘，能载重 50 余吨。1936 年，梅蓉船匠曾为陈金龙制造 140 吨的四帆大开梢，成为钱塘江大船之最。桐庐能工巧匠辈出，每年汛期到来，工场遍布桐江两岸。船匠乃修造木质船的匠艺人，分为大匠、镇匠和扶匠，大匠乃修造船舶木匠，也称“作头”；填匠专司船缝填充油灰麻筋之人；扶匠则揽拉锯、拉牵钻、夯灰

① 朱忠森：《建德造船业今昔》，《建德文史资料》第 9 辑，1992 年，第 227 页。

② 朱忠森：《建德造船业今昔》，《建德文史资料》第 9 辑，1992 年，第 228 页。

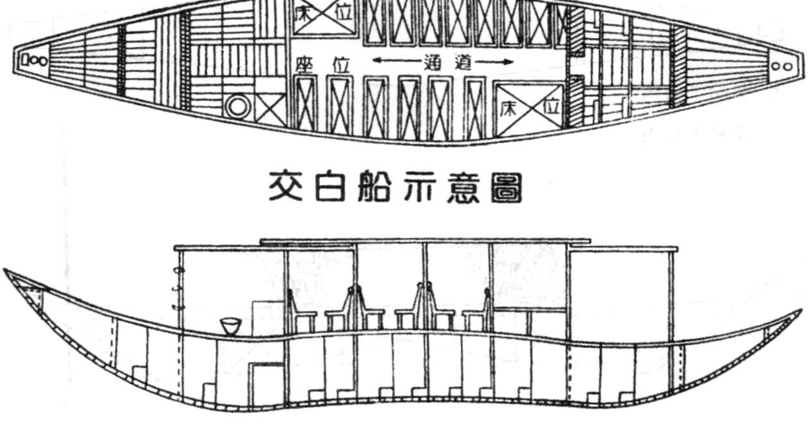

图 10.2　九姓渔户的“茭白船”(朱忠森供图)

及扶料等粗活。桐庐船匠最负盛名的要数梅蓉的罗家和滩上二村，有世代相传的手工艺人，擅长造大船，几乎家家户户都有船匠，乃名副其实的“船匠之乡”。梅蓉船匠所造船型别致，载货稳定性能颇佳，驶风掼抢灵活，特别是其填匠的工夫精湛，无论船板缝阔狭，以油灰麻筋填过之后，坚实无比，且不渗水。最有名的西江开艄船就出自梅蓉船匠之手。梅蓉船匠在钱塘江流域乃至浙东沿海均颇负盛名，深受九姓渔户青睐。(图 10.3)

图 10.3　梅蓉船匠的造船作坊(桐庐县档案局供图)

除了梅蓉船匠之外，沿江不少地方也有著名船匠。诸如修造划船，桐庐旧县埠的金姓船匠乃渔户所折服的大匠师傅，所造船不仅船型美观，最适应撑滩江。只要渔户报出船的吨位，金船匠便能不用图纸就将船造好，且下水后与所报吨位不相上下。与众不同的是金船匠将船大梁、龙骨、狗脚等在江滩造好排好，而底板、舷板在家中工场拼做，拼好刨平的船板抬到滩边与船骨架相镶，其墨线准确无误。所造船板与板之间拼缝细密无间，新船下水载货滴水不渗。曾将旧县埠所造划船，未用油灰麻筋填缝之前，载 20 余人到桐庐县城东门头看“芦茨戏”，船不漏水，传为佳话。

富春江渔户造船称为“打船”，必须选择黄道吉日。渔户要打造一艘新船，必须综合考虑，诸如经济条件、船只功能、航道要求以及劳力情况，经过数年的反复谋划，才与造船厂协商定制。“成交后，要请算命先生选择黄道吉日，确定开工日期，写在‘万年红’的红纸上，交给厂方，称为‘挂马’，船厂必须根据时辰动工，锯几段木头，劈几斧头，算是动工。”①黄道吉日，顾名思义，乃大吉大利日子，关系造船的顺利完成。因此，渔户在造船过程中，对开工日子、上梁日子以及下水日子，颇为重视。

渔户对造船材料颇为讲究，开工之时，渔户放上几挂鞭炮，给领头的造船师傅一个“红纸包”，亦称“挂马包”。“纸包大(钱多)，厂方就选用好材料，工艺也考究些，以后样样顺利。新造一条船，要包许多红纸包，有挂马包、大木包、茶包、斧头包、万挂包、踏脚包、舂洞包、舂灰包、龙须包、毛坑包，还有名目繁多的点心面，如排底面、满松面、舂灰面、子口面、下水面等，一种都不能少。”②渔户的渔船采用 30 年树龄以上杉木，货船和客船则采用香樟、檫树、梓树、松树，后来采用美松、柳桉等材料。造船师傅锯板取料，以松树量多，樟树量大，有时取料路途近则几里，远则几十里。师傅来到树下，将工具放平，切忌直放，否则视为不吉利，树砍不倒，或出现不祥之兆。尔后，再请“树神”，点香焚烛。礼毕，一边一个师傅(代表鲁班与其徒弟伏羲)各执斧头，钉桩拉绳，搭妥绞架，有的还要挖根。樟树乃最好的牛脚料。树砍倒或挖倒后，由手艺最好的师傅弹墨线取料，再锯成木板和材料，搬运回厂，凡参与取料的船匠，均统一穿着船厂发的草鞋。船匠如是说。

> 木头船全靠钉和木板拼接打造。打渔船的木材，一般采用老杉木，有 30 年以上树龄最佳，都是从南面里山、渔山一带的高山上采伐来的。通常杉树斫下来后，在山上直接锯成杉木板，再一块块拉下来，运到江边。打船

---

① 朱忠森:《建德造船业今昔》,《建德文史资料》第 9 辑，1992 年，第 229 页。

② 朱忠森:《建德造船业今昔》,《建德文史资料》第 9 辑，1992 年，第 230 页。

总是在江边滩。先放样，按照东家的要求了解打造怎样的船，吃水多少，长度多少，船宽多少，计算好木板和钉的数量。打造渔船的时候先排底板，放肋骨、水脚、押底、梁头等，再排旁板，再铺甲板等，船体打造完成后，还要嵌麻灰、刷桐油、打箬篷。旧时木头渔船都要住人，吃喝拉撒都在船上，还要存放鱼货及其他货物，所以造起来也颇费心思。①

木船容易漏水，不能磕碰，但即使撞散，将木板找回，也能修复。木船撞散后，如果抱着撞散的木板，还能挽救生命。但木船建造颇为烦琐，从材料选购到制造工程，需要船匠、填匠、辅匠、篷匠密切配合，即便是最简单的木板小渔船，工序也颇为复杂。桐庐梅蓉船匠为渔户造船，凡到关键部位，诸如大匠做大梁、桅杆、福猪头等，渔户必须给予红包，夯油灰也要送夯灰红包，填匠填船底缝时，还要办酒水，以饷船匠。

造船的黄道吉日，渔户必须招待“开工酒”。开工之时，渔户与木作头共同在船板底的中心，用墨斗弹出一条中心线，曰“定星线”，此板曰“定星板”，俗称“上梁板”，乃打造新船的第一板。渔户要以酒菜款待船匠，曰“吃开工酒”。如同岸上居民造新房一样，渔户造新船也要上梁，并款待“上梁酒”。凡是家境稍微殷实的渔户，都要选择黄道吉日，办“上梁酒”，撑船的渔户以及捕鱼的渔户，都要挑着馒头、猪肉、水果等礼品前来恭贺。一阵震耳欲聋的鞭炮声后，造船师傅在船头钉上“福”字苏头，两边钉两条红色布条，然后就站在船上向四方来宾抛撒馒头。“旧时木头船制造过程中有很多习俗。像福苏头，就像造房子上梁一样，在船头钉两条红色彩布，很隆重的，要挑日子，要放炮仗、请菩萨、办喜酒，给作头师傅红包。开工排底板时，也要放炮仗，日子也是东家选的。”②晚上，渔户要在家里请菩萨，燃放鞭炮，置办“上梁酒”。整条船完工后，渔户还要款待“顺水酒”。新船停靠岸边，渔户择日以猪头三牲、糕点等物品，点燃香烛，放过鞭炮，祭祀江神周宣灵王和“船头菩萨”，念上一些吉利话，恳求诸位菩萨和各方神灵，保佑风平浪静，招财进宝。

建德渔户新船造好下水时，要举行“献舱”仪式。船舱上扎上牌楼，挂灯结彩。牌楼前的桌上，放满各种各样的糕点、酒和银圆，点燃一对大蜡烛，再插上香。两旁站着两名美貌的姑娘（称“玉女”），头戴珍珠玛瑙，身穿花红大襟衣服，绿色裤子，项带银项链，手戴金戒指或手镯，脚穿绣花鞋，还戴一双银脚环，以示渔户的气派和富裕。由有经验的造船师傅，站在新船头的凳子上，手持斧头和绿色彩布，口中念念有词，均为祖师传来的讨彩话，如下。

---

① 方仁英：《船匠访谈录》，《富春江渔文化记忆》，浙江文艺出版社2015年版，第76页。

② 方仁英：《船匠访谈录》，《富春江渔文化记忆》，浙江文艺出版社2015年版，第76页。

伏羲，伏羲，急急如律令：一敬天，二敬地，三敬鲁班在此地，今有严州府，建德县，某某乡某某村船民某某某船长，于民国某某年某某月，在某某某船厂建造某某船一只，几舱，装货×佰×拾担，上通徽州，下到杭州，装货多余头，装柴多捆头，装米多袋头，装树多段头，装盐多秤头。船到码头，货到埠头，一年到头，顺顺流流，金斧一响，黄金万两，金斧二响，子孙满堂，金斧三响，一年四季保平安。①

造船师傅念完，左手向前方一扬，表示全部就绪。船上两人将竹篙一撑，大家齐声高喊一声“嗨”，就将船推下水去。推船时，由两个船工在船头上抛撒馒头，然后分“面筹”。凡前来看热闹者，均分得一根“面筹”。新船下水后，人人均可持筹到面店吃面，曰“下水面”，由造船渔户按筹到面店付钱。所以，凡是渔户新船下水，四面八方的人均来帮忙，热闹异常。中华人民共和国成立后，渔户改为分发香烟感谢各位前来推船。直到 20 世纪 70 年代，有了卷扬机后不再需要人力推船，新船下水的习俗随之销声匿迹。

富春江渔户凡新船落成或修船下水，也要择黄道吉日置办酒席，宴请亲朋好友和工匠，置办“下水酒”。并在船上作福，以猪头、鱼、鸡和三茶三酒，点燃香烛，祭拜菩萨。造船师傅主持仪式时念念有词：“上有过潮东风，下有西风山水，横有横风，直有直风，一路顺风。”作完船福后才缓缓入水航行。大型新船造好之后，通常还要到普陀烧香拜佛，由专人提前预约信佛老太太。桐庐县的许马尔深情地忆起旧时渔户的造船习俗。

新船落水仪式，船民是很讲究的，船首披红，边放鞭炮，边向两边抛撒馒头，当然船匠亦要为船家发彩庆吉。届时，大匠会立于船舱大梁后，面朝船头，左手持墨斗挂墨，右手提斧头敲大梁上的铁钉，口中念念有词，常用颂词如“浙江严州府，桐庐县某某船，钉斧一响，生意兴旺，钉斧二响，子孙满堂，钉斧三响，金玉满舱。上行严州，下到海口，上为顺潮东风，下是山水西风，船到埠头，货等码头，埠埠不停留……”不过船匠做这些，一是为迎合船家所好，二是也为自己今后多揽业务作宣传。②

渔户木帆船的重要构件，主要有桅、艄桅（也称小桅）、动篐、桩棍、舵、带船桩、桨、桨桩、桨篐、橹、橹床、竹篙、花篙、跳板、船篷、锚索、带船索、拖缆、动篐索、拨风索、纤绳、纤拓板、布风帆等。“船民对船及船上的设施有自己的称法，称船为‘宝舟’，其生活间布置得如同一个小房间一般。称船舵为‘家主’，意为

① 朱忠森：《建德造船业今昔》，《建德文史资料》第 9 辑，1992 年，第 230 页。

② 许马尔：《梅蓉船匠》，《桐庐文史资料》第 13 辑，杭州出版社 2013 年版，第 376 页。

船之主心骨。航行在七里泷中的船还设有前后两个舵，因为这一带的江面落差大，船行其间，常有船舵被抬空之时，故设两个舵。桅杆称为‘大将军’，有‘大将军四海为家，八面威风’之俚语。”①明清江湖切口中，关于舟船内容的隐语，以舟为瓢儿、飘子，橹为平六，舵为瓢后灵，樯为顶天快，篷为卷风，篙为挺，平艖为平瓢，替舱为同六，掉浆为司老，芦席为顶公，龙舟为神瓢等。清末民初，又有其隐语，船舵为鸡胎，桅杆为象门，船舷为水障，船头为护水，船帮为边青，船缆木为羊角，桅杆镇为马面，桅杆顶为象鼻，船缆为猪头索，帆绳套子为猴头等。按照渔户的习俗，以十二生肖配属船用主要构件。(图 10.4)

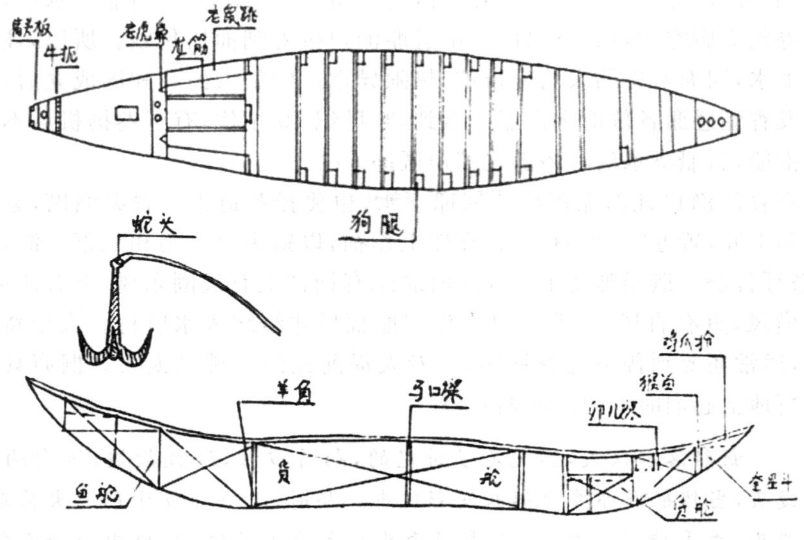

图 10.4　木帆船舶构件十二生肖示意图(图片来源:《杭州水产志》)

鼠:在头蓬下腿中间吊一根短绳，名“老鼠尾巴”。

牛:“乳牛”屁股夹持舵柱旋转，旨在保卫舵柱。

羊:木制形如“羊角”钉于头桅中间，供拉帆绳结用。

虎:桅杆两侧有两块木头，名“虎窠口”，旨在护桅。

猴:木制形如“猴手”位于风帆后面，供扣风帆用。

狗:在帆索上固定滑轮之处，名“狗头”。

兔:在船旁钉两只形似“兔耳”的铁箍，供扣绳用。

龙:船首有“龙头”，头有“龙牙”，在起锚时供固定锚缆用。

① 沈伟富:《风俗漫谈》，天津古籍出版社 2008 年版，第 151 页。

蛇：盘锚缆之盘车的属具，里锚用插销，外锚头子名“水蛇头”。

马：在桅杆滑轮两侧的两块铁板如“马面”，旨在保护滑轮。

鸡：木制名“鸡爪”，钉于舵板前。

猪：船头有舵名“猪头舱”，亦称“串头”。①

船上的重要构件，渔户以隐语老鼠跳、牛轭、老虎鼻、卯儿梁（兔）、龙筋、蛇头、马口梁、羊角、猴留、鸡爪拎、狗腿、猪头板等十二生肖命名。渔户协助师傅造“牛脚”时，有过“断指再接”的佳话。

桐庐县蒋家埠船民何狗狗，于 1942 年与严东关朱丰正船厂议定造一艘 8 舱柴舱，造价为 23 担大米，并让其长子何连根常住船厂协助工作。何连根非常聪明，勤劳，一天，他主动帮助师傅陈洪弟做“牛腿”（船的肋骨）。他两人在锯板时，锯末盖掉了墨线，何连根连吹三口，锯末吹净，就用手去抹，说时迟，那时快，只听见何连根“啊”的一声，两个手指已经落地下，血流如注，小何忍着痛，还微笑着一边包扎伤口，一边将自己的指头捡起来洗净，用白糖包好，直往杭州医治。数月后，何连根断指再接，无疤痕，能活动，一时传为佳话。②

九姓渔户每年必修船 1 次，每 3 年必大修 1 次，即使是新船也不例外。修船也称“油船”，使用过 1 年的新船也要批灰，用桐油将整条船重新油一次，以桐油石灰里外光一次，防止船板腐烂和漏水，以便延长木船的使用寿命。第三年再进行 1 次大修，以后每年都要检修。九姓渔户的妓船也不例外。“画舫年必 1 修，修必回籍。客或以 100 金或数 10 金为赠，匝月即返。”③修船依照一定程序，预先搭好修理棚、伙房以及床铺。再拆掉船棚，洗船。然后，将船拖上岸，拖进棚内，打上木桩。先修大木，油桐油，后做小木，修理船棚。“外出修船，由船民自己背着装工具的‘作篮’（用篾制成，装上工具足有 20 斤重）到船边放好。几位师傅背着斧头、锯子‘抢’位置。位置分前、中、后三个部位。师傅的工具放在那里，就在那个部位修。师傅们都有自知之明，一般前后两个部位都是手艺最好的师傅敢‘抢’。因为首尾部位是很讲究的，首尾的高低、壮瘦、软硬，除了有尺寸外，还要凭师傅的实践经验和眼光，来确定其线条是否匀称，首高多少，船才能美

① 浙江省建德市交通局编：《建德市交通志》，海洋出版社 1996 年版，第 42 页。

② 朱忠森：《建德造船业今昔》，《建德文史资料》第 9 辑，1992 年，第 232 页。

③ 三衢柔父：《钱江画舫录》，《钱塘江文献集成》第 27 册，杭州出版社 2016 年版，第 55 页。

观实用。”[①]渔户的木船修好后，也有诸多仪式，但程序较为简单，花钱也较少。

渔户造船的过程中，还必须遵循一些禁忌。造船时，船头必须朝上游。舵梁“挂墨”，也必须在黎明时举行。不得在船头中心敲打铁钉，船头有“船头菩萨”，不得冒犯。造船时的板材，忌用桑树、槐树，俗忌“头不顶桑，脚不踏槐”。“桑”与“丧”同音，用之不吉；“槐”由“木”“鬼”组成，用之不利。船钉论斤不论枚，俗语云“是船三千钉”，木船主要由大板和钉子连接而成，取其多“金”之吉。

第五节　九姓渔户的妓俗

富春江九姓渔户的妓船，有异于九姓渔户的渔船、货船以及客船的规矩。“先买船桩，后接客人。”木船甲板有个圆孔，以篙插入孔内，直至江底，就能将船固定于近岸处。九姓妓船必须以缆线系在船桩上，因船桩属于岸上设备，所有权归码头，其他的船可以不花任何代价即可使用，但九姓妓船则须付费，要向管码头的人缴纳“买桩钿”，才准许停靠码头。“只迷不骗，太平铜钿。”渔妓搜刮嫖客的钱，自然多多益善。但九姓渔妓从其自身比陆上妓女还贱的角度考虑，凭着长期经营淫业的丰富经验，形成了一整套具有浓厚的自我保护意识的挣钱规矩。“只可以色情迷惑对方，不许采取欺骗的手段。认为使嫖客沉溺于美色艳情，花光银钱也是情愿的，倘若靠欺骗捉弄，就算破财不多，嫖客也是心不甘的，将会结伙报复。”[②]陆上妓院有地头蛇保护，但九姓渔妓却请不到地头蛇保护，也请不到非九姓渔户的保护，无法阻止嫖客因受骗而恼羞成怒的报复，故采取挣“太平钱”的妥善办法。嫖客前往九姓妓船喝花酒，甲妓陪伴侑觞，酒后需要留宿，未侍酒的乙妓不得接客入舱，必须由甲妓相陪上床，此曰“酒色连牢”。如果嫖客坚持要求乙妓陪宿，必须另外换一桌酒菜，改由乙妓作陪，方能实现嫖宿的欲望。九姓渔妓有“拌泥加水”的座右铭。“‘拌’谐音‘伴’，‘泥’指住在陆地上的嫖客，因他们生活在泥地上，得此代名词。‘拌泥’的意思是陪岸上来的嫖客以维持生活。‘加’谐音‘嫁’，‘水’指九姓船民。”[③]若要成家，渔妓只能嫁九姓渔户，继续过水上生活，否则便是痴心妄想。故渔妓谚语云：“卖身不卖心，卖心要短命。”

---

① 朱忠森：《建德造船业今昔》，《建德文史资料》第9辑，1992年，第231页。

② 方向：《富春江上的九姓渔户》，《中国民间文化》第14集，学林出版社1994年版，第160页。

③ 方向：《富春江上的九姓渔户》，《中国民间文化》第14集，学林出版社1994年版，第160页。

九姓渔户的妓船也称“九姓渔船”，“以渔为生，改而业船”，以船为家，故称“九姓渔船”，钱塘江（杭州）称为“钱江画舫”，兰江（兰溪）则称“兰溪画舫”，建德则有“建德船”之称。通称“江山船”。“船只名为江山，而其实非真江山船也。真江山船甚小，并无女子，或在浅滩发货，或搭肩挑过客。”①“江山船”得名往往被误称为江山县之船。梁应来曰：“不知‘江山船’乃滥觞于江山县之富户。”②明制缙绅之家，可以蓄养歌妓，据传江山县的富户死后，无以为生，遂流落钱塘江以卖淫为生。“其实，江山船专以载运货物为业，舱面虽亦搭客，茶饭极简陋，与花舫之绣帏煮酒、银甲调筝者绝不相同。江山妇女，亦多从事耕织，或持篙打桨，足为劳动模范，轻歌曼舞，非其所长也。”③显然，“江山船”与江山县没有关系。有称妓船泊于杭州江干，故谐音“江山船”。九姓妓船何以冠上“江山船”艳名，徐江都认为“是九姓把自己的船称为‘江山船’的，因为陈友谅曾自号‘大义帝’，本是想与朱元璋争‘江山’的，不想兵败鄱阳，部属被贬入舟，结果九姓拥有的‘江山’，仅有一只船，故称该船为‘江山船’。另外，九姓为改变自己贱民的地位，必须夺回失去的‘江山’，故称自己作为‘复辟’根据地，赖以生存的船只为‘江山船’”④。此乃毫无史实根据的猜测而已。

“江山船”分为“头亭”“茭白”两种。“至头舱在前必装过学政，方能采用亭式，故亦有头亭之称。”⑤“头亭”称呼较少，广为传诵的艳名曰“茭白船”，标榜因其不卖身，仅仅助人清谈而已。“俗称‘九姓渔船’，亦曰‘交白船’，言止能助人清谈而已。”⑥另说因船只尖头方尾，形如茭白；或为渔妓肤如凝脂，犹如茭白色白而嫩，别有风味。相传兰溪原有许姓渔户，后改姓白的撑船人，生有三个囡，所驾船又破又漏，被过往的官船撞得粉碎，赔偿了一艘又高又大的船。大官吩咐将该船交给姓白的人家，曰“交白船”。该船船尾高翘，船身高大，运货载人均不方便，停靠码头后，不少王孙公子前来参观，看见白家三个囡如花似玉，活像“剥壳茭白”，纷纷到船上看“茭白”取乐，故又名“茭白船”。“白家本来也是做官人家，只因祖上得罪了皇上，罚为水上船民，世代不准上岸。三个囡从小在船上读书练字，也学得诗词歌赋样样都会，吹拉弹唱件件都能。”⑦所入颇丰。其他的

---

① 戴槃：《裁严郡九姓渔课录》，《严陵纪略》，同治七年刊本，第1页。

② 夏日璈等修，王韧等纂：《建德县志》卷十五《拾遗志》，民国八年铅印本。

③ 徐映璞：《两浙史事丛稿》，浙江古籍出版社1988年版，第373页。

④ 徐江都：《江山船名因考》，《仙霞古道论丛》，2007年，第204页。

⑤ 童振藻：《钱江九姓渔户考》，《岭南学报》1931年第2卷第2期。

⑥ 夏日璈等修，王韧等纂：《建德县志》卷十五《拾遗志》，民国八年铅印本。

⑦ 钱富生讲述，杨丽萍、施怀德整理：《茭白船》，《中国民间文学集成浙江省金华市（兰溪市卷）》，1989年版，第202页。

渔户遂争相效仿，买来姑娘，授予弹唱技艺，广招嫖客。据说该船长约 30 米，两头高翘，船尾置炉灶处突然耸起，颇显高大挺拔，也称“高拔船”。因船身较大，常年固定一处停泊，很少行驶，故又称“靠泊船”。因所操营生，有伤风化，常遭人白眼，曰“遭白船”。衢州称为“高牌船”，常山称为“花舫船”或“高泊船”，江山称“花船”或“交白船”，龙游称为“高板船”。富春则特称“高白船”。似均为“茭白船”的谐音而已。妓船常被官府征用，常年指定应差的妓船，挂上官府牌子，又称“招牌船”。一些无聊文人、官宦富绅，常在渔妓中评选“花魁”，凡评上者，以金漆写上花魁的名字，挂于船头，招来嫖客，故有此称。还有“跳板船”之称，是否因江干妓船“泊有定所，惟离岸较远，则衔接跳板。客艰于步，预呼水手负之”。[1] 而岸上嫖客叫局时，水手背负渔妓，“蜿蜒于跳板间”而得名？（图 10.5）

图 10.5　茭白船上花船娘（资料来源：《兰溪市非物质文化遗产大观》）

九姓妓船船主称为“驾长”，船主老婆则称“驾长娘”。钱江画舫“船老板夫妇，通称驾长和驾长娘。通常由驾长娘掌权，全船悉听其指挥”[2]。“驾长”者乃“家长”谐音，乃“船家长”，九姓贱民似无资格称呼。“家长，尊亲之词，岂得加之操舟者？坐船之人称呼摇橹之人为家长，有是理乎？按‘家’字乃‘驾’字之误，

① 三衢柔久：《钱江画舫录》，《钱塘江文献集成》第 27 册，杭州出版社 2016 年版，第 55 页。

② 陈瑞芝、何永德：《钱塘江的茭白船和江干的花牌楼》，《杭州文史资料》第 18 辑，1994 年，第 154 页。

‘长’字乃‘掌’之讹。言掌管驾船人也，此为‘船驾掌’。”[①]渔户所有船，货船、客船、渔船以及妓船，之所以船主统称“驾长”，而不称老板，主要在于避讳“捞板”。渔户许马尔解释：“船上主人忌避讳老板，因老板与‘捞板’谐音，有船被打散‘捞板’之嫌，故旧时船主皆称船家长。”[②]衢州称鸨母为“老王婆”，龙游称鸨母为“老黄婆”。但兰溪似乎并不忌称“老板”以及“老板娘”。兰溪花舫，船主大都为中老年妇女，但俗称“老板娘”，也称“舫主”。渔妓则称船主为“亲娘”，称船主丈夫为“亲爹”或“亲爷”。船主丈夫称“船老板”，俗称“乌龟”，或者“忘八”，谴责其忘了“礼义廉耻”之意。明代官府有严格的尊卑服饰规定，妓女丈夫头包绿巾，状如乌龟，故有此名。专门负责掌管花舫杂役，上街采购舫中所需物品。

九姓渔户已婚妇女曰“同年嫂”，未婚姑娘曰“同年妹”。九姓男子也以“同年”相称，或称“同年哥”，或曰“同年弟”。“同年”原本是古代科举考试同科中试者的互称，唐代同榜进士曰“同年”。唐代李肇《唐国史补》曰：“（进士）俱捷谓之同年。”顾炎武也曰：“同榜之士，谓之同年。”“同年”原是有地位有身份者的称呼，何以被九姓渔户使用，颇为费解。清梁绍壬所撰《两般秋雨盦随笔》的“同年嫂”条曰：“江山船妇曰：‘同年嫂’，女曰：‘同年妹’，向不解其义，询之舟人，曰：‘凡业此者，皆桐庐严州人，故名‘桐严’曰‘同年’，字之讹也。’”[③]由于九姓渔户大都来自严州府建德县以及桐庐县，故“同年”被解释为“桐（庐）严（州）”的谐音，后来以讹传讹。但方向却另有颇为确切的解释。

> 九姓渔户的“抲鱼佬”和“江山船妓”，彼此称呼冠以“同年”二字，已嫁女人叫“同年嫂”，未嫁女人叫“同年妹”，男人叫“同年哥”或“同年弟”。石阜村同年龄的朋友互称“同年交”，故人把年龄不同的人结友称为“忘年交”，但九姓人不管年龄大小都叫“同年”。有人不解所以然，“询之舟人，曰：‘凡业此者，皆桐庐严州人，故名‘桐严’曰‘同年’，字之讹也。”此说似是而非，当地方言“严”与“年”有区别，“严”音“聂焉”切，“年”音“尼也”切。住在陆上的当地人，即使生活在桐庐、严州交界处，也不互称“桐严（同年）”。或云方言“年”“验”音同，“同年”应作“同验”，含意是大家同被政府验明身份成了贱民。起初乃是几个人之间的戏语，后来范围扩大，成为全体九姓人的日常用语。[④]

---

① （清）王有光：《吴下谚联》卷一《船家长》，中华书局 1982 年版，第 6 页。

② 许马尔：《东门过塘行》，《山水推富春》，中国文史出版社 2006 年版，第 256 页。

③ （清）梁绍壬撰：《两般秋雨盦随笔》，上海古籍出版社 1982 年版，第 63 页。

④ 方向：《富春江上的九姓渔户》，《中国民间文化》第 14 集，学林出版社 1994 年版，第 157 页。

九姓渔户作为贱民，"同年"最初涵义原是"同验"，即被官府验明身份成为贱民。九姓渔户贬为贱民后，颁布"舟符"，也称"邮票"，所过辖郡均应检验。清代学者方婺如曰："相传故陈友谅水军也。友谅败死，水军散走东下，其后杂隶衢、婺、睦三郡，为舟师所隶之郡官给舟符，相检校，其名曰'邮票'，且征庸焉。"①后来以讹传讹，以为乃九姓渔户来源地"桐严"之谐音。20世纪五六十年代，"同年哥"仍是梅城揶揄"呆汉"的一种流行称呼。

漂泊于徽江、兰江、新安江、富春江以及钱塘江的水上的妓院——"江山船"或"茭白船"，与广州的珠娘、无锡的灯船媲美。"江山船"还有流行的隐语："鸨母为'底板'，嫖妓为'削茭白'，妓能唱曲为'响口'，不会唱曲为'堵口'，摆花酒为'开畅'，玩牌为'做头木'，嫖客为'盖身'，从良为'冲天'，打茶围为'掀闷碗'。"②1924年出版的《全国各界切口大词典》，也罗列了部分"江山船"的"切口"。

茭白船：江山船也。徽江一带及兰溪、金华、富阳等处，妓女多在船中营业，如无锡之灯船、广州之珠娘也。

姑娘：妓女也。

底板：鸨母也。

削茭白：嫖妓也。

响口：妓女能唱曲者。

开畅：摆花酒也。

做头木：碰和也。

盖身：嫖客也。

冲天：妓女从良也。

掀闷碗：犹上海之打茶会也。③（图10.6）

杭州江干的钱江画舫，也有一整套接客的隐语，对于不同的客人，采取不同的接待方式和规格。如果来者仅一两人，也非熟客，外表看上去也不是富翁，则摆上清茶瓜子，让一个姑娘陪着聊天，或唱上一首曲子，来客付1块钱就走，谓之"打茶会"。如果有四五人结伴而来，便以酒菜相待，杯盘小饮，歌妓陪侍，曰"开酒盘"。来客如果摆宴席请客，例须丰盛酒席，虽非山珍海味，也烹调得法，而且别出心裁，为一般的酒家厨司所不及，曰"摆台面"。嫖客对妓船轻车熟路，可以指名要某妓女陪酒助兴，曰"叫陪花"。渔妓被点名陪客，则曰"出堂差"。

---

① （清）吴世进修，吴世荣增修：《严州府志》卷之三十《艺文中三》，光绪九年增修重刊本。

② 曲彦斌：《中国民间秘密语》，上海三联书店1990年版，第259页。

③ 胡汉痴主编：《全国各界切口大词典》，东陆图书公司1924年版，第283页。

图 10.6　20 世纪 20 年代兰江的茭白船
（资料来源：《兰溪市非物质文化遗产大观》）

“出堂差”均在夜晚，灯光昏暗，妓船与江岸之间连着一块 1 尺多宽数米多长的跳板，为了防止渔妓不慎落水，船主均安排船上的帮工“船伙”将渔妓背去送回，且严格规定，船伙与渔妓只能背靠背，不得胸靠背，曰“背娘舅”。凡讽刺别人低贱，则称其为“背娘舅”。妓船设宴，曰“办花酒”；设局聚赌，曰“碰和”；妓船午夜供应的酒宴，曰“麻将饭”；船主收取每桌聚赌的抽头，曰“头金”；客人深夜酒醉，欲以妓船留宿，但只能独宿，妓女并不奉陪，曰“困干铺”。“行栈小主”北方曰“冤桶”，南方曰“阿木林”，而画舫则称“茶榻子”或“木僧儿”。“而舫中人则称为‘茶塌子’，称为‘木侩儿’，谚语相沿，尤在可解可不解之间。”①衢州渔妓嘲笑以声取人的嫖客为“老佛倪”。“‘老佛倪’者‘衢州寿头’之代名词，即‘上海十三点’。”②喻义痴头怪脑或愚昧无知。

“驾长”购买幼妓入船，几岁则曰“几岁头”。花牌楼鼎盛时期，常去光顾的客人，除了富商巨贾，达官贵人，还有风流雅士，有时也举行“花选”，选举“花国总统”。“约在 1924 年，他们竟异想天开，纠集一批巨富小开，官僚子弟等，在杭州湖滨‘大世界’举行‘花选’。各妓馆的头牌妓女都浓妆艳抹，花枝招展，踊跃参赛。经过几天激烈竞争，结果花牌楼最大一家妓馆（鸨母名叫‘老云香’）的头牌妓女名叫‘龙凤’的，被戴上‘花国总统’的桂冠。”③该妓馆被称为“总统府”，生意兴隆，轰动杭城。

富春江的九姓渔户，因其眷属乃官妓，也称“渔娼”或“船妓”，因随波逐流，贬称为“推（流）来货”，借以骂女人的称呼。起初妓船仅前后舱，前舱接待嫖客，

---

① 三衢柔欠：《钱江画舫录》，《钱塘江文献集成》第 27 册，杭州出版社 2016 年版，第 57 页。

② 《浙西之船妓》，《奋报》1940 年 7 月 9 日。

③ 陈瑞芝、何永德：《钱塘江的茭白船和江干的花牌楼》，《杭州文史资料》第 18 辑，1994 年，第 158 页。

后舱则住家人，也称“住家船”。父亲驾舟，母亲做饭，兄弟划桨，媳妇和女儿做妓女，至多能接待2个嫖客。停船接客曰“做坐生意”，接客作长途航行，曰“做航生意”。桐严方言，称女性阴道曰“马马”，月经带曰“骑马布”，妻子曰“老马”。渔娼船的前舱门乃妓女经常坐此招引嫖客的地方曰“马门”，成了各地撑船人的通用语。旧时大户人家房屋坐北朝南，厨房在东面，故灶神曰“东厨司命”，“住家船”以船头为南，左面船身为东面，后舱外左面摆缸灶，故左面称“缸灶面”。浅水航行，水手每次以篙撑船，口喊号子曰“嗨呀啦啦嗳——”，如果船老大接声“缸灶面”，水手必须立即换到左面撑篙。妓船前舱若足够大，能够摆上两桌上等酒席，曰“十六会妻(碗席)”。妓船消费昂贵，有“一两银子一杯茶”之说。“江山船妓要学会吹拉歌舞，技艺不好，未达谱曲要求的人，被讥笑为‘不入调’，后成为行为恶劣者的代名词。早先大都是大脚妓女，从乾隆开始，才有裹小脚的船妓。嫖客象形地称性交为‘顶’，妓女则说‘裹’。嫖客额外送给妓女的物品叫‘私货’，若是钱财则叫‘私房铜钿’，在众妓面前，借握手之机暗送某一妓小件高价首饰，称为‘夹心宝’。服侍妓女的女人叫‘掇水’，‘掇’方言音‘得’，两手掌拼贴将细小或整件的东西托起来，称为‘捧’，两手掌分开将整件的东西托起来，称为‘掇’。”①受雇到妓船当水手或打杂，常能吃到酒宴的剩菜，这种工作曰“吃剩菜的”。原住陆地上的女人也到妓船做妓女，曰“落水”，“江山船”妓船上的妓女人并非全是九姓渔户。

兰溪花舫的“招牌主”乃妓船主要妓女，明清时也称“花魁”。“妓之佼佼者，貌美艺高。明清时所称的艺，系指琴棋书画、吹拉弹唱八艺。唱皆昆曲，或自作(也有客即席作的)的乐曲，需具有一定的文学素养。并需经花客中的名人雅士、官宦官绅评议，一旦评上招牌主，便可在红玻璃灯上写上姓名(艺名)，挂上头牌，身价百倍。”②“招牌主”欲设席酬谢，凡参与评议的花客，称为“相知”，俗称“相好”，民国以后也称“干爹”。如果“招牌主”在伴酒联诗作对、唱曲弹奏时，若有失误，则称“失牌”。渔妓，也称“花船娘”“花舫女”，也有等级之分。除了“招牌主”之外，还分一、二、三等，统称“大姐”，渔妓之间则互称“姐妹”。“招牌主”与“花船娘”，民间统称“卖胖货”等。船上的女佣，稍长者称“娘姨”，年幼者也称“大姐”。船上有为妓侑酒时奏乐，且兼教幼妓学艺的乐师，也称“弦索”。非本船的渔妓，嫖客登船后，以飞笺相召的“相知”，则称“外局”，一般都是渔妓的“相好”。清时，官宦富绅相召，渔妓皆乘轿前往，夜间还在轿前悬挂“正堂公务”的

① 方向:《富春江上的九姓渔户》,《中国民间文化》第14集,学林出版社1994年版,第158页。

② 蔡斌:《茭白船考》,《兰溪文史资料》第9辑,1991年,第171页。

灯笼，以示此乃已纳税官妓，与县衙灯笼相同。

纵观渔户的众多习俗，特别是渔户的禁忌，大都属于费雷泽所言的交感巫术体系中的消极规则。“积极的巫术或法术的目的，在于获得一个希望得到的结果，而消极的巫术或禁忌的目的则在于要避免不希望得到的结果。”[①]依据交感巫术的原理，渔户以行为或语言模拟了某种现象后，如用餐时使用了诸如“翻”“沉”之类的语言乃至同音字，可能出现“翻船”或“沉船”之类的可怕后果，因此对该行为或语言以禁止，就能避免灾祸的发生。

① ［英］弗雷泽著，徐育新等译：《金枝》，中国民间文艺出版社 1987 年版，第 31 页。

第十一章　九姓渔户的信仰习俗

九姓渔户属于多神信仰，周雄被塑造为钱塘江的江神。每年农历六月二十四日雷神诞辰，均举行祭祀仪式，忌荤茹素。也敬畏水神金元七总管，杭州建有总管庙，建德也建有七郎庙。潮神据传为伍子胥，因蒙冤而死遂成钱塘江怒涛，依赖钱塘江谋生的九姓渔户，对潮神伍子胥敬畏有加。据传芦茨菩萨曾与周宣灵王"斗法"大败，也颇受渔户的敬奉。渔户信仰佛教，尤为崇仰地藏王菩萨。因关羽"管渔"成为所有渔民的信仰，并延及载货搭客的渔户。渔妓则将关王爷改造为白眉红眼的白眉神，成为渔妓乃至整个妓界的保护神。

第一节　九姓渔户的江神信仰习俗

周雄乃南宋临安府（杭州）新城县渌渚人，字仲伟，生于淳熙戊申年（1188），死于嘉定辛未年（1211），享年 24 岁。最早关于周雄记载的是南宋新城知县汪绩所撰写的《翊应将军庙记》："徽之婺源，五王载祀，多历年所，为之扈而赫声濯灵者，有翊应将军焉。将军周姓，雄名，字仲伟，杭之新城渌渚人，生于淳熙戊申，其母感蛇浴金盆之祥，殁于嘉定辛未，在三衢援笔作颂示异。按公状貌魁梧，居乡日人已敬惮，及显而为神，在在有祠。新安祁门水旱疠疫，祷则随应。三衢常山强寇披猖，独不犯境。新山之祠有井曰'安乐泉'，民病求饮，活者万计。至如跃雾中之青蟾而失绿帻之戎士，腾指间之白气而符先兆于老樵。士之穷达，人之险难，精诚叩之，如响斯答。杨君茂子之魁兰宫也，言神之梦也。团练张公胜之使绝域也，谓神之庇也。茅山反卒，剿以阴兵，江东部使者奏其功于朝，被指，特封今号。"[①]据说母亲生育周雄前，梦见蛇浴金盆的吉兆。周雄死后，衢州民众撰文以歌颂和纪念。周雄身材魁梧，生前就受到乡里的尊敬，死后则被神化和崇拜。早期有关周雄的灵异事件的传说，主要是保佑徽州地区免除水

---

① （明）温朝祚、方廉纂：《新城县志》卷之四《祠宇志》，清钞本。

灾、旱灾与瘟疫。常山匪患猖獗之时，因周雄的保佑未被波及；患病之人因喝周雄庙的神水而自愈。周雄还预先托梦，告知读书人的功名。张公胜出使西域途中，也受到周雄的保佑。茅山军队反叛，周雄以阴兵相助而平叛。早期周雄的灵异事件均发生于徽州及其周边地区，如德兴、祁门、常山等地。汪绩提及周雄生前在衢州“援笔作颂示异”，显示其奇异才能。衢州周雄神也是以五显神的从神的身份出现。

早在宋端平二年(1235)，因德兴知县奏请，周雄被朝廷授予“翊应将军”爵位的封号，被供奉为徽州婺源的五显神的从神。嘉熙元年(1237)，加封“威助忠烈大将军”。淳祐四年(1244)，周雄因徽州有关官员的申请，又被加封为“翊应侯”。仅仅七年时间，周雄的身份已由“将军”跃升为“侯”。宝祐二年(1254)，赐敕辅德庙额。宝祐五年(1257)，周雄的封号又有增加，在“翊应”的基础上，加封“助顺”二字。咸淳七年(1271)，加谥正列侯。咸淳十年(1274)，加封广灵侯。元大德二年(1298)，加封广平侯。元至正十五年(1355)，衢州路太守伯颜忽都屡感神庥，奏封护国广平正烈周宣灵王，衢州定于春(三月初四)秋(九月初十)官方致祭。

周雄死后的灵异传说层出不穷，徽州传其为药神，苏州则传其为玉器业的行业神，而九姓渔户则视为江神，成为钱塘江流域的保护神。明代王圻所编的《稗史汇编》，录有周雄在瀔水溺亡，且助航运之事。“衢州周宣灵王者，故市里细民，死而尸浮于水亭滩，流去复来，土人异之。祝曰：果神也，香三日臭三日，吾则奉事汝。已而满城皆闻异香，自尸出三日，臭亦如之。乃泥其尸为像。其母闻而往拜，回其头，至今其头不正，显异百出。尝作一长年操舟载杭商入闽，他舟发，其舟故不行，商尤之。乃曰：汝欲即到乎，闭目勿动。一夕开目，已到清湖，去杭七百里矣。”①该传说周雄溺水而亡，且出现其尸在瀔水“流去复来”，“香三日臭三日”的灵异事件。巫师因此以其尸塑像，成为民间神灵。周雄曾化为船夫，一日就从杭州由钱塘江航行七百里到达清湖。周雄开始附会水上灵异传说。

至于周雄护佑水运的灵异传说，则比比皆是。据说周雄溺水身亡，死于衢江，成为江神。公路和铁路未通以前，钱塘江水路贯通浙皖赣闽，抵达杭沪苏等地。衢江处于钱塘江上游，至杭州水路600里，浪急涛奔，风潮险恶。江神周雄具有驾驭风暴，平息波澜的神力。渔户的集体记忆为周雄化身为一名旅客，搭乘衢州船从杭州南星桥溯江而上，桐庐的“芦茨菩萨”欲与之“斗法”，刮起西风阻止衢州船上行。衢州船无法行驶，旅客都惊恐不安。周雄以有“八条顺风梁”

---

① (明)王圻：《稗史汇编》卷一百三十二《百神(中)》，浙江吴玉墀家藏本。

(破风帆)安抚众人,并挂起风篷,改道从蒋家埠清之江进去,从胥口江出来。"芦茨菩萨"见不是对手,乃素性助其三阵"阵头风"。衢州船天未亮就到达衢州,旅客个个目瞪口呆,惊呼杭州一夜到衢州的奇迹,唯有周宣灵王下凡。正在下风篷的周雄因天机泄漏而落入江中溺亡。

> 他们认为,它是司风雨之神,法力无边,是专门保护撑船人的。在船民中广泛流传这样一个故事:很早很早的一年,有一只衢州船,停泊在杭州南星桥,准备开上来。这时,周宣灵王化作一位旅客来搭船。这件事被芦茨老相公知道了,他就暗地里来同他斗法,狠命地刮西风,船一点也撑不上去,船上旅客都怕了起来。周宣灵王说:不要紧,我们有八条顺风梁(破风篷的八条筋),说着就挂起风篷,从蒋家埠清之江进去,从胥口江出来。老相公一看,晓得自己法力不如他,失败了,就索性助他三阵"阵头风"。天还没有亮,船就到衢州城外了。周宣灵王到船篷背上去下风篷,旅客出来一看,个个都目瞪口呆,异口同声地说:"真奇怪,杭州一夜到衢州,只有周宣灵王下凡差不多。"这句一讲,天机已被泄漏,它就从船背上掉了下来,落入江中淹死了。衢州人民为了纪念他,给它造了一个庙,每年香火不绝。①

民间谚语云:"周雄生在严州,死在衢州,显圣在徽州。"相传周雄溺亡衢州。衢州乃周雄信仰的重镇,周雄生前义行和死后的灵异事迹,大都发生在衢州。衢州有 10 多座周宣灵王庙以及"周王行宫",早在南宋时期就在得坪坝北岸衢江边的朝京埠,建有周王庙,称为"孝子祠",也称"外周王庙",供奉歙布加漆的周雄"肉身像",因太平军战乱,肉身移入城内的"大周王庙"供奉,以泥塑神像替代。20 世纪 80 年代被拆毁。据传周雄在衢江鸡鸣埠头死后,其遗体被水冲至衢州城西的洄洄滩中,前 3 日奇臭,后 3 日奇香。遂将周雄遗体歙布加漆供奉。因庙宇建于江边,成为衢州放排、撑船、打鱼的"水上三民",特别是九姓渔户的聚会场所。渔户出行时,均要到外周王庙插香点烛,祈求江神保佑平安。元至正年间在衢州大西门内灵顺坊建有周宣灵王庙,又称"大周王庙"。后街巷东口南侧建有"小周王庙",始建年代不详,明万历二十五年(1597)里人因迭显灵应,遂修缮其祠宇,20 世纪 60 年代毁于战火。明清时期,小南门外南湖北岸乃是繁忙的水陆码头,小南门(通仙门)狮桥建有周王庙。狮子巷则建有"周王行宫",也是衢州十大行宫之一,成为城隍会、周王会时节接待神的场所,20 世纪 90 年代被拆毁。柴家巷"周王行宫",也是水亭街在城隍会、周王会接待神的场所。明代弘治的《衢州府志》载有府治西北 570 步建有"周翊应侯庙",作为五显王的

① 程秉荣:《建德县的九姓渔户》,《建德文史资料》第 2 辑,1987 年,第 70—71 页。

从神。城外的樟树潭和高家也建有周王庙。

衢州的周王庙会，分为灯会和戏会，成为衢州最负盛名的庙会之一。灯会乃衢州元宵灯会的重要组成部分，周王庙灯会每年正月十三日至十八日，会期六天，十三日为上灯，十八日为落灯，以十五日元宵节为高潮。是夜衢州火树银花，灯流烛亮，锣鼓喧天。六门四乡均要出龙，大西门周王庙的大布龙灯乃全城最大的龙，其位排在小西门玄坛庙龙灯之上，故谓“衢州第一龙”。“大型的是外周王庙一带船民玩的大布龙，龙头大，骨节多，龙身上的花布很宽，很长。龙头几乎和当时的街头一样宽，锣、鼓也很大，都是两人抬着，一人敲打。”①入夜出龙时，点上蜡烛，色彩鲜亮，以火球流星开路。大布龙前有旗牌灯引导，上书“大周王庙”“孝感动天”“青龙吉庆”“五谷丰登”，布龙前后有 4 至 8 人吹大喇叭，还有三眼铳（火铳）、大锣。龙灯出行除了在大街抢球、翻滚以外，还要进城隍庙、祥符寺、弥陀寺等寺庙参拜城隍佛像，而周王庙龙享有第一位参拜城隍的特权。龙灯由绳系着“老秋公”和“老秋婆”，两人均为戏装打扮，形象滑稽丑怪，插科打诨，逗人发笑。还以锣鼓和百子灯为“麒麟”“金毛狮子”等灯助兴。元宵节前，周王庙内张灯结彩，演戏酬神，通宵不眠。

周雄故里渌渚周王庙也有春秋庙会，春祭三月初三，秋季九月十六，以春季为盛，俗称“看三月三”。新城诗人潘成年诗曰：“渌渚波澄浸蔚蓝，周王庙后叠晴岚。外家红袖春衫女，岁岁来看三月三。”诗尾随注：“每岁流觞曲水之期演戏酬神，祈年修禊，远房亲戚竟至，俗呼看三月三。”②每年三月初三，由渌渚当地的前坞、唐家、孙家、袁家、杨家、高家、李家、邵家、徐家、钱家、江家、周家、章家、高沙、金家坞、谢莲 16 个自然村，以及周雄外婆家的郎家庄和以渔户为主的船帮组织，庙会的资金来自民间募捐、十八社捐助和周王庙的庙产收入。一年一度的周王庙会，分为坐会和巡会两种。坐会乃神像在庙里接受香火，香客对周王神像焚香点烛，跪拜叩头。巡会则是抬着周王神像在城乡巡行，故称“出巡”。三月初三一早，周王小樟木神像端坐在朱漆贴金的龙纹轿椅，前有锣鼓、仪仗队、彩旗幡伞鸣锣开道，后有民间文艺会班紧随，所到之处民众张灯结彩迎驾。每逢抬神巡游，百业停工，观者如潮，锣鼓喧天，鞭炮齐鸣，各种娱神娱人的民间舞蹈与杂技均活跃在迎神队列之中。整个新登县抬阁、高跷、龙灯、竹马、狮子、大头和尚、流星、钢叉、铜鼓、鼓乐、细乐等民间文艺会班均自愿前来参加，“巡会”因此称为“迎神赛会”。参加出巡的文艺会班全体成员必须沐浴洁身禁房事，三更就起床准备点心化妆，五更集合会齐，放铳三声后从本村出发，先到周

① 中共衢州市委宣传部、衢州市文化馆编：《衢州风俗志》，1984 年，第 85 页。

② 潘成年：《新城杂咏》，《历代诗人咏富阳》，延边大学出版社 1990 年版，第 140 页。

王庙祭拜，再参加游行表演。

周宣灵王的官方祀典，有明确史料记载为道光五年(1825)，乃官方给予屡显神威"御大灾，捍大患"的周宣灵王的褒奖。自道光五年迄清末，官方祀典于每年三月初三、九月初十举行，仪式颇为隆重，规模极为壮观。自南宋嘉定四年(1211)，周雄落水身亡，由人变神作为周雄信仰的标志，周雄仅在衢州以及乡梓地小范围流传。南宋端平二年(1235)，因德兴知县上奏朝廷，周雄获封"翊应将军"，得到官方认可。自宋迄清，周雄信仰均得到历代统治者的推崇与利用，先后得到 11 次赐封。其封号由 2 个字累加至 8 个字，经历了由"将军——侯——王"的递变过程。早期对周雄的官方祭祀，主要是朝廷为报答周雄神的显圣护国而赐封的谢祭以及地方官员因具体事宜以地方政府名义的致祭，既无固定时间，也未形成规范的仪式。衢州官方致祭始于元代至元年间(1335—1340)，"至元中，伯颜忽都烈太守感神庥，具请奏闻，晋王号，谥宣灵。大鼎其庙，定春秋祀事"[①]。首次确定春秋官祭。

渌川主庙除了农历三月初三、九月初九[②]集中祭祀外，还有四时八节的祭拜活动。大年三十善男信女到周雄庙守岁，以渌渚本地居民为多，有的到庙里吃年饭，有的则吃过年饭再来。善男信女一直坐到晚上 12 点才回家。每逢二月二祭神，民间称为"上春福"。农历七月十五日俗称"鬼节"，周王庙里的道士要做道场，举行"盂兰盆会"，渌渚江里放水灯，大路上插路香，祭祀并超荐孤魂野鬼。每月初一、月半，善男信女要到周王庙点香插烛，焚帛烧纸。渌渚埠乃帆船云集的码头，打鱼的渔民，撑船的船民，撑排的排民，许多就是九姓渔户，出江前必到周王庙祭祀，祈求江神周雄的保佑，渔民、船民、排民水上作业遇到狂风恶浪，都会烧黄纸扔入江中向周宣灵王祈求。每年夏季农历六月初六至九月初六重阳节，周雄神像(出巡时的行像)都要安排到周雄的外婆家郎家庄周雄庙过暑假。"周显佑王母党在昌定乡郎家庄，每年六月六日，里人迎至厅堂，供奉九月六日送回渌川庙。"[③]农历六月初六，郎家庄派人将周雄像从渌川主庙迎至郎家庄，周雄神像抬到祠堂门口，要三进三出，第三次才落座。意即周雄先进去看一下外婆在不在，出去找一下，再进去看看还不在，又出去寻找，第三次进去外婆总算回来，才安心落座。直至九月初六重阳节前，周雄神像才被送回渌渚周王庙，参加九月初九的周宣灵王秋祭。

九姓渔户视周宣灵王为钱塘江的保护神，也推崇为自己的"祖师菩萨"。

---

① 郑永禧纂修：《衢县志》卷十八《碑碣志三》，民国十八年辑，二十六年铅印本。

② 春秋官祭原定于农历三月初三、九月初十，后逐渐演变为九月初九秋祭。

③ 徐士瀛修，张子荣纂：《新登县志》卷二十《拾遗篇》，民国十一年铅印本。

“衢江艄公崇信周宣灵王，敬称为‘周王菩萨’，是保佑艄公撑船平安无事的神。解放前过大年时，船家去水亭街办年货时，到‘红纸店’买香纸蜡烛，就得买一张周宣灵王像的年画，粘贴艄篷内，设香盘点香敬拜。”①渔户木船右边缸灶前设有专门的神龛，中间供奉周宣灵王，左边是“千里眼”，右边是“顺风耳”。过年从初一至十五，每天早晚两次到周宣灵王像前焚香烧纸。岁时节日，都要叩头朝拜。凡婚嫁、生育以及读书，都要向江神祈祷，希望得到周宣灵王的庇佑。每当遇到风浪，渔户就抛锚停船，进舱向周宣灵王敬香恭拜，口中念念有词，祈求风平浪静。

> 旧时，富春江上船民敬奉的菩萨有很多，但被推为祖师菩萨的周宣灵王却是被极崇奉的。船民在船后的百尺舱右边都置有一个神龛，俗称“香火堂”，此乃供奉周宣灵王菩萨的圣洁之地，绝不允有玷污之举。神龛居中为周宣灵王菩萨之神位，神像前两侧置锡制烛台一对，中间为一尊香炉，龛门前布以红帷，左右上方各斜书“供、奉”两字，并在“供”字下书“千里眼”，“奉”字下书“顺风耳”。此为船民寄希望能眼观“千里远”，耳灌“顺路风”也。凡岁时节日，船民须按例须炷香插烛，设祭供奉，合家向神像叩拜，以祈吉祥如意。平时若有急难灾异，即磕头跪拜，以求免灾。婚嫁、生育及小孩读书等时也得朝拜，希望保佑。有的自新造的船下水之日起，即在周宣灵王神龛里放入一枚包有红纸的铜钱，以后每岁初夕再加一层红纸，此铜钱有几层红纸，算是周宣灵王保佑船家撑了几年船。②

渔户终年漂泊在钱塘江上，春有迷雾，夏有淫暴，秋有风潮，冬有寒流，风云变幻莫测，特别是在科技不发达时吉凶难卜，不得不寄希望于神灵的庇护，祈求菩萨能够消灾化险。周宣灵王被塑造为钱塘江本地神灵，技艺高强，颇具呼风唤雨的神奇本领，各地的周宣灵王庙均香火鼎盛。许多渔户年老体衰，穷困潦倒，无依无靠，晚年托庇于周王庙，依赖庙里施舍的斋饭度日，过着“倒庙角”的生活，成了其最后的避难所。

第二节　九姓渔户的雷神信仰习俗

九姓渔户常年在钱塘江上漂泊，深受狂风暴雨，电击雷鸣的侵扰，故对雷神

---

① 钱云财：《我平凡的一生——衢江艄公回忆录》，2014 年（未刊稿），第 170 页。

② 许马尔：《桐庐船民的祖师菩萨》，《桐庐文史资料》第 13 辑，杭州出版社 2013 年版，第 369 页。

极为敬畏。雷神闻仲为中国古典神魔小说《封神演义》的主要人物之一，为殷商太师之一。曾在碧游宫拜金灵圣母为师，属于截教门下。学艺十五年，奉师之命下山辅佐殷商，骑墨麒麟，使蛟龙金鞭，擅长奇术，颇有正气，威服四众，乃纣王最得力的大臣之一，经常统兵在外削平叛乱。至周武王反商，又亲往西岐镇压，先后邀请截教道友赵公明、云霄三姊妹等相助，均被阐教辅助的周兵击败，在返回朝歌途中，于绝龙岭被阐教云中子以通天神火柱击死。闻仲正直刚毅，英雄豪杰，气度不凡，对殷商忠心耿耿，屡次劝谏纣王勿沉溺酒色，关心朝政，除奸废佞，仁义治国，乃至殿上痛打奸臣。曾费尽心机上十条奏章，规劝纣王以社稷为重，希望以自己位高权重的地位，使荒淫无道的纣王改邪归正，无奈不断统兵出征，却终未能如愿。直至其人已死，灵魂飞往“封神台”之时，仍忠心不改，托梦纣王，施行仁政。姜子牙奉太上老君及元始天尊敕封闻仲为雷祖：“尔闻仲曾入名山，证修大道，虽闻朝元之果，未证至一之谛，登大罗而无缘，位人臣之极品，辅相两朝，竭忠补衮，虽劫运之使然，其贞烈之可悯。今特令尔督率雷部，兴云布雨，万物托以长养，诛逆除奸，善恶由之祸福；特敕封尔为九天应元雷神普化天尊之职，仍率领雷部二十四员催云助雨护法天君，任尔施行。”①闻仲因此封为“九天应元雷神普化天尊”，督率雷部二十四员，催云助雨护法天君，兴雷击电，诛逆除奸。

明代严州府城北乌龙山绝顶就建有“雷公庵”，因岁久倾圮。“僧悟真重建圣水亭，傍有池，祈雨辄应。”②咸丰十一年(1861)被毁。光绪元年(1875)知府宗源瀚以及绅士陈元善、郑带醵金重建，改名“圣水庵”，住持寂金后为添造斋厨。“并募置里程庄民田127亩，碑存乌龙庙。”③建德太平桥东首另建有“天尊庙”，原为“五显庙”。相传洪武年间，阵亡将士托梦于朱元璋，故敕江南江北建尺一小庙，以五人为伍，以享受血食，谓之“五显庙”。清康熙年间，奉檄拆毁，绅士邓尚礼、马之骐、何哲元、虞明旭等改奉“雷祖天尊”。“祀雷祖天尊，俗云神，即殷之闻仲。”④久雨祈晴，久晴祈雨。光绪年间醵金兴修。民国八年(1919)，附设建德施医局。

杭州也有“雷殿”。宋徽宗崇信道术，道士林灵素以方术见幸，奏称：“天有九霄，而神霄为最高。神霄玉清王者，上帝之长子，立南方，号长生大帝君，陛下是也。”宋徽宗大喜，令天下皆建“神霄万寿宫”。宋咸淳年间，道士陈紫芝自福

---

① (明)许仲琳：《三国演义》，华夏出版社2017年版，第667页。

② (明)杨守仁修，徐楚纂：《严州府志》卷之六《经略志四》，万历六年刊本。

③ 夏日璈等修，王韧等纂：《建德县志》卷六《建筑志》，民国八年铅印本。

④ 夏日璈等修，王韧等纂：《建德县志》卷七《礼舆志》，民国八年铅印本。

建来杭，卜居庆化山(吴山)，擅长“五雷法”。宋理宗召见，命仗剑噀水，忽成红雾，遂因敕建“雷院”，锡以“紫芝”，赐号“冲素真人”，赐院额崇奉“雷神”。元初番僧杨琏真珈发陵肆恶，人莫敢问。且欲改“雷院”为“佛庐”，夜梦白犬噬之，大惧而罢。王谦撰有《神霄雷院记》:“院在庆化山麓，规制虽小，而所踞雄峙，望之□然。宋嘉定间，陈崇真自闽来，乐其地遂留兹建焉。理宗初，政闻有道，召见，命以剑水入布，噀有红露，异之，遂锡以紫芝号爵真人，仍赐今额，中肖九宸道像，及列诸雷君操兵以卫，俨神霄府也。其雪犬在旁，而杖戟者徐急捉数于形，见人尤畏视之。元初西僧杨总欲更为佛庐以方媚上，于塔藏赵氏御骨，故无谁何者，犬则为寝噬之，惧来膜拜，即告茜冒皆去，仍新以土木焉，灵着如此。”①明天顺六年(1462)，道士吴志中重建，改称“玉枢道院”，后圮。雍正九年(1731)，总督李卫捐资重建。咸丰十一年(1861)毁于太平军战火，同治年间重建，旋又焚于火。光绪初复建。“神霄雷院”殿宇三进，还有偏院，较为宽敞。

雷神形状，史籍记载不一，千奇百怪，有的乃人形；有的则是半人半兽，尖嘴双翅，双脚如鸟爪；有的则纯属怪物。通行的雷神形象，大都描绘成手持锤子，旁边有鼓。“图画之工，图雷之形，累累如连鼓之形。又图一人，若力士之容，谓之雷公。使之左手引连鼓，右手推椎，若击之状。其意以为雷声隆隆者，连鼓相叩击之意也；其魄然若敝裂者，椎所击之声也；其杀人也，引连鼓，相椎，并击之也。世又信之，其谓不然。”②雷神乃惩罚罪恶之神，若做坏事将遭到五雷轰顶的严惩。“盛夏之时，雷电迅疾，击折树木，坏败室屋，时犯杀人。世俗以为击折树木，坏败屋室者，天取龙；其犯杀人也，谓之阴过，饮食人以不洁净，天怒击而杀之。隆隆之声，天怒之音，惹人以嘘吁矣。世无愚智，莫谓不然。”③清代黄斐默在《集说诠真》描绘了流行的雷神形象为:“今俗所塑之雷神，状若力士，裸胸袒腹，背插两翅，额具三目，脸赤如猴，下颏长而锐，足如鹰鹯，而爪更厉，左手执鞭，右手持椎，作欲击状。自顶至旁，环悬连鼓五个，左足盘蹑一鼓，称曰雷公江天君。”不同的雷神庙，形象各不相同，但大同小异，尖嘴猴脸，“执椎击鼓”，凶神恶煞，令人生畏。(图 11.1)

雷神生日相传为农历六月二十四日，是日均举行祭礼仪式，民间忌荤食素，以祛邪、避灾、祈福。九姓渔户畏惧雷神，因终身漂泊于钱塘江上，风雨无阻，不得不祈求雷神保佑，“每年六月二十四日拜雷神”④。妇女多持斋素食，有的整日

① (清)郑沄修，邵晋涵撰:《杭州府志》卷三十《寺观》，乾隆四十九年刻本。

② (汉)王充:《论衡》，远方出版社 2007 年版，第 93 页。

③ (汉)王充:《论衡》，远方出版社 2007 年版，第 90 页。

④ 程秉荣:《建德县九姓渔户》，《建德文史资料》第 2 辑，1987 年，第 70 页。

图 11.1　雷神

断炊，仅以瓜果为食，曰“熬清斋”。有的整月持斋不食荤腥，谓之“雷斋”。杭州“雷祖殿在城隍山，祀雷神，俗传农历六月二十四日为雷祖诞，烧香者众，尤以青楼中人为多，因此辈最恐遭雷殛也”①。吴山雷神殿雷神诞日夜，阖城烧香者甚众。“山下有二巷，一曰丁衙巷，一曰十五奎巷，该处多聚青楼，此辈多吃雷斋，路途又近，是以约伴上山烧香，此其中格外热闹焉。”②是夜山上茶店以及夜摊熙熙攘攘，热闹非凡，亮如白昼。“渔中人最畏雷神，最敬潮神，驾长娘及诸姬皆茹素。自六月朔为始，各船皆备素筵，甚有避酒不饮者。驾长则日于船头燃香供烛，以祈呵护。杭州吴山旧有雷神殿，诸姬于六月二十四日晚间，必往膜拜，昧爽而乘舆而返。”③晚清至民国时期，雷祖殿的夜香已经凋零。“吴山雷殿夜香，已不如从前之盛，所谓青楼者，久已绝迹。间有‘江山船’之妓女，或约伴而至，但至时亦在二十五日清晨，而不在夜间。比年以来，香火日益零落。”民国以

① 钟毓龙：《说杭州》，杭州古籍出版社 2016 年版，第 48 页。

② 范祖述：《杭俗遗风》，上海文艺出版社 1989 年版，第 18 页。

③ 童振藻：《钱江九姓渔户考》，《岭南学报》1931 年第 2 卷第 2 期。

后，“无非数十老妪，围坐含佛，以消长夜而已”。[①] 九姓渔妓最为畏惧雷神，事雷神唯谨。渔妓在船上从事卖淫之业，此乃罪过，亵渎雷神，唯恐因此降罪，遭受天打雷劈的惩罚。因此，渔妓对雷神格外虔诚。

第三节　九姓渔户的金元七总管信仰习俗

九姓渔户信奉水神金元七总管，传为元代一位清正廉明的郡守，因“阴翊海运”，死后被祀为“水神”。“总管”乃元代官职，元代各路设总管府，乃各路最高军政长官，管理地方的军民、司法之政。元明以来，江浙各路多有“总管庙”，乃“守郡者之生祠”。也有追封为总管者。而诸总管庙中，以“金元七总管”最为著名，但其来历颇为含糊。或曰神姓金，名元七，追封为总管；或曰姓金，名元，行七，官总管。《苏州府志》曰：“总管庙，庙在苏台乡真丰里。神汴人，姓金名和，随驾南渡，侨于吴，没而为神。其子曰细，第八，为太尉君，理宗朝常著灵异，遂封灵佑侯。灵佑侯之子名昌，第十四，昌之子名元七，复皆为神。又从子曰应龙，元至正间能阴翊海运，皆封为总管。再进封昌为洪济侯，元七为利济侯，应龙为宁济侯。”[②]金元七曾祖父名金和，原本北宋都城汴京人，后来随康王赵构南渡。赵构登基后是为高宗，金和死后或许是随驾南渡有功而被封为神，其子孙也得到庇荫，均做了高官，或为太尉，或为总管。其子曰细，排行第八，官至太尉，理宗朝常显灵异，封为灵佑侯。灵佑侯生子曰昌，昌之子元七，均为神。从子应龙，也因元至正年间“能阴翊海运”，所以均被封为总管。到金元七时，不仅做了总管，还被封为“利济侯”，顾名思义，其功德与保护水运有关。

金元七最初定格为水神，其灵异事件自然与水中救人有关。陶道敬为奚氏所缚，投入水中，祈求金元七神，而缚自解得救。“国初，陶道敬与奚氏仇，将疏阙下，为奚(氏)所缚，投白茅塘。陶号呼(金元七)神，见神立水中，缚自解，跃岸得免。”[③]广西布政司左参议朱骥渡海受到金元七总管庇佑。“朱骥，字汉房，官广西布政司左参议，尝泛海，遇一舰，投刺曰金爷来访。及晤语，见其红布抹额，心异之。(金爷)且嘱朱曰：我船先行，先生之船可缓。遂行，朱报访，舰已远扬，第见标识为‘金元七总管’。顷之，风怒浪号，他舟多败，而(朱)骥独全。”[④]后来，

---

① 范祖述：《杭俗遗风》，上海文艺出版社1989年版，第18页。

② (明)林世远修，王鏊纂：《姑苏志》卷二七《坛庙上(总管庙)》，明正德刻嘉靖增修本。

③ (清)姚福鼎：《铸鼎余闻》卷三，光绪二十五年常熟刘广基达经堂刻本。

④ (清)姚福鼎：《铸鼎余闻》卷三，光绪二十五年常熟刘广基达经堂刻本。

金元七又被赋予财神的神格。江浙一带每年春秋均举行两次“总管庙会”，即农历二月十七日和七月二十五日，神像坐在轿内，抬着巡游，前有仪仗，鸣锣开道，旗幡招展，舞龙灯、舞马灯、扮地戏、捍抬阁、吊臂香、拜司香(音乐舞蹈)、武术、放铳会等随行，商贾云集，设摊搭棚，游医杂耍也大显身手。

杭州清波门流福沟，建有“总管庙”。“神为水神，始建年代不详。”①建德的金元七总管庙，位于梅成西边的建昌山麓，也称“建昌殿”。“七总管庙，在布政分司内西偏，神苏人，弱冠为神。国初征张士诚阴兵助阵，曹国公李文忠上其事，赐号建庙，事见顺济庙内金元七总管碑记。”②元末朱元璋部将李文忠，攻占了严州府城，致使民众在兵荒马乱中稍得安宁。但张士诚却三番五次前来争夺。据说，李文忠与张士诚争斗时，李文忠得到“金元七总管”的神助，大获全胜，稳定了严州这块兵家必争之地，张士诚从此再也无力争夺。李文忠将此应天顺人的事向明廷奏报。明景泰年间(1450—1457)，“金元七总管”受封为“运德海潮王”，立祠祭祀。神既受帝王之封，故欲另迁新址。于是，将神像奉于马背，信马由缰，任神自择。马出了西门，径至江边，于建昌山麓“顺济龙王庙”前，就“屹立不为动”。于是，将七郎庙迁到建昌山麓，此处背山面水，风景甚佳，昔日山上有座“浙江亭”，“俯瞰江流，风樯上下，别饶幽趣”。旧时文人墨客多借此聚会，民谚“严陵十景”中，就有“七郎庙里观风景”。“龙王庙”遂改为“建昌殿”，将龙王爷请到后殿，“金元七总管”坐在正殿之上，除了前殿立像之外，中央神坛上还有三尊神像，一脸如金，一脸绯红，中间的七老爷乃黑脸孔，故梅城人将见人无笑容，遇事板面孔，黑里黑搭的人，称为“七老爷”。

明代曾两次修庙刻碑，但对其姓氏和里居均未记述。清康熙四年(1665)，加封为“护国隋粮王”。雍正二年(1724)，诸商踊跃捐资，葺新旧宇。雍正四年(1726)，增建斗室，建昌殿更名为“七总管庙”。乾隆三十二年(1767)，建炳灵殿于庙左。乾隆三十七年(1772)，复建文昌殿以及魁星阁于右。嘉庆七年(1802)，加封“安乐王”。道光十八年(1838)，里人以庙前建昌潭改设“放生池”，上自唐浦下至南门，勒石示禁。光绪十年(1884)，重新立碑。清胡书源作有《建昌山金元七总管庙记》。

> 盖闻人之至者谓之神，神之显者谓之灵，是故匪神弗灵，匪灵曷神。而吾谓相厥攸居，考卜未称，则神将曜灵，而灵或有待异哉。神莫神于建昌山之神，而灵亦莫灵于建昌山之神之灵也。山肇脉乌龙从东北迤逦直走西南，蜿蜒磅礴，为郡城右臂，面迎婺歙，江流奔腾而下，潆洄环灌，汇成深潭，

① (清)郑沄修，邵晋涵撰：《杭州府志》卷七《祠庙一》，乾隆四十九年刻本。

② (明)杨守仁修，徐楚纂：《严州府志》卷五《经略志三》，万历六年刊本。

> 尤渊涵不可测。洵乎地钟其灵，宜为明神之所宅也。相传宋时洪水泛滥，遥见山巅有老翁，操彗扫河水立涸事。闻因即山建龙王庙，赐额“顺济”，旱祷亦辄验。或曰“潭有神，龙居之”，其即是欤。后有七总管者，南宋时人，籍隶姑苏，姓金氏，名矿生，有灵异，幼即为神。元以功封“利济侯”，三吴庙祀甚盛。明李文忠平睦寇，忽见兵仗旌旄拥护前后，命巫祝之曰：“金元七总管也！”上其事，封“海潮王”，久之，谋徙祠，请神于马上卜址，遂驻迹“顺济庙”中，屹焉山立不为动，噫洵异矣。岂神固有灵，必择地以祠耶。抑灵钟于地，匪神莫称耶。前明两度修祠，虽寿贞珉，而神之里居姓氏阙焉，不载，观者懵如，或多遗憾。本朝敕封随粮王。雍正二年，诸商民善信，踊跃捐资，葺新旧宇，而里人余宪光、孙正萼、蔡九思、周宗圣等纠工董役，赞襄厥事，佥奉龙王于后殿，竟称“七总管庙”，而声灵益显矣。迄今风涛鼓荡，湍回溜驶，上下游樯贾舶，怪惑狂呼，一诵神号，靡弗浪静，飙恬坦坦，若履平地，岂非神之灵威，感无不应有呼吸，而即通者哉。①

建昌山位于严州城西，从西山岭绵延而来，为乌龙山余脉。山势由北往南，东侧环抱西湖，南端临江，削壁悬崖，“七总管庙”俗称“七郎庙”，乃旧时严州名胜。“七郎庙”高踞江边，崖下乃江潭，深不可测，江水至此，形成漩涡，曰“七郎庙潭”。据传潭中有蛟龙出没，常有怨苦之人来此投潭自杀，令人闻而生畏。江边断崖凿有纤道，供过往纤夫攀缘跋涉，颇为险峻。崖石也被纤绳磨出道道深沟，见证了纤夫百年的艰辛。新安江南岸也有一座“八郎庙”，庙很小，仅有一间，犹如乡间土地庙。但耸立庙两旁的两株巨大的樟树，年代久远，枝叶婆娑。因庙与七郎庙隔江而望，里人遂以“八郎庙”相称。九姓渔户每当途经梅城的七郎庙和八郎庙时，均要烧纸祈祷。②（图 11.2）

“金元七总管”简称为“七郎”，其庙也称“七郎庙”。梅城的七郎庙也供奉江神周宣灵王。“过去七郎庙内供奉有周宣灵王佛像，因他是新登的船家子弟，故来往船只，必到此庙烧香祭拜，祈求神灵保平安，香火兴旺，也为黄浦街的市场昌盛带来生机。所以现在的老人，都把‘七郎庙’当作黄浦街的象征。”③20 世纪 60 年代建设新安江库区时，有着“船具一条街”之称的黄浦街被没入水库，但七郎庙因沿江筑起围城大坝而幸存。

---

① （清）吴世进修，吴世荣增修：《严州府志》卷之二十八《艺文中一》，光绪九年增修重刊本。

② 程秉荣：《建德县九姓渔户》，《建德文史资料》第 2 辑，1987 年版，第 70 页。

③ 徐本发、倪孜耕：《梅城黄浦街》，《建德文史资料》第 12 辑，1995 年，第 151 页。

图 11.2　梅城建昌山“七郎庙”(1959 年寿崇德画)

第四节　九姓渔户的潮神信仰习俗

九姓渔户所信奉的潮神，乃伍子胥，名员，春秋时楚国人，楚太子太师伍奢次子。楚平王七年(公元前 522)，伍子胥父兄因谗言被楚平王所杀，子胥出逃，经宋、郑等国入吴，途经昭关，经溧阳抵吴，拟借用吴国之力，以报仇雪耻。“伍员，字子胥，楚任举之孙，奢之子也(奢二子，长尚，次员)。奢为平王太子建傅，费无极谗之王，囚伍奢，告之曰：能致二子则生，不能将死。奢曰：尚至，员不至。王曰：何也。奢曰：尚廉节慈孝，闻召必至。胥之为人，智而好谋勇，而矜知来必死，为楚患者，必此子。召之，尚遂归，员弯弓属矢，见使者将射之，使者还。遂奔吴，未至而疾止，中道乞食。至吴时，公子光欲杀王僚，员知其不可谏，退而耕于此，后佐阖庐，败楚入郢，竟为夫差所杀。”①吴王阖闾死后，夫差即位，伍子胥因劝吴王拒绝越国求和而被疏远。吴王因听信太宰伯嚭谗言，伍子胥被吴王赐剑自刎。

伍子胥依次经过湖北、河南、安徽、江苏，并未经过严州，但严州却有伍子胥途经的传说。“胥村因伍子胥逃难抵此，遂以名村。村之北有山名胥岭，下有子

① (明)吕昌期修，俞炳然纂：《严州府志》卷之十六《人物志四》，万历四十二年原刊，顺治六年重刊本。

胥庙，水环庙前，名胥水，东入于桐江各胥口。按史记伍员亡楚奔吴到昭关，昭关欲执之，员遂独身步走，几不得脱。未至吴而疾止，中道乞食。至吴，进专诸于公子光，退而耕于野。光乃用专诸刺王僚而自立，是为阖庐，以员为行人，谋国事遂伐楚入郢。其后阖庐死，子夫差立，宰嚭，谗员于夫差，赐属镂之剑而死，取其尸盛以鸱夷，浮之江中。吴人怜之，为立祠于江上，因名曰胥山。又按唐李太白作溧阳濑水贞义女碑，则子胥乞食处当有溧阳，今云逃难抵此，疑无所据。或当是退耕之时，尝至此地。盖时方逃楚难也，祠立太湖边，遂名胥山庙，立于此遂名胥村，年代既远，盖不可考也。"[①]尽管严州故地有关伍子胥的传说于史无据，但建德却留有伍子胥为避楚难而留下的众多遗迹。相传伍子胥过昭关入建德，翻过的山岭，谓之"胥岭"。听说已入吴地，欣喜若狂，拔剑歌舞，该地称为"歌舞岭"。白发老翁指点其读"天书"的石窟，谓之"胥岭洞"，亦称"亮洞"。老农赠饭的山坡，称为"早午岭"。躬耕过的村庄，谓之"胥村"。村旁的溪流，谓之"胥溪"。溯胥溪 50 里，谓之"胥源"。路过的小村，谓之"转头村"。下舟往吴的渡口，谓之"子胥渡"，也称"胥口"，原是严州下游七里泷的一个商埠，胥溪长达 70 千米，其流涵盖建德北乡，竹木柴炭等货由此汇集运往下游杭嘉湖，下游的布匹食盐等日用百货由此发往山乡农村，乃富春江上的一大码头。今乾潭镇仍建有"子胥公园"，留有"子胥野渡"景点。桐庐也有伍子胥的众多遗迹，"雪峰岭"因伍子胥骑马过岭，遭遇风雪交加而得名。伍子胥翻过山岭坐马喜而迎风长啸，该地取名"马啸塔"。富阳伍子胥弃船登岸之地也称"胥口"。祠联曰："胥岭胥溪胥口，青山尚留几多胜迹。忠君忠国忠民忠事，绿水长存一缕忠魂。"伍子胥作为忠烈之士，自古为富春江民众所传诵。

"潮神"也名"伍胥神""涛神"。"浙江潮，中国之奇观，亦世界之奇观也。说者谓吴王夫差为句践所愚弄，淫乱无度。伍员以鲠直见害，投其尸于江上，子胥冤魂无所发泄，遂成钱江怒涛。"[②]钱江潮原本是月亮和太阳对地球的引力所引起的水位周期性涨落现象，但九姓渔户却认为乃是"潮神"伍子胥因不满冤屈致死而涌起。"从前'船上人'认为，潮头是伍子胥在作怪造成的。传说吴王赐剑令伍子胥自杀后，将其尸首盛在鸱夷革中，抛入江中。子胥难平他心中的怒气，依潮来往，驱水为涛，人们就把伍子胥推崇为钱塘江上的'潮神爷'。"[③]早在东汉，伍子胥即与涨潮相连。《吴越春秋》曰："吴王乃取子胥尸，盛以鸱夷之

---

① (明)吕昌期修，俞炳然纂：《严州府志》卷之十六《人物志四》，万历四十二年原刊，顺治六年重刊本。

② 竺可桢：《钱塘江怒潮》，《科学》1916 年第 2 卷第 10 期。

③ 许马尔：《过潮头拷潮头鬼》，《山水推富春》，中国文史出版社 2006 年版，第 80 页。

器……弃其躯，投之江中。子胥因随流扬波，依潮来往，荡激崩岸。"[①]文种死后，"葬7年，伍子胥从海上穿山协而持种去，与之俱浮于海。故前潮水潘候者，伍子胥也；后重水者，大夫种也。"[②]据说文种死后，潮神伍子胥同病相怜为越王勾践所害的文种，驾潮冲开文种坟墓，携其共游钱塘江。潮水来时，前面怒涛滚滚者乃前潮神伍子胥，后面推波助澜者乃后潮神文种。

而《越绝书》则曰："胥死之后，吴王闻以为妖言甚咎于子胥，王使人捐于大江口。勇士执之，乃有遗响，发愤驰腾，气若奔马；威凌万物，归神大海；仿佛之间，音兆常在。后世称述，盖子胥水仙也。"[③]首次将伍子胥由忠义之士上升到"神"的位置，成为潮神的滥觞。但此处所指的"江"，实乃太湖，而非钱塘江。但王充的《论衡》，已将钱江潮与伍子胥相连。"传书言吴王夫差杀子胥，煮之于镬，乃以鸱夷橐投之于江。子胥恚恨，驱水为涛，以溺杀人。今时会稽丹徒大江、钱塘浙江，皆立子胥之庙。盖欲慰其恨心，止其猛涛也。"[④]此时，"潮神"已由太湖流域流传钱塘江流域，成为"钱塘江潮神"。唐时，白居易任杭州刺史，撰有《杭州春望》曰："涛声夜入伍员庙，柳色春藏苏小家。"钱塘潮奔腾突骞，颇类子胥勇武精神。宋孝宗时的《锦绣万花谷》云："子胥乘素车为潮神。"[⑤]宋时，最终完成了伍子胥作为"钱塘潮神"的传说。（图11.3）

图11.3　潮神伍子胥像

① （汉）赵晔：《吴越春秋》卷第五《夫差内传》，景上海涵芬楼藏明弘治邝璠刊本。

② （汉）赵晔：《吴越春秋》卷第十《勾践伐吴外传》，景上海涵芬楼藏明弘治邝璠刊本。

③ （东汉）袁康、吴平：《越绝书》卷第十四《越绝外传春申君》，景江安傅氏藏明双柏堂刊本。

④ （东汉）王充：《论衡》卷四《书虚第十六》，景上海涵芬楼藏明通津草堂刊本。

⑤ （宋）不著撰人：《锦绣万花谷》，上海古籍出版社1991年版，第58页。

吴越地区均有祭祀潮神伍子胥的庙。早在春秋时期，伍子胥死后就开始建立。“《史记》伍子胥死，吴人怜之，为立祠江上，命曰‘胥山’，此子胥祭祀之始也。”①自从伍子胥被定位为钱江掀波翻浪的潮神之后，钱江流域就建立众多的“伍子胥庙”。北宋《太平广记》引《钱塘志》曰：“伍子胥累谏，吴王赐属镂剑而死。临终戒其子曰：悬吾首于南门，以观越兵来；以鮧鱼皮裹吾尸投于江中，吾当朝暮乘潮，以观吴之败。自是自海门山潮头汹高数百尺，越钱塘渔浦方渐低小，朝暮而来，其声震怒雷，奔电走百余里，时有见子胥乘素车白马在潮头之中。因立庙以祠焉。”②杭州濒临钱江的吴山，乃吴国南界，故称“吴山”，也称“伍公山”“胥山”，吴国人立有“伍子胥庙”而得名。相传早在春秋时期就建立了“伍子胥祠”。古时吴山濒临钱塘江，渔民常在山上晒网，因而也称“哏网山”。“汉时钱塘已有‘伍公庙’，唐时有‘伍胥庙’，吴越时‘胥山’。”③杭州吴山“伍公庙”屡毁屡建。“伍公庙，神吴行人，伍员以忠谏死，吴人立祠祀之，事详史记，历汉魏六朝千百余年，庙貌不改。唐元和十年刺史卢元辅修建，景福二年封‘广惠侯’。宋大中祥符五年进封‘英烈王’，并赐‘忠清庙’额。庆历三年重新，王安石作碑记。嘉祐八年又新，王安国作碑记。政和以后累封神号至十余字，江塘海堤赖神之默佑而无恐者，不绝于记。国朝雍正十三年，敕封‘英卫公’，有司春秋致祭。乾隆十六年，御题庙额曰‘灵依素练’。”④最后一次于咸丰年间毁于太平军战火。原庙正殿供奉伍子胥神位，后殿供奉伍父伍母，延真殿供奉伍子胥神像，两庑为潮神殿。相传钱塘江的滚滚白浪，乃伍子胥驾素车乘白马直奔吴山而来。

海宁建有“海神庙”，雍正七年(1729)朝廷发内帑10万两敕建，雍正九年(1731)建成。太平军战乱期间被毁，光绪十一年(1885)重建，光绪三十一年(1905)建成，殿正中供奉主神“护国宁民显佑浙海之神”，左右两侧供奉钱镠与伍子胥。海宁还建有“潮神庙”，康熙五十九年(1720)敕建，康熙六十一年(1722)供奉敕封的“运德海潮之神”，英卫公伍子胥、上大夫文种、武肃王钱镠配享。海宁另建有“伍公庙”，盛于清代中期，芜于晚清。相传钱塘江由东海龙王独霸，自从伍子胥成为潮神之后，昼夜两次的海潮将钱塘江搅得昏天黑地，撼动龙王宫阙。一江难容两王，龙王恼怒之下，欲与潮神伍子胥决一雌雄。龙王率虾兵蟹将大战潮神，伍子胥原本就是赫赫有名的大将，精通兵法，身经百战，武

① 赵翼：《陔余丛考》卷三十五《伍子胥神》，河北人民出版社1990年版，第620页。

② 李昉：《太平广记》卷二九一《伍子胥》，中华书局1961年，第2315页。

③ 钟毓龙：《说杭州》，杭州古籍出版社2016年版，第58页。

④ (清)王维翰撰：《湖山便览》卷十二《吴山路》，光绪元年槐荫堂本。

艺高强，几个回合下来，龙王招架不住，败下阵来。从此，龙王被迫搬出水晶宫，在沿江岸边建起了“龙王庙”。伍子胥深知龙王乃采取“以退为进”的缓兵之计，遂依样画葫芦，每一座龙王庙的边上均建起“潮神庙”，虎视眈眈，让龙王无喘息之机。据说海宁沿海一带有九座“龙王庙”，也有九座“潮神庙”。伍子胥乘龙王不备，涌起潮水冲破堤岸，直奔“龙王庙”。龙王庙均水漫金山，而潮神庙则安然无恙，故有“大水冲进龙王庙”之说。

南宋时期，建德就在分水乡歌舞岭为伍子胥立庙。“庙左有小池，旧云与钱塘潮候相应。”①相传庙左有报春花一株，传为伍子胥手植。民国《建德县志》记载，百里胥溪两岸，就建有七座纪念伍子胥的“英烈庙”。“英烈庙有七，祀吴行人伍子胥。一在城北三十里胥村（俗名大畈，即宋时胥村驿），宋绍兴九年因修图经考正，取吴山本庙封爵名之，岁时遣官致祭，屡圮屡修，庙有报春花一株，皮老心空，古色斑斓，俗传为神躬耕时手植；一在城北四十五里章家永丰山麓，俗呼‘潭溪祖庙’；一在城北四十九里下吴村；一在城北五十里邵家；一在城北六十五里罗村；一在城北七十里板隝；一在与分水连界之胥岭。”②九姓渔户的船只途经“七里泷伍员（潮神伍子胥）庙时，船民要焚纸燃烛祭拜于江上”③。

伍子胥因激荡潮水为害，吴地自伍子胥死后，就立庙祭祀。东汉时期，越地民众即自发地祭祀潮神。史载：“孝女曹娥者，会稽上虞人也。父盱，能弦歌，为巫祝。汉安二年(143)五月五日，于县江溯涛婆娑迎神，溺死，不得尸骸。娥年14，乃沿江号哭，昼夜不绝声，旬有七日，遂投江而死。”④曹娥父亲巫祝曹盱以农历五月五日端午节，在钱塘江支流上虞江（今名曹娥江）“婆娑迎神”，以祭祀潮神“伍君”，不幸以身殉职。年仅14岁的曹娥也因悲痛欲绝投江自尽。钱江潮对杭州为害甚烈，自宋以来每年秋季，杭州地方官都要前往吴山“伍公庙”致祭。“昔时杭人最畏潮患。吴山之‘伍公庙’，每年九月二十日地方官必往致祭，求保障城邑不受潮侵害。”⑤封建王朝屡次加封和褒奖，企图安抚。“唐代昭宗景福二年封‘惠广侯’。乾宁二年封‘惠应侯’，四年又封为‘吴安王’。”⑥唐代兴起毁祠坏庙运动，狄仁杰出使江南，焚毁江南淫祠1700余所，唯有夏禹、泰伯、季扎以及伍子胥的庙仅存。宋代，伍子胥得到进一步的封爵。“宋中宗大中祥符五年

---

① （宋）郑瑶修，方仁荣撰：《严州续志》卷九《祠庙》，景定三年刊清文澜阁传抄本。

② 夏日璈等修，王韧等纂：《建德县志》卷之七《礼典志附庙祠坛》，民国八年铅印本。

③ 黄山市屯溪地方志编纂委员会编：《黄山市屯溪区志》（下），方志出版社2012年版，第1253页。

④ （南朝宋）范晔：《后汉书》卷一一四《列传第七十四（孝女曹娥）》，武英殿本。

⑤ 钟毓龙：《说杭州（说祠庙观）》，浙江古籍出版社2016年版，第58页。

⑥ （清）金文淳纂修，沈永青增辑：《吴山伍公庙志》卷一《历代褒封祀典》，清光绪二年。

赐宋真清庙额，封‘英烈王’。徽宗政和六年加封‘威显王’。高宗绍兴三十年，加封‘忠壮’。宁宗嘉定十七年，累封‘忠武英烈威德显圣王’。理宗嘉熙三年，封王父奢烈侯。”①雍正七年(1729)，伍子胥被加封为“英卫公”。封建王朝不仅对伍子胥予以加封，且明令春秋祭祀。宋大中祥符五年，宋真宗诏曰：“吴山神庙，实主洪涛，聿书往册。顷者，湍流瀑作，闾井为扰，致涛之初，厥应如响，御灾捍患，神实能之，用竭精忠，有加常祀，庶凭诚感，永庇居民。宜令本州每岁春秋建道场三昼夜，罢日设醮，其青祠、学士院前一月降付。”②由于封建王朝的加封，伍子胥得于列入国家祀典。隋唐以来，特别是大运河的开通，杭州政治、经济、文化的发展，杭州钱塘江口终于取代越州的曹娥江口，逐渐成为祭祀潮神的中心，并在宋代臻于鼎盛。

依赖钱塘江谋生的九姓渔户，对潮神伍子胥敬畏有加。九姓渔户逢年过节，都要祭祀“潮头菩萨”，不敢怠慢，唯恐惹怒潮神，带来船毁人亡的灾祸。“尤其在农历八月十五日潮神的日子，‘船上人’总要烧上几炷香或锡箔什么的，希望潮神爷能止住海潮猛涛。”③每当渔户航行到杭州，渔户的“当家人”都要拎只竹篮，带上香烛祭品，前往杭州吴山“伍公庙”祭祀，祈求潮神庇佑，通过钱塘江潮头时，能够顺利平安。相传农历八月十八日乃潮神生日，伍子胥与文种乘着素车白马，站立潮头之上，为复仇而怒吼奔腾，犹如千军呐喊，山崩地裂，潮头横江翻滚，势不可挡，形成惊心动魄的钱江潮，谓之“扬波雪愤”。九姓渔妓最畏潮神，妓船因涨潮船毁人亡之事故时有发生。《申报》曾有《浙江大风潮》关于1911年8月钱江潮水肆虐，妓船被毁的报道。

杭垣自16日夜半3句钟时，狂风骤雨，瓦石纷飞。17日黎明，风雨愈急，几似倒泻银河，平地水深没踝，墙垣之被雨淋坍者，比户相望。是日，钱塘江自晨迄午，均系北风。幸有塘堤屏蔽，商船尚无大患。时交午正，倏忽改变西南风，万马奔腾，愈接愈厉，致大江南北，雪浪如山，所泊商船同时断锚，走水者不可以数计，喊救连天，哭声匝地，救生船因风狂浪紧，自顾不遑，霎时被浪击沉及互相撞沉之大小商船，至傍晚6点钟止，共计19艘。内惟土云生、曹泰来等行所载煤油、糖包及布匹、呢绒各货为最巨，损失在万金以上。沿江木牌适值旺销，存货有限，被风飘失者，仅金华货少数。又有钱来有、陈初一等江山妓船4艘被浪击破，船只惨遭沉没。同时，有闻家堰、东江嘴等处行船，见势危急，拼命驶搁浅滩，而终被击沉者亦十二三艘。

① (清)姚福均：《铸鼎余闻》卷二，光绪二十五年常熟达经堂刻本。

② (明)田汝成：《西湖游览志余》卷二十一，万历唐装本。

③ 许马尔：《过潮头拷潮头鬼》，《山水推富春》，中国文史出版社2006年版，第80页。

但见帆樯矗立，零物蔽江，见者为之酸恻。是日，钱江商轮见北风虽劲，因系顺风顺水，决拟由杭开驶。讵过义桥风势愈狂，即在临浦停避。由临开杭之短班，亦至义桥折回，由桐庐来杭之恒泰轮船恃船身坚大，逆风鼓轮，于下午3时到闸口。其时浪高数丈，力难拢岸，冒险在江心停候一点钟之久。风浪愈急，总公司恐酿不测，从权立饬转柁，顺势驶赴临浦守避，始于18日晨回杭。惟各船乘客罔知利害，无理取闹，如上水之恒益轮船先到临浦备饭供客，咸怨轮船胆小，误其程限，竟将碗筷餐具抛掷江中，以图泄愤。嗣见恒太船带客继至，众始无言。①

而常年泊于杭州江干海月桥的九姓渔妓，受钱江潮的影响颇大。钱江潮汛，每月朔望，均有涨落，潮盛则均移居三郎庙或九龙头。以农历八月十八日的潮水最大，渔妓于八月均弃船登岸陆居，从救生公所，延至水澄桥，均为渔妓的避潮地。“板扉近市，椽屋瞰江，小仅如舟。而诸客回翔其间，颇有此间乐不思蜀情况。诸姬楼居者半，然陈设草草，几榻纵横。十八日，举国若狂，宝马香车，麇集江浒。读‘相约明朝看潮去，万人空巷斗新妆’之句，庶乎相似。诸姬亦以此日速客，金迷纸醉，履舄交错，往往不知东方之白，亦盛举也。‘舫中人’以十八日为潮生日，咸拈香于伍员庙，如闽浙船家之祷天后然。”②渔妓均八月十八日潮神生日，前往吴山“伍公庙”插烛燃香，祈求潮神庇佑。渔妓以船为家，终身漂泊风浪中，不得不祈求潮神庇佑，以确保安全；况且渔妓在船上从事淫业，对潮神多有亵渎，唯恐因此触怒潮神，祸及自身，故对潮神虔祀有加，唯恐有所怠慢。清代石韫玉诗云：“朝游越浦暮吴关，儿女婚姻九姓间。莫笑侬家无尺土，一生日日看溪山。早潮才落晚潮来，一月循环六十回。八月潮神生日近，家家箫鼓赛江隈。东来西去箬篷船，岸上虾须左右牵。估客人人烧利市，船娘处处唤同年。”③

九姓渔户常年在钱塘江上航行，过潮头乃司空见惯。渔户从小就在船上长大，自然练就了顺利通过钱江潮头的本领。渔户许马尔一家，驾船过钱塘江潮头，乃是一场与大自然惊心动魄的搏斗。许家的船在杭州过潮头时，船头由许马尔父亲和两个伙计对付，许马尔的母亲则在后梢掌舵。船头三人，其中两人管锚缆和提锚索，另一人则手持一根撑篙立在船头尖上拷“潮头鬼”。许马尔十五六岁后，货船改由轮船拖带，船上的劳力也相应减少。过潮头时，船头除了许马尔父亲以外，许马尔也参加进来。父亲管锚缆，许马尔则提锚索，遇上潮流水

① 《浙江大风潮》，《申报》1911年8月14日。

② 三衢柔久：《钱江画舫录》，《钱塘江文献集成》第27册，杭州出版社2016年版，第56页。

③ 石韫玉：《钱塘棹歌》，《中华竹枝词全编》第4册，北京出版社2007年版，第654页。

急时，船必须自动逃锚，父亲就指挥许马尔将提锚索紧一紧，船逃（移动）锚后，能够减轻水流对船的压力，以防酿成惨剧。俗话说："潮头好过，横浪难挡。"横浪乃潮头过后在浅岸边激起的回头浪或横冲浪，因此，应在潮头来临之前，就得将船撑到远离岸边的江心候潮。有经验的渔户都知道，江心潮乃直的，只要抛牢铁锚，摆直船身，一般有惊无险。自然，后梢撑舵也很重要，尤其是众船争相过潮头时，无论哪只船逃锚，都得依靠后梢的舵板抢水避让，否则船与船碰撞，非得酿成船毁人亡的悲剧不可。渔户还有"拷潮头鬼"的习俗，以避潮前行。

钱江潮有十几种潮名，其中有一种"鬼潮"名字，恐怕就是当年的船民所取。对汹涌澎湃翻滚而来的潮头，船民能凭经验看出潮头的厉害与否。例如二三米高墙似的潮头看上去是黑的，这就是"鬼潮"，颜色越黑，鬼就越多，当然潮头也就越厉害。若潮浪是白色的，无鬼，潮也就不可怕。"拷潮头鬼"的方法就是当排山倒海的潮浪头快到船头的那一瞬间，立在船头的人一声吆喝并用撑篙梢狠狠地对着潮浪拷下去，其意思就是把这些从海里来的"潮头鬼"赶开。潮头有鬼当然是迷信之说，不过潮头颜色黑得厉害及用撑篙拷潮头浪，可能有一定的道理。潮浪有黑白之分，是因为潮水推力有大小。黑的潮头浪说明潮水的推力大，能把江底的泥沙翻起，所以这种潮头就比较猛。至于当撑篙用力拷向潮头浪尖后，其潮浪水势就会向两边劈开，潮浪冲向尖尖船头的阻力会有所减小，有利船舶的冲浪，不会使船头钻入浪中而发生危险。①

钱塘江下游因受潮水影响，并非理想航道，平时水位较浅，水流湍急，而涨潮时又怒涛汹涌，翻江倒海，均不利于帆船航行。但渔户若掌握钱塘江水流规律，航行颇为省力。钱塘江潮每日都有，早晚两次，平时涌潮并不大。有经验的渔户利用潮水涨落的规律，借助潮力的力量，能够毫不费力地运输货物。1792年，英使马嘎尔尼已注意到渔户在钱塘江航行的大型航船，前后尖形，航底平阔，吃水不深，平均载重两吨半，吃水十英寸，船上张着棉布做成的帆。1906年，美国传教士晏文士观潮时，看到了渔户所驾驶的平底帆船借助潮水航行的精彩场面。

涨潮时有好些平底帆船躲在柴盘头的前面。当潮水的第一道潮头刚刚到达海宁镇海塔的时候，在柴盘头的护塘平台上躲避潮水的平底帆船上，人们开始忙碌起来。第一道水墙经过时，这些帆船全都安然无恙，仅仅有些溅湿了。而随后而至的潮水使江面不断上涨，这时候那些平底帆船全部飘离了它们原来的停泊之处，但也不至于有什么危险。船夫们通过对缆

① 许马尔：《过潮头拷潮头鬼》，《山水推富春》，中国文史出版社2006年版，第81页。

绳进行调节，使那些船安全地停泊到了新的地方。这时人们开始急急忙忙往那些船上装运货物。不到一个小时，钱塘江水位上升到一个新的高度，那些平底船可以起航在潮水的推动下驶向钱塘江上游，或者，再等两个小时，借助回落的潮水驶向钱塘江的下游。因此，当上涨的潮水迅速地通过海宁时，不仅涌潮极为壮观，江面上的帆船也呈现出一幅壮观而奇特的景象：那些在潮水到来之前躲避在柴盘头的前面的平底帆船，这时候都借助于一阵潮水的到来同时出发，所有的船都是张着满帆，随着潮水向杭州方向驶去，但船头却是朝着不同的方向。每一拨出发的平底帆船数量一般为12艘，有时也会多达30艘。它们借助潮水的力量向上游方向行驶，速度都很快，能超过体积同样大小的轮船。而当潮涌的力量逐渐减弱，船夫们可以驾驭船的时候，他们会马上又把船停泊到另一个柴盘头的前面去。这样，一旦退潮，那些平底帆船又可以安全地停留在护塘的平台上。而轮船是无法在钱塘江上行驶的，因为它们不能像平底帆船一样避免因涨潮、退潮而造成的航行困难。①

渔户曰："过了八月十八潮，破船当江摇。"农历八月十八日以后，钱江潮就小了，渔户载货的船前往杭州危险就不大，可放心大胆撑往杭城。

第五节　九姓渔户的芦茨菩萨信仰习俗

钱塘江两岸，建有芦茨菩萨陈杲仁的庙宇。建德城西60里铜官山有"陈司徒庙"。杭州在百万仓西祠有"显佑庙"。兰溪县南5里有"忠佑庙"。桐庐县城西南30华里的芦茨湾庙山，山腰建有"陈公庙"，也称"鸬鹚庙"，庙里供着"陈老相公"，也称"芦茨菩萨"。陈杲仁，生于南朝梁太清三年(549)五月二十日，也称"陈伯廿五老相公"，江苏晋陵(常州)人，隋时封为大司徒。楼世干在东阳造反，陈杲仁带领部队平反，打败20多万叛兵。

据庙碑神讳杲仁，晋陵人，生于梁太清三年，年十八登进士。隋大业中，奉诏平长白山及江宁等寇。义宁中，统兵翦东阳贼二十余万，官拜大司徒，时称其忠孝文武信义谋辨为八绝，后缘事饮鸩卒。严州乃其剿贼处，因立庙于此，屡着灵显。唐乾符二年，镇海军叛卒王郢缘海为寇，节度观察处置使祷于

① 赖骞宇、周群芳：《钱塘江上的航船》，《外国人眼中的钱塘江》，九州出版社2014年版，第129—131页。

庙有应，置庙郭南门，以其事闻，封“忠烈公”。中和三年太清颍川陈晟屯兵青溪镇，铜官葺其庙新之。宋宣和三年，方腊猖獗，神阴助战，歼焉，庙遭兵燹。四年重建郭南门，庙于建安山铜官，里人即故址重建赐额“忠佑”，嘉泰间加封“孚佑真君”，父季明封“启灵侯”，长子垣封“赞惠侯”，次子额封“协应侯”。①

因隋炀帝荒淫无道，隋朝仅三十七年就因朝廷内讧而灭亡。据传陈杲仁带领部下就地遣散，隐居桐庐白云源烧炭，奉为烧炭业的“祖师爷”。白云源位于浦江与桐庐交界的陆路交通要道，也是浦江、兰溪到杭州的重要水陆码头，过往的商队货船络绎不绝，劫匪伺机拦路抢劫，谋财害命，过往客商提心吊胆，民众惶恐不安。陈杲仁打击劫匪，保护商旅，保护平民，以确保钱塘江航行的安全。陈杲仁死后，钱塘江沿岸各地建有“陈公寺”“陈公庙”祭拜，所有“陈公庙”中，以“芦茨陈公庙”名气最大，也最为灵验。“陈公庙”端坐木塑红颜披袍挂甲的“陈老相公菩萨”，据说陈杲仁在“陈公庙”成神。

相传唐乾符三年(876)，镇海王郢据有富春江七里泷落草为寇，节度使裴璩带兵讨伐。裴璩出发前到“陈公庙”祈求“芦茨菩萨”，果得神佑，一举擒获王郢，并上报朝廷，“陈老相公”封为“忠烈公”。北宋宣和三年(1121)，赐庙额“忠佑”。南宋嘉泰年间，又加封“孚佑真君”，也称“孚佑侯”。清代“长毛”造反，各地纷纷组织乡团防御。时“长毛”船队浩浩荡荡沿江而上，乡团势单力薄，前往“陈公庙”求签，卜守不吉，卜避不吉，卜战大吉。于是，乡团乘夜黑风高壮胆出击，“长毛”船队大乱，仓皇出逃，乡团大获全胜。据说“长毛”头头是夜看见一个红脸孔黑胡须的将领指挥天兵天将杀上船来，故大败而逃。这次大胜，“芦茨菩萨”不仅壮胆杀敌，还亲自帮衬杀退“长毛”，事后大家抬着“芦茨菩萨”庆祝。

九姓渔户相传江神周宣灵王与“芦茨老相公”曾经“斗法”，芦茨菩萨的“法力”比周宣灵王略输一筹。前文已提及，暂不赘述。

桐庐“芦茨陈公庙”每年农历五月十五日，都要举行隆重庙会，演出“芦茨戏”。民国《桐庐县志》记载，农历五月十五日前后，“城中预备船只、鼓乐，往芦茨迎孚佑侯神，至则争聘鞠部演剧酬愿，自坊民而商家而船户，不下百余台”②。桐庐的商贾、摊贩、居民以及渔户，每年都要凑上一定的“份子钱”，由地保轮流主持，雇上渔户派人前往芦茨埠，迎请“芦茨菩萨”到县城看“戏”，俗称“做芦茨戏”。凡轮到当年主持的地保，照例须雇请大龙娘船两艘，并在船上搭成平台，作为供奉神位和演戏之用。其他地保也雇船随行，盛时多达五六十艘。凡受雇

① (清)周兴峄修，严可均撰：《建德县志》卷之八《秩祀志》，道光八年刊本。

② 颜士晋修，朱邦彦、臧承宣纂：《桐庐县志(风俗篇)》，转引桐庐县志编纂委员会编《桐庐县志》，浙江人民出版社1991年版，第636页。

迎神之船，渔户须将船舱洗净，沐浴净身，以示对“菩萨”的虔诚。各船桅樯之顶，均须榜以一面绣有“陈”字的黄色大旗幡，自上而下地悬挂长串的鞭炮。船中置有香炉、烛台，两侧插上红、黄、绿、橙等各色旗幡。供有神位的两条大龙娘船船首各挂一盏红色灯笼。迎神时，各船燃放鞭炮，击鼓鸣锣，由东门码头出发，浩浩荡荡簇拥迎神主船溯江而上。乘坐迎神主船的是各方代表或善男信女，有40余人，船上备有桌椅，供上膳食香茗，或品茶看戏，或玩牌聊天，或欣赏两岸风光，其情趣悠然自得。（图 11.4）

图 11.4　桐庐的“芦茨菩萨”像

迎神船到达芦茨埠后，晚上即宿泊于此。“庙中‘神师’，俗称‘神仙老头’，要先行打卦，问菩萨明天进城穿什么颜色的袍甲。桐庐人总希望‘芦茨菩萨’穿黄袍进城，因为黄袍预示着当年是一个风调雨顺的好年份，如是绿袍或红袍就意味着当年是洪涝或干旱的年岁。”①翌日，迎神人敲锣打击，放炮鸣号，簇拥着将“芦茨菩萨”的大轿抬迎上船，神位面朝船首，停放后舱平台，所有船只打道回府。神像返航时，要摆上香烛祭台，供上祭品，红烛高烧，香烟缭绕。神像四周有扮成“八仙”装束的人，谓之“护神”。戏班演出《白蛇传》《山阳公主战狄青》等戏文。戏班以“三腔班”的婺剧为主，有时也有越剧、绍剧等。

船队返航时，还有“爬雀杆”的竞技表演。“爬雀杆旧时夏历五月，桐庐县城士绅组织船队，接“芦茨菩萨”来镇供奉。当船队行至富春江上游，船上奏起民乐，小伙子们扮成武士模样，在各自船上顺着桅杆攀爬，到达顶端后，表演‘金鸡

① 许马尔：《五月盛事——芦茨戏》，《桐庐文史资料》第 13 辑，杭州出版社 2013 年版，第 367 页。

独立’‘倒钩’‘荡秋千’‘童子拜观音’等技巧，形似飞雀停落杆上，以此得名。”①前后左右随行之船，锣鼓震天。各船配有数人摇橹划桨，顺富春江而直下桐庐，路上人声、锣声、鼓声以及摇橹划桨声交织一起。当迎神船队到达桐庐县城的放马洲时，船中的鼓乐达到高潮。城中男女老幼听到震耳欲聋的声音，纷纷涌向江畔接“神”。有的敲锣打鼓，有的燃放鞭炮，有的拈香插烛，供上祭品，跪在上岸的船埠头等候朝拜还愿。迎神船在县城水弄口泊岸后，信众将轿内的“芦茨菩萨”抬入东门土地庙。至此，桐庐县城一年一度的“芦茨戏”正式揭幕。

> “芦茨菩萨”在东门的土地庙坐殿数天后，人们又竞相将其抬至其他的祠庙寺观。抬“芦茨菩萨”的人皆为桐江船民和放排人，坐殿时间最长要数县城的太平庙。“芦茨菩萨”坐殿时，庙中香客云集，县城或从农村四面八方赶来的善男信女们纷纷带着祭品和香烛前来烧香拜神，以求神佑。逢生日得烧“寿香”；家中病人已愈得烧“还愿香”；有向神求助的烧“许愿香”等。但见庙中红烛高烧，香烟缭绕。常常前客刚炷香插烛，后客就拔而代之。此项檀香线香长短烛，均归菩萨“神师”所有。长长的供桌上放满各种祭品，有茶点糕果、有鱼有肉、有全鸡、全鸭和整个猪头等。船民和渔民还有用整条新鲜鲥鱼作祭品的。对前来烧香拜神者，“芦茨菩萨”的随身“神师”会对菩萨介绍说道“某保某村某某来朝拜许愿（还愿），请菩萨保佑伊的家里平安”等语，然后“神师”用耳朵对着菩萨的嘴，装样聆听吩咐后，对着烧香朝拜者说，今朝菩萨要吃鸡，或要吃鲥鱼等，烧香的人就会把菩萨要吃的东西留下，其余供品即可带回。②

“芦茨菩萨”除了在县城的祠庙坐殿外，渔户还要用轿将其抬到大街小巷遨游，俗称“菩萨戏城”。“菩萨戏城”的前一天，有人专门负责沿街放出风声通知各家各户，明天“芦茨菩萨戏城”，沿庙两旁的店堂和住户，要在自家门前摆起八仙方桌，摆上香烛祭台，供上祭品，恭候菩萨到来。凡菩萨所到之处，香烟缭绕，鞭炮震耳，各家主人均率家人向菩萨叩头跪拜。民间相传，凡菩萨经过之地，如果谁家沿街晒有衣裤之物，菩萨会生气不愿再走，任凭轿夫如何抬均在原地踏步，直到将衣物收走，抬着的轿子才会向前移步。如果菩萨愿意到谁家做客，菩萨会毫无征兆朝这家门内走去，即便该家门比轿子更窄，也会设法钻进门去。只是菩萨到谁家做客，谁家必须为菩萨披红，即敬献红布红绸，而且必须出资点一出戏以酬谢菩萨。有时抬着的菩萨轿子突然不动，善男信女必须发红包，菩

---

①　桐庐县志编纂委员会编：《桐庐县志》，浙江人民出版社 1991 年版，第 678 页。

②　许马尔：《五月盛事——芦茨戏》，《桐庐文史资料》第 13 辑，杭州出版社 2013 年版，第 368 页。

萨轿子才会继续前进。

“芦茨菩萨”被迎请到县城后，酬神演戏多时可达八九处，除城隍庙、土地庙、普庙、太平庙、水神庙等固有戏台外，还要在洋塘、马家埠、新埠头等旷野临时搭台演出。“芦茨戏”开演前，必闹头场，尔后为排八仙、跳加官、跳财神、跳魁星等。然后，才是正式演出。“县城中的绅士商贾及叶、胡、柯等姓的大房头，均要轮流请戏班为菩萨做戏文。有的则独资包台。城关撑船、放排的人们也凑份子到萧山等地请戏班。”①虽说是做戏给菩萨看，不如说是桐庐人一年一度一次难得的艺术享受。“芦茨戏”期间，县城开元街上并不宽敞的石板路，摩肩接踵，人流如织，桐庐县城酿成热闹非凡的集市盛况。民众从四面八方赶来，或看戏文凑热闹；或是江湖杂耍以此展示一技之长；特别是县城的茶楼酒肆、南北杂货店堂，生意格外兴隆，利润倍增。整个芦茨庙会持续近一个月的时间，桐庐的渔户、商人因此度了被称为“荒五月”的空闲，且获利非凡。

离桐庐县城十华里的旧县，每年农历三月二十八日，以及桐庐其他地方也有以舟楫接迎“芦茨菩萨”赶庙会的风俗。“芦茨戏”源于何时无考，1949 年农历五月中旬，最后一次 7 天演出后，从此销声匿迹。

第六节　九姓渔户的礼佛习俗

九姓渔户有上衢州九华山、江西三清山烧香拜佛的习俗。常山九姓渔户的船只经过岸边佛殿，渔户都要在船头躬身祭拜，并以清水泼船，谓之“解邪”。②钱云财回忆，老祖母每到大年三十除夕夜都要将祖传的“达摩”画挂在船上篷壁设立佛堂，画下放置铜质观音菩萨，点香插烛祭拜，直到元宵后才将画收入一毛竹筒内，第二年大年三十再取出挂上祭拜。日军入侵衢州时，钱家逃亡到常山潮湿的山洞，老祖母从随身携带的毛竹筒取出“达摩”老佛画，小心翼翼地挂上崖壁，又从黄布袋拿出铜质观音菩萨，摆上佛堂，奉上佛香，诵念佛经祈求大慈大悲的观世音菩萨保佑家人平安。老祖母信佛吃素，钱云财父亲钱树木断奶后也爱吃素，拒食荤腥。钱树木吃包子时，将猪肉馅扔掉，光吃外皮。后来，祖母索性让钱树木吃素，美其名曰“娘胎素”。1953 年，钱树木想开荤，钱云财母亲许彩珠将豆腐干烧进猪肉，钱树木持筷夹豆腐干吃，觉得鲜美无比，遂逐渐进食鱼

---

① 许马尔：《五月盛事——芦茨戏》，《桐庐文史资料》第 13 辑，杭州出版社 2013 年版，第 368 页。

② 常山县风俗志编写组：《常山县风俗志》，1989 年，第 38 页。

肉蛋类的荤腥。

许多渔户每年八月都要到衢州九华山朝拜菩萨。“许多年纪大的人吃素念佛，他们把上九华山拜菩萨作为一生的大事。”[①]每年农历八月，前往衢州九华山进山观光的人摩肩接踵，络绎不绝，俗称“八月朝圣节”。衢州九华山乃浙西佛教圣地，据《新编浙江通志》记载：“东晋咸和年间（326—334）浙江首创灵鹫、灵隐、宝山诸寺。”灵鹫寺古名“灵鹫庵”，今改名“观音堂”，坐落九华山巅。衢州九华山原名“大猴岭”，明万历年间改称衢州九华山，又名“小九华”，以别于皖南青阳县九华山，也称“大九华山”。而改名缘起在于引进了皖南大九华山的“地藏王圣像”。据传万历年间，衢州杜泽荷花塘沿村，有一位做豆腐的老人，对皖南大九华山的“地藏王菩萨”十分虔诚，每年农历七月三十日“地藏王菩萨”生日，都在家中设下香案祭拜，次日一早便前往大九华山朝圣，年年如此，从不间断。从衢州前往大九华山，恰逢七八月骄阳似火，途中备尝艰辛。农历七月三十日乃“地藏王菩萨”诞辰。每年七月三十日晚都由方丈举行开山门仪式。八月初一开始接纳朝圣香客，历时达一月之久，称为“朝圣节”。衢州府、严州府、徽州府的香客沐浴焚香，云集大猴岭。

为了“上小九华山”庆贺“地藏王”诞辰，一些信众于农历七月三十日或二十九日前，即组织集体上山的旗会，衢州的旗会有老福宁会（起首旗会）、麟趾会、三元永福会（道士的三官会）、万福宁等八个会。樟树潭乃九姓渔户集结之一，樟树潭人也有到“小九华山”进香的传统。每年秋收以后，“上小九华山”进香的信众不绝于途，樟树潭每日进庙住宿的香客不下百人，大都是进香会的成员。樟树潭及附近各村也有名称各异的“进香会”，上埠头为“延生会”，中埠头为“长生会”，下埠头为“小飞虎会”，卢家为“诚心会”，茶园和里盐店为“意诚会”，九姓渔户则为“飞虎会”。各会均有几名“头手”（组织者和义工）以负责协调进香事宜以及生活后勤方面的安排和服务，以确保会期的安全。

20 世纪三四十年代，衢州“小九华山”的香火极为旺盛。1942 年日军占领衢州，后来又长期占据金华和兰溪，日军还在金华南郊修建机场，日机经常袭扰衢州。为了防止发生意外伤亡事件，地方政府和驻军劝阻信众上“小九华山”进香，进香活动几近绝迹。抗战时期虽然有部分进香活动，但盛况却大不如前。

开化九姓渔户有“清华老会”组织，农历八月也有前往三清山朝圣的习俗。九姓渔户佛道不分，三清山乃道教圣地。三清山原名“少华山”，位于上饶市玉山县与德兴县交界处，奇峰林立，怪石峥嵘，因其玉京、玉虚、玉华三座主峰并立，恰如道教玉清、上清、太清三大教尊并立而坐，故名“三清山”。三清山乃道教名山，相

---

① 程秉荣：《建德县九姓渔户》，《建德文史资料》第 2 辑，1987 年，第 70 页。

传开山始祖乃东晋时葛洪。开化华埠乃九姓渔户集结之地，每年八月盛行到江西三清山朝拜菩萨。渔户还有一个菩萨会的组织，集体拜佛的民众团体曰“清华老会”。“华埠‘船上人’无论是捕鱼的、放排的、撑船的，一律规定每年(农历)八月初八自动集合，从华埠出发，集体前往江西柴湖三青山拜菩萨烧香还愿，来回时间5—6天。在佛会期间，一律吃斋保素，往返一切开支费用均由‘清华老佛’公益金中支付。佛会日期间相当热闹，敲锣打鼓，集体行动，一路佛旗飘扬，放火炮，但佛规纪律也很严格，规定吃素，说素话，不准说荤话，如果说错荤话，就算是犯了佛规，要受佛规处罚。”①凡提到动物须用代名词，如说鸡为“丁公”，“鸭”为“飘过海”，猪为“胖汉”，牛为“大力士”，鱼为“水底摆”，“虾”乃“满身红”。凡违犯佛规者，要处罚香纸、蜡烛等物，所有开支由受罚者个人承担。

桐庐善男信女以及渔户均有烧“八寺香”和“十庙香”的习俗。每年农历的二月十九日观世音菩萨诞辰日、六月十八成道日、九月十九涅槃日，众多的善男信女以及渔户聚集寺庙敬香拜佛，宿山念经。为了表示对菩萨的虔诚，有的还要前往天竺寺和南海普陀烧香。前往杭州和舟山均以舟楫代步。朝山进香的“烧香船”也应运而生，桐庐以及旧县昔日就有渔户以佛事日期专门从事此业。

> 每年正月十八日落灯后，寺庙和尚或香头即与船家联系租船赴南海进香事宜。香客一般与船家皆为老主顾，除本县以外，还有来自建德、昌化、於潜等县的善男信女。烧香船型为大开艄船，达六七十吨，三道硬风帆，大桅顶尖榜以黄色大幡，上书“南海进香”或“朝山进香”。南海烧香船需聘请有航海技术的人担任船工，船工们在船上各司其职，有管桅、管锚、管风帆，捞水(量水位)、司厨及撑舵等，分工明确，不得串位。烧香船载客前须洗净船舱。船工沐浴净身，船中不得带半点荤，就连带有猪、牛皮器具也得清除掉，以示对菩萨的虔诚。船从桐庐启航，途经富阳、闻堰、杭州、海宁等埠均要靠泊，这几处都有部分老主顾香客上船一同前往，船一般正月底离桐，二月底即可返桐，历时一月。烧香船上的船工出航后，留守在埠的船中眷属尚须在家“借佛”。在烧香船载香客烧香期间，所有眷属必须全部斋戒，不喝酒，不吃荤，有儿子媳妇的此期间不得同床等。主妇每日清晨在船艄面对东南方向(普陀方向)炷插两支蜡烛，手拈清香磕头跪拜，口中念念有词：“清清大海，潮音洞，紫竹林，朝拜南海观世音……”以祈祷当家男人出海的平安顺利。②

“烧香船”大都是开稍船一般载香客八九十人，有上下两层统铺。香客所带

---

① 钱自荣:《华埠船上人》,《通衢》,中国戏剧出版社2000年版,第258页。

② 许马尔:《富春江上的烧香船》,《山水推富春》,中国文史出版社2006年版,第150页。

食物大都是年糕粽子之类，渔户船中也有素膳供应。开稍船到达普陀后，届时庙中会派两个和尚守船，香客和渔户全部上岸到寺庙享用僧人饷客的斋饭一餐。“烧香客”为了节省费用，到埠后仍住船中，出门则步行，肩挂黄袱，腰系红带，数十为群，如果遇上雨天，则赤脚步行，美其名曰“烧跑香”。但也有少数富裕的香客，抵埠后住宾馆，出门坐轿。

五代杭州就有“东南佛国”之称，杭州寺院多达480所。杭州现存的六和塔、保俶塔、白塔以及雷峰塔，均建于此时。南宋据说杭城有420余所。民国年间，杭州民间有“外八寺”和“里八寺”之说。“每年佛诞日，船妓相约结队礼拜神佛，晨出夕归，一天要跑十座寺庙，叫‘烧十庙香’。”[①]农历六月十九日传为“观音菩萨”诞辰，渔妓虔诚朝拜。“先于十八夜进香，涌金、钱塘两门均彻夜不闭，游人如蚁然。至天竺者，也不过十之三四，类皆为纳凉计耳。是夜湖滨各肆及大小湖船，均利市三倍，自杭埠通商以来，专有挟妓荡舟以助一宵清兴者，笙歌鼎沸，洵为极乐世界。”[②]杭州六和塔又名“六和塔”，乃宋开宝三年(970)智觉禅师所建，乃为镇潮而建造，在塔顶装有明灯，成为江上夜航的指南。宣和三年(1121)毁于兵火。现存塔身乃南宋绍兴二十六年(1156)重建。“塔凡七层，每层盘曲而上，均供佛像。凭窗一望，不知身在何所。画舫诸姬，往往以拈香为由，挟客登塔，然极捷者不过四层而止。弱者不及二三层。盖鞋窄足疲，裙搴汗促，殊可怜也。”[③]九姓渔妓登六和塔拈香拜佛，渔妓气息喘喘，鞋窄足累，登塔颇为艰难，捷者能登四层已算虔诚，弱者不过二三层而已。

第七节　九姓渔妓的白眉神信仰习俗

九姓渔妓崇拜的“白眉神”，也是所有妓女所崇拜的保护神，又称白眼神、红眼神、袄神、妖神。“近来狭邪家，多供关壮缪像，余窃以为亵渎正神，后乃知其不然。是名‘白眉神’，长髯美貌，骑马持刀，与关像略肖。但眉白而眼赤。京师相詈，指其人曰：白眉赤眼儿者，必大恨成贸首仇，其猥贱可知。狭邪讳之，乃驾名于关侯。坊曲娼女，初荐枕于人，必与其艾豭同拜此神，然后定情，南北两京

① 方向：《富春江上的九姓渔户》，《中国民间文化》第14集，学林出版社1994年版，第162页。

② 《新编西湖指南游杭纪略合刻》，西湖鑫记书局民国十二年版，第37页。

③ 三衢柔久：《钱江画舫录》，《钱塘江文献集成》第27册，杭州出版社2016年版，第62页。

皆然也。”[①]“狭邪家”特指“妓家”,“狭邪”原作“狭斜”,原指小街曲巷。因狭路曲巷大都为妓家所居,后特指娼妓居处。“关壮缪”乃关公,关羽曾封“关壮缪”,故名。娼妓的地位极为卑贱,故抬出关羽作为保护神。“艾豭”原指老公猪,比喻嫖客。妓女初次接客时,要与嫖客同拜“白眉神”,以示虔诚。

关于九姓渔妓乃至妓女所崇拜的保护神——白眉神是否关羽,有关专家说法不一。马书田认为:“娼妓的地位是十分低贱的,她们抬出的保护神就是她们的靠山,自然不能显得猥琐,于是,以关公为蓝本塑造出行业神,但又不敢像关公,就成了白眉赤眼的白眉神。”[②]但方向认为,九姓渔妓所供的“白眉神”,就是关羽无误。“据我的祖父方镇南说,九姓渔户开头供的神是‘关老爷’,即三国时蜀国大将关羽。关羽的水军颇有本领,‘押鱼佬’对他很佩服,又因关羽二字之音近似‘管渔’,关羽坐镇之地荆州附近的‘押鱼佬’,就奉他为渔神,因神像是供在船上的,一些不以押鱼为生的‘撑船佬’也看样学样,奉‘关老爷’为船神,后来辗转传开,成了各处船民日夜不离的神。”[③]据此可知,起初渔民将关羽奉为渔神,后来船民以及九姓渔户也争相效仿,也奉之为“船神”。兰溪游埠的渔户,“船未驶出裘家关帝庙前,在船上的人忌讲:‘搁滩’‘触礁’‘朔风’等不吉祥的话,否则有损神威,招来灾难”[④]。

关羽之所以被渔民奉为“渔神”,乃是其名字谐音“管渔”所致,符合民俗心理联想规律,于理也说得通。“供奉‘船菩萨’的习俗据说各地的船民都有,只是供奉的对象不同而已。如有的地方崇尚信义的,尊关帝为菩萨。”[⑤]只是其神像被供奉在船上,后为被九姓渔户奉为“船神”,殊感理由不足,证据也不够充分。何况“船神”是谁,六朝时就有人记载。明代胡侍的《墅谈》引梁简文帝的《船神记》云:“船神名冯耳。”据说关公姓冯,《坚瓠集》载关西故事云如下。

蒲州解梁县关公本不姓关,少时力最猛,不可检束,父母怒而闭之后园空室。一夕月甚明,启窗越出,闲步园中。闻墙东有女子啼哭甚悲,兼有老人相向哭声,怪而排墙询之。老者诉云:“我女已受聘矣,本县舅爷闻女有色,欲娶为妾。我诉之尹,反受叱骂,以此相泣。”公闻大怒,仗剑径往县署,

---

① (明)沈德符:《万历野获编》,文化艺术出版社1998年版,第999页。

② 马书田:《中国民间诸神》,团结出版社1997年版,第396页。

③ 方向:《富春江上的九姓渔户》,《中国民间文化》第14集,学林出版社1994年版,第163页。

④ 游埠镇志编委会编:《兰溪游埠镇志》,浙江人民出版社1989年版,第155页。

⑤ 许马尔:《桐庐船民的祖师菩萨》,《桐庐文史资料》第13辑,杭州出版社2013年版,第369页。

杀尹并其舅而逃。至潼关，闻关门图形捕之甚急，伏于水旁，掬水洗面。自照其形，自水洗后颜已变仓赤，不复识认。挺身至关，关主诘问，随口指关为姓，后遂不易。东行至涿州，张翼德在州卖肉，其买卖止于上午，至日午，即将所存下悬肆旁井中，举五百斤大石掩其上，任有势力者不能动，且示人曰："谁能举此石者，与之肉。"公至时，适已薄暮，往买肉而翼德不在。肆人指井谓之曰："肉有全肩，悬此井中，汝能举石，乃可得也。"公举石轻如弹丸，人共骇叹。公携肉而行，人莫敢御。张归闻而异之，追及，与之角力，力相敌，莫能解。而刘玄德卖草鞋适至，见二人斗，从而御之。三人共谈，意气相投，遂结"桃园之盟"。①

关羽因杀死欲强娶他人未婚妻为妾的县令及其母舅，逃至潼关，遭到诘问，遂指关为姓名羽。民间相传刘备、张飞、关羽"桃园三结义"，三位结义兄弟中，关羽排行老二，民间习称"关二爷"，既然其本姓冯，亦称"冯二爷"，"爷"可有可无，简称"冯二"。"我认为'二'音近'耳'，日久相混，'船神'冯耳变成'船神'冯二，即关羽。"舟山渔民在渔船后舱设有一间供神的"圣堂舱"，该神称为"船关菩萨"，也称"船关老爷"，传说为三国时的关羽。宋以来，自小洋山至嵊山一带海域，渔民和商船均在船上设有神龛，供奉关帝塑像。宋亡后，因唯恐受到元蒙统治者的加害，改为"关圣殿"，迄今香火不断。泗礁岛上也有"关帝殿"，供有关帝塑像。每年过年，嵊泗渔民还要在居宅正室厅堂，供奉关帝画像，并配以条幅。正月初一清早，渔民家家户户门上恭恭敬敬地贴上两幅关公像，渔民企盼得到关公护佑，顺利太平，招财进宝。"此可证富春江上的九姓渔户奉关羽为'船神'之说，洵属事实。而改'船神'关羽为'白眉神'，只有渔娼信仰，渔民不屑一顾，知'白眉神'不是全体九姓人共同神仰的神。"② 关羽原来姓冯，曰冯二，讹为冯耳，乃船神冯耳。

九姓渔户被贬到严州府境内钱塘江不得岸居以后，其中的九姓渔户特别是九姓渔妓仍然信奉关羽，随着地方官吏对九姓渔户管理的放松，捕鱼搭客载货的九姓渔户与九姓渔妓分道扬镳，职业相对固定，虽然捕鱼搭客载货的渔户也可改行为渔妓，但某些嫌恶娼妓生活的渔户，因官府不再强迫她们从妓，遂洁身自爱，将打鱼和搭客运货作为父子相传的手艺，遂不再供奉关羽，以免与淫污的渔妓有所牵连，有损其正派之风。九姓渔妓因艳名日著，嫖客中的文人也与日俱增，他们目睹关羽被作为九姓渔妓的保护神不以为然，遂将关羽的神像改为

---

① （清）褚人获：《坚瓠集》，上海古籍出版社 2012 年版，第 1176 页。

② 方向：《富春江上的九姓渔户》，《中国民间文化》第 14 集，学林出版社 1994 年版，第 164 页。

白眉红眼，俗称“白眉神”或“红眼神”。由于九姓渔妓崇奉“白眉神”，影响所及，成为晚明时期中国各地多数妓院所崇奉的保护神。（图 12.5）

图 12.5　九姓渔妓信奉的白眉神

九姓渔妓说严州桐庐一带的方言，“眼”“崖”均音“厄啊”切，致使有些人误以为红眼神乃上古仙人洪崖，还声称妓女拜过此神以后，其双眼就具有迷惑嫖客的魅力，似乎成了妖精，故该神也称“妖神”。谈迁的《枣林杂俎》曰：“‘白眉神’即古洪崖先生也，一呼‘祆（妖）神’。”方向认为上古的洪崖与娼妓没有一点联系，并引王士慎《池北偶谈》中引宋丁谓戏白稹诗曰：“五百青蚨两家缺，赤洪崖打白洪崖。”赤白两个洪崖互相拐骗钱财，结果双方发生互殴。如此二神，自不可能合二为一受到妓女的崇拜。

早在明代，严州府城兴仁门内，就有洪武年间军民共建的“关王庙”。[①] 清雍正三年（1725）重建，乾隆三年（1738）县人陈希愈重修。乾隆六十年（1795），署县事费奎勋请币 888 两 8 钱 4 厘重修，里人陈信、阮吉光等募捐襄助。道光七年（1827），知府吴世荣大修。光绪十四年（1888），知府李士彬添造官厅 3 间。民国五年（1916）三月，建德县知事夏曰璈改为“关岳庙”。民国八年（1919）九月，建德知事张良楷以年久失修渗漏不堪，移祀关岳于旧府城隍。民国《建德县志》记载建德已有 9 座“关帝庙”，除了兴仁门内的“关帝庙”外，另 8 座为：“一在

① （明）吕昌期修，明俞炳然纂：《严州府志》卷之五《经略志三》，万历四十二年原刊，顺治六年重刊本。

旧县治内，一在旧府学西，一在旧演武厅，一在澄清门外，一在和义门外，一在城北黄金坳，一在城东姚村榧洲，一在城南殿后下王。”①万历十二年(1584)，桐庐知县杨束清于县治城隍庙右建“关帝庙”，雍正四年(1726)县丞林明宗捐俸重建。② 杭州则有8座“关帝庙”。

其一在祖庙巷，为杭州“关帝庙”之最古者，传昔有人于井中获大刀，重80斤，遂附会为关云长所用之刀而立庙。其二在涌金门外，其址原为明神宗时太监孙隆所建系舟之亭，后改为“关帝庙”。庙前有三义桥，桃园三结义之意。其三在登云桥附近，庙中有龙亭，相传为明奸相魏忠贤生祠中故物。其四在通江桥直街东口之镇东楼上。其五在城隍山。其六在金沙巷，位于南山北山之中。胡书农学士书联曰：圣至之于神，荐馨历千载而遥，如日月行天，江河行地；湖开自汉，崇祀值两峰相对，有武穆在北，忠肃在南。其七在城隍山元宝心，称“关公殿”。其八在岳庙之左，明万历进士翰林院检讨缪昌期题门联曰：德必有邻，把臂呼岳家父子，忠能择主，鼎足定汉室君臣。③

清代建德县志始有“关帝庙”的官方春秋祭祀。“道光七年军民重建戏台，每岁仲春秋月上戊日及五月十三日致祭，用牛一羊一豕一，余品如式。祭文：维帝浩气凌霄，丹心贯日，扶正统而彰信义，威震九州，完大节以笃忠贞，名高三国神明如在，遍祠宇于寰区，灵应丕昭，荐馨香于历代，屡征异迹，显佑群生，恭值嘉辰，遵行祀典，筵陈笾豆，几奠牲醴。”④桐庐的“关帝庙”也于雍正四年(1726)“奉文崇封报祭”。“五月十三必备牲醴往渔家社关帝庙祭关二爷。”⑤桐庐渔户必备牲醴前往渔家社庙关帝庙祭祀“关二爷”。

娼妓业均建有白眉神庙，有的建于妓院，有的则建于妓女聚居的街巷。明代开封妓院中就建有白眉神庙。开封城中五胜角大街路东有皮场公庙，“向南，三间黑大门，匾曰富乐院。内有白眉神等庙三四所。各家盖造居住，钦拨二十七户，随驾伺候作乐。其中多有出奇美色妓女，善诙谐、谈谑，抚操丝弦、撇面、手谈、鼓板、讴歌、蹴圆、舞旋、酒令、猜枚，无不精通。每日王孙公子、文人墨士，坐轿乘马，买俏追欢，月无虚日。”⑥明代“富乐院”乃妓院，因朱元璋于南京乾道桥设官妓院——“富乐院”而得名。《金瓶梅》也提到李桂姐与应伯爵对话，谈到

---

① 夏日璈等修，王韧等纂：《建德县志》卷七《礼典志》，民国八年铅印本。

② (清)金嘉琰撰：《桐庐县志》卷之四《营建志二》，清钞本。

③ 钟毓龙：《说杭州》，杭州古籍出版社2016年版，第60页。

④ (清)周兴峄修，严可均撰：《建德县志》卷八《桥梁》，道光八年刊本。

⑤ 胡泉森：《渔民习俗》，《桐庐文史资料》第13辑，杭州出版社2013年版，第328页。

⑥ (明)钱曾撰：《如梦录》，中州古籍出版社1984年版，第49页。

妓院的“乐星堂”(乐星堂乃白眉神庙)供奉白眉神。蒲松岭提及明武宗逛妓院时,也描写了妓院建有“白眉神庙”。“万岁爷进院来,睁龙眼把头抬,白眼神庙中间盖。南北两院分左右,穿红着绿女裙钗,铁石人见了也心爱。一边是秋千院落,一边是歌管楼台。”[①]开封妓女集居的街巷中,也有白眉神庙,附近就有妓女云集的“大店”。九姓渔妓也于妓船中,供奉白眉神。“江山船的神堂中,也供着木雕的白眉神,绿巾绿袍,手执大刀。”[②]该白眉神也是白眉毛、红眼睛。

妓女对白眉神的祭祀极为虔诚,且颇具神秘色彩。除了早晚例行的祭祀仪式以外,还于每月朔望举行一种神秘的魇术仪式。明代田艺蘅的《留青日札》曰:“教坊妓女,皆供白眉神。每月朔望,则以手帕汉巾之类扎神面一遭,若遇子弟有打乖空头者,辄以帕洒拂其面,一洸而过,则子弟之心自然欢悦相从,留恋不已,盖花门魇术也。”[③]所谓“打乖”,乃嫖客耍滑头;“子弟”则特指风流公子。清代徐珂的《清稗类钞》也提及:“娼家魇术,在在有之。北方妓家必供白眉神,又名祆神,朝夕祷之。至朔望,则用手帕蒙神首,刺神面,视子弟奸猾者,佯怒之,撒帕着子弟面,将坠于地,令拾之,则悦而无他意。”[④]该“魇术仪式”以手帕或汉巾之类蒙住白眉神的头部,以针刺神面,并祈祷,对不愿再嫖或有其他奸滑行为的嫖客,则假装发怒,以蒙过“白眉神”的手帕或汉巾拂其面,再令其拾起手帕或汉巾,即能迷惑或制伏该嫖客。渔妓也以该“魇术仪式”乃借助白眉神的神力,以迷惑或制伏奸猾嫖客,使之死心塌地地迷恋妓女。

九姓渔户因终年漂泊江上,深受狂风暴雨,电闪雷鸣袭击,别是渔妓,以为水上业淫,亵渎雷神,颇为犯忌,故对雷神极敬畏。对于水神金元七总管也极为虔诚,每当船只途以七郎庙,渔户均要插香点烛。每当逢年过节,都要祭祀“潮头菩萨”,唯恐有所怠慢,惹怒潮神招来船毁人亡的惨剧。特别是农历八月十八日潮神生日,渔户均要到吴山伍公庙插香焚烛。渔妓也对潮神格外虔诚,其水上妓业,对潮神多有亵渎,恐因此犯忌,惹怒潮神带来祸害。农历五月十五日乃“芦茨菩萨”生日,渔户例请“菩萨戏城”,搬演“芦茨戏”并举行“爬雀杆”比赛以娱神。渔户有烧“八寺香”和“十庙香”的习俗,还要上衢州九华山、江西三清山以及普陀山烧香拜佛。渔户也于农历五月十三日的关帝生日祭拜,渔妓则对改造后的白眉神除了早晚例祭以外,还于每月朔望以神秘的“魇术仪式”。

---

① (清)蒲松龄:《蒲松龄集》,上海古籍出版社1986年版,第1600页。

② 方向:《富春江上的九姓渔户》,《中国民间文化》第14集,1994年学林出版社,第164页。

③ (明)田艺蘅:《留青日札》卷之二十一《白眉神》,上海古籍出版社1992年版,第398页。

④ (清)徐珂:《清稗类钞》,中华书局1986年版,第4687页。

参考文献

一、方志资料

（宋）赵不悔修，罗愿纂：《新安志》，嘉庆十七年刻本。

（宋）郑瑶修，方仁荣撰：《严州续志》，景定三年刊清文澜阁传抄本。

（明）林世远修，王鏊纂：《姑苏志》，明正德刻嘉靖增修本。

（明）林应翔修，叶秉敬撰：《衢州府志》，天启二年刊本。

（明）吕昌期修，俞炳然纂：《严州府志》，万历四十二年原刊，顺治六年重刊本。

（明）田汝成：《西湖游览志余》，万历唐装本。

（明）汪庆百撰：《开化县志》，崇祯刻本。

（明）温朝祚、方廉纂：《新城县志》，清钞本。

（明）徐用检修：《兰溪县志》，万历三十四年刊，康熙闲补刊本。

（明）杨守仁修，徐楚纂：《严州府志》，万历六年刊本。

（明）姚鸣鸾纂：《淳安县志》，嘉靖刻本。

（清）陈常铧修，臧承宣撰：《分水县志》，光绪三十二年刊本。

（清）陈鹏年修，徐之凯纂：《西安县志》，康熙三十八年刻本。

（清）邓钟玉等纂修：《金华县志》，民国二十三年铅字重印版。

（清）丁廷楗修，赵吉士纂：《徽州府志》，康熙三十八年刊本。

（清）何应松修，方崇鼎纂：《休宁县志》，道光三年刊本。

（清）嵇曾筠撰：《浙江通志》，四库全书本。

（清）金嘉琰撰：《桐庐县志》，清钞本。

（清）金文淳纂修，沈永青增辑：《吴山伍公庙志》，清光绪二年。

（清）李瑞钟撰：《常山县志》，光绪十二年刊本。

（清）廖腾煃修，汪晋征纂：《休宁县志》，康熙三十二年刊本。

(清)戚延裔修,马天选纂:《建德县志》,康熙刻本。
(清)秦簧修,唐壬森纂:《兰溪县志》,光绪十四年刊本。
(清)汪文炳撰,何鎔等纂:《富阳县志》,光绪三十二年刊本。
(清)王宾修,应德广纂:《建德县志》,乾隆十九年刻本。
(清)王彬等修,朱宝慈撰:《江山县志》,同治十二年刊本。
(清)魏𡵨、裘琏撰:《钱塘县志》,康熙五十七年刻本。
(清)吴世进修,吴世荣增修:《严州府志》,光绪九年增修重刊本。
(清)徐逢吉等辑撰:《清波小志》,上海古籍出版社1999年版。
(清)徐士瀛修,张子荣纂:《新登县志》,民国十一年铅印本。
(清)姚宝煃等修,范崇楷等纂:《西安县志》,嘉庆十六年修,民国六年重刊本。
(清)张许等修,陈凤举撰:《兰溪县志》,嘉庆五年刊本。
(清)赵定邦等修,丁宝书撰:《长兴县志》,同治十三年修,光绪十八年增补刊本,光绪二十三年刊本。
(清)郑沄修,邵晋涵撰:《杭州府志》,乾隆四十九年刻本。
(清)周溶修,汪韵珊纂:《祁门县志》,同治十二年刻本。
(清)周兴峄修,严可均撰:《建德县志》,道光八年刊本。
安徽省地方志编纂委员会编:《安徽省志民俗志》,方志出版社1998年版。
常山县风俗志编写组:《常山县风俗志》,1989年。
常山县交通志编纂办公室编:《常山交通志》,2002年。
常山县志编辑委员会编:《常山县志》,浙江人民出版社1990年版。
淳安交通志编委会编:《淳安交通志》,杭州出版社1998年版。
淳安县林业志编纂委员会编:《淳安县林业志》,汉语大词典出版社1991年版。
淳安县志编纂委员会编:《淳安县志》,汉语大词典出版社1990年版。
丁燮等修,戴鸿熙等纂:《汤溪县志》,民国二十年铅印本。
东亚同文会编:《支那省别全志(浙江省卷)》,民国元年。
富阳县公安志编纂办公室编:《富阳公安志》,当代中国出版社1995年版。
富阳县交通局编:《浙江省富阳县交通志》,1986年。
富阳县林业局编:《富阳县林业志》,方志出版社1992年版。
富阳镇志编辑室编:《富阳镇志》,汉语大词典出版社1994年版。
葛绥成:《分省地志(浙江)》,中华书局民国二十八年版。
杭州市江干区志编纂委员会编:《江干区志》,中华书局2003年版。
杭州水产志编纂委员会编:《杭州市水产志》,中华书局1996年版。

华埠镇志编纂小组编:《华埠镇志》,浙江人民出版社 2003 年版。

黄山市屯溪地方志编纂委员会编:《黄山市屯溪区志》,方志出版社 2012 年版。

徽州地区交通志编纂委员会编:《徽州地区交通志》,黄山书社 1986 年版。

徽州地区交通志编纂委员会编:《徽州地区交通志》,黄山书社 1996 年版。

徽州地区林业志编纂委员会编:《徽州地区林业志》,黄山书社 1991 年版。

建德市志编纂委员会编:《建德市志 》,浙江人民出版社 2010 年版。

建德县文联编:《浙江风俗简志(杭州市郊区篇)》初稿,1984 年。

建德县志编纂办公室编:《建德县志》,浙江人民出版社 1986 年版。

江山城关镇志办公室编:《江山城关镇志》,浙江人民出版社 1991 年版。

江山交通志编纂委员会编:《江山交通志》,浙江人民出版社 1993 年版。

姜卿云:《浙江新志》,杭州正中书局民国二十五年版。

金华市交通志编审委员会编:《金华市交通志》,海洋出版社 1997 年。

金华市文化馆编:《金华市风俗简志》,1984 年。

金华县交通局史志办公室编:《金华县交通志》,1990 年。

开化交通志编纂室编:《开化交通志》,浙江人民出版社 1990 年版。

兰溪城关镇志编纂领导小组:《兰溪城关镇志》,浙江人民出版社 1987 年版。

兰溪交通志编审委员会编:《兰溪交通志》,浙江大学出版社 1990 年版。

兰溪农业和农村工作办公室编:《兰溪农村工作简志》,2009 年。

兰溪市地方志编纂委员会编:《兰溪市志》,浙江人民出版社 1988 年版。

兰溪县县志编纂办公室、兰溪县文化馆编:《兰溪风俗志》,1984 年。

龙游县交通局编:《龙游交通志》,1990 年。

钱塘江志编纂委员会编:《钱塘江志》,方志出版社 1998 年版。

清湖镇志编纂委员会编:《清湖镇志》,天马图书有限公司 2003 年版。

衢县林业志编写室编:《衢县林业志》,中国林业出版社 1994 年版。

衢州公安志编纂委员会编:《衢州公安志》,中华书局 2002 年版。

衢州市交通局史志办公室编:《衢州市交通志》,海洋出版社 1992 年版。

衢州市志编辑委员会编:《衢州市志》,浙江人民出版社 1994 年版。

桐庐县交通局编:《桐庐县交通志》,1990 年。

桐庐县林业局林业志编写组:《桐庐林业志》,方志出版社 1990 年版。

桐庐县志编辑委员会编:《桐庐县志》,浙江人民出版社 1991 年版。

桐庐镇志编辑委员会编:《桐庐镇志》,1994 年。

屯溪市地方志编纂委员会编:《屯溪市志》,安徽教育出版社 1990 年版。

夏日璈等修，王韧等纂：《建德县志》，民国八年铅印本。

萧山县志编纂委员会编：《萧山县志》，浙江人民出版社 1987 年版。

新安江水电站志编辑委员会编：《新安江水电站志》，浙江人民出版社 1993 年版。

休宁县地方志编纂委员会编：《休宁县志》，安徽教育出版社 1990 年版。

徐士瀛修，张子荣纂：《新登县志》，民国十一年铅印本。

游埠镇志编委会编：《兰溪游埠镇志》，浙江人民出版社 1989 年版。

余杭县志编纂委员会编：《余杭县志》，浙江人民出版社 1990 年版。

虞廷良主编：《东阳虞氏文化志》，2016 年。

浙江民俗学会：《浙江风俗简志》，浙江人民出版社 1986 年版。

浙江省建德市交通局编：《建德市交通志》，海洋出版社 1996 年版。

浙江省建德县梅城镇人民政府编：《梅城镇志》，1985 年。

浙江省江山县文化馆编：《江山风俗志》，1986 年。

浙江省龙游县文化馆编：《龙游风俗志》，1985 年。

浙江省龙游县志编纂委员会编：《龙游县志》，中华书局 1991 年版。

郑永禧纂修：《衢县志》，民国十八年辑，二十六年铅印本。

中共衢州市委宣传部、衢州市文化馆编：《衢州风俗简志》，1984 年。

中国戏曲志编辑委员会编：《中国戏曲志(浙江卷)》，中华书局 1984 年版。

周天放、叶浅予：《富春江游览志》，上海文艺出版社 2017 年版。

二、著述

(汉)王充：《论衡》，远方出版社 2007 年版。

(汉)袁康、吴平：《越绝书》，景江安傅氏藏明双柏堂刊本。

(汉)赵晔：《吴越春秋》，景上海涵芬楼藏明弘治邝璠刊本。

(南朝宋)范晔：《后汉书》，武英殿本。

(宋)李昉：《太平广记》，中华书局 1961 年版。

(宋)不著撰人：《锦绣万花谷》，上海古籍出版社 1991 年版。

(明)钱曾撰：《如梦录》，中州古籍出版社 1984 年版。

(明)沈德符：《万历野获编》，文化艺术出版社 1998 年版。

(明)田艺蘅：《留青日札》，上海古籍出版社 1992 年版。

(明)王圻：《稗史汇编》，浙江吴玉墀家藏本。

(明)徐弘祖：《徐霞客游记》，广陵书社 2009 年版。

(明)许仲琳:《三国演义》,华夏出版社 2017 年版。

(清)褚人获:《坚瓠集》,上海古籍出版社 2012 年版。

(清)戴槃:《严陵纪略》,同治七年刊本。

(清)洪昌纂修:《休宁江村洪氏家谱》,雍正八年刊本。

(清)李宝嘉:《官场现形记》,浙江古籍出版社 2015 年版。

(清)梁绍壬撰:《两般秋雨盦随笔》,上海古籍出版社 1982 年版。

(清)梁章钜:《浪迹三谈》,上海古籍出版社 2012 年版。

(清)林昌彝辑:《射鹰楼诗话》,上海古籍出版社 1988 年版。

(清)陆以湉撰:《冷庐杂识》,上海古籍出版社 2012 年版。

(清)蒲松龄:《蒲松龄集》,上海古籍出版社 1986 年版。

(清)王韬:《淞隐漫录》,河北人民出版社 1991 年版。

(清)王维翰撰:《湖山便览》,光绪元年槐荫堂本。

(清)王有光:《吴下谚联》,中华书局 1982 年版。

(清)徐珂:《清稗类钞》第 4 册,中华书局 1986 年版。

(清)徐卓:《休宁碎事》,嘉庆十六年刻本。

(清)许奉恩:《里乘》,天津古籍出版社 2015 年版。

(清)姚福鼎:《铸鼎余闻》,光绪二十五年常熟刘广基达经堂刻本。

(清)赵翼:《陔余丛考》,河北人民出版社 1990 年版。

[日]铃木满男主编,中日越系文化联合考察团撰:《浙江民俗研究》,浙江人民出版社 1992 年版。

[英]弗雷泽著,徐育新等译:《金枝》,中国民间文艺出版社 1987 年版。

《笔记小说大观 41 编》第 6 册,新兴书局有限公司 1986 年版。

《新编西湖指南游杭纪略合刻》,西湖鑫记书局民国二十二年版。

蔡东藩:《民国演义》,中国画报出版社 2014 年版。

曹聚仁:《曹聚仁散文选集》,百花文艺出版社 2004 年版。

曹聚仁:《万里纪行》,福建人民出版社 1983 年版。

曹玮玲、张建华主编:《中国民间故事全书(浙江杭州富阳卷)》,知识产权出版社 2014 年版。

陈马康、童合一、俞泰济等:《钱塘江鱼类资源》,上海科学技术文献出版社 1990 年版。

陈梅龙、景消波译编:《近代浙江对外贸易及社会变迁——宁波、温州、杭州海关贸易报告译编》,宁波出版社 2003 年版。

陈星:《古婺文化拾遗》,浙江工商大学出版社 2013 年版。

淳安县民间文学集成办公室:《中国民间文学集成浙江省杭州市(淳安县

卷)》,1988 年。

丁希勤:《古代徽州和皖南的民间信仰研究》,安徽师范大学出版社 2016 年版。

丁贤勇、陈浩译编:《1921 年浙江社会经济调查》,北京图书馆出版社 2008 年版。

范祖述:《杭俗遗风》,上海文艺出版社 1989 年版。

方仁英:《富春江渔文化记忆》,浙江文艺出版社 2015 年版。

方仁英:《绿渚周孝子祭》,浙江摄影出版社 2019 年版。

方韦、李新富选编:《严州诗词》,天津古籍出版社 2011 年版。

冯紫岗:《兰溪农村调查》,国立浙江大学民国二十四年版。

富阳市新四军研究会编:《新四军在富春江两岸》,中共党史出版社 2006 年版。

富阳县商业局编:《富阳县商业志》,1992 年。

辜鸿铭、孟森等:《清代野史》第 4 卷,巴蜀书社 1998 年版。

顾希佳主编:《钱塘江风俗》,杭州出版社 2013 年版。

杭州市政协文史委编:《杭州文史丛编》,杭州出版社 2002 年版。

胡汉痴主编:《全国各界切口大词典》,东陆图书公司民国十三年版。

胡汝明:《兰溪纵横》,《兰溪日报》编辑部 1999 年版。

胡守志:《永不磨灭的徽宝石——风土民情》,安徽美术出版社 2005 年版。

建德市文化广电新闻出版局编:《建德非遗概览》,浙江古籍出版社 2014 年版。

建德县民间文学集成办公室编:《中国民间文学集成(浙江省建德县卷)》,1989 年。

建设委员会调查浙江经济所编:《杭州市经济调查》,民国二十一年。

姜泣群:《朝野新谭》第 3 编,光华编辑社民国六年版。

蒋增福、蒋虹瑶编:《富春江今古散文选》,延边大学出版社 1999 年版。

蒋增福、夏家鼐编注:《历代诗人咏富阳》,延边大学出版社 1999 年版。

蒋增福:《恩波余话》,云南民族出版社 2006 年版。

蒋增福主编:《富春茶文化史话》,华文出版社 2012 年版。

开化县民间文学集成办公室编:《中国民间文学集成浙江省衢州市(开化卷)》,1989 年。

赖骞宇、周群芳:《外国人眼中的钱塘江》,杭州出版社 2014 年版。

兰溪市民间文学集成办公室:《中国民间文学集成浙江省金华市(兰溪市卷)》,1989 年。

兰溪市市志编纂委员会办公室编:《兰溪编志补遗》,1992 年。

李吉安:《衢州战事》,商务印书馆 2016 年版。

林传甲:《大中华浙江省地理志》,浙江印刷公司民国五年版。

林家骊:《钱塘江游记》,杭州出版社 2014 年版。

林马松、林鹏:《兰溪民间风俗》,中国戏剧出版社 2018 年版。

罗嘉许:《严陵旧事》,天津古籍出版社 2012 年版。

马书田:《中国民间诸神》,团结出版社 1997 年版。

南京铁道部财务司调查科编:《京粤线浙江段经济调查总报告书》,民国十九年。

潘君明选注:《苏州历代饮食诗词选》,苏州大学出版社 2013 年版。

钱云财:《我平凡的一生——衢江艄公回忆录》,2014 年(未刊稿)。

衢州市博物馆编:《衢州墓志碑刻集录》,浙江人民美术出版社 2006 年版。

衢州市民间文艺家协会编:《衢州民俗大观》,吉林文史出版社 2004 年版。

衢州市文化广电新闻出版局编:《衢州历代诗文选》,商务印书馆 2016 年版。

衢州市政协文史委编:《通衢》,中国戏剧出版社 2000 年版。

曲彦斌:《中国民间秘密语》,上海三联书店 1990 年版。

沈伟富:《风俗漫谈》,天津古籍出版社 2008 年版。

施昕更:《良渚——杭县第二区黑陶文化初步报告》,浙江省教育厅民国二十七年版。

孙燕生:《新安渔歌》,浙江人民出版社 2009 年版。

汪筱联、叶裕龙:《记忆与解读》,中国文史出版社 2014 年版。

王云五主编:《丛书集成初编 3114》,商务印书馆民国二十五年版。

王藻等:《西溪民俗》,杭州出版社 2012 年版。

王召里:《古城忆旧》,中国文史出版社 2017 年版。

魏颂唐:《浙江经济纪略》,民国十八年铅印本。

吴宗杰:《衢州水亭门历史文化街区(坊巷遗韵)》,商务印书馆 2017 年版。

婺州民俗大观编委会编:《婺州民俗大观》,青海人民出版社 1997 年版。

新安江旅游节组委会办公室编:《品读新安江》,中国文联出版社 2007 年版。

徐社东主编:《杭州乡土语文》,浙江大学出版社 2004 年版。

徐树林:《淳安建县立郡肇始地:威坪》,浙江人民出版社 2008 年版。

徐晓琴:《樟树潭》,现代出版社 2015 年版。

徐映璞:《两浙史事丛稿》,浙江古籍出版社 1988 年版。

许马尔:《山水推富春》,中国文史出版社 2006 年版。

叶浅予:《叶浅予自叙》,团结出版社 1997 年版。

郁达夫:《履痕处处》,生活・读书・新知三联书店 2012 年版。

郁达夫:《郁达夫全集》第 9 卷,浙江文艺出版社 1992 年版。

张行周:《宁波习俗丛谈》,民主出版社 1973 年版。

浙江富春江旅游股份有限公司编:《桐庐旅游故事集》,西泠印社出版社 2014 年版。

浙江省民间文艺家协会选编:《浙江民俗大观》,当代中国出版社 1998 年版。

郑翰献主编:《钱塘江文献集成》第 27 册,杭州出版社 2016 年版。

郑牧编:《丛书集成初编》第 3167 册,中华书局 1985 年版。

中共黄山市屯溪区委宣传部编:《活动着的清明上河图——千年老街》,安徽美术出版社 2005 年版。

中国旅行社编:《钱江画舫》,《西子湖》民国十八年版。

中华人民共和国杭州海关译编:《近代浙江通商口岸经济社会概况——浙海关、瓯海关、杭州关贸易报告集成》,浙江人民出版社 2002 年版。

钟毓龙:《说杭州》,杭州古籍出版社 2016 年版。

周斗华:《开化风俗通鉴》,西泠印社出版社 2011 年版。

周瘦鹃:《周瘦鹃文集》,文汇出版社 2015 年版。

周膺、吴晶主编:《杭州丁氏家族史料》,当代中国出版社 2016 年版。

朱冠右、吴桑梓:《小上海:临浦旧事》,方志出版社 2004 年版。

朱惠勇:《船诗纪事》,昆仑出版社 2005 年版。

朱睦卿:《严州古城梅城》,中华书局 2004 年版。

三、报纸期刊

《钱塘江上的九姓渔民》,《浙江民俗》1985 年第 1—2 期。

《淫盗媒介场》,《图画日报》1909 年第 3 册第 116 期。

《浙江大风潮》,《申报》1911 年 8 月 14 日。

《浙西之船妓》,《奋报》1940 年 7 月 9 日。

陈渔:《严州》,《浙江青年》1936 年第 2 卷第 7 期。

方向:《富春江上的九姓渔户》,《中国民间文化》第 14 集,学林出版社 1994 年版。

胡永明、钱吉昌口述，章大成整理:《古城旧事》,《建德往事》第 8 辑，文汇出版社 2017 年。

华生:《何应钦与船娘》,《政治新闻》1949 年第 6 期。

林书颜:《钱塘江渔业志》,《浙江省水产试验场水产汇报》,1936 年第 2 卷第 3 期。

墨余:《尊闻阁选》,《申报》1918 年 8 月 10 日。

钱云财:《航埠正月舞板龙》,《联谊报》2017 年 2 月 7 日。

钱云财:《手竿抛甩钓》,《体育时报》2002 年 5 月 20 日。

沈弘:《辛亥革命前后的浙江社会思潮和变革——英国女作家罗安逸眼中的杭州和兰溪》,《文化艺术研究》2010 年第 5 期。

石在:《新安渔人长恋水》,《地理知识》1995 年第 11 期。

孙金奎:《衢江渔民的故事》,《今日柯城》2018 年 12 月 4 日。

童振藻:《钱江九姓渔户考》,《岭南学报》1931 年第 2 卷第 2 期。

许马尔:《渐行渐远的船工号子》,《今日桐庐》2014 年 5 月 23 日。

许马尔:《桐庐有种船叫“四不像”》,《今日桐庐》2017 年 9 月 17 日。

许马尔:《准备过年啦》,《今日桐庐》2019 年 1 月 18 日。

叶叶风:《富春江上的九姓渔户》,《大威周刊》1946 年第 20 期。

叶至善:《重游富春江》,《宁波日报》1996 年 11 月 8 日。

张小也:《制度与观念:九姓渔户的“改贱为良”问题》,《社会科学》2006 年第 4 期。

竺可桢:《钱塘江怒潮》,《科学》1916 年第 2 卷第 10 期。

四、文史资料

蔡斌:《茭白船考》,《兰溪文史资料》第 9 辑，1991 年。

蔡甲生:《也谈兰溪茭白船》,《兰溪文史资料》第 14 辑，2003 年。

陈瑞芝、何永德:《钱塘江的茭白船和江干的花牌楼》,《杭州文史资料》第 18 辑，1994 年。

程秉荣:《建德县九姓渔户》,《建德文史资料》第 2 辑，1987 年。

程秉荣:《梅城的乌饭麻糍》,《建德文史资料》第 4 辑，1989 年。

戴一凡:《浙江家乡戏剧活动漫忆》,《建德文史资料》第 3 辑，1988 年。

胡次威口述，邱溪源整理:《云山瀫水忆兰溪》,《兰溪文史资料》第 4 辑，1986 年。

胡泉森:《船民习俗》,《桐庐文史资料》第 13 辑,杭州出版社 2013 年版。

李干才:《七月七乞巧节》,《建德文史资料》第 7 辑,1990 年。

倪榻荪、全佐顺口述,汪扬时、方校文整理:《樟树潭木行业的兴衰》,《衢州文史资料》第 4 辑,1988 年。

求真:《华埠的船上人》,《开化文史资料》第 4 辑,1989 年。

邵弹声:《屯溪船民》,《黄山市文史资料》第 4 辑,2012 年。

谭德伟:《婺剧初探》,《浙江文史资料选辑》第 25 辑,浙江人民出版社 1985 年版。

唐景:《日伪统治兰溪三年的见闻》,《兰溪文史资料》第 11 辑,1996 年。

汪端初:《建德的柴炭业》,《建德文史资料》第 9 辑,1985 年。

汪行之:《解放前屯溪盐业》,《屯溪文史》第 2 辑,1989 年。

谢国瑞:《解放前后的富阳商业》,《富阳文史资料》第 4 辑,1991 年。

徐本发、倪孜耕:《梅城的黄浦街》,《建德文史资料》第 12 辑,1995 年。

徐映璞:《渔民杀敌记》,《衢县文史资料》第 3 辑,1991 年。

许马尔:《船民的过年风俗》,《桐庐文史资料》第 13 辑,杭州出版社 2013 年版。

许马尔:《船民的筷子风俗》,《桐庐文史资料》第 13 辑,杭州出版社 2013 年版。

许马尔:《船民与开口亭》,《桐庐文史资料》第 13 辑,杭州出版社 2013 年版。

许马尔:《富春江纤夫》,《桐庐文史资料》第 13 辑,杭州出版社 2013 年版。

许马尔:《旧时的桐江钓台船》,《桐庐文史资料》第 13 辑,杭州出版社 2013 年版。

许马尔:《梅蓉船匠》,《桐庐文史资料》第 13 辑,杭州出版社 2013 年版。

许马尔:《桐庐船民的祖师菩萨》,《桐庐文史资料》第 13 辑,杭州出版社 2013 年版。

许马尔:《桐庐江上放排人》,《桐庐文史资料》第 13 辑,杭州出版社 2013 年版。

许马尔:《五月盛事——芦茨戏》,《桐庐文史资料》第 13 辑,杭州出版社 2013 年版。

张水绿:《樟潭镇经济发展史略》,《衢县文史资料》第 4 辑,浙江人民出版社 1988 年版。

张长工:《良渚文化遗址发祥地史迹漫笔》,《余杭文史资料》第 3 辑,1987 年。

郑秋兔:《兰江花舫勾勒》,《兰溪文史资料》第5辑,1987年。

周光耀:《常山历史上的过傤行》,《衢州文史资料》第4辑,1988年。

周光耀:《忆“两浙首站”“八省通衢”常山盛况》,《常山文史资料》第1辑,1984年。

周明熙等口述,汪扬时整理:《水亭码头今昔》,《衢州文史资料》第4辑,1988年。

朱云亨:《江山古镇——清湖》,《衢州文史资料》第4辑,1988年。

朱忠森、程秉荣、祝诚:《航运水域通五州——建德的航运业》,《建德文史资料》第9辑,1992年。

朱忠森:《建德造船业今昔》,《建德文史资料选辑》第9辑,1992年。

后　记

九姓渔户是学术界关注较少且歧异较多的研究领域。赖青寿著有《九姓渔户》，是一本介绍渔户的通俗读物。黄晓东博士撰写的《钱塘江流域九姓渔民方言》和刘倩博士撰写《九姓渔民方言研究》，将渔户方言作为严重濒危的汉语方言进行研究。近年出版的浙江通史以及杭州地方史志也有涉及该领域。有关研究渔户的论文，仅有个位数。渔户研究乃是学术界研究最为薄弱的环节，与其他区域性贱民研究，诸如山西乐户、广东疍民、浙江堕民等相比，有关渔户的起源、分布、人口、教育、所从事的职业、独特的水上风俗以及消融的漫长过程，无论是研究的专家，还是出版的论著，都是寥若晨星。

渔户作为贱民，属于边缘群体，极少有官方史料记载。留存于世的渔户资料均为地方文史资料，大都是渔户的口碑资料，以及来往于钱塘江的达官贵人和文人墨客有关渔妓的风花雪月传闻资料。搜集丰富而系统的渔户研究资料乃是长期而艰巨的工作。我们屡次前往上海、杭州、建德、桐庐、衢州、常山、龙游、金华以及黄山等图书馆，搜集第一手资料，特别是大量地方文史资料、内部出版刊物、地方志、村志。从浩如烟海的古籍中检索渔户史料，利用刚开发的民国期刊，特别是《申报》，也注意搜集明清时期钱塘江流域外国游客游记中涉及的渔户资料。

渔户缺乏文献资料，留存于世者惟有许多口碑资料。笔者历经数年，屡次沿钱塘江域进行田野调查。搜集了衢江渔户钱云财撰写而未公开出版的《我平凡的一生——衢江艄公回忆录》。严州文化研究会会长陈利群提供了渔户的大本营——严州的九姓渔户资料。富春江渔户许马尔撰写了《山水推富春》，提供了富春江渔户职业、习俗、衣食住行，特别是桐庐非物质文化遗产——十六回切。访问了徽州九姓渔户的知情人汪巍青，承蒙提供徽州渔户资料。黄晓东博士提供了钱塘江渔户方言田野调查的报告。

自 2019 年我们出版《绍兴堕民田野调查报告——三埭街往事》以来，陆续推出了《堕民史料选编》《浙江堕民研究》《堕民行当研究》《堕民消融研究》等史料与著作。如果可能的话，我们将陆续推出九姓渔户系列研究，以求教于史学界，请求给予批评指正。我们特别感谢浙江省哲学社会科学重点研究基地——浙江省越文化传承和创新研究中心将该课题列为中心研究课题，并提供出版资金。